ŒUVRES COMPLÈTES

DE

SHAKSPEARE

I

Paris. — Imprimé chez Bonaventure et Ducessois, 55, quai des Augustins.

OEUVRES COMPLÈTES
DE
SHAKSPEARE

TRADUCTION
DE
M. GUIZOT

NOUVELLE ÉDITION ENTIÈREMENT REVUE

AVEC UNE ÉTUDE SUR SHAKSPEARE
DES NOTICES SUR CHAQUE PIÈCE ET DES NOTES

I

Vie de Shakspeare
Hamlet. — La Tempête. — Coriolan.

PARIS
A LA LIBRAIRIE ACADÉMIQUE
DIDIER ET Ce, LIBRAIRES-ÉDITEURS
35, QUAI DES AUGUSTINS

1864
Tous droits réservés.

AVERTISSEMENT

DES ÉDITEURS.

Lorsque M. Guizot, en 1821, publia chez M. Ladvocat les œuvres complètes de Shakspeare traduites en français, M. Ladvocat expliqua dans une courte préface que la modestie seule du traducteur avait fait maintenir en tête de cette publication le nom de Letourneur, qui le premier avait tenté de faire connaître en France le théâtre de Shakspeare.

C'était bien une traduction nouvelle que M. Guizot publiait, en 1821, avec la collaboration de M. Amédée Pichot. Une grande Étude biographique et littéraire sur Shakspeare la précédait ; trente-sept notices et de nombreuses notes accompagnaient les diverses pièces ; une tragédie entière et deux poëmes, dont Letourneur n'avait rien donné, étaient ajoutés ;

tous les passages que Letourneur avait supprimés dans le corps des pièces étaient rétablis, et cela seul rendait à Shakspeare au moins deux volumes de ses œuvres; mais surtout la traduction avait été entièrement revue et corrigée d'après le texte, et si le nom de Letourneur était maintenu sur le titre, son système d'interprétation était détruit presque à chaque ligne. Ses infidélités déclamatoires ou timides avaient disparu, pour faire place à une exactitude, à une simplicité, à une hardiesse qui changeaient du tout au tout la physionomie du style. Un grand pas était fait. Peut-être n'était-ce pas encore une traduction définitive, mais c'était déjà une traduction décisive, qui devançait les progrès de la critique et du goût, et qui devait mettre les lecteurs français en demeure de se prononcer sur Shakspeare tel qu'il est.

Cette traduction vient de subir une nouvelle révision, complète, minutieuse, et qui ôte au nom de Letourneur tout droit et même tout prétexte de figurer sur le titre. — Nous y ajoutons la collection complète des sonnets qui manquait à l'édition antérieure.

Maintenant que l'intelligence des littératures

étrangères s'est répandue en France, maintenant que Shakspeare est familier à tous les esprits cultivés, un traducteur peut oser davantage et serrer le texte de plus près. Rien n'empêche aujourd'hui les traductions d'être aussi exactes qu'elles pourront jamais l'être ; la tentation et le péril sont plutôt d'exagérer que d'atténuer les textes en les interprétant, et de faire des traductions pareilles à la photographie, qui grossit les traits saillants des visages qu'elle reproduit. On s'est efforcé d'éviter cette infidélité d'une nouvelle sorte, et de ne point faire un Shakspeare français plus anglais et plus shakspearien que le Shakspeare anglais lui-même.

DIDIER ET Ce

ÉTUDE

SUR

SHAKSPEARE

C'est Voltaire qui, le premier, a parlé en France du génie de Shakspeare, et bien qu'il le traitât de barbare, le public français trouva que Voltaire en avait trop dit. On eût cru commettre une sorte de profanation en appliquant, à des drames qu'on jugeait informes et grossiers, les mots de génie et de gloire.

Maintenant ce n'est plus de la gloire ni du génie de Shakspeare qu'il s'agit; personne ne les conteste; une plus grande question s'est élevée. On se demande si le système dramatique de Shakspeare ne vaut pas mieux que celui de Voltaire.

Je ne juge point cette question. Je dis qu'elle est posée et se débat aujourd'hui. Là nous a conduits le cours des idées. J'essayerai d'en indiquer les causes; je n'insiste en ce moment que sur le fait même, et pour en tirer une seule conséquence; c'est que la critique littéraire a changé de terrain et ne saurait demeurer dans les limites où elle se renfermait jadis.

La littérature n'échappe point aux révolutions de l'esprit humain; elle est contrainte de le suivre dans sa marche, de se transporter sous l'horizon où il se transporte, de s'élever et de s'étendre avec les idées qui le préoccupent, de considérer les questions qu'elle agite

sous les aspects et dans les espaces nouveaux où les place
le nouvel état de la pensée et de la société.

On ne s'étonnera donc pas si, pour connaître Shakspeare, j'éprouve le besoin de pénétrer un peu avant dans la nature de la poésie dramatique et dans la civilisation des peuples modernes, surtout de l'Angleterre. Si l'on n'aborde ces considérations générales, il est impossible de répondre aux idées, confuses peut-être, mais actives et pressantes, qu'un tel sujet fait naître maintenant dans tous les esprits.

Une représentation théâtrale est une fête populaire. Ainsi le veut la nature même de la poésie dramatique. Sa puissance repose sur les effets de la sympathie, de cette force mystérieuse qui fait que le rire naît du rire, que les larmes coulent à la vue des larmes, et qui, en dépit de la diversité des dispositions, des conditions, des caractères, confond dans une même impression les hommes réunis dans un même lieu, spectateurs d'un même fait. Pour de tels effets, il faut que la foule s'assemble : les idées et les sentiments qui passeraient languissamment d'un homme à un autre homme traversent, avec la rapidité de l'éclair, une multitude pressée, et c'est seulement au sein des masses que se déploie cette électricité morale dont le poëte dramatique fait éclater le pouvoir.

La poésie dramatique n'a donc pu naître qu'au milieu du peuple. Elle fut, en naissant, destinée à ses plaisirs; il prit même d'abord une part active à la fête ; aux premiers chants de Thespis s'unissait le chœur des assistants.

Mais le peuple ne tarde pas à s'apercevoir que les plaisirs qu'il peut se donner lui-même ne sont ni les seuls, ni les plus vifs qu'il soit capable de goûter : pour les classes livrées au travail, le délassement semble la première et presque l'unique condition du plaisir; une suspension momentanée des efforts ou des privations de la vie habituelle, un accès de mouvement et de liberté, une abondance relative, c'est là tout ce que cherche le peuple dans les fêtes où il agit seul ; ce sont là toutes les jouissances qu'il sait se procurer. Cependant ces hommes sont nés pour sentir des joies plus nobles et plus vives ; en eux reposent des facultés que la monotonie de leur existence laisse s'endormir dans l'inaction : qu'une voix puissante les réveille ; qu'un récit animé, un spectacle vivant viennent provoquer ces imaginations paresseuses, ces sensibilités engourdies, et elles se livreront à une activité qu'elles ne savaient pas se donner elles-mêmes, mais qu'elles recevront avec transport ; et alors naîtront, sans le concours de la multitude, mais en sa présence et pour elle, de nouveaux jeux, de nouveaux plaisirs qui deviendront bientôt des besoins.

C'est à de telles fêtes que le poëte dramatique appelle le peuple assemblé. Il se charge de le divertir, mais d'un divertissement que le peuple ne connaîtrait pas sans lui. Eschyle retrace à ses concitoyens la victoire de Salamine, et aussi les inquiétudes d'Atossa et la douleur de Xerxès ; il charme le peuple d'Athènes, mais en l'élevant à des émotions, à des idées qu'Eschyle seul peut exalter à ce point ; il communique à cette multitude des impressions qu'elle est capable de ressentir, mais qu'Eschyle seul sait faire naître. Telle est la nature de la poésie dramatique ; c'est pour le peuple qu'elle crée, c'est au peuple qu'elle s'adresse, mais pour l'ennoblir, pour étendre et vivifier son existence morale, pour lui révéler des facultés qu'il possède, mais qu'il ignore, pour lui procurer des jouissances qu'il saisit avidement, mais qu'il ne chercherait même pas si un art sublime ne les lui apprenait en les lui donnant.

Et il faut bien que le poëte dramatique poursuive cette œuvre ; il faut bien qu'il élève et civilise, pour ainsi dire, la foule qu'il appelle à ses fêtes : comment agir sur les hommes assemblés, sinon en s'adressant à ce qu'il y a de plus général et de plus élevé dans leur nature? C'est seulement en sortant de la vie et des intérêts individuels que l'imagination s'exalte, que l'âme s'agrandit, que les plaisirs deviennent désintéressés et les affections généreuses, que les hommes peuvent se rencontrer dans ces émotions communes dont les transports font retentir le théâtre. Aussi la religion a-t-elle été partout la source et la matière primitive de l'art dramatique; il a célébré en naissant, chez les Grecs, les aventures de Bacchus, dans l'Europe moderne, les mystères du Christ. C'est que, de toutes les affections humaines, la piété est celle qui réunit le plus les hommes dans des sentiments communs, parce qu'il n'en est aucune qui les détache autant d'eux-mêmes; c'est aussi l'affection qui attend le moins, pour se développer, les progrès de la civilisation; elle est puissante et pure au sein de la société la moins avancée. Dès ses premiers pas, la poésie dramatique a invoqué la piété, parce que, de tous les sentiments auxquels elle pouvait s'adresser, celui-là était le plus noble et le plus universel.

Né ainsi au milieu du peuple et pour le peuple, mais appelé à l'élever en le charmant, l'art dramatique est bientôt devenu dans tous les siècles, dans tous les pays, et par ce caractère même de sa nature, le plaisir favori des classes supérieures.

C'était sa tendance; il y a trouvé aussi son plus dangereux écueil. Plus d'une fois, se laissant séduire à cette haute fortune, l'art dramatique a perdu ou compromis son énergie et sa liberté. Quand les classes supérieures peuvent se livrer pleinement à leur situation, elles ont ce tort ou ce malheur qu'elles s'isolent et cessent, pour ainsi dire, d'appartenir à la nature générale de l'homme, comme aux intérêts publics de la société. Les sentiments universels, les idées naturelles, les relations simples, qui sont le fond de l'humanité et de la vie, s'énervent et s'altèrent dans une condition sociale toute d'exception et de privilége. Les conventions y prennent la place des réalités ; les mœurs y deviennent factices et faibles. La destinée humaine n'y est point connue sous ses traits les plus saillants et les plus généraux. Elle a mille aspects, elle amène une foule d'impressions et de rapports qu'ignorent les classes élevées si rien ne les contraint à rentrer fréquemment dans l'atmosphère publique. L'art dramatique, en se vouant à leurs plaisirs, voit ainsi se resserrer et s'appauvrir son domaine ; une sorte de monotonie l'envahit ; événements, passions, caractères, tous les trésors naturels qu'il exploite ne lui offrent plus la même originalité ni la même richesse. Son indépendance est en péril aussi bien que sa variété et son énergie. Les habitudes de la bonne compagnie ont leurs petitesses comme celles de la multitude, et elle est bien plus en mesure de les imposer comme des lois. Elle a des goûts plutôt que des besoins ; elle porte rarement dans ses plaisirs cette disposition sérieuse et naïve qui s'abandonne avec transport aux impressions qu'elle reçoit, et bien souvent elle traite le génie comme un serviteur tenu de lui plaire, non comme un pouvoir capable de la dominer par les joies qu'il lui procure. Si le poëte dramatique n'a pas, dans le suffrage d'un public plus large et plus simple, de quoi se défendre contre les goûts hautains d'une coterie d'élite, s'il ne peut s'armer de l'approbation publique et prendre pour point d'appui les sentiments universels qu'il aura su remuer dans tous les cœurs, sa liberté est perdue ; les caprices auxquels il aura voulu plaire pèseront comme une chaîne dont il ne pourra s'affranchir ; le talent, fait pour commander à tous, se verra assujetti au petit nombre, et celui qui devrait diriger le goût des peuples deviendra l'esclave de la mode.

Telle est donc la nature de la poésie dramatique que, pour produire ses plus magiques effets, pour conserver en grandissant sa liberté comme sa richesse, elle a besoin de ne pas se séparer du peuple à qui elle s'est adressée d'abord. Elle languit si elle se détache du sol où elle a pris racine. Populaire en naissant, il faut qu'elle demeure nationale, qu'elle ne cesse pas de comprendre dans son domaine et de charmer dans ses fêtes toutes les classes capables de s'élever aux émotions où elle puise son pouvoir.

Tous les âges de la société, tous les états de la civilisation ne permettent pas également d'appeler le peuple au secours de la poésie dramatique, et de la faire fleurir sous son influence. Ce fut l'heureux sort de la Grèce que la nation tout entière grandit et se développa avec les lettres et les arts, toujours au niveau de leurs progrès et juge compétent de leur gloire. Ce même peuple d'Athènes, qui avait entouré le chariot de Thespis, s'empressa aux chefs-d'œuvre de Sophocle et d'Euripide, et les plus beaux triomphes du génie furent toujours là des fêtes populaires. Une si brillante égalité morale n'a point présidé à la destinée des nations modernes; leur civilisation, se déployant sur une échelle beaucoup plus étendue, a subi bien plus de vicissitudes et offert bien moins d'unité. Pendant plus de dix siècles, rien dans notre Europe n'a été facile, général, ni simple. Religion, liberté, ordre public, littérature, rien ne s'est développé parmi nous qu'avec effort, au milieu de luttes sans cesse renaissantes, et sous les influences les plus diverses. Dans ce chaos immense et agité, la poésie dramatique n'a pas eu le privilége de parcourir une carrière aisée et rapide. Il ne lui a pas été donné de voir, presque en naissant, un public à la fois homogène et divers, grands et petits, riches et pauvres, toutes les classes de citoyens également avides et dignes de ses plus brillantes solennités. Ni les époques des grands désordres sociaux, ni celles des âpres besoins ne sont pour les masses le moment de s'adonner avec transport aux plaisirs de la scène. La littérature ne prospère que lorsque, intimement unie avec les goûts, les habitudes, toute la vie d'un peuple, elle est pour lui une occupation et une fête, un amusement et un besoin. La poésie dramatique dépend, plus que tout autre genre, de cette profonde et générale union des arts avec la société. Elle ne se contente point des tranquilles plaisirs d'une approbation éclairée ; il lui faut de vifs élans et de la passion ; elle ne va pas chercher les hommes dans le loisir et la retraite pour remplir des moments donnés au repos ; elle veut qu'on accoure et se précipite autour d'elle. Un certain degré de développement et aussi de simplicité dans les esprits, une certaine communauté d'idées et de mœurs entre les diverses conditions sociales, plus d'ardeur que de fixité dans les imaginations, plus de mouvement dans les âmes que dans les existences, une activité morale vivement excitée, mais sans but impérieux et déterminé, de la liberté dans la pensée et du repos dans la vie ; voilà les circonstances dont la poésie dramatique a besoin pour briller de tout son éclat. Elles ne se sont jamais réunies chez les peuples modernes aussi complètement ni dans une aussi belle harmonie que chez les Grecs. Mais partout où se sont rencontrés leurs principaux caractères, le théâtre s'est élevé ; et ni les hommes de génie n'ont manqué au public, ni le public aux hommes de génie.

Le règne d'Élisabeth fut, en Angleterre, une de ces époques décisives, si laborieusement atteintes par les peuples modernes, qui terminent l'empire de la force et ouvrent celui des idées : époques originales et fécondes où les nations s'empressent aux fêtes de l'esprit comme à une jouissance nouvelle, et où la pensée se forme, dans les plaisirs de la jeunesse, aux fonctions qu'elle doit exercer dans un âge plus mûr.

A peine reposée des orages qu'avaient promenés sur son territoire les fortunes alternatives de la Rose rouge et de la Rose blanche, agitée, épuisée de nouveau par la capricieuse tyrannie de Henri VIII et la tyrannie haineuse de Marie, l'Angleterre ne demandait à Élisabeth, aux jours de son avènement, que l'ordre et la paix.

C'était aussi ce qu'Élisabeth était le plus disposée à lui donner. Naturellement prudente et réservée, bien que hautaine, elle avait appris, dans les dures nécessités de sa jeunesse, à ne pas se compromettre. Sur le trône, elle maintint son indépendance en demandant peu à ses peuples, et mit sa politique à ne rien hasarder. La gloire militaire ne pouvait séduire une femme méfiante. La souveraineté des Pays-Bas, malgré les efforts des Hollandais pour la lui faire accepter, ne tenta point sa prévoyante ambition Elle sut se résigner à ne pas recouvrer Calais, à ne pas conserver le Havre ; et tous ses désirs de grandeur, comme tous les soins de son gouvernement, se concentrèrent dans les intérêts directs du pays dont elle avait à rétablir le repos et la prospérité.

Surpris d'un état si nouveau, les peuples en jouissaient avec l'ivresse de la santé renaissante. La civilisation, détruite ou suspendue par leurs discordes, renaissait ou grandissait de toutes parts ; l'industrie ramenait l'aisance, et, malgré les entraves qu'y apportaient les habitudes oppressives du gouvernement, tous les écrivains, tous les documents de cette époque attestent les rapides progrès du luxe populaire. Le chroniqueur Harrison entendait raconter aux vieillards que, dans leur jeunesse, ils avaient vu toutes les maisons sans cheminées, excepté celle du seigneur, et deux ou trois peut-être, dans les villes les plus riches ; les lits étaient alors faits de natte ou de paille à peine recouverte d'une toile grossière, avec une « bonne grosse bûche [1] » pour traversin ; et le fermier qui, dans les sept premières années de son mariage, était parvenu à se donner un matelas de laine et un sac de son pour reposer sa tête, « se croyait aussi bien logé que le seigneur de la ville. » Élisabeth régna, et Shakspeare nous apprend que le plus actif emploi des follets et des fées était d'aller pincer « jusqu'au bleu [2] les

---

[1] *A good round log.*   [2] *Black and blue.*

servantes qui négligeaient de nettoyer l'âtre de la cheminée ; et ce même Harrison décrit les maisons des fermiers de son temps, leurs trois ou quatre lits de plume garnis de couvertures, de tapis, ou même de quelque tenture de soie, leur table bien pourvue de linge, leur buffet plein de vaisselle de terre, où brillaient et la salière d'argent, et le gobelet pour le vin, et une douzaine de cuillers du même métal.

Plus d'une génération s'écoulera avant qu'un peuple ait épuisé les jouissances nouvelles de ce bien-être inusité. Le règne d'Elisabeth et celui de son successeur suffirent à peine à dépenser ce goût d'aisance et de repos qu'avaient amassé de longues agitations ; et l'ardeur religieuse dont l'explosion vint ensuite révéler les forces nouvelles qu'avait recouvrées la société pendant le loisir de ces deux règnes couvait alors obscurément au sein des masses, sans donner encore naissance à aucun mouvement général et décisif.

La réforme, traitée en ennemie par les grands souverains du continent, avait reçu de Henri VIII un commencement d'espérance et d'appui qui ralentit d'abord son ambition et ses progrès. Le joug de Rome était secoué, la vie monastique abolie. En donnant ainsi satisfaction aux premiers désirs du temps, en faisant tourner ces premiers coups de la réforme au profit des intérêts matériels, Henri VIII avait ôté à beaucoup d'esprits le besoin de s'enquérir plus avant des dogmes purement théologiques du catholicisme, qui ne les choquait plus par le spectacle de ses abus les plus décriés. La foi, il est vrai, était chancelante et ne pouvait plus s'attacher fermement à des doctrines ébranlées : aussi ces doctrines devaient-elles succomber un jour ; mais ce jour était retardé. Dans un temps où le défenseur catholique de la présence réelle marchait au supplice pour avoir soutenu la suprématie du pape, tandis qu'en rejetant la suprématie du pape le réformé montait au bûcher s'il se refusait à reconnaître la présence réelle, beaucoup d'esprits demeuraient nécessairement en suspens. Ni l'une ni l'autre des opinions en présence n'offrait à la lâcheté, qui se révèle si abondamment dans les jours difficiles, le refuge d'un parti vainqueur. Le dogme de l'obéissance politique était le seul auquel se pussent rallier avec quelque zèle les consciences dociles ; et, parmi les adhérents sincères de l'une ou de l'autre foi, les espérances de triomphe que laissait à chaque parti une situation si bizarre retenaient encore dans l'inaction ces courages timides que la tyrannie, pour les forcer à la résistance, est contrainte d'aller chercher jusque dans leurs derniers retranchements.

Les vicissitudes qu'éprouva, sous les règnes d'Edouard VI et de Marie, l'établissement religieux de l'Angleterre, entretinrent cette disposition. L'ardeur du martyre n'eut, dans aucun des deux partis, le temps de se nourrir ni de s'étendre ; et si le parti de la réforme, déjà plus puissant sur les esprits, plus persévérant, plus éclatant par le nombre et le courage de ses martyrs, marchait évidemment vers une victoire définitive, le succès qu'il avait obtenu à l'avénement d'Élisabeth lui donnait plutôt le loisir de se préparer à de nouveaux combats, que le pouvoir de les engager aussitôt et de les rendre décisifs.

Attachée, par situation, aux doctrines des réformés, Élisabeth avait, en commun avec le clergé catholique, le goût de la pompe et de l'autorité. Aussi tels furent ses premiers règlements en matière de religion que la plupart des catholiques ne répugnaient point à assister au culte divin dont se contentaient les réformés, et que l'établissement de l'Église anglicane, confié aux mains du clergé existant, ne rencontra parmi les ecclésiastiques que peu de résistance, et probablement aussi peu de zèle. La religion continua d'être, pour un grand nombre d'hommes, une affaire politique. Les démêlés de l'Angleterre avec les cours de Rome et de Madrid, quelques conspirations intérieures et les sévérités qu'elles entraînèrent, élevaient successivement, entre les deux partis, de nouveaux motifs d'animosité; cependant l'intérêt religieux dominait si peu tous les sentiments qu'en 1569 Élisabeth, l'enfant de la réforme, mais précieuse à ses peuples comme le gage du repos et du bonheur public, trouva la plupart de ses sujets catholiques pleins d'ardeur pour l'aider à réprimer la révolte catholique d'une portion du nord de l'Angleterre.

A plus forte raison rentraient-ils facilement dans ce joyeux oubli de tout grand débat où Élisabeth aimait à les entretenir. A la vérité, au fond des masses populaires, la réforme, flattée mais non satisfaite, grondait sourdement; on l'entendait même élever par degrés cette voix qui devait bientôt ébranler toute l'Angleterre. Mais au milieu du mouvement de jeunesse qui emportait, pour ainsi dire, toute la nation, la sévérité des réformateurs n'était encore qu'un spectacle importun, dont se détournaient bientôt ceux qui l'avaient remarqué en passant; et les accents du puritanisme, unis à ceux de la liberté, étaient réprimés sans effort par un pouvoir dont le peuple goûtait trop récemment la protection pour en craindre beaucoup les envahissements.

Nulle époque peut-être n'est plus favorable à la fécondité et à l'originalité des productions de l'esprit que ces temps où une nation libre déjà, mais s'ignorant encore elle-même, jouit naïvement de ce qu'elle possède sans s'apercevoir de ce qui lui manque : temps pleins d'ardeur, mais peu exigeants, où les droits n'ont pas été définis, les pouvoirs discutés, les restrictions convenues. Le gouvernement et le public, marchant alors sans crainte et sans scrupule, chacun dans sa carrière, vivent ensemble sans s'observer avec méfiance, ne se rencontrant même que rarement. Si, d'un côté, le pouvoir est sans limites, de l'autre la liberté sera grande; l'un et l'autre ignoreront ces formes générales, ces innombrables et minutieux devoirs auxquels un despotisme savant et même une liberté bien réglée asservissent plus ou moins les actions et les esprits. C'est ainsi qu'en France le siècle de Richelieu et de Louis XIV connut et posséda cette portion de liberté qui nous a valu une littérature et un théâtre. A cette époque où, parmi nous, le nom même des libertés publiques semblait oublié, où le sentiment de la dignité de l'homme ne servait de base ni aux institutions, ni aux actes du gouvernement, la dignité des situations individuelles se maintenait encore là où la puissance n'avait pas encore eu besoin de l'abaisser. A côté des formes de la servilité se retrouvaient les formes, et quelquefois même les saillies de l'indépendance. Le grand seigneur, soumis et adorateur dans son rôle de courtisan, pouvait en certaines occasions se rappeler avec hauteur qu'il était gentilhomme. Corneille bourgeois n'avait point de termes assez humbles pour exprimer sa reconnaissance et sa dépendance envers le cardinal de Richelieu; Corneille poëte repoussait l'autorité qui voulait prescrire des règles à son génie, et défendait, contre les prétentions littéraires d'un ministre absolu, les « secrets de plaire qu'il pouvoit avoir trouvés dans son art. » Enfin les esprits, encore vigoureux, échappaient de mille manières au joug d'un despotisme encore incomplet ou novice, et l'imagination s'élançait de toutes parts dans les routes ouvertes à son essor.

En Angleterre, sous Élisabeth, le pouvoir, plus irrégulier et moins savamment organisé qu'il ne le fut en France sous Louis XIV, avait à traiter avec des principes de liberté bien plus profonds. On se tromperait si l'on mesurait le despotisme d'Élisabeth aux paroles de ses flatteurs ou même aux actes de son gouvernement. Dans cette cour jeune encore et peu expérimentée, le langage de l'adulation dépassait de beaucoup la servilité des caractères; et dans ce pays, où n'avaient point péri les anciennes institutions, le gouvernement était loin de pénétrer partout. Dans les comtés, dans les villes, une administration indépendante maintenait des habitudes et des instincts de liberté. La reine imposait silence aux Communes qui la pressaient sur le choix d'un successeur ou sur quelque article de liberté religieuse ; mais les Communes s'étaient assemblées ; elles avaient parlé ; et la reine, malgré la hauteur de ses refus, prenait grand soin de ne pas donner sujet à des plaintes qui auraient pu augmenter l'autorité de leurs paroles. Le despotisme et la liberté, évitant ainsi de se rencontrer au lieu de se chercher pour se combattre, se déployaient sans se haïr, avec cette simplicité d'action qui prévient les frottements et bannit les amertumes que font naître de part et d'autre de continuelles résistances. Un puritain venait d'avoir la main droite coupée en punition d'un écrit contre le projet de mariage d'Élisabeth avec le duc d'Anjou : aussitôt après l'exécution, il élève son chapeau de la main gauche en s'écriant : « Dieu garde la reine ! » Quand la loyauté demeure si profondément enracinée dans le cœur de l'homme qui s'est exposé à de tels maux pour la liberté, il faut qu'en général la liberté ne croie pas avoir beaucoup à se plaindre.

Rien ne manqua donc à cette époque des biens qu'elle était capable de désirer ; rien ne troubla les esprits dans cette première ivresse de la pensée parvenue à l'âge du développement ; âge des folies et des miracles, où l'imagination se déploie dans ses plus puérils comme dans ses plus nobles emportements. Un luxe extravagant de fêtes, de parure, de galanterie, la passion de la mode, les sacrifices à la faveur, employaient les richesses et les loisirs des courtisans d'Élisabeth. Les âmes plus ardentes allaient au loin chercher les aventures qui, avec l'espoir de la fortune, leur offraient le plaisir plus vif des hasards. Sir Francis Drake partait en corsaire, et les volontaires se pressaient sur son navire ; sir Walter Raleigh annonçait une expédition lointaine, et les jeunes gentilshommes vendaient leurs biens pour s'y associer. Les tentatives spontanées, les entreprises patriotiques se succédaient de jour en jour ; et loin de s'épuiser dans ce mouvement, les esprits en recevaient une impulsion et une vigueur nouvelles; la pensée réclamait sa part dans les plaisirs, et devenait en même temps l'aliment des passions les plus sérieuses. Tandis que la foule se précipitait dans les théâtres qui s'élevaient de toutes parts, le puritain, dans ses méditations solitaires, s'enflammait d'indignation contre ces pompes de Bélial et cet emploi sacrilége de l'homme, image de Dieu sur la terre. L'ardeur poétique et l'âpreté religieuse, les querelles littéraires et les controverses théologiques, le goût des fêtes et le fanatisme des austérités, la philosophie, la critique, les sermons, les pamphlets, les épigrammes, se produisaient, se rencontraient, se croisaient; et dans ce conflit naturel et bizarre se formaient la puissance de l'opinion, le sentiment et l'habitude de la liberté : forces brillantes à leur première apparition et imposantes dans leurs progrès, dont les prémices appartiennent au gouvernement habile qui les sait employer, mais dont la maturité menace le gouvernement imprudent qui voudra les asservir. L'élan qui a fait la gloire d'un règne peut devenir bientôt la fièvre qui précipite les peuples dans les révolutions. Aux jours d'Élisabeth, le mouvement de l'esprit public n'appelait encore l'Angleterre qu'aux fêtes, et la poésie dramatique naquit toute grande avec Shakspeare.

Qui ne voudrait remonter à la source des premières inspirations d'un génie original, pénétrer dans le secret des causes qui ont dirigé ses forces naissantes, le suivre pas à pas dans ses progrès, assister enfin à toute la vie intérieure d'un homme qui, après avoir, dans son pays, ouvert à la poésie dramatique la route qu'elle n'a point quittée, y marche encore le premier et presque le seul? Malheureusement, parmi les hommes supérieurs, Shakspeare est un de ceux dont la vie, à peine observée par ses contemporains, est demeurée le plus obscure pour les générations suivantes. Quelques registres civils où se sont conservées les traces de l'existence de sa famille, quelques traditions attachées à son nom dans le pays qui le vit naître, et les œuvres mêmes de son génie, c'est là tout ce qui nous reste pour combler les lacunes de son histoire.

La famille de Shakspeare habitait Stratford sur Avon, dans le comté de Warwick. Son père, John Shakspeare, faisait, à ce qu'il paraît, son principal état de la préparation de la laine. Peut-être y joignait-il quelques autres branches d'industrie ; car, dans des anecdotes recueillies à Stratford même, cinquante ans, à la vérité, après la mort de Shakspeare, Aubrey[1] le représente comme fils d'un boucher. A une telle distance, des souvenirs transmis par deux ou trois générations pouvaient s'être un peu confondus dans la mémoire des concitoyens de Shakspeare ; cependant les professions n'étaient alors ni distinctes, ni multipliées comme elles le sont de nos jours, et rien n'eût été moins étrange à cette époque, surtout dans une petite ville, que la réunion des différents états qui tenaient au commerce des bestiaux. Quoi qu'il en soit, la famille Shakspeare appartenait à cette bourgeoisie qui a eu de bonne heure tant d'importance en Angleterre. Son bisaïeul avait reçu de Henri VII, comme « récompense de ses services, » quelques propriétés dans le comté de Warwick. Son père John exerçait en 1569, à Stratford, la fonction de grand bailli ; mais, dix ans après, sa fortune avait éprouvé sans doute de tristes revers, car, en 1579, on voit sur les registres de Stratford deux aldermen exemptés d'une taxe imposée à leurs confrères, et John Shakspeare en est un. En 1586, il fut remplacé dans ses fonctions d'alderman, qu'il ne remplissait plus depuis longtemps ; d'autres causes que la pauvreté peuvent avoir contribué à l'en écarter. On a dit que Shakspeare était catholique ; il paraît du moins certain que telle fut la croyance de son père ; en 1770, un couvreur, raccommodant le toit de la maison où était né Shakspeare, trouva, entre la charpente et les tuiles, un manuscrit déposé là

---

[1] Écrivain qui vivait environ cinquante ans après Shakspeare, et qui a recueilli des souvenirs et des traditions de son temps.

sans doute dans un moment de persécution, et contenant une profession de foi catholique, en quatorze articles qui commencent tous par ces mots : « Moi, John Shakspeare. » Le pouvoir toujours croissant des doctrines réformées avait peut-être rendu les devoirs d'alderman plus difficiles pour un catholique qui, avec l'âge, pouvait aussi être devenu plus scrupuleux sur ceux de sa foi.

Ce fut le 23 avril 1564 que naquit William Shakspeare, le troisième ou le quatrième de neuf, de dix, ou peut-être même de onze enfants, qui formèrent, à ce qu'il paraît, la famille de John. William était, il y a lieu de le croire, le premier des enfants mâles, l'aîné des espérances de son père. La prospérité et la considération appartenaient certainement alors à cette famille dont, cinq ans après, on voit le chef revêtu du premier emploi de sa ville natale. On peut donc admettre que l'éducation de Shakspeare, dans ses jeunes années, répondit à ce que suppose une telle situation ; et lorsque ensuite un changement de fortune, quelle qu'en ait été la cause, vint interrompre ses études, il avait probablement acquis ces premières habitudes d'une éducation libérale qui suffisent à un homme supérieur pour débarrasser son esprit de la gaucherie de l'ignorance, et le mettre en possession des formes convenues dont il a besoin de savoir revêtir sa pensée. C'est là plus qu'il n'en faut pour expliquer comment Shakspeare manqua des connaissances qui constituent une bonne éducation, en possédant les élégances qui l'accompagnent.

Shakspeare n'avait pas quinze ans lorsqu'il fut retiré des écoles pour aider, dans son commerce, son père appauvri. C'est alors que, selon la tradition d'Aubrey, William aurait exercé les sanglantes fonctions attachées à l'état de boucher. Cette supposition révolte aujourd'hui les commentateurs du poëte ; mais une circonstance rapportée par Aubrey ne permet guère d'en douter, et révèle en même temps cette imagination déjà incapable de s'assujettir à de vils emplois sans y joindre quelque idée, quelque sentiment qui les ennoblit : « Quand il tuait un veau, dirent à Aubrey les gens du voisinage, il le faisait avec pompe et prononçait un discours. » Qui n'entrevoit le poëte tragique inspiré par le spectacle de la mort, fût-ce celle d'un animal, et cherchant à le rendre imposant ou pathétique? Qui ne se représente l'écolier de treize ou quatorze ans, la tête remplie de ses premières connaissances littéraires, l'esprit frappé peut-être de quelque représentation théâtrale, élevant, dans un transport poétique, l'animal qui va tomber sous ses coups à la dignité de victime, ou peut-être à celle de tyran?

Ce fut en 1576 que le brillant Leicester célébra à Kenilworth la visite d'Élisabeth, par des fêtes dont tous les écrits du temps attestent l'extraordinaire magnificence. Shakspeare avait douze ans, et Kenilworth est à quelques milles de Stratford. Il est difficile de douter que la famille du jeune poëte n'ait partagé, avec toute la population de la contrée, le plaisir et l'admiration qu'excitèrent ces pompeux spectacles. Quel ébranlement n'en dut pas recevoir l'imagination de Shakspeare! Cependant les premières années du poëte nous ont transmis, pour unique trace des singularités qui peuvent annoncer le génie, l'anecdote que je viens de raconter, et ce qu'on sait des amusements de sa jeunesse n'a rien qui rappelle les goûts et les plaisirs d'une vie littéraire.

Nous vivons dans des temps de civilisation et de prévoyance, où chaque chose a sa place et sa règle, où la destinée de chaque individu est déterminée par des circonstances plus ou moins impérieuses, mais qui se manifestent de bonne heure. Un poëte commence par être un poëte; celui qui doit le devenir le sait presque dès l'enfance; la poésie a été familière à ses premiers regards; elle a pu être son premier goût, sa première passion quand le mouvement des passions s'est éveillé dans son sein. Le jeune homme a exprimé en vers ce qu'il ne sent pas encore; et quand le sentiment naîtra vraiment en lui, sa première pensée sera de le mettre en vers. La poésie est devenue le but de son existence ; but aussi important qu'aucun autre, carrière où il peut rencontrer la fortune aussi bien que la gloire, et qui peut s'ouvrir aux idées sérieuses de son avenir comme aux capricieuses saillies de sa jeunesse. Dans une société ainsi avancée, l'homme n'a pas à s'ignorer, à se chercher longtemps lui-même ; une voie facile se présente à cette ardeur de la jeunesse qui s'égarerait bien loin peut-être avant de trouver la direction qui lui convient ; les forces et les passions d'où jaillira le talent connaissent bientôt le secret de leur destinée ; et, résumées de bonne heure en discours, en images, en cadences harmonieuses, s'exhalent sans peine dans les précoces essais du jeune homme, les illusions du désir, les chimères de l'espérance, et quelquefois même les amertumes du désappointement.

Dans les temps où la vie est difficile et les mœurs rudes, il en est rarement ainsi pour le poëte que forme la seule nature. Rien ne le révèle sitôt à lui-même ; il faudra qu'il ait beaucoup senti avant de croire qu'il ait quelque chose à peindre ; ses premières forces se porteront vers l'action, vers l'action irrégulière telle que la provoque l'impatience de ses désirs, vers l'action violente si quelque obstacle vient se placer entre lui et le succès que lui a promis sa fougueuse imagination. En vain le sort lui a départi les plus nobles dons ; il ne peut les employer qu'au seul but qu'il connaisse. Dieu sait à quels triomphes il fera servir son éloquence, dans quels projets et pour quels avantages il déploiera les richesses de son invention, parmi quels égaux ses talents l'élèveront au premier rang, de quelles sociétés la vivacité de son esprit le rendra l'amusement et l'idole ! Triste assujettissement de l'homme au monde extérieur ! Doué d'une puissance inutile si son horizon est moins étendu que la portée de sa vue, il ne voit que ce qui est autour de lui ; et le ciel qui lui prodigua des trésors n'a rien fait pour lui s'il ne le place dans des circonstances qui les lui révèlent. C'est du malheur que sort communément cette révélation; quand le monde manque à l'homme supérieur, il se replie sur lui-même et se reconnaît; quand la nécessité le presse, il recueille ses forces; et c'est bien souvent pour avoir perdu la faculté de ramper sur la terre que le génie et la vertu se sont élancés vers les cieux.

Ni les occupations auxquelles semblait destinée la vie de Shakspeare, ni les amusements et les compagnons de ses loisirs ne lui offraient rien qui pût saisir et absorber cette imagination dont la puissance commençait à ébranler son être. Livrée à toutes les excitations qui se rencontraient sur son chemin, parce que rien ne pouvait la satisfaire, la jeunesse du poëte accepta le plaisir, sous quelque forme qu'il se présentât. Une tradition des bords de l'Avon, d'accord avec la vraisemblance, donne lieu de penser qu'il n'avait guère que le choix des plus vulgaires divertissements. Voici cette anecdote, telle que la racontent encore, dit-on, les gens de Stratford et ceux de Bidford, village voisin, renommé, dès les siècles passés, pour l'excellence de sa bière, et aussi, ajoute-t-on, pour l'inextinguible soif de ses habitants.

La population des environs de Bidford, partagée en deux sociétés, connues sous le nom des *Francs Buveurs* et des *Gourmets* de Bidford[1], était dans l'usage de défier à des combats de bouteille tous ceux qui, dans les lieux d'alentour, se faisaient honneur de quelque mérite dans ce genre d'épreuves. La jeunesse de Stratford, provoquée à son tour, accepta vaillamment le défi; et Shakspeare, non moins connaisseur, assure-t-on, en fait de bière, que Falstaff en fait de vin d'Espagne, fit partie de la bande joyeuse, dont sans doute il se séparait rarement. Mais les forces ne répondaient pas au courage. Arrivés au lieu du rendez-vous, les braves de Stratford trouvent les *Francs Buveurs* partis pour la foire voisine; les *Gourmets*, moins redoutables, selon toute apparence,

---

[1] *Toppers and Sippers.*

demeuraient seuls, et proposent d'essayer la fortune des armes ; la partie est acceptée ; mais, dès les premiers coups, la troupe de Stratford, mise hors de combat, se voit réduite à la triste nécessité d'employer ce qui lui reste de raison à profiter de ce qui lui reste de jambes pour opérer sa retraite ; l'opération paraissait même difficile, et devient bientôt impossible ; à peine a-t-on fait un mille que tout manque à la fois, et la troupe entière établit, pour la nuit, son bivouac sous un pommier sauvage, encore debout, s'il en faut absolument croire les voyageurs, sur la route de Stratford à Bidford, et connu sous le nom de l'arbre de Shakspeare. Le lendemain ses camarades, réveillés par le jour et rafraîchis par la nuit, voulurent l'engager à retourner avec eux sur ses pas pour venger l'affront de la veille ; mais Shakspeare s'y refusa, et jetant les yeux autour de lui sur les villages répandus dans la campagne : « Non, s'écria-t-il, j'en ai assez d'avoir bu avec

> Pebworth le flûteur, le danseur Marston,
> Hillbrough aux revenants, l'affamé Grafton,
> Exhall le brigand, le papiste Wicksford,
> Broom où l'on mendie, et l'ivrogne Bidford [1].

Cette conclusion de l'aventure fait présumer que la débauche avait moins de part que la gaieté à ces excursions de la jeunesse de Shakspeare, et que, sinon la poésie, du moins les vers étaient déjà pour lui le langage naturel de la gaieté. La tradition a conservé de lui quelques autres impromptu du même genre, mais attachés à des anecdotes plus insignifiantes ; et tout concourt à nous représenter cette imagination riante et facile se jouant avec complaisance au milieu des grossiers objets de ses amusements, et l'ami futur de lord Southampton

---

[1] Plusieurs de ces villages conservent encore la réputation que Shakspeare leur attribue dans ce quatrain.

charmant les rustiques riverains de l'Avon par cette grâce animée, cette joyeuse sérénité d'humeur, cette bienveillante ouverture de caractère qui trouvaient ou faisaient naître partout des plaisirs et des amis.

Cependant, au milieu de ces grotesques folies, un événement sérieux trouve sa place, le mariage de Shakspeare. Au moment où il contracta un engagement si grave, Shakspeare n'avait pas plus de dix-huit ans, car il en faut croire la naissance de sa fille aînée, venue au monde un mois après celui où il avait accompli sa dix-neuvième année. Quels motifs le précipitèrent de si bonne heure dans des liens qu'il semblait encore peu fait pour porter? Anna Hatway, sa femme, fille d'un cultivateur, et par conséquent un peu au-dessous de lui pour la condition, avait huit ans de plus que lui ; peut-être le surpassait-elle en fortune ; peut-être les parents du poëte voulurent-ils essayer de l'attacher, par une union avantageuse, à quelques occupations sédentaires ; on ne voit pas cependant, bien s'en faut, que le mariage de Shakspeare ait ajouté à l'aisance de sa vie. Peut-être l'amour détermina-t-il les jeunes gens ; peut-être même contraignit-il les familles à précipiter le légitime accomplissement de leurs vœux. Quoi qu'il en soit, moins de deux ans après Suzanna, ce premier fruit de son mariage, naquirent à Shakspeare deux jumeaux, un fils et une fille, dernière preuve d'une intimité conjugale qui s'était d'abord annoncée sous des apparences si fécondes. S'il en faut croire quelques indications, à la vérité douteuses et obscures, la femme de Shakspeare rappelée, comme on le verra, ou plutôt oubliée dans son testament d'une façon étrange, ne fut, dans la suite de sa vie, que bien rarement présente à sa pensée ; et cet engagement irrévocable, si hâtivement contracté, semble se ranger au nombre des saillies les plus passagères de sa jeunesse.

Parmi les faits qu'on a tâché de recueillir sur cette période de la vie de Shakspeare, se place encore la tradition rapportée par Aubrey qui lui fait exercer quelque temps les fonctions de maître d'école, anecdote niée par tous ses biographes. Quelques-uns, d'après des notions tirées de ses ouvrages, penchent à croire que le poëte d'Élisabeth a essayé les forces de son esprit dans l'étude d'un procureur ; selon leurs conjectures, les nouveaux devoirs de la paternité l'auraient engagé à chercher cet emploi de ses talents, tandis qu'Aubrey place avant son mariage l'épreuve momentanée qu'il en fit comme maître d'école. Mais rien, à cet égard, n'est certain ni important. Ce qui ne paraît pas douteux, c'est la constante disposition du mari d'Anna Hatway à varier, par des distractions de tout genre, les occupations quelconques que lui imposait la nécessité. L'événement qui détermina Shakspeare à quitter Stratford, et donna à l'Angleterre le premier de ses poëtes, prouve que l'état de père de famille n'avait pas changé grand'chose à l'irrégularité des habitudes du jeune homme.

Jaloux de leur chasse, comme tous les gentilshommes qui ne font pas la guerre, les possesseurs de parcs avaient sans cesse à les défendre contre des invasions aussi fréquentes que faciles dans des lieux rarement fermés. Le danger ne diminue pas toujours les tentations, et souvent même il les fait paraître moins illégitimes. Une société de braconniers exerçait ses déprédations dans les environs de Stratford, et Shakspeare, éminemment sociable, ne se refusait guère à ce qui se faisait en commun. Il fut pris dans le parc de sir Thomas Lucy, enfermé dans la loge du garde où il passa la nuit d'une manière probablement désagréable, et conduit le lendemain matin devant sir Thomas, auprès de qui, selon toute apparence, il n'atténua pas sa faute par la soumission et le repentir. Shakspeare paraît avoir conservé, de cette circonstance de sa vie, un souvenir trop gai pour qu'on ne suppose pas qu'elle lui procura plus d'un divertissement. Sir Thomas Lucy, traduit plusieurs années après sur la scène, sous le nom du juge Shallow, s'était sans doute fixé dans son imagination moins comme un objet d'humeur que comme une plaisante caricature. Que, dans leur entrevue, Shakspeare ait exercé la vivacité de son esprit aux dépens de son puissant adversaire, que ce succès l'ait consolé de son mauvais sort, et qu'il en ait joui avec cet orgueil moqueur si amusant pour celui qui le déploie et si offensant pour celui qui le subit, une telle supposition est en soi très-vraisemblable ; et la scène où, dans la *Seconde partie de Henri IV*, Falstaff traite avec une spirituelle insolence le juge Shallow qui veut le poursuivre en justice pour un fait absolument pareil, nous a évidemment conservé quelques-unes des réparties du jeune braconnier. Elles n'avaient pas pour objet et ne pouvaient avoir pour résultat d'adoucir le ressentiment de sir Thomas. De quelque manière qu'il l'ait fait sentir à l'offenseur alors en son pouvoir, les besoins de vengeance devinrent réciproques. Shakspeare composa et afficha aux portes de sir Thomas une ballade aussi mauvaise qu'il le fallait pour divertir singulièrement le public auquel il demandait alors ses triomphes, et pour porter au dernier degré le courroux de l'homme dont elle livrait le nom à la risée populaire. Des poursuites juridiques furent entamées contre le jeune homme avec une telle violence qu'il se crut obligé de pourvoir à sa sûreté, et quitta sa famille pour aller chercher à Londres un asile et des moyens d'existence.

Quelques-uns des biographes de Shakspeare ont pensé que des embarras pécuniaires pouvaient avoir déterminé ce départ. Aubrey ne l'attribue qu'au désir de trouver à Londres quelque occasion de faire valoir ses talents. Mais, quoi qu'il en soit des résultats ultérieurs de l'aventure du poëte avec sir Thomas Lucy, le fait même ne saurait être révoqué en doute. Shakspeare semble avoir pris soin de le constater. De toutes les sottises de Falstaff, la seule dont il ne soit pas puni, c'est d'avoir « tué le daim et battu les gens » de Shallow, exploit d'ailleurs beaucoup plus conforme à l'idée que Shakspeare pouvait avoir conservée de sa propre jeunesse qu'à celle qu'il nous a donnée du vieux chevalier, d'ordinaire plutôt battu que battant. Tout l'avantage reste à Falstaff dans cette affaire, et Shallow, si clairement désigné par les armes de la famille Lucy, n'est nulle part aussi ridicule que dans la scène où il exhale sa colère contre son voleur de gibier. Le poëte ne s'en occupe même plus guère et l'abandonne, au sortir des mains de Falstaff, comme s'il en eût tiré tout ce qu'il avait à lui demander. Ce soin amical et la complaisance avec laquelle Shakspeare reproduit dans la pièce, à propos des armes de Shallow, le jeu de mots qui faisait tout le sel de sa ballade contre sir Thomas Lucy, ont bien l'air d'un tendre souvenir; et, à coup sûr, peu d'anecdotes historiques peuvent produire, en faveur de leur authenticité, des preuves morales aussi concluantes.

Que n'en sait-on autant sur l'emploi des premiers moments du séjour de Shakspeare à Londres, sur les circonstances qui amenèrent son entrée au théâtre, sur la part que put avoir la conscience de son talent dans la résolution qui en dirigea l'essor? Mais les traditions les plus accréditées à ce sujet manquent et de vraisemblance et de preuves. Ce besoin d'étonnement, source des croyances merveilleuses, et qui entre deux récits fera presque toujours pencher notre foi vers le plus étrange, nous dispose en général à chercher, aux événements importants, une cause accidentelle dans ce que nous appelons le hasard. Nous admirons alors, avec un singulier plaisir, les miraculeuses habiletés de ce hasard que nous supposons aveugle parce que nous le sommes nous-mêmes, et notre imagination se réjouit à l'idée d'une force irraisonnable présidant aux destinées d'un homme de génie. Ainsi, selon la tradition la plus accréditée, la misère seule aurait déterminé le choix des premières occupations de Shakspeare à Londres, et le soin de garder les chevaux à a porte du spectacle aurait été son premier rapport avec le théâtre, son premier pas vers la vie dramatique. Mais l'homme extraordinaire se décèle toujours par quelque endroit; telle était la grâce du nouveau venu dans ses humbles fonctions que bientôt personne ne voulut plus confier son cheval à d'autres mains qu'à celles de William Shakspeare ou de ses ayants cause; et alors, étendant son commerce, ce serviteur favorisé du public prit lui-même à son service de jeunes garçons chargés de se présenter en son nom aux arrivants, et certains d'être préférés quand ils se déclaraient les « garçons de Shakspeare[1], » titre que retinrent, dit-on, fort longtemps les jeunes gens qui gardaient ainsi les chevaux à la porte du spectacle.

Telle est l'anecdote rapportée par Johnson qui la tenait, dit-il, de Pope à qui Rowe l'avait communiquée. Cependant Rowe, le premier biographe de Shakspeare, n'en a point parlé dans son propre récit, et l'autorité de Johnson a pour unique appui les *Vies des poëtes* de Cibber, ouvrage auquel Cibber n'a guère donné que son nom, et dont un secrétaire subalterne de Johnson lui-même fut presque le seul auteur.

Une autre tradition, qui s'était conservée parmi les comédiens, nous représente Shakspeare comme remplissant d'abord les dernières fonctions de la hiérarchie théâtrale, celles de *garçon appeleur*[2], chargé d'avertir les acteurs quand venait leur tour d'entrer en scène. Telle eût été en effet la promotion graduelle par laquelle le commissionnaire de la porte aurait pu s'élever jusqu'à l'entrée des coulisses. Mais, en tournant ses idées vers le théâtre, est-il vraisemblable que Shakspeare les eût arrêtées à la porte? A l'époque de son arrivée à Londres, c'est-à-dire vers 1584 ou 1585, il avait, au théâtre de Black-Friars, une protection naturelle; Greene, son compatriote et probablement son parent, y figurait comme acteur assez estimé, et aussi comme auteur de quelques comédies. Ce fut, selon Aubrey, dans l'intention positive de se vouer au théâtre que Shakspeare se rendit à Londres; et quand le crédit de Greene n'eût réussi qu'à

---

[1] *Shakspeare's boys.*   [2] *Call-boy.*

le faire recevoir sous le titre de *call-boy*, on comprend sans peine par quels degrés un homme supérieur franchit rapidement toute la carrière dont il a obtenu l'entrée. Mais il serait plus difficile de concevoir qu'avec l'exemple et la protection de Greene, la carrière théâtrale, ou du moins le désir de s'y essayer comme acteur, n'eût pas été la première ambition de Shakspeare. L'époque était venue où les ambitions de l'esprit s'allumaient de toutes parts ; et la poésie dramatique, depuis longtemps au rang des plaisirs nationaux, avait enfin acquis en Angleterre cette importance qui appelle les chefs-d'œuvre.

Nulle part sur le continent le goût de la poésie n'a été aussi constant et aussi populaire que dans la Grande-Bretagne. L'Allemagne a eu ses minnesingers, la France ses trouvères et ses troubadours ; mais ces gracieuses apparitions de la poésie naissante montèrent rapidement vers les régions supérieures de l'ordre social, et tardèrent peu à s'évanouir. Les ménestrels anglais ont traversé toute l'histoire de leur pays dans une condition plus ou moins brillante, mais toujours reconnue par la société, constatée par ses actes, déterminée par ses règlements. Ils y paraissent comme une corporation véritable qui a ses affaires, son influence, ses droits, qui pénètre dans tous les rangs, et s'associe aux divertissements du peuple comme aux fêtes de ses chefs. Héritiers des bardes bretons et des scaldes scandinaves, avec qui les confondent sans cesse les écrivains anglais du moyen âge, les ménestrels de la vieille Angleterre conservèrent assez longtemps une portion de l'autorité de leurs devanciers. Plus tard soumise, plus tôt délaissée, la Grande-Bretagne ne reçut point, comme la Gaule, l'empreinte universelle et profonde de la civilisation romaine. Les Bretons disparurent ou se retirèrent devant les Saxons et les Angles ; depuis cette époque, la conquête des Danois sur les Saxons, des Normands sur les Saxons et les Danois réunis, ne mêla sur ce sol que des peuples d'origine commune, d'habitudes analogues, à peu près également barbares. Les vaincus furent opprimés, mais ils n'eurent point à humilier leur mollesse devant les mœurs brutales de leurs maîtres ; les vainqueurs ne furent pas contraints de subir peu à peu l'empire des mœurs plus savantes de leurs nouveaux sujets. Chez une nation ainsi homogène, et à travers les vicissitudes de sa destinée, le christianisme même ne joua point le rôle qui lui échut ailleurs. En adoptant la foi de saint Remi, les Francs trouvèrent dans la Gaule un clergé romain, riche, accrédité, et qui dut nécessairement entreprendre de modifier les institutions, les idées, la manière de vivre comme la croyance religieuse des conquérants. Le clergé chrétien des Saxons fut saxon lui-même, longtemps grossier et barbare comme ses fidèles, jamais étranger, jamais indifférent à leurs sentiments et à leurs souvenirs. Ainsi la jeune civilisation du Nord grandit, en Angleterre, dans la simplicité comme avec l'énergie de sa propre nature, indépendante des formes empruntées et de la séve étrangère qu'elle reçut ailleurs de la vieille civilisation du Midi. Ce fait puissant, qui a déterminé peut-être le cours des institutions politiques de l'Angleterre, ne pouvait manquer d'exercer aussi, sur le caractère et le développement de sa poésie, une grande influence.

Un peuple qui marche ainsi selon sa première impulsion, et ne cesse point de s'appartenir tout entier, jette sur lui-même des regards de complaisance ; le sentiment de la propriété s'attache pour lui à tout ce qui le touche, la joie de l'orgueil à tout ce qu'il produit ; ses poëtes animés à lui retracer ses propres faits, ses propres mœurs, sont certains de ne rencontrer nulle part une oreille qui ne les entende, une âme qui ne leur réponde ; leur art est à la fois le charme des dernières classes de la société et l'honneur des conditions les plus élevées. Plus qu'en toute autre contrée la poésie s'unit, dans l'ancienne histoire d'Angleterre, aux événements importants : elle introduit Alfred sous les tentes des Danois ; quatre siècles auparavant, elle avait fait pénétrer le Saxon Bardulph dans la ville d'York, où les Bretons tenaient son frère Colgrim assiégé ; soixante ans plus tard, elle accompagne Awlaf, roi des Danois, dans le camp d'Athelstan ; au XIIe siècle, on lui fera honneur de la délivrance de Richard Cœur de lion. Ces vieux récits et tant d'autres, quelque douteux qu'on les suppose, prouvent du moins combien étaient présents à l'imagination des peuples l'art et la profession du ménestrel. Un fait plus moderne atteste l'empire que ces poëtes populaires exercèrent longtemps sur la multitude. Hugh, premier comte de Chester, avait statué, dans l'acte de fondation de l'abbaye de Saint-Werburgh, que la foire de Chester serait, pendant toute sa durée, un lieu d'asile pour les criminels, sauf à l'égard des crimes commis dans la foire même. En 1212, sous le règne du roi Jean et au moment de cette foire, Ranulph, dernier comte de Chester, voyageant dans le pays de Galles, fut attaqué par les Gallois et contraint de se retirer dans son château de Rothelan où ils l'assiégèrent. Il parvint à informer de sa situation Roger ou John de Lacy, constable de Chester ; celui-ci intéressa à la cause du comte les ménestrels qu'avait attirés la foire, et ils échauffèrent si bien, par leurs chants, cette multitude de gens sans aveu réunis alors à Chester sous la sauvegarde du privilége de Saint-Werburgh, qu'elle se mit en marche, conduite par le jeune Hugh de Dutton, intendant de lord Lacy, pour aller délivrer le comte. Il ne fut pas nécessaire d'en venir aux mains ; les Gallois, à la vue de cette troupe qu'ils prirent pour une armée, abandonnèrent leur entreprise ; et Ranuph reconnaissant accorda aux ménestrels du comté de Chester plusieurs priviléges dont ils devaient jouir sous la protection de la famille Lacy, qui transféra ensuite ce patronage aux Dutton et à leurs descendants [1].

---

[1] Sous le règne d'Élisabeth, déchus de leur ancienne splendeur, mais assez importants encore pour que la loi qui ne voulait plus les protéger fût toujours obligée de s'occuper d'eux, les ménes-

Les chroniques n'attestent pas seules le nombre et la popularité des ménestrels ; d'époque en époque la législation en fait foi. En 1315, sous Édouard II, le conseil du roi, voulant réprimer le vagabondage, défend à qui que ce soit de s'arrêter dans les maisons des prélats, comtes et barons, pour y manger et boire, « si ce n'est un ménestrel ; » encore ne pourra-t-il entrer chaque jour, dans ces maisons, « plus de trois ou quatre ménestrels d'honneur, » à moins que le propriétaire lui-même n'en admette un plus grand nombre. Chez les gens de moindre condition, les ménestrels mêmes ne pourront entrer s'ils ne sont appelés ; et ils devront se contenter alors de « manger et de boire, et de telle courtoisie » qu'il plaira au maître de la maison d'y ajouter. En 1316, pendant qu'Édouard célébrait à Westminster, avec ses pairs, la fête de la Pentecôte, une femme « parée à la manière des ménestrels, » et montée sur un grand cheval caparaçonné « selon la coutume des ménestrels, » entra dans la salle du banquet, fit le tour des tables, déposa sur celle du roi une lettre, et faisant aussitôt retourner son cheval, s'en alla en saluant la compagnie. La lettre déplut au roi, à qui elle reprochait les prodigalités répandues sur ses favoris au détriment de ses fidèles serviteurs ; on réprimanda les portiers d'avoir laissé entrer cette femme : « Ce n'est pas, répondirent-ils, la coutume de refuser jamais aux ménestrels l'entrée des maisons royales. » Sous Henri VI, on voit les ménestrels, qui se chargent d'égayer les fêtes, souvent mieux payés que les prêtres qui viennent les solenniser. A la fête de la Sainte-Croix, à Abingdon, vinrent douze prêtres et douze ménestrels ; les premiers reçurent chacun « quatre pence ; » les derniers, « deux schellings et quatre pence. » En 1441, huit

---

trels se virent, par un acte du Parlement, assimilés aux mendiants et vagabonds ; mais il y eut exception en faveur de ceux que protégeait la famille Dutton, et ils continuèrent d'exercer librement leur profession et leurs priviléges, souvenir honorable du service qui les leur avait mérités.

prêtres de Coventry, appelés au prieuré de Maxtoke pour un service annuel, eurent chacun deux schellings ; les six ménestrels qui avaient eu mission d'amuser les moines réunis au réfectoire reçurent chacun quatre schellings, et soupèrent avec le sous-prieur dans la « chambre peinte, » éclairés par huit gros flambeaux de cire, dont la dépense est portée sur les comptes du couvent.

Ainsi, partout où se célébraient des fêtes, partout où se rassemblaient des hommes, dans les couvents comme dans les foires, sur les places publiques comme dans les châteaux, les ménestrels toujours présents, répandus dans toutes les conditions de la société, charmaient, par leurs chants et leurs récits, le peuple des campagnes et les habitants des villes, les riches et les pauvres, les fermiers, les moines et les grands seigneurs. Leur arrivée était à la fois un événement et une habitude, leur intervention un luxe et un besoin ; en aucun temps, en aucun lieu, ne leur manquait l'occasion de réunir auprès d'eux une foule empressée ; la faveur publique les entourait, et le Parlement s'occupait d'eux, quelquefois pour reconnaître leurs droits, plus souvent pour réprimer les abus qu'entraînaient leur profession errante et leur nombre.

Quelles étaient donc les mœurs de ce peuple si avide de tels amusements ? quels loisirs lui permettaient de s'y livrer ? quelles occasions, quelles solennités rassemblaient si fréquemment les hommes, et offraient à ces chantres populaires une multitude disposée à les entendre ? Que, sous le ciel brillant du Midi, dispensés de lutter contre une nature rigoureuse, invités, par un air doux et un beau soleil, à vivre sur les places publiques et sous les oliviers, chargeant les esclaves des plus pénibles travaux, étrangers à l'empire des habitudes domestiques, les Grecs se soient empressés autour de leurs rhapsodes, et plus tard, dans leurs théâtres ouverts, pour livrer leur imagination aux charmes des récits naïfs ou des pathétiques tableaux de la poésie ; qu'aujourd'hui même, sous leur atmosphère brûlante et dans leur vie paresseuse, les Arabes, accroupis autour d'un narrateur animé, passent leurs journées à le suivre dans les aventures où il les promène ; cela s'explique, cela se conçoit : là le ciel n'a point de frimas et la vie matérielle point d'efforts qui empêchent les hommes de s'abandonner ensemble à de tels plaisirs ; les institutions ne les en éloignent point ; tout les leur rend au contraire naturels et faciles ; tout provoque et les réunions nombreuses, et les fêtes fréquentes, et les longs loisirs. Mais c'est dans les climats du Nord, sous la main d'une nature froide et sévère, dans une société en partie soumise au régime féodal, chez un peuple menant une vie difficile et laborieuse, que les ménestrels anglais voyaient se renouveler sans cesse l'occasion d'exercer leur art, et la foule se réunir si souvent autour d'eux.

C'est que les mœurs de l'Angleterre, formées sous l'influence des mêmes causes qui lui donnèrent ses institutions politiques, prirent de bonne heure ce caractère de publicité et de mouvement qui appelle une poésie populaire. Ailleurs tout tendit à séparer les diverses conditions sociales, à isoler même les individus ; là tout concourut à les rapprocher, à les mettre en présence. Le principe de la délibération commune sur les intérêts communs, fondement de toute liberté, prévalut dans les institutions de l'Angleterre et présida à toutes les coutumes du pays. Les hommes libres des campagnes et des villes ne cessèrent jamais de faire eux-mêmes et de traiter ensemble leurs affaires. Les cours de comté, le jury, les corporations, les élections de tout genre, multipliaient les occasions de réunion et répandaient partout les habitudes de la vie publique. Cette organisation hiérarchique de la féodalité qui, sur le continent, s'étendait du plus petit gentilhomme au plus puissant monarque, et de proche en proche, excitait incessamment toutes les vanités à sortir de leur sphère pour passer dans celle du suzerain, ne s'établit point complétement dans la Grande-Bretagne. La noblesse du second ordre, en se séparant des hauts barons pour se placer à la tête des communes, rentra, pour ainsi dire, dans le corps de la nation, et s'unit à ses mœurs comme à ses droits. C'était dans ses terres, au milieu de ses tenanciers, de ses fermiers, de ses gens, que le gentilhomme établissait son importance ; il la fondait et sur la culture de ses domaines et sur des magistratures locales qui, le mettant en rapport avec la population tout entière, exigeaient le concours de l'opinion et offraient à la contrée un centre autour duquel elle venait se grouper. Ainsi, tandis que des droits actifs rassemblaient les égaux, la vie rurale rapprochait le supérieur des inférieurs ; et l'agriculture, dans la communauté de ses intérêts et de ses travaux, enlaçait toute la population d'un lien qui, toujours descendant de classe en classe, s'allait en quelque sorte rattacher et sceller à la terre, base immuable de leur union.

Un tel état de la société amène l'aisance avec la confiance ; et là où règne l'aisance, où la confiance s'établit, arrive bientôt le besoin d'en jouir en commun. Des hommes accoutumés à se réunir pour leurs affaires se rassembleront aussi pour leurs plaisirs ; et quand la vie sérieuse du propriétaire se passe au milieu de ses champs, il ne reste point étranger aux joies du peuple qui les cultive ou les environne. Des fêtes continuelles et générales animaient les campagnes de la vieille Angleterre. Quelle fut d'abord leur origine? Quelles traditions, quelles habitudes leur servaient de fondement? Comment les progrès de la prospérité rustique amenèrent-ils par degrés ce joyeux mouvement de réunions, de banquets et de jeux? Il importe peu de le savoir ; c'est le fait même qui mérite d'être observé ; et c'est au xvie siècle, après la cessation des discordes civiles, qu'on peut le suivre dans ses brillants détails. A Noël, devant la porte des châteaux, le héraut, portant les armes de la famille, criait trois fois : « Largesse! La salle du baron s'ouvrait toute

« grande au vassal, au tenancier, au serf, à tous. Le
« pouvoir mettait de côté sa baguette de commande-
« ment, et l'étiquette dépouillait son orgueil. L'héritier,
« les rosettes aux souliers, pouvait dans cette soirée
« choisir pour la danse une compagne villageoise, et le
« lord, sans déroger, se mêlait au jeu vulgaire de *post
and pair* [1]. » Et la joie, l'hospitalité, le grand feu de la
salle, la table mise, le pudding, l'abondance des viandes,
se trouveront dans la maison du fermier comme dans
celle du gentilhomme ; la danse, quand la tête commence
à tourner de boisson, les chants du ménestrel, les récits
des anciens temps quand les forces sont épuisées par la
danse, tels sont les plaisirs qui couvrent alors la face de
l'Angleterre, « et qui, de la cabane à la couronne, appor-
« tent la nouvelle du salut.... C'était Noël qui perçait la
« plus vigoureuse pièce de bière ; c'était Noël qui racon-
« tait le conte le plus joyeux, et les cabrioles de Noël
« pouvaient réjouir le cœur du pauvre homme durant la
« moitié de l'année [2]. »

Ces fêtes de Noël duraient douze jours, variées de
mille plaisirs, ranimées par les souhaits et les générosités
du premier jour de l'an, terminées par la solennité des
rois, ou « douzième jour ». Mais aussitôt arrivait le
« lundi de la charrue », jour où recommençait le travail,
et le premier jour du travail était marqué par une fête.
« Bonnes ménagères que Dieu a enrichies, dit Tusser
« dans ses poésies rurales, n'oubliez pas les fêtes qui
« appartiennent à la charrue [3]. » Le fuseau avait aussi la
sienne. La fête des moissons était celle de l'égalité, et
comme l'aveu des besoins mutuels qui unissent les
hommes. En ce jour, maîtres et serviteurs, rassemblés à
la même table, mêlés à la même conversation, ne parais-

---

[1] *Marmion*, par sir Walter Scott. [2] *Ibid.*

[3] Thomas Tusser, poète du xvi⁰ siècle, né vers 1515, et mort en
1583, auteur de Géorgiques anglaises, sous le titre de *Five hun-
dred points of good husbandry, united to as many of good huswifery*.
L'édition la plus complète de ces poëmes est de 1580.

saient point rapprochés par la complaisance du supérieur qui veut récompenser son inférieur, mais par un droit égal aux plaisirs de la journée : « Quiconque a travaillé à
« la moisson ou labouré la terre est en ce jour convive
« par la loi de l'usage…. Autour de l'heureux cercle, le
« moissonneur promène des regards triomphants ; animé
« par la reconnaissance, il quitte sa place, et, avec des
« mains brûlées du soleil, il remplit le gobelet pour le
« présenter à son honoré maître, pour servir à la fois le
« maître et l'ami, fier qu'il est de rencontrer ses sou-
« rires, de partager ses récits, ses noix, sa conversation
« et sa bière…. Tels étaient les jours : je chante des
« jours depuis longtemps passés [1]. »

Les semailles, la tonte des brebis, toutes les époques, tous les intérêts de la vie rustique, amenaient de semblables réunions, les mêmes banquets et d'autres jeux. Mais quel jour égalait le premier jour de mai, brillant des joies de la jeunesse et des espérances de l'année? A peine le soleil naissant avait annoncé l'arrivée de ce jour d'allégresse que toute la jeune population répandue dans les bois, les prés, sur les rivages et les collines, courait, au son des instruments, faire sa moisson de fleurs ; elle revenait chargée d'aubépine, de verdure, en ornait les portes, les fenêtres des maisons, en couvrait le *mai* coupé dans la forêt, en couronnait les cornes des bœufs destinés à le traîner : « Lève-toi, dit Herrick à sa maî-
« tresse, au matin du premier de mai, lève-toi et vois
« comme la rosée a couvert de paillettes l'herbe et les
« arbres; depuis une heure, chaque fleur a pleuré et
« penche sa tête vers l'Orient. C'est un péché, que dis-je?
« c'est une profanation de garder encore le logis, tandis
« qu'en ce jour, pour prendre mai, des milliers de jeunes
« filles se sont levées avant l'alouette. Viens, ma Corinne,
« viens, et vois en passant comme chaque prairie devient
« une rue, chaque rue un parc verdoyant et orné d'ar-

[1] *Farmer's boy* (le Garçon de ferme), par Bloomfield.

« bres ; vois comme la dévotion a donné à chaque maison
« une grosse branche ou un rameau ; tout ce qui était
« porte ou portique est devenu une arche, un taber-
« nacle formé d'épines blanches élégamment entrela-
« cées [1]. »

Et cette élégance des chaumières est la même dont se pareront les châteaux ; les champs et des fleurs, c'est ce que chercheront les jeunes gentilshommes comme les garçons du village. Laissez faire la joie pour que l'égalité s'établisse entre les plaisirs ; la joie a ses symboles qui ne varient point ; elle ne les changera pas plus selon les situations que selon les saisons. Ici elle semble, conduite par l'abondance, parcourir l'année à travers une série de fêtes. Comme le premier de mai étale ses arcades de verdure, comme la tonte des brebis jonche les rues de fleurs, comme les épis font la parure de la fête des moissons, de même Noël aura ses salles tapissées d'ifs, de houx et de laurier vert. Comme les danses, les courses, les spectacles, les combats rustiques font retentir de leurs sons joyeux le ciel du printemps, de même les mascarades « où la chemise par-dessus l'habit tient « lieu de déguisement, où un visage charbonné sert de « masque, » perceront des cris de leur gaieté les froides nuits de décembre ; et, ainsi que l'arbre de mai, la bûche de Noël sera apportée en triomphe et célébrée par des chants.

C'est au milieu de ces jeux, de ces fêtes, de ces banquets, dans ces réunions si multipliées, au sein de cette joyeuse et habituelle « convivialité, » pour me servir de l'expression nationale, que prenaient place et chantaien les ménestrels ; et leurs chants avaient pour objet le traditions de la contrée, les aventures des héros popu laires comme celles des ancêtres du château, les ex ploits de Robin Hood contre le shériff de Nottingham

---

[1] Herrick, contemporain de Shakspeare, est connu par un recueil de jolies poésies rurales, publiées sous le titre d'*Hespérides*.

comme ceux des Percy contre les Douglas. Ainsi les mœurs publiques appelaient la poésie ; ainsi la poésie naissait des mœurs publiques et s'unissait à tous les intérêts, à toute l'existence de cette population accoutumée à vivre, à agir, à prospérer et à se réjouir en commun.

Comment la poésie dramatique serait-elle demeurée étrangère à un peuple ainsi disposé, si souvent réuni et si avide de fêtes ? Tout indique qu'elle s'essaya plus d'une fois dans les jeux des ménestrels. Les anciens écrivains leur donnent aussi les noms de *mimi, joculatores, histriones.* Des femmes faisaient partie de leurs bandes ; et plusieurs de leurs ballades, entre autres celle de « la fille aux cheveux châtains [1], » sont évidemment des scènes dialoguées. Cependant les ménestrels formèrent plutôt le goût national, porté ensuite au théâtre, que le théâtre même. Les premiers essais d'une véritable représentation théâtrale sont difficiles et dispendieux ; il y faut le concours d'une puissance publique, et ce n'est guère que dans des solennités importantes et générales que l'effet du spectacle pourra répondre aux efforts d'imagination et de travail qu'il aura coûté. L'Angleterre, comme la France, l'Italie et l'Espagne, dut aux fêtes du clergé ses premières représentations dramatiques ; seulement elles y furent, à ce qu'il paraît, plus précoces que partout ailleurs ; les mystères y remontent jusqu'au XIIe siècle, et peut-être au delà. Mais, en France, le clergé, après avoir élevé les théâtres, ne tarda pas à les foudroyer ; il en avait réclamé le privilége dans l'espoir d'entretenir ou d'échauffer ainsi la foi ; bientôt il en redouta l'effet et en abandonna l'usage. Le clergé anglais était plus intimement associé aux goûts, aux habitudes, aux divertissements du peuple. L'Église aussi profitait des avantages de cette « convivialité » universelle dont je viens de tracer le tableau. Célèbre-t-on quelque grande pompe

---

[1] *The nut-brown maid.*

religieuse ; une paroisse manque-t-elle de fonds : on annonce un *church-ale*[1] ; les marguilliers brassent de la bière, la vendent au peuple à la porte de l'église, aux riches dans l'église même ; chacun vient contribuer à la fête de son argent, de sa présence, de ses provisions, de sa gaieté ; la joie des bonnes œuvres s'augmente des plaisirs de la bonne chère, et la piété des riches se plaît à dépasser, par ses dons, le prix exigé. Souvent plusieurs paroisses se réunissent pour tenir tour à tour le *church-ale* au profit de chacune d'elles. Les jeux ordinaires suivaient ces réunions ; le ménestrel, la danse moresque, la représentation de Robin Hood avec la belle Marianne et le *Cheval de bois*[2], ne manquaient pas d'y figurer. Le temps de la confession, la Pâque, la Pentecôte, étaient encore, pour l'Église et le peuple, autant d'occasions périodiques de réjouissances communes. Ainsi, familier avec les mœurs populaires, le clergé anglais, en leur offrant des plaisirs nouveaux, songea moins à les modifier qu'à se les rendre favorables ; et dès qu'il vit quel charme trouvait le peuple aux représentations dramatiques, quel que fût le sujet mis en scène, il n'eut garde de renoncer à ce moyen de popularité. En 1378, les choristes de Saint-Paul se plaignent à Richard II de ce que des ignorants se mêlent de représenter les histoires de l'Ancien Testament, « au grand préjudice du clergé. » Depuis cette époque, les mystères et les moralités ne cessent pas d'être, dans les églises et les couvents, un des amusements favoris de la nation, et l'une des occupations des ecclésiastiques. Au commencement du xvi° siècle, un comte de Northumberland, protecteur des lettres, établit pour règle de sa maison qu'au nombre de ses chapelains il en aura un pour composer des intermèdes[3]. Vers la fin de son règne, Henri VIII interdit à l'Église ces représen-

---

[1] Littéralement *bière d'église ;* mais la bière était si intimement unie aux fêtes populaires que le mot *ale* était devenu synonyme de *fête.*

[2] *Hobby-horse.*   [3] *Interludes.*

tations qui, dans l'incertitude de sa croyance, déplaisent au roi et l'offensent tantôt comme catholique, tantôt comme protestant. Mais elles reparaissent après sa mort, et avec tant d'autorité que le jeune roi Édouard VI compose lui-même, sous le titre de la *Prostituée de Babylone*, une pièce antipapiste, et qu'à son tour la reine Marie fait représenter dans les églises, en faveur du papisme, des drames populaires. Enfin, en 1569, on retrouve les enfants de chœur de Saint-Paul jouant, « vêtus de soie et de satin, » des pièces profanes dans la chapelle d'Élisabeth, dans les différentes maisons royales, et si bien exercés à leur profession qu'ils étaient devenus, du temps de Shakspeare, une des troupes d'acteurs les plus accréditées de Londres.

Loin de combattre ou même de chercher à dénaturer le goût du peuple pour les représentations théâtrales, le clergé anglais s'empressa donc de le satisfaire. Son influence donna, il est vrai, aux ouvrages qu'il mettait en scène, un caractère plus sérieux et plus moral que n'avaient ailleurs des compositions livrées aux fantaisies du public et aux anathèmes de l'Église. Malgré la grossièreté des idées et du langage, le théâtre anglais, si licencieux à dater du règne de Charles II, paraît chaste et pur au milieu du xvi° siècle, quand on le compare aux premiers essais du nôtre. Mais il n'en demeurait pas moins populaire, étranger à toute régularité scientifique, et fidèle à l'esprit national. Le clergé eût beaucoup perdu à vouloir s'en affranchir. Il ne possédait point de privilége; de nombreux concurrents lui disputaient la foule et le succès. Robin Hood et la belle Marianne, le lord de Misrule, le Cheval de bois, n'avaient point disparu. Des comédiens ambulants, attachés au service des grands seigneurs, parcouraient, sous leurs auspices, les comtés de l'Angleterre, obtenant, à la faveur d'une représentation gratuite devant le maire, les aldermen et leurs amis, le droit d'exercer plus lucrativement leur profession dans les villes où les cours d'auberge leur servaient de salles de spectacle. En mesure de donner à ses solennités beaucoup plus de pompe et d'y attirer un plus grand nombre de spectateurs, le clergé luttait avec avantage contre ses rivaux, et conservait même une prépondérance marquée, mais toujours sous la condition de s'adapter aux sentiments, aux habitudes, au tour d'imagination de ce peuple formé au goût de la poésie par ses propres fêtes et par les chants des ménestrels.

Tels étaient l'état et la direction de la poésie dramatique naissante lorsqu'au commencement du règne d'Élisabeth un double péril parut la menacer. De jour en jour plus accréditée, elle devint enfin un objet d'inquiétude pour la sévérité religieuse et d'ambition pour la pédanterie littéraire. Le goût national se vit attaqué presque en même temps par les anathèmes des réformateurs et par les prétentions des lettrés.

Si ces deux classes d'ennemis s'étaient réunies contre le théâtre, il aurait peut-être succombé. Mais les puritains voulaient le détruire; les lettrés ne voulaient que s'en emparer. Ceux-ci le défendaient donc quand les premiers tonnaient contre son existence. Quelques bourgeois considérables de Londres obtinrent pour un moment, d'Élisabeth, la suppression des spectacles dans l'espace que comprenait la juridiction de leur Cité; mais au delà, le théâtre de Blackfriars et la cour de la reine conservèrent leurs priviléges dramatiques. Les puritains, par leurs sermons, purent alarmer quelques consciences, exciter quelques scrupules; peut-être aussi quelques conversions soudaines privèrent-elles çà et là les jeux de mai de la représentation du *Cheval de bois*, leur plus bel ornement et l'objet particulier de la colère des prédicateurs. Mais le temps de la puissance des puritains n'était pas encore venu, et, pour obtenir un succès décisif, c'était trop d'avoir à dompter à la fois le goût national et celui de la cour.

La cour d'Élisabeth aurait bien voulu être classique. Les discussions théologiques y avaient mis la science à

la mode. Il entrait alors également dans l'éducation d'une grande dame de savoir lire le grec et distiller des eaux spiritueuses. Le goût connu de la reine y avait joint les galanteries de l'école. « Quand la reine, dit Wharton,
« visitait la demeure de ses nobles, elle était saluée par
« les Pénates et conduite dans sa chambre à coucher par
« Mercure..... Les pages de la maison étaient métamor-
« phosés en dryades qui sortaient de tous les bosquets,
« et les valets de pied gambadaient sur la pelouse sous
« la forme de satyres..... Lorsque Élisabeth traversa
« Norwich, Cupidon, se détachant d'un groupe de dieux
« sur l'ordre du maire et des aldermen, vint lui offrir
« une flèche d'or dont ses charmes devaient rendre le
« pouvoir invincible......; présent, dit Hollinshed, que la
« reine, qui touchait alors à sa cinquantième année,
« reçut avec beaucoup de reconnaissance [1]. »

Mais la cour a beau faire; ce n'est pas d'elle-même que lui viennent ses plaisirs; elle les choisit rarement, les invente encore moins, et les reçoit en général de la main des hommes qui prennent la charge de l'amuser. L'empire de la littérature classique, fondé en France avant l'établissement du théâtre, y fut l'œuvre des savants et des gens de lettres, armés et fiers de la possession exclusive d'une érudition étrangère qui les séparait de la nation. La cour de France se soumit aux gens de lettres, et la nation disséminée, indécise, dépourvue d'institutions qui pussent donner de l'autorité à ses habitudes et du crédit à ses goûts, se groupa, se forma, pour ainsi dire, autour de la cour. En Angleterre, le théâtre avait précédé la science; la mythologie et l'antiquité trouvèrent une poésie et des croyances populaires en possession de charmer les esprits; la connaissance des classiques, répandue fort tard et d'abord par les seules traductions françaises, s'introduisit comme une de ces modes étrangères par où quelques hommes peuvent se faire remar-

---

[1] *Histoire de la poésie anglaise*, par Wharton, t. III, p. 492.

quer, mais qui ne s'enracinent que lorsqu'elles ont su s'accorder et se fondre avec le goût national. La cour elle-même affectait bien quelquefois, comme distinction, une admiration exclusive pour la littérature ancienne; mais dès qu'il s'agissait d'amusement, elle rentrait dans le public; et, en effet, il n'était pas aisé de passer du spectacle des combats de l'ours à la prétention des sévérités classiques, même telles qu'on les concevait alors.

Le théâtre demeurait donc soumis, à peu près sans contestation, au goût général; la science n'y tentait que de timides invasions. En 1561, Thomas Sackville, lord Buckhurst, fit représenter devant Élisabeth sa tragédie de *Gorboduc* ou *Ferrex et Porrex,* que les lettrés ont considérée comme la gloire dramatique du temps qui précéda Shakspeare. On y vit en effet, pour la première fois, une pièce réduite en actes et en scènes, et constamment écrite sur un ton élevé; mais elle était loin de prétendre à l'observation des unités, et l'exemple d'un ouvrage très-ennuyeux, où tout se passe en conversations, ne dut séduire ni les poëtes ni les acteurs. Vers la même époque paraissaient sur le théâtre des pièces plus conformes aux instincts naturels du pays, comme *le Maître berger de Wakefield, Jéronimo ou la Tragédie espagnole*, etc., et le public leur témoignait hautement sa préférence. Lord Buckhurst lui-même n'exerça d'influence sur le goût dominant qu'en lui demeurant fidèle. Son *Miroir des magistrats*, recueil d'aventures tirées de l'histoire d'Angleterre et présentées sous une forme dramatique, passa rapidement dans toutes les mains, et devint la mine où puisèrent les poëtes : c'était là ce qui convenait à des esprits nourris des chants des ménestrels; c'était là l'érudition où se plaisaient la plupart des gentilshommes dont les lectures ne s'étendaient guère au delà de quelques collections de nouvelles, des ballades et des vieilles chroniques. Le théâtre s'empara sans crainte de ces sujets familiers à la multitude; et les pièces historiques, sous le nom d'*histoires,* charmèrent les Anglais en leur retraçant le récit de leurs propres faits, le doux son des noms nationaux, le spectacle de leurs mœurs et la vie de toutes les classes, comprises toutes dans l'histoire politique d'un peuple qui a toujours pris part à ses affaires.

Si quelques faits de l'histoire ancienne ou de l'histoire des autres peuples, communément défigurés par des récits fabuleux, venaient se placer à côté de ces histoires nationales, ni les auteurs ni le public ne s'inquiétaient de leur origine et de leur nature. On les surchargeait à la fois de ces détails étranges et de ces formes empruntées aux habitudes communes de la vie, que les enfants prêtent si souvent aux objets qu'ils sont obligés de se représenter par le seul secours de l'imagination. Ainsi Tamerlan (*Tamburlaine*) paraissait traîné dans son char par les rois qu'il avait vaincus, et s'indignant de la pitoyable allure d'un tel attelage. En revanche, le *Vice,* bouffon ordinaire des compositions dramatiques, jouait, sous le nom d'*Ambidexter*, le principal personnage d'une tragédie de Cambyse, convertie ainsi en une moralité qui eût été d'un ennui intolérable si elle n'avait valu aux spectateurs le plaisir de voir le juge prévaricateur écorché vif sur le théâtre, au moyen d'une *fausse peau,* comme on a soin de l'indiquer. Le spectacle, à peu près nul quant aux décorations et aux changements de scène, était animé par le mouvement matériel et par la représentation des objets sensibles. Pour les tragédies, la salle était tendue en noir, et, dans l'inventaire des propriétés d'une troupe de comédiens, en 1598, on trouve des « membres de « Maures, quatre têtes de Turcs et celle du vieux Méhé- « met, une roue pour le siége de Londres, un grand « cheval avec ses jambes, un dragon, une bouche d'enfer, « un rocher, une cage, » etc.; monument singulier des moyens d'intérêt dont le théâtre croyait avoir besoin.

Et cette époque était celle où avait déjà paru Shakspeare! Et avant Shakspeare, le spectacle était non-seulement la joie de la multitude, mais l'amusement des hommes les plus distingués! Lord Southampton y allait

tous les jours. Dès 1570, un ou même deux théâtres réguliers avaient été établis à Londres. En 1583, peu de temps après le succès momentané des puritains contre les théâtres de cette ville, huit troupes de comédiens y jouaient chacune trois fois par semaine. En 1592, c'est-à-dire huit ans avant l'époque où Hardy obtint enfin la permission d'ouvrir un théâtre à Paris, tentative jusqu'alors repoussée par l'inutile privilége des *Confrères de la Passion*, un pamphlétaire anglais se plaint des gens qui ne veulent pas que le gouvernement s'occupe de la police des spectacles, « lieux où se rassemblent journel-
« lement les gentilshommes de la cour, les étudiants en
« droit, les officiers et les soldats [1]. » Enfin, en 1596, l'affluence des personnes qui se rendaient par eau aux théâtres, situés presque tous sur le bord de la Tamise, entraîna la nécessité d'une augmentation considérable dans le nombre des mariniers.

Un goût si universel et si vif ne se repaîtra pas long-temps de productions insipides et grossières ; un plaisir où l'esprit humain se porte avec tant d'ardeur appelle tous les efforts et toute la puissance de l'esprit humain. Il ne manquait à ce mouvement national qu'un homme de génie, capable de le recevoir et d'élever à son tour le public vers les hautes régions de l'art. Par quelle atteinte l'ébranlement se fit-il sentir à Shakspeare? Quelle circonstance lui révéla sa mission? Quel jour soudain éclaira son génie? Il faut se résoudre à l'ignorer. Comme un fanal, dans la nuit, brille au milieu des airs sans laisser apercevoir ce qui le soutient, de même l'esprit de Shakspeare nous apparaît dans ses œuvres isolé, pour ainsi dire, de sa personne. A peine dans le cours des succès du poëte démêle-t-on quelques traces de l'homme, et rien ne nous reste de ces premiers temps où lui seul aurait pu nous parler de lui. Comme acteur, il ne se distingua

---

[1] *Pierce pennylesse his supplication to the devil;* pamphlet de Nash, publié en 1592.

point, à ce qu'il paraît, parmi ses émules. Le poëte est rarement propre à l'action ; sa force est hors du monde réel, et elle ne l'élève si haut que parce qu'il ne l'emploie pas à soulever les fardeaux de la terre. Les commentateurs de Shakspeare ne veulent pas consentir à lui refuser aucun des succès auxquels il a pu prétendre, et les excellents conseils que donne Hamlet aux acteurs appelés devant la cour de Danemark ont été invoqués pour établir que Shakspeare avait dû exécuter à merveille ce qu'il comprenait si bien. Mais Shakspeare a compris les rois, il a compris les guerriers, il a compris aussi les scélérats, et sans doute on n'en voudrait pas conclure qu'il eût su être un Richard III ou un Iago. Heureusement, il y a lieu de le croire, des applaudissements, alors trop faciles à obtenir, ne vinrent pas tenter une ambition que le caractère du jeune poëte eût pu rendre trop facile à satisfaire; et Rowe, son premier historien, nous apprend que ses mérites dramatiques le firent promptement remarquer, sinon comme un acteur extraordinaire, du moins comme un excellent écrivain.

Cependant des années s'écoulent, et l'on ne voit point Shakspeare se manifester sur la scène. C'est en 1584 qu'il est arrivé à Londres, où l'on ne lui connaît pas d'autre emploi que le théâtre ; et en 1590 seulement paraît *Périclès*, le premier ouvrage que lui attribue Dryden, et que depuis lui ont contesté ses critiques, ou plutôt ses admirateurs. Comment, au milieu des spectacles nouveaux qui l'entouraient, cet esprit si actif, si fécond, dont la rapidité, au dire des acteurs ses contemporains, « suivait celle de la plume, » sera-t-il demeuré six ans sans se sentir pressé du besoin de produire ? En 1593, il publie son poëme de *Vénus et Adonis*, qu'il dédie à lord Southampton comme « le premier-né de son invention ; » et pourtant, dans les deux années précédentes, avaient réussi deux pièces de théâtre qui portent aujourd'hui son nom. La composition du poëme d'*Adonis* peut les avoir précédées, quoique la dédicace leur soit postérieure mais si *Adonis* est antérieur à toutes les pièces de théâtre, il faut donc se résoudre à croire qu'au milieu de la vie théâtrale, le génie éminemment dramatique de Shakspeare a pu se tourner vers d'autres travaux, qu'il a travaillé, et non pas pour la scène.

Ce qu'il y a de plus vraisemblable, c'est que Shakspeare attacha d'abord son travail à des ouvrages qui n'étaient pas les siens, et que son talent, novice encore, n'a pu sauver de l'oubli. Les productions dramatiques étaient moins alors la propriété de l'auteur qui les avait conçues que celle des acteurs qui les avaient accueillies. Il en arrive toujours ainsi quand les théâtres commencent à s'établir; la construction d'une salle, les frais d'une représentation sont de bien plus grands hasards à courir que la composition d'un drame. C'est à l'entrepreneur seul du spectacle que l'art dramatique naissant devra ce concours du peuple qui fonde son existence, et que sans lui le talent du poëte n'aurait jamais attiré. Lorsque Hardy fonda à Paris son théâtre, qui est devenu le nôtre, une troupe de comédiens avait son poëte pris et gagé pour lui faire des pièces, comme l'était le chapelain du comte de Northumberland. A l'arrivée de Shakspeare, la scène anglaise, beaucoup plus avancée, jouissait déjà de la facilité du choix et des avantages de la concurrence; le poëte n'engageait pas d'avance son travail, mais il le vendait sans retour; et l'impression d'une pièce dont la représentation avait été payée à l'auteur passait sinon pour un vol, du moins pour un manque de délicatesse dont il avait soin de se défendre ou de s'excuser. Dans cet état de la propriété dramatique, la part qu'en pouvait réclamer l'amour-propre du poëte était comptée pour bien peu de chose; le succès dont il avait aliéné les fruits ne lui appartenait plus, et le mérite littéraire d'un ouvrage devenait, entre les mains des comédiens, un bien qu'ils faisaient valoir par toutes les améliorations qu'ils y savaient apporter. Transportée tout à coup au milieu de ce mouvant tableau des vicissitudes humaines qu'accumulaient alors sur le théâtre les moindres productions dramatiques, l'imagination de Shakspeare vit sans doute s'ouvrir devant elle de nouveaux espaces : que d'intérêt, que de vérité à répandre dans cet amas de faits présentés avec une sécheresse grossière! Quels pathétiques effets à tirer de cette parade théâtrale! La matière était là, attendant l'esprit et la vie. Comment Shakspeare n'eût-il pas essayé de les lui communiquer? Quelque incomplets et troubles que pussent être ses premiers aperçus, c'était le rayon naissant sur le chaos prêt à se débrouiller. Or, l'homme supérieur a cette puissance qu'il sait faire luire à d'autres yeux la lumière qui illumine les siens; les camarades de Shakspeare comprirent bientôt sans doute quels succès nouveaux il leur pouvait procurer en remaniant ces ouvrages informes dont se composait le capital de leur théâtre; et quelques touches brillantes jetées sur un fond qui ne lui appartenait pas, quelques scènes touchantes ou terribles intercalées dans une action dont il n'avait pas réglé la marche, l'art de tirer parti d'un plan qu'il n'avait pas conçu, tels furent, selon toute apparence, ses premiers travaux et les premiers présages de sa gloire. En 1592, époque à laquelle on peut à peine assurer qu'un seul ouvrage original et complet fût sorti de sa pensée, un auteur mécontent et jaloux, dont il avait probablement beaucoup trop amélioré les compositions, le désigne déjà, dans le style bizarre du temps, comme un « corbeau parvenu, » paré des plumes des auteurs, un *factotum* universel, enclin, dans son orgueil, à se regarder comme le seul *shake-scene* « ébranle-scène » de l'Angleterre [1].

Ce fut, on doit le croire, durant l'époque de ces travaux plus conformes à la gêne de sa situation qu'à la liberté de son génie, que Shakspeare chercha à se délasser par la composition du poëme d'*Adonis*. Peut-être même l'idée

---

[1] *Groat's worth of wit*, etc. Pamphlet publié en 1592, par un nommé Green, qui n'était pas le Greene, parent de Shakspeare.

de cet ouvrage ne lui était-elle pas alors entièrement nouvelle ; plusieurs sonnets relatifs au même sujet se rencontrent dans un recueil de poésies publié en 1596 sous le nom de Shakspeare, et dont le titre (*The passionate Pilgrim*) exprime la situation d'un homme errant, dans l'affliction, loin de son pays natal. Amusements de quelques heures de tristesse, dont le caractère et l'âge du poëte n'avaient pu le préserver à l'entrée d'une destinée incertaine ou pénible, ces petits ouvrages sont sans doute les premières productions que le génie poétique de Shakspeare se soit permis d'avouer ; et quelques-uns, il faut le dire, ainsi que le poëme d'*Adonis*, ont besoin de trouver une excuse dans cette effervescence d'une jeunesse trop livrée aux rêves du plaisir pour ne pas chercher à le reproduire sous toutes les formes. Dans *Vénus et Adonis*, absolument dominé par la puissance voluptueuse de son sujet, le poëte semble en avoir ignoré les richesses mythologiques. Vénus, dépouillée du prestige de la divinité, n'est qu'une belle courtisane sollicitant, sans succès, par les prières, les larmes et les artifices de l'amour, les désirs paresseux d'un froid et dédaigneux adolescent. De là une monotonie que ne rachètent point la grâce naïve ni le mérite poétique de quelques détails, et que redouble la coupe du poëme en stances de cinq vers, dont les deux derniers offrent presque constamment un jeu d'esprit. Cependant un mètre exempt d'irrégularités, une cadence pleine d'harmonie, et une versification que ne connaissait pas encore l'Angleterre, annonçaient le poëte « à la langue de miel [1] ; » et le poëme de *Lucrèce* vint bientôt après compléter les productions épiques qui suffirent quelque temps à sa gloire.

Après avoir, dans *Adonis*, employé les couleurs les plus lascives à la peinture d'un désir sans effet, c'est avec la plume la plus chaste, et comme une sorte de réparation, que Shakspeare a décrit dans *Lucrèce* les progrès et le

---

[1] *Honey-tongued Shakspeare.*

triomphe d'un désir criminel. La recherche des idées, l'affectation du style, et aussi le mérite de la versification, sont les mêmes dans les deux ouvrages ; la poésie, moins brillante et plus emphatique dans le second, abonde moins en images gracieuses qu'en pensées élevées ; mais déjà se laissent apercevoir la science des sentiments de l'homme, et le talent de les faire ressortir sous une forme dramatique, par les plus petites circonstances de la vie. Ainsi Lucrèce, accablée sous le poids de sa honte, après une nuit de désespoir, appelle au jour naissant un jeune esclave, pour le charger d'aller au camp porter à son mari la lettre qui doit le rappeler. Timide et simple, ce jeune homme rougit en paraissant devant sa maîtresse ; mais Lucrèce, remplie du sentiment de son déshonneur, ne peut voir rougir sans imaginer qu'on rougit d'elle et pour elle ; elle se croit devinée et demeure interdite et tremblante devant l'esclave que trouble sa présence.

Un détail de ce poëme semble indiquer l'époque où il fut écrit. Lucrèce, pour charmer ses douleurs, s'arrête à contempler un tableau de la ruine de Troie ; le poëte, en le décrivant, représente avec complaisance les effets de la perspective « et le sommet de la tête de plusieurs per-
« sonnages qui, presque cachés derrière les autres, sem-
« blent s'élever au-dessus pour décevoir l'esprit. » C'est là l'observation d'un homme bien récemment frappé des prestiges de l'art, et un symptôme de cette surprise poétique qu'excite la vue d'objets inconnus dans une imagination capable de s'en émouvoir. Peut-être en doit-on conclure que la composition du poëme de *Lucrèce* appartient aux premiers temps du séjour de Shakspeare à Londres.

Quelle que soit au reste la date de ces deux petits poëmes, ils se placent, parmi les ouvrages de Shakspeare, à une époque bien plus éloignée de nous qu'aucun de ceux qui ont rempli sa carrière dramatique. C'est dans cette carrière qu'il a marché en avant et entraîné son siècle à sa suite ; c'est là que ses plus faibles essais annoncent déjà la force prodigieuse qu'il déploiera dans ses derniers travaux. Au théâtre seul appartient la véritable histoire de Shakspeare ; après l'avoir vu là, on ne peut plus le chercher ailleurs ; lui-même ne s'en est plus écarté. Ses sonnets, saillies du moment que la grâce poétique ou spirituelle de quelques vers n'eût pas sauvées de l'oubli sans la curiosité qui s'attache aux moindres traces d'un homme célèbre, jetteront çà et là quelques lueurs sur les parties obscures ou douteuses de sa vie ; mais, sous le rapport littéraire, ce n'est plus que comme poëte dramatique que nous avons à le considérer.

Je viens de dire quel fut, en ce genre, le premier emploi de son talent. Il en devait résulter de grandes incertitudes sur l'authenticité de quelques-uns de ses ouvrages. Shakspeare a mis la main à beaucoup de drames ; et sans doute, de son temps même, la part qu'il y avait prise n'eût pas toujours été facile à assigner. Depuis deux siècles la critique s'est exercée à constater les limites de sa propriété véritable ; mais les faits manquent à cet examen, et les jugements littéraires ont été communément déterminés par le désir de faire prévaloir telle ou telle prévention. Il est donc à peu près impossible de prononcer aujourd'hui avec certitude sur l'authenticité des pièces contestées de Shakspeare. Cependant, après les avoir lues, je ne saurais partager l'opinion, d'ailleurs si respectable, de M. Schlegel, qui paraît décidé à les lui attribuer. Le caractère de sécheresse qui domine dans ces pièces, cet amas d'incidents sans explication et de sentiments sans cohérence, cette marche précipitée à travers des scènes sans développements vers des événements sans intérêt, ce sont là les signes auxquels, dans les temps encore grossiers, se reconnaît la fécondité sans génie ; signes tellement contraires à la nature du talent de Shakspeare que je n'y découvre pas même les défauts qui ont pu entacher ses premiers essais. Au nombre des pièces que, d'un commun accord, les derniers éditeurs ont rejetées au moins comme douteuses, à peine *Locrine*, *lord Cromwell*, *le Prodigue de Londres*, *la Puritaine* et la tragédie d'*Yorkshire* offrent-elles quelques touches d'une main supérieure à celle qui a fourni le fond. *Lord John Oldcastle*, ouvrage plus intéressant et composé avec plus de bon sens, s'anime aussi, dans quelques scènes, d'un comique plus voisin de la manière de Shakspeare. Mais s'il est vrai que le génie, dans son plus profond abaissement, laisse encore échapper quelques rayons lumineux qui trahissent sa présence, si Shakspeare, en particulier, a porté cette marque distinctive qui, dans un de ses sonnets, lui fait dire, en parlant de ce qu'il écrit : « Chaque mot dit presque mon nom [1], » à coup sûr il n'a rien à se reprocher dans cet exécrable amas d'horreurs que, sous le nom de *Titus Andronicus*, on a donné aux Anglais comme une pièce de théâtre, et où, grâce à Dieu, aucun trait de vérité, aucune étincelle de talent ne vient déposer contre lui.

Des pièces contestées, *Périclès* est, à mon avis, la seule à laquelle se rattache, avec quelque certitude, le nom de Shakspeare; la seule du moins où se rencontrent des traces évidentes de sa coopération, surtout dans la scène où Périclès retrouve et reconnaît sa fille Marina qu'il croyait morte. Si, du temps de Shakspeare, un autre homme que lui eût su, dans la peinture des sentiments naturels, unir à ce point la force et la vérité, l'Angleterre eût compté alors un poëte de plus. Cependant, malgré cette scène et quelques traits épars, la pièce demeure mauvaise, sans réalité, sans art, complétement étrangère au système de Shakspeare, intéressante seulement en ce qu'elle marque le point d'où il est parti, et elle semble appartenir à ses œuvres comme un dernier monument de ce qu'il a renversé, comme un débris de cet échafaudage antidramatique auquel il allait substituer la présence et le mouvement de la vie.

Les spectacles des peuples barbares s'adressent à leurs

---

[1] Sonnet 76, édition de Steevens, 1780, t. XI, p. 642.

yeux avant de prétendre à ébranler leur imagination par le secours de la poésie. Le goût des Anglais pour ces représentations muettes (*pageants*) qui, dans le moyen âge, ont fait partout en Europe l'ornement des solennités publiques, avait conservé sur leur théâtre une grande influence. Dans la première moitié du xve siècle, le moine Lydgate, chantant les malheurs de Troie avec cette liberté d'érudition que se permettait, plus encore que toute autre, la littérature anglaise, décrit une représentation dramatique telle qu'elles avaient lieu, dit-il, dans les murs d'Ilion. Là il représente le poëte chantant « avec « un visage de mort, tout vide de sang, les nobles faits « qui sont les historiques de rois, princes et dignes « empereurs. » Au milieu du théâtre, sous une tente, des hommes « d'une contenance effrayante, le visage « défiguré par des masques, jouaient par signes, à la « vue du peuple, ce que le poëte avait chanté en haut. » Lydgate, moine et poëte, prêt à rimer une légende ou une ballade, à composer les vers d'une mascarade ou à dresser le plan d'une pantomime religieuse, avait peut-être figuré dans quelque représentation de ce genre, et sa description nous donne, à coup sûr, l'idée de ce qui se passait de son temps. Quand la poésie dialoguée eut pris possession du théâtre, la pantomime y demeura comme ornement et surcroît de spectacle. Dans la plupart des pièces antérieures à Shakspeare, des personnages presque toujours emblématiques viennent, d'acte en acte, indiquer le sujet qu'on va représenter. Un personnage historique ou allégorique se charge d'expliquer ces emblèmes et de *moraliser* la pièce, c'est-à-dire d'en faire jaillir la vérité morale qu'elle contient. Dans *Périclès*, Gower, poëte du xive siècle, célèbre par sa *Confessio amantis*, où il a mis en vers anglais l'aventure de Péri-clès, qu'il avait tirée d'ouvrages plus anciens, vient sur la scène déclarer au public, non ce qui va se passer, mais les faits antérieurs dont l'explication est nécessaire à l'intelligence du drame. Quelquefois sa narration est interrompue et suppléée par la représentation muette des faits mêmes. Gower explique ensuite ce que la scène muette n'a pas éclairci. Il paraît, non-seulement au commencement de la pièce et entre les actes, mais dans le cours de l'acte même, aussi souvent qu'il convient d'abréger par le récit quelque partie moins intéressante de l'action, pour avertir le spectateur d'un changement de lieu ou d'un laps de temps écoulé, et transporter ainsi son imagination partout où une scène nouvelle demande sa présence. C'était déjà là un progrès; un accessoire inutile était devenu un moyen de développement et de clarté. Mais Shakspeare devait bientôt rejeter comme indigne de son art ce moyen factice et maladroit; bientôt il devait instruire l'action à s'expliquer d'elle-même, à se faire comprendre en se montrant, et rendre ainsi à la représentation dramatique cette apparence de vie et de réalité vainement cherchée par une machine dont les rouages s'étalaient si grossièrement à la vue. Dans le cours des œuvres de Shakspeare, on ne trouve plus que *Henri V* et *le Conte d'hiver* où le chœur vienne encore soulager le poète dans le difficile travail de transporter les spectateurs à travers le temps et l'espace. Le chœur de *Roméo et Juliette*, conservé peut-être comme un reste de l'ancien usage, n'est qu'un ornement poétique étranger à l'action. Après *Périclès*, les représentations muettes ont complétement disparu; et si les trois *Henri VI* n'attestent pas, par la force de la composition, une étroite parenté avec le système de Shakspeare, du moins, dans les formes matérielles, rien ne les en sépare plus.

De ces trois pièces, la première a été absolument contestée à Shakspeare, et il est, à mon avis, également difficile de croire qu'elle lui appartienne en entier et que l'admirable scène de Talbot avec son fils ne porte pas l'empreinte de sa main. Deux anciens drames imprimés en 1600 renferment le plan et même de nombreux détails de la seconde et de la troisième partie de *Henri VI*. On a longtemps attribué à notre poëte ces deux ouvrages

originaux, comme un premier essai qu'il aurait ensuite
perfectionné. Mais cette opinion ne résiste pas à un
examen attentif; et toutes les probabilités, historiques
ou littéraires, se réunissent pour n'accorder à Shakspeare,
dans les deux derniers *Henri VI*, d'autre part que celle
d'un remaniement plus étendu et plus important, il est
vrai, que ce qu'il a pu faire sur d'autres ouvrages soumis
à sa correction. De brillants développements, des images
suivies avec art et prolongées avec complaisance, un style
animé, élevé, pittoresque, tels sont les caractères qui
distinguent l'œuvre du poëte de cette œuvre primitive à
laquelle il n'a prêté que son coloris. Quant au plan et à
la conduite, les pièces originales n'ont subi aucun changement, et, après les *Henri VI*, Shakspeare pouvait encore
donner *Adonis* comme le premier-né de son invention.

Quand donc cette invention se déploiera-t-elle enfin
dans sa liberté? Quand Shakspeare marchera-t-il seul sur
ce théâtre où il doit faire de si grands pas? Avant les
Henri VI, quelques-uns de ses biographes placent *les
Méprises* et *Peines d'amour perdues*, les deux premiers
ouvrages dont il n'ait à partager avec personne l'honneur
ni les critiques. Dans cette discussion sans importance,
un seul fait est certain et devient un nouvel objet de
surprise. La première œuvre dramatique qu'ait vraiment
enfantée l'imagination de Shakspeare a été une comédie;
d'autres comédies suivront celle-ci : il a enfin pris son
élan, et ce n'est pas encore la tragédie qui l'appelle.
Corneille aussi a commencé par la comédie; mais Corneille s'ignorait lui-même, ignorait presque le théâtre.
Les scènes familières de la vie s'étaient seules offertes à
sa pensée; sa ville natale, *la Galerie du palais, la Place
royale,* voilà où il place la scène de ses comédies; les
sujets en sont timidement empruntés à ce qui l'environne ; il ne s'est pas encore détaché de lui-même ni de
sa petite sphère; ses regards n'ont pas encore pénétré
jusqu'aux régions idéales que parcourra un jour son
imagination. Shakspeare est déjà poëte; l'imitation

n'asservit plus sa marche ; ce n'est plus dans le monde de ses habitudes que se forment exclusivement ses conceptions. Comment, dans ce monde poétique où il va les puiser, l'esprit léger de la comédie est-il son premier guide? Comment les émotions de la tragédie n'ont-elles pas ébranlé d'abord le poëte éminemment tragique? Est-ce là ce qui aurait fait porter à Johnson ce singulier jugement : « Que la tragédie de Shakspeare paraît être « le fruit de l'art, et sa comédie celui de l'instinct? »

A coup sûr, rien n'est plus bizarre que de refuser à Shakspeare l'instinct de la tragédie ; et si Johnson en eût eu lui-même le sentiment, jamais une telle idée ne fût tombée dans son esprit. Cependant le fait que je viens de remarquer n'est pas douteux ; il mérite d'être expliqué : il a ses causes dans la nature même de la comédie, telle que l'a conçue et traitée Shakspeare.

Ce n'est point, en effet, la comédie de Molière ; ce n'est pas non plus celle d'Aristophane ou des Latins. Chez les Grecs, et dans les temps modernes, en France, la comédie est née de l'observation libre, mais attentive, du monde réel, et elle s'est proposé de le traduire sur la scène. La distinction du genre comique et du genre tragique se rencontre presque dans le berceau de l'art, et leur séparation s'est marquée toujours plus nettement dans le cours de leurs progrès. Elle a son principe dans les choses mêmes. La destinée comme la nature de l'homme, ses passions et ses affaires, les caractères et les événements, tout en nous et autour de nous a son côté sérieux et son côté plaisant, peut être considéré et représenté sous l'un ou l'autre de ces points de vue. Ce double aspect de l'homme et du monde a ouvert à la poésie dramatique deux carrières naturellement distinctes ; mais en se divisant pour les parcourir, l'art ne s'est point séparé des réalités, n'a point cessé de les observer et de les reproduire. Qu'Aristophane attaque, avec la plus fantastique liberté d'imagination, les vices ou les folies des Athéniens; que Molière retrace les travers de la crédulité, de l'avarice, de la jalousie, de la pédanterie, de la frivolité des cours, de la vanité des bourgeois, et même ceux de la vertu ; peu importe la diversité des sujets sur lesquels se sont exercés les deux poëtes ; peu importe que l'un ait livré au théâtre la vie publique et le peuple entier, tandis que l'autre y a porté les incidents de la vie privée, l'intérieur des familles et les ridicules des caractères individuels : cette différence de la matière comique provient de la différence des siècles, des lieux, des civilisations, mais pour Aristophane comme pour Molière, les réalités sont toujours le fond du tableau ; les mœurs et les idées de leur temps, les vices et les travers de leurs concitoyens, la nature et la vie de l'homme enfin, c'est toujours là ce qui provoque et alimente leur verve poétique. La comédie naît ainsi du monde qui entoure le poëte, et se lie, bien plus étroitement que la tragédie, aux faits extérieurs et réels.

Les Grecs, dont l'esprit et la civilisation ont suivi dans leur développement une marche si régulière, ne mêlèrent point les deux genres, et la distinction qui les sépare dans la nature se maintint sans effort dans l'art. Tout fut simple chez ce peuple ; la société n'y fut point livrée à un état plein de lutte et d'incohérence ; sa destinée ne s'écoula point dans de longues ténèbres, au milieu des contrastes, en proie à un malaise obscur et profond. Il grandit et brilla sur son sol comme le soleil se levait et suivait sa carrière dans le ciel qui le couvrait. Les périls nationaux, les discordes intestines, les guerres civiles y agitèrent la vie de l'homme sans porter le trouble dans son imagination, sans combattre ni déranger le cours naturel et facile de sa pensée. Le reflet de cette harmonie générale se répandit sur les lettres et les arts. Les genres se distinguèrent spontanément, selon les principes auxquels ils se rattachaient, selon les impressions qu'ils aspiraient à produire. Le sculpteur fit des statues isolées ou des groupes peu nombreux, et ne prétendit point à composer avec des blocs de marbre des scènes violentes ou de vastes tableaux. Eschyle, Sophocle, Euripide, entreprirent d'émouvoir le peuple en lui retraçant les graves destinées des héros et des rois ; Cratinus et Aristophane se chargèrent de le divertir par le spectacle des travers de leurs contemporains ou de ses propres folies. Ces classifications naturelles répondaient à l'ensemble de l'ordre social, à l'état des esprits, aux instincts du goût public qui se fût choqué de les voir violées, qui voulait se livrer sans incertitude ni partage à une seule impression, à un seul plaisir, qui eût repoussé ces mélanges et ces brusques rapprochements dont rien ne lui avait offert l'image ni fait contracter l'habitude. Ainsi chaque art, chaque genre se développa librement, isolément, dans les limites de sa mission. Ainsi la tragédie et la comédie se partagèrent l'homme et le monde, prenant chacune, dans les réalités, un domaine distinct, et venant tour à tour offrir, à la contemplation sérieuse ou gaie d'un peuple qui voulait partout la simplicité et l'harmonie, les poétiques effets qu'elles en savaient tirer.

Dans notre monde moderne, toutes choses ont porté un autre caractère. L'ordre, la régularité, le développement naturel et facile en ont paru bannis. D'immenses intérêts, d'admirables idées, des sentiments sublimes ont été comme jetés pêle-mêle avec des passions brutales, des besoins grossiers, des habitudes vulgaires. L'obscurité, l'agitation et le trouble ont régné dans les esprits comme dans les États. Les nations se sont formées, non plus d'hommes libres et d'esclaves, mais d'un mélange confus de classes diverses, compliquées, toujours en lutte et en travail ; chaos violent que la civilisation, après de si longs efforts, n'a pas encore réussi à débrouiller complétement. Des conditions séparées par le pouvoir, unies dans une commune barbarie de mœurs, le germe des plus hautes vérités morales fermentant au sein d'une absurde ignorance, de grandes vertus appliquées contre toute raison, des vices honteux soutenus avec hauteur, un honneur indocile, étranger aux plus simples délicatesses de la probité, une servilité sans bornes, compagne d'un orgueil sans mesure, enfin l'incohérent assemblage de tout ce que la nature et la destinée humaine peuvent offrir de grand et de petit, de noble et de trivial, de grave et de puéril, de fort et de misérable, voilà ce qu'ont été dans notre Europe l'homme et la société; voilà le spectacle qui a paru sur le théâtre du monde.

Comment seraient nées, dans un tel état des faits et des esprits, la distinction claire et la classification simple des genres et des arts? Comment la tragédie et la comédie se seraient-elles présentées et formées isolément dans la littérature, lorsque, dans la réalité, elles étaient sans cesse en contact, enlacées dans les mêmes faits, entremêlées dans les mêmes actions, si bien qu'à peine quelquefois apercevait-on, de l'une à l'autre, le moment du passage? Ni le principe rationnel ni le sentiment délicat qui les séparent ne pouvaient se développer dans des esprits que le désordre et la rapidité des impressions diverses ou contraires empêchaient de les saisir. S'agissait-il de transporter sur la scène ce qui remplissait le spectacle habituel de la vie? Le goût ne se montrait pas plus difficile que les mœurs. Les représentations religieuses, origine du théâtre européen, n'avaient pas échappé à ce mélange. Le christianisme est une religion populaire; c'est dans l'abîme des misères terrestres que son divin fondateur est venu chercher les hommes pour les attirer à lui; sa première histoire est celle des pauvres, des malades, des faibles; il a vécu longtemps dans l'obscurité, ensuite au milieu des persécutions, tour à tour méprisé et proscrit, en proie à toutes les vicissitudes, à tous les efforts d'une destinée humble et violente. Des imaginations grossières devinaient facilement les trivialités qui avaient pu se mêler aux incidents de cette histoire; l'Évangile, les actes des martyrs, les vies des saints les eussent beaucoup moins frappées si on ne leur en eût fait voir que le côté tragique ou les vérités rationnelles. Les premiers Mystères amenèrent en même temps sur la scène les émotions de la terreur et de la tendresse religieuses et les bouffonneries d'un comique vulgaire ; et ainsi, dans le berceau même de la poésie dramatique, la tragédie et la comédie contractèrent l'alliance que devait leur imposer l'état général des peuples et des esprits.

En France cependant cette alliance fut bientôt rompue. Par des causes qui se lient à toute l'histoire de notre civilisation, le peuple français a toujours pris à la moquerie un extrême plaisir. D'époque en époque notre littérature en fait foi. Ce besoin de gaieté, et de gaieté sans mélange, a donné de bonne heure chez nous, aux classes inférieures, leurs farces comiques où n'entrait rien qui ne tendît à provoquer le rire. La comédie en France put bien, dans l'enfance de l'art, envahir le domaine de la tragédie, mais la tragédie n'avait aucun droit sur celui que la comédie s'était réservé ; et dans les *piteuses* Moralités, dans les *pompeuses* tragédies que faisaient représenter les princes dans leurs châteaux ou les régents dans leurs colléges, le comique trivial conserva longtemps une place impitoyablement refusée au tragique dans les bouffonneries dont s'amusait le peuple. On peut donc affirmer qu'en France la comédie, informe mais distincte, fut créée avant la tragédie : plus tard la séparation tranchée des classes, l'absence d'institutions populaires, la régularité du pouvoir, l'établissement de l'ordre public plus exact et plus uniforme que partout ailleurs, les habitudes de cour, bien d'autres causes encore disposèrent les esprits à la distinction rigoureuse des deux genres que commandaient les autorités classiques, souveraines de notre théâtre. Alors naquit chez nous la vraie, la grande comédie, telle que l'a conçue Molière ; et comme il était dans nos mœurs, aussi bien que dans les règles, d'en former un genre spécial, comme en s'adaptant aux préceptes de l'antiquité, elle ne cessa point de puiser, dans le monde et dans les faits qui l'entouraient, ses sujets et ses couleurs, elle s'éleva soudain à une hauteur, à une perfection que n'ont connues, selon moi, nul autre temps et nul autre pays. Se placer dans l'intérieur des familles et ressaisir par là cet immense avantage de la variété des conditions et des idées qui élargit le domaine de l'art sans altérer la simplicité de ses effets ; trouver dans l'homme des passions assez fortes, des travers assez puissants pour dominer toute sa destinée, et cependant en restreindre l'influence aux erreurs qui peuvent rendre l'homme ridicule sans aborder celles qui le rendraient misérable; pousser un caractère à cet excès de préoccupation qui, détournant de lui toute autre pensée, le livre pleinement au penchant qui le possède, et en même temps n'amener sur sa route que des intérêts assez frivoles pour qu'il les puisse compromettre sans effroi; peindre, dans le *Tartufe,* la fourberie menaçante de l'hypocrite et la dangereuse imbécillité de la dupe, pour en divertir seulement le spectateur et en échappant aux odieux résultats d'une telle situation; rendre comiques, dans le *Misanthrope,* les sentiments qui honorent le plus l'espèce humaine en les contraignant de se resserrer dans les dimensions de l'existence d'un homme de cour; arriver ainsi au plaisant par le sérieux, faire jaillir le ridicule des profondeurs de la nature humaine, enfin soutenir incessamment la comédie en marchant sur le bord de la tragédie : voilà ce qu'a fait Molière, voilà le genre difficile et original qu'il a donné à la France, qui seule peut-être, je le pense, pouvait donner à l'art dramatique cette direction et Molière.

Rien de pareil ne s'est passé chez les Anglais. Asile des mœurs comme des libertés germaines, l'Angleterre suivit, sans obstacle, le cours irrégulier, mais naturel, de la civilisation qu'elles devaient enfanter. Elle en retint le désordre comme l'énergie, et jusqu'au milieu du xviie siècle, sa littérature, aussi bien que ses institutions, en fut l'expression sincère. Quand le théâtre anglais voulut reproduire l'image poétique du monde, la tragédie et la comédie ne s'y séparèrent point. La prédominance du goût populaire y poussa quelquefois la représentation tragique à un degré d'atrocité inconnu en France, dans les plus grossiers essais de l'art ; et l'influence du clergé, en épurant la scène comique de l'excessive immoralité qu'elle étalait ailleurs, lui fit perdre aussi cette gaieté maligne et soutenue qui est l'essence de la vraie comédie. Les habitudes d'esprit qu'entretenaient dans le peuple les ballades et les ménestrels permettaient d'introduire, même dans les productions les plus consacrées à la joie, quelques teintes de ces émotions que la comédie, en France, n'admet guère sans perdre son nom pour prendre celui de drame. Parmi les œuvres vraiment nationales, la seule pièce entièrement comique que présente le théâtre anglais avant Shakspeare, l'*Aiguille de ma commère Gurton,* fut composée pour un collége et modelée selon les règles classiques. Les titres vagues donnés aux ouvrages dramatiques, comme *play, interlude, history* ou même *ballad,* n'indiquent presque jamais aucune distinction de ce genre. Aussi, entre ce qu'on appelait *tragédie* et ce qu'on nommait quelquefois *comédie,* la seule différence essentielle consistait-elle dans le dénoûment, d'après le principe posé au xve siècle par le moine Lydgate qui veut que la comédie commence dans les plaintes et finisse par *le contentement,* tandis que la tragédie doit commencer par la prospérité et finir dans le malheur.

Ainsi, à l'arrivée de Shakspeare, la nature et la destinée de l'homme, matière de la poésie dramatique, ne s'étaient point divisées ni classées entre les mains de l'art. Quand l'art voulait les porter sur la scène, il les acceptait dans leur ensemble, avec les mélanges et les contrastes qui s'y rencontraient, et sans que le goût public fût tenté de s'en plaindre. Le comique, cette portion des réalités humaines, avait droit de prendre sa place partout où la vérité demandait ou souffrait sa présence ; et tel était le caractère de la civilisation que la tragédie, en admettant le comique, ne dérogeait point à la vérité. En un tel état du théâtre et des esprits, que pouvait être la comédie proprement dite? Comment lui était-il permis de prétendre à porter un nom particulier, à former un genre distinct? Elle y réussit en sortant hardiment de ces réalités où son domaine naturel n'était ni respecté ni même reconnu; elle ne s'astreignit point à peindre des mœurs déterminées ni des caractères conséquents; elle ne se proposa point de représenter les choses et les hommes sous un aspect ridicule, mais véritable : elle devint une œuvre fantastique et romanesque, le refuge de ces amusantes invraisemblances que, dans sa paresse ou sa folie, l'imagination se plaît à réunir par un fil léger, pour en former des combinaisons capables de divertir ou d'intéresser sans provoquer le jugement de la raison. Des tableaux gracieux, des surprises, la curiosité qui s'attache au mouvement d'une intrigue, les mécomptes, les quiproquo, les jeux d'esprit que peut amener un travestissement, tel était le fond de ce divertissement sans conséquence. La contexture des pièces espagnoles, dont le goût commençait à s'introduire en Angleterre, fournissait à ces jeux de l'imagination des cadres nombreux et de séduisants modèles; après les chroniques et les ballades, les recueils de nouvelles françaises ou italiennes étaient, avec les romans de chevalerie, la lecture favorite du public. Est-il étrange que cette mine féconde et ce genre facile aient attiré d'abord les regards de Shakspeare? Doit-on s'étonner que cette imagination jeune et brillante se soit empressée d'errer à son plaisir dans de tels sujets, libre du joug des vraisemblances, dispensée de chercher des combinaisons sérieuses et fortes? Ce poëte, dont l'esprit et la main marchaient, dit-on, avec une égale rapidité, dont les manuscrits offraient à peine une rature, se livrait sans doute avec délices à ces jeux vagabonds où se déployaient sans travail ses vives et riches facultés. Il pouvait tout mettre dans ses comédies, et il y a tout mis en effet, excepté ce que repoussait un pareil système, c'est-à-dire l'ensemble qui, faisant concourir chaque partie à un même but, révèle à chaque pas et la profondeur du dessein, et la grandeur de l'ouvrage. On trouverait difficilement, dans les tragédies de Shakspeare, une conception, une situation, un acte de passion, un degré de vice ou de vertu, qui ne se rencontrent également dans quelqu'une de ses comédies; mais ce qui, dans ses tragédies, est approfondi, fertile en conséquences, fortement lié à la série des causes et des effets, n'est, dans ses comédies, qu'à peine indiqué, et offert un instant à la vue pour la frapper d'un effet passager, et disparaître bientôt dans une nouvelle combinaison. Dans *Mesure pour Mesure*, Angelo, cet indigne gouverneur de Vienne, après avoir condamné à mort Claudio pour crime de séduction envers une jeune fille qu'il veut épouser, travaille lui-même à séduire Isabelle, sœur de Claudio, en lui promettant la grâce de son frère; et lorsque, par l'adresse d'Isabelle qui substitue à sa place une autre jeune fille, il croit avoir reçu le prix de son infâme marché, il donne ordre d'avancer l'exécution de Claudio. N'est-ce pas là de la tragédie? Un fait pareil se placerait bien dans la vie de Richard III ; aucun crime de Macbeth ne présente cet excès de scélératesse; mais dans *Macbeth*, dans *Richard III*, le crime produit l'impression tragique qui lui appartient, parce qu'il est vraisemblable, parce que des formes et des couleurs réelles attestent sa présence; on démêle la place qu'il occupe dans le cœur dont il s'est saisi ; on sait par où il est entré, ce qu'il a conquis, ce qui lui reste à subjuguer ; on le voit s'incorporer par degrés dans l'être malheureux qu'il possède; on le voit vivre, marcher, respirer avec un homme qui vit, marche, respire, et lui communique ainsi son caractère, sa propre individualité. Chez Angelo, le crime n'est qu'une abstraction vague, attachée en passant à un nom propre, sans autre motif que la nécessité de faire commettre à ce personnage telle action qui produira telle situation dont le poëte veut tirer tels et tels effets.

Angelo n'est présenté d'abord ni comme un scélérat, ni comme un hypocrite; c'est au contraire un homme d'une vertu exagérée dans sa sévérité. Mais la marche du poëme veut qu'il devienne criminel, et il le devient; son crime accompli, il se repentira autant que le poëte en aura besoin, et il se trouvera en état de reprendre sans effort le cours naturel de sa vie un moment interrompu.

Ainsi, dans la comédie de Shakspeare, toute la vie humaine passera devant les yeux du spectateur, réduite en une sorte de fantasmagorie, reflet brillant et incertain des réalités dont sa tragédie offre le tableau. Au moment où la vérité semble près de se laisser saisir, l'image pâlit, s'efface, son rôle est fini, elle disparaît. Dans le *Conte d'hiver,* Léontès est jaloux, sanguinaire, impitoyable comme Othello; mais sa jalousie, née tout à coup et d'un simple caprice à l'instant où il faut que la situation commence à se former, perdra soudain ses fureurs et ses soupçons dès que l'action aura atteint le point où doit naître une situation nouvelle. Dans *Cymbeline* que, malgré son titre, on doit ranger parmi les comédies puisque la pièce est entièrement conçue dans le même système, la conduite de Jachimo n'est ni moins fourbe, ni moins perverse que celle d'Iago dans *Othello;* mais son caractère n'a point expliqué sa conduite, ou plutôt il n'a point de caractère; et toujours prêt à dépouiller le manteau de scélérat dont l'a revêtu le poëte, dès que l'intrigue touchera à son terme, dès que l'aveu du secret que lui seul peut révéler sera nécessaire pour faire cesser, entre Posthumus et Imogène, la mésintelligence que lui seul a causée, il n'attendra pas même qu'on le lui demande, et il méritera ainsi d'avoir part à cette amnistie générale qui doit être la fin de toute comédie.

Je pourrais multiplier à l'infini ces exemples; ils abondent non-seulement dans les premières comédies de Shakspeare, mais encore dans celles qui ont succédé à ses plus savantes tragédies. Partout on verrait les caractères aussi peu tenaces que les passions, les résolutions aussi mobiles que les caractères. Ne demandez ni vraisemblance, ni conséquence, ni étude profonde de l'homme et de la société; le poëte ne s'en inquiète guère et vous invite à vous en inquiéter aussi peu que lui. Intéresser par le développement des situations, divertir par la variété des tableaux, charmer par la richesse poétique des détails, voilà ce qu'il veut; voilà les plaisirs qu'il vous offre. Du reste rien ne tient, rien ne s'enchaîne; vices, vertus, penchants, desseins, tout change et se transforme à chaque pas. La bêtise même n'est pas toujours un mérite assuré au personnage qu'on en a d'abord affublé. Dans *Cymbeline,* l'imbécile Cloten devient presque fier et spirituel quand il s'agit d'opposer l'indépendance d'un prince anglais aux menaces d'un ambassadeur romain; et dans *Mesure pour mesure,* le constable *Le Coude*, dont les balourdises ont fait le divertissement d'une scène, parle presque en homme de sens lorsque, dans une scène postérieure, un autre que lui est chargé d'égayer le dialogue. Tant est vagabond et négligent le vol du poëte à travers ces capricieuses compositions! Tant sont fugitives les créations légères qui viennent les animer!

Mais aussi quel mouvement gracieux et rapide! Quelle variété de formes et d'effets! Quel éclat d'esprit, d'imagination, de poésie, employé à faire oublier la monotonie de ces cadres romanesques! Sans doute ce n'est point là la comédie telle que nous la concevons et que nous l'a faite Molière; mais quel autre que Shakspeare eût répandu, sur cette comédie frivole et bizarre, de si riches trésors? Les nouvelles et les contes où il l'a puisée ont donné naissance, avant et après lui, à des milliers d'ouvrages dramatiques plongés maintenant dans un juste oubli. Qu'un roi de Sicile, jaloux, sans savoir pourquoi, d'un roi de Bohême, se décide à faire mourir sa femme et exposer sa fille; que cette enfant, abandonnée sur un *rivage* de la Bohême et recueillie par un berger, devienne, au bout de seize ans, une beauté

merveilleuse et la bien-aimée de l'héritier du trône ;
qu'après tous les obstacles naturellement opposés à leur
union, arrive le dénoûment ordinaire des explications et
des reconnaissances ; voilà certes ce que peuvent réunir
de plus commun et de plus invraisemblable les romans,
nouvelles et pastorales du temps. Mais Shakspeare s'en
saisit, et la fable absurde qui ouvre le *Conte d'hiver*
devient intéressante par la vérité brutale des transports
jaloux de Léontès, l'aimable caractère du petit Mamilius,
la patiente vertu d'Hermione, la généreuse inflexibilité
de Pauline ; et, dans la seconde partie, cette fête des
champs, sa gaieté, ses joyeux incidents, et au milieu de
cette scène rustique, la ravissante figure de Perdita,
unissant à la modestie d'une humble bergère l'élégance
morale des classes élevées, offrent, à coup sûr, le tableau
le plus piquant et le plus gracieux que la vérité puisse
fournir à la poésie. Que seraient les noces de Thésée et
d'Hippolyte, et la situation rebattue de deux couples
d'amants malheureux les uns par les autres? Il n'y a là
qu'une combinaison décousue, sans intérêt comme sans
vérité. Mais Shakspeare en a fait *le Songe d'une nuit d'été ;*
au milieu de cette fade intrigue interviendront Oberon
et son peuple de fées et d'esprits qui vivent de fleurs,
courent sur la pointe des herbes, dansent dans les rayons
de la lune, se jouent avec la lumière du matin, et s'en-
fuient à la suite de la nuit, mêlés aux douteuses lueurs
de l'aurore. Leurs emplois, leurs plaisirs, leurs malices
occuperont la scène, participeront à tous les incidents,
enlaceront dans une même action et les destinées plain-
tives des quatre amants, et les jeux grotesques d'une
troupe d'artisans ; et, après s'être envolés aux approches
du soleil, quand la nuit enveloppera de nouveau la terre,
ils reviendront reprendre possession du monde fantastique où nous a transportés cette amusante et brillante
folie.

En vérité, il faudrait être bien rigoureux envers soi-
même et bien ingrat envers le génie pour se refuser à le

suivre un peu aveuglément quand il nous y invite avec tant d'attrait. L'originalité, la naïveté, la gaieté, la grâce sont-elles donc si communes que nous les traitions si sévèrement parce qu'elles se sont prodiguées sur un fond léger et de peu de valeur ? N'est-ce donc rien que de goûter, au milieu des invraisemblances, ou, si l'on veut, des absurdités du roman, le charme divin de la poésie ? Avons-nous donc perdu l'heureux pouvoir de nous prêter complaisamment à ses caprices, et n'aurions-nous plus dans l'imagination assez de vivacité, et dans les sentiments assez de jeunesse pour nous livrer à un plaisir si doux, sous quelque forme qu'il nous soit offert?

Cinq seulement des comédies de Shakspeare, *la Tempête, les Joyeuses Bourgeoises de Windsor, Timon d'Athènes, Troïlus et Cressida,* et *le Marchand de Venise,* ont échappé, en partie du moins, à l'influence du goût romanesque. On s'étonnera peut-être de voir ce mérite attribué à *la Tempête.* Comme *le Songe d'une nuit d'été, la Tempête* est peuplée de sylphes, d'esprits, et tout s'y passe sous l'empire de la féerie. Mais après avoir établi l'action dans ce monde fictif, le poëte la conduit sans inconséquence, sans complication, sans langueur ; point de sentiments forcés ou sans cesse interrompus ; les caractères sont soutenus et simples ; le pouvoir surnaturel qui dispose des événements se charge de répondre à toutes les nécessités de l'intrigue, et laisse les personnages libres de se montrer tels qu'ils sont, de nager à l'aise dans cette atmosphère magique qui les environne sans altérer la vérité de leurs impressions ou de leurs idées. Le genre est bizarre et léger ; mais, la supposition admise, rien dans l'ouvrage ne choque le jugement et ne trouble l'imagination par l'incohérence des effets.

Dans le système de la comédie d'intrigue, les *Joyeuses Bourgeoises de Windsor* offrent une composition presque sans reproches, des mœurs réelles, un dénoûment aussi piquant que bien amené, et, à coup sûr, un des ouvrages les plus gais de tout le répertoire comique. Shakspeare a évidemment aspiré plus haut dans *Timon d'Athènes*. C'est un essai dans ce genre savant où le ridicule naît du sérieux et qui constitue la grande comédie. Les scènes où les amis de Timon s'excusent, sous divers prétextes, de venir à son secours, ne manquent ni de vérité ni d'effet. Mais, d'ailleurs, la misanthropie de Timon aussi furieuse que sa confiance a été extravagante, le caractère équivoque d'Apémantus, la brusquerie des transitions, la violence des sentiments forment un spectacle plus triste que vrai, et trop peu adouci par la fidélité du vieil intendant. Bien inférieur à *Timon*, le drame de *Troïlus et Cressida* présente cependant une conception habile ; c'est la résolution que prennent les chefs grecs de flatter l'orgueil stupide d'Ajax et d'en faire le héros de l'armée, pour humilier le superbe dédain d'Achille et obtenir de sa jalousie les secours qu'il a refusés à leurs prières. Mais l'idée en est plus comique que l'exécution ; et ni les bouffonneries de Thersite, ni la vérité du rôle de Pandarus ne suffisent pour donner à la pièce cette physionomie plaisante sans laquelle il n'y a point de comédie.

Ces quatre ouvrages, plus étrangers que les autres comédies au système romanesque, appartiennent aussi plus complétement à l'invention de Shakspeare. *Les Joyeuses Bourgeoises de Windsor* sont une création originale ; on n'a découvert aucun récit où Shakspeare ait pris le sujet de *la Tempête;* la composition de *Timon* ne doit rien au passage de Plutarque sur ce misanthrope ; et à peine, dans *Troïlus et Cressida*, Shakspeare a-t-il emprunté quelques traits à Chaucer.

La fable du *Marchand de Venise* rentre tout à fait dans le roman, et Shakspeare l'en a tirée comme le *Conte d'hiver, Beaucoup de bruit pour rien, Mesure pour mesure,* et tant d'autres, pour l'orner seulement du gracieux éclat de sa poésie. Mais un incident du sujet a conduit Shakspeare sur les limites de la tragédie, et il a soudain reconnu son domaine ; il est rentré dans ce monde réel où le comique et le tragique se confondent, et, peints avec une égale vérité, concourent par leur rapprochement à la puissance de l'effet. Quoi de plus frappant, en ce genre, que le rôle de Shylock? Cet enfant d'une race humiliée a les vices et les passions qui naissent d'une condition pareille; son origine l'a fait ce qu'il est, haineux et bas, craintif et impitoyable; il ne songe point à s'affranchir de la loi, mais il est ravi de pouvoir l'invoquer une fois, dans toute sa rigueur, pour assouvir cette soif de vengeance qui le dévore; et lorsque, dans la scène du jugement, après nous avoir fait trembler pour les jours du vertueux Antonio, Shylock voit inopinément se retourner contre lui l'exactitude de cette loi dont il triomphait avec tant de barbarie, lorsqu'il se sent accablé à la fois sous le péril et le ridicule de sa position, l'émotion et la moquerie s'élèvent presque en même temps dans l'âme du spectateur. Preuve singulière de la disposition générale de l'esprit de Shakspeare! Il a traité, sans mélange de comique ou même de gaieté, toute la partie romanesque du drame, et la vraie comédie ne se rencontre que là où est Shylock, c'est-à-dire la tragédie.

C'est qu'il est vain de prétendre fonder, sur la distinction du comique et du tragique, la classification des œuvres de Shakspeare; ce n'est point entre ces deux genres qu'elles se divisent, mais entre le fantastique et le réel, le roman et le monde. Dans la première classe se rangent la plupart de ses comédies; la seconde comprend toutes ses tragédies, scènes immenses et vivantes où toutes choses apparaissent sous leur forme solide, pour ainsi dire, et à la place qu'elles occupent dans une civilisation orageuse et compliquée; là, le comique intervient aussi souvent que son caractère de réalité lui donne le droit d'y entrer et l'avantage de s'y montrer à propos. Falstaff y marche à la suite de Henri V, Dorothée Tear-Sheet à la suite de Falstaff; le peuple y entoure les rois, les soldats s'y pressent auprès des généraux; toutes les conditions de la société, toutes les faces de la destinée humaine y paraissent pêle-mêle et tour à tour, avec la nature qui leur est propre et dans la situation qui leur appartient. Le tragique et le comique se réunissent quelquefois dans un seul individu, et éclatent dans le même caractère. L'impétueuse préoccupation de Hotspur est plaisante quand elle l'empêche d'écouter toute autre voix que la sienne, quand elle met ses sentiments et ses paroles à la place des choses qu'on veut lui dire, et qu'il a dessein d'apprendre; elle devient sérieuse et fatale quand elle lui fait adopter, sans examen, un projet dangereux qui le saisit tout à coup de l'idée de la gloire. L'opiniâtreté contrariante qui le rend si comique dans ses relations avec le hâbleur et glorieux Glendower sera la cause tragique de sa perte, lorsque, en dépit de toute raison, de tout conseil, abandonné de tout secours, il s'élancera sur le champ de bataille, où bientôt, demeuré seul, il regardera de tous côtés et *ne verra que la mort*. Et ainsi c'est le monde entier, c'est l'ensemble des réalités humaines que Shakspeare reproduit dans la tragédie, théâtre universel, à ses yeux, de la vie et de la vérité.

En 1595, au plus tard, avait paru *Roméo et Juliette*. A cet ouvrage succédèrent, presque sans interruption, jusqu'en 1599, *Hamlet, le Roi Jean, Richard II, Richard III,* les deux *Henri IV* et *Henri V*. De 1599 à 1605, l'ordre chronologique des œuvres de Shakspeare ne nous offre que des comédies, et *Henri VIII,* ouvrage de cour et de fête. A dater de 1605, la tragédie y reparaît avec le *Roi Lear, Macbeth, Jules-César, Antoine et Cléopâtre, Coriolan, Othello*. La première période, comme on voit, appartient plutôt aux pièces historiques; la seconde à la tragédie proprement dite, à celle dont les sujets, pris hors de l'histoire positive de l'Angleterre, ouvraient au poëte un champ plus libre et lui permettaient de se déployer dans toute l'originalité de sa nature. Les pièces historiques, communément désignées sous le nom d'*Histoires,* étaient, depuis vingt ans environ, en possession de la faveur populaire; Shakspeare ne se dégagea que lentement du goût de son siècle; toujours plus grand, toujours plus approuvé à mesure qu'il s'abandonnait plus librement à son propre instinct, et cependant toujours attentif à mesurer ses hardiesses sur les progrès de son auditoire dans le sentiment de l'art. Il paraît constant, par la date de ses pièces, qu'il n'a jamais composé une de ses tragédies sans que quelque autre poëte eût, pour ainsi dire, tâté, sur le même sujet, les dispositions du public ; comme s'il eût senti en lui-même une supériorité qui, pour se confier au goût de la multitude, avait besoin d'une caution vulgaire.

On ne saurait douter qu'entre les pièces historiques et la tragédie proprement dite, le génie de Shakspeare ne se portât de préférence vers le dernier genre. Le jugement général et constant qui a placé *Roméo et Juliette*, *Hamlet*, le *Roi Lear*, *Macbeth* et *Othello* à la tête de ses ouvrages, suffirait pour le prouver. Parmi les drames nationaux, *Richard III* est le seul que l'opinion ait élevé au même rang ; nouvelle preuve de mon assertion, car c'est aussi le seul ouvrage que Shakspeare ait pu conduire, à la manière de ses tragédies, par l'influence d'un caractère ou d'une idée unique. Là réside la différence fondamentale qui distingue les deux genres de pièces : dans les unes, les événements suivent leur cours, et le poëte les accompagne ; dans les autres, les événements se groupent autour d'un homme et ne semblent servir qu'à le mettre en lumière. *Jules-César* est une vraie tragédie, et cependant la marche de la pièce est calquée sur le récit de Plutarque, aussi bien que le *Roi Jean*, *Richard II* ou les *Henri* sur les chroniques de Hollinshed ; mais Brutus est là qui imprime à l'ouvrage l'unité d'un grand caractère individuel. De même l'histoire de *Richard III* est en entier sa propre histoire, l'œuvre de son dessein et de sa volonté, tandis que celle des autres rois dont Shakspeare a peuplé son théâtre n'est qu'une partie, et souvent la moindre partie du tableau des événements de leur temps.

C'est que les évenement ne sont pas ce qui préoccupe

Shakspeare ; il ne s'inquiète que des hommes qui les font. C'est dans la vérité dramatique, non dans la vérité historique, qu'il établit son domaine. Donnez-lui un fait à exposer sur la scène ; il n'ira pas s'informer minutieusement des circonstances qui l'ont accompagné, ni des causes diverses et multipliées qui ont pu y concourir ; son imagination ne lui demandera pas un tableau exact des temps, des lieux, ni une connaissance bien complète des combinaisons infinies dont se forme le mystérieux tissu de la destinée. Ce n'est là que la matière du drame ; ce n'est pas là que Shakspeare en cherchera la vie. Il prend le fait comme le lui livrent les récits, et, guidé par ce fil, il descend dans les profondeurs de l'âme humaine. C'est l'homme qu'il veut ressusciter ; c'est l'homme qu'il interroge sur le secret de ses impressions, de ses penchants, de ses idées, de ses volontés. Il lui demande, non pas : — « Qu'as-tu fait ? — Mais : — Comment es-tu fait ? D'où est née la part que tu as prise dans les événements où je te rencontre ? Que cherchais-tu ? Que pouvais-tu ? Qui es-tu ? Que je te connaisse, je saurai tout ce qui m'importe dans ton histoire. »

Ainsi s'expliquent, dans les œuvres de Shakspeare, et cette profondeur de vérité naturelle qui s'y révèle aux yeux les moins exercés, et cette absence assez fréquente de la vérité locale qu'il eût également su peindre s'il en eût fait l'objet d'une étude assidue. De là aussi la différence de conception qui se fait remarquer entre ses pièces historiques et ses tragédies. Composées sur un plan plus national que dramatique, écrites d'avance en quelque sorte par des événements connus dans leurs détails, et déjà même en possession du théâtre sous des formes déterminées, la plupart des pièces historiques ne pouvaient s'assujettir à cette unité individuelle que Shakspeare se plaisait à faire dominer dans ses compositions, mais qui domine si rarement dans les récits de l'histoire. Chaque homme est d'ordinaire pour bien peu de chose dans les événements où il a pris place ; et la situation brillante qui sauve un nom de l'oubli n'a pas toujours préservé de la nullité celui qui le portait. Les rois surtout, forcés de paraître sur la scène du monde, indépendamment de leur aptitude à y jouer un rôle, apportent souvent, dans la conduite d'une action historique, moins de secours que d'embarras. La plupart des princes dont le règne a fourni à Shakspeare ses drames nationaux ont sans doute exercé quelque influence sur leur propre histoire ; mais aucun, si ce n'est Richard III, ne l'a faite lui-même et tout entière. Shakspeare eût cherché vainement, dans leur conduite et leur nature personnelle, ce mobile unique des faits, cette vérité simple et féconde qu'invoquait l'instinct de son génie. Aussi, tandis que, dans ses tragédies, une situation morale, un caractère fortement conçu étreint et renferme l'action dans un nœud puissant, d'où s'échappent, pour y rentrer ensuite, les faits comme les sentiments, ses drames historiques offrent au contraire une multitude d'incidents et de scènes destinés moins à faire marcher l'action qu'à la remplir. A mesure que les événements passent devant lui, Shakspeare les arrête pour en saisir quelques détails qui déterminent leur physionomie ; et ces détails, ce n'est point dans les causes élevées ou générales des faits, c'est dans leurs résultats pratiques et familiers qu'il va les puiser. Un événement historique peut partir de très-haut, mais il atteint toujours très-bas ; peu importe que ses sources se cachent dans les sommités de l'ordre social ; il vient aboutir dans les masses populaires ; il y produit un effet, un sentiment répandu et manifeste. C'est là que Shakspeare semble attendre l'événement ; c'est là qu'il le prend pour le peindre. L'intervention du peuple, qui porte une si lourde part du poids de l'histoire, est assurément légitime, au moins dans les représentations historiques. Elle était nécessaire à Shakspeare. Ces tableaux partiels de l'histoire privée ou populaire, placés bien loin derrière les grands événements, Shakspeare les attire sur le devant de la

scène, les met en saillie ; on sent qu'il y compte pour
donner à son œuvre les formes et les couleurs de la
réalité. L'invasion de la France, la bataille d'Azincourt,
le mariage d'une fille de France avec le roi d'Angleterre,
en faveur de qui le roi de France déshérite le dauphin,
ne lui suffisent point pour remplir le drame historique
de *Henri V;* il appelle à son aide la comique érudition du
brave Gallois Fluellen, les conversations du roi avec les
soldats Pistol, Nym, Bardolph, tout ce mouvement subalterne d'une armée, et jusqu'aux joyeuses amours de
Catherine avec Henri. Dans les *Henri IV,* le comique se
lie de plus près aux événements ; cependant ce n'est pas
de là qu'il émane; Falstaff et son cortége tiendraient
moins de place que les faits principaux n'en seraient pas
moins préparés et ne suivraient pas un autre cours ;
mais ces faits n'ont donné à Shakspeare que les contours
extérieurs de la pièce ; ce sont les incidents de la vie
privée, les détails comiques, Hotspur et sa femme, Falstaff et ses compagnons, qui viennent la remplir et l'animer.

Dans la vraie tragédie, tout prend une autre disposition, un autre aspect ; aucun incident n'est isolé ni
étranger au fond même du drame ; aucun lien n'est
léger ou fortuit. Les événements groupés autour du personnage principal se présentent avec l'importance que
leur donne l'impression qu'il en reçoit ; c'est à lui qu'ils
s'adressent, comme c'est de lui qu'ils proviennent ; il
est le commencement et la fin, l'instrument et l'objet
des décrets de Dieu qui, dans ce monde créé pour
l'homme, a voulu que tout se fît par les mains de
l'homme, et rien selon ses desseins. Dieu emploie la
volonté humaine à accomplir des intentions que l'homme
n'a point eues, et le laisse marcher librement vers un
but qu'il n'a pas choisi. Mais l'homme en butte aux
événements ne tombe point sous leur servitude ; si l'impuissance est sa condition, la liberté est sa nature ; les
sentiments, les idées, les volontés que lui inspireront les

choses extérieures émaneront de lui seul ; en lui réside une force indépendante et spontanée qui repousse et brave l'empire que subira son sort. Ainsi fut fait le monde ; ainsi Shakspeare a conçu la tragédie. Donnez-lui un événement obscur, éloigné ; qu'à travers une série d'incidents plus ou moins connus, il soit tenu de le conduire vers un résultat déterminé : au milieu de ces faits, il place une passion, un caractère, et met dans la main de sa créature tous les fils de l'action. Les événements suivent leur route, l'homme entre dans la sienne ; il emploie sa force à les détourner de la direction dont il ne veut pas, à les vaincre quand ils le traversent, à les éluder quand ils l'embarrassent ; il les soumet un moment à son pouvoir pour les retrouver bientôt, plus ennemis, dans le cours nouveau qu'il leur a fait prendre, et il succombe enfin, mais tout entier, dans la lutte où se brisent sa destinée et sa vie.

La puissance de l'homme aux prises avec la puissance du sort, tel est le spectacle qui a saisi et inspiré le génie dramatique de Shakspeare. L'apercevant pour la première fois dans la catastrophe de *Roméo et Juliette,* il avait senti tout à coup la volonté glacée de terreur à l'aspect de cette vaste disproportion entre les efforts de l'homme et l'inflexibilité du destin, l'immensité de nos désirs et la nullité de nos moyens. Dans *Hamlet,* la seconde de ses tragédies, il en reproduit le tableau avec une sorte d'effroi. Un sentiment de devoir vient de prescrire à Hamlet un projet terrible ; il ne croit pas que rien lui permette de s'y soustraire ; et, dès le premier instant, il lui sacrifie tout, son amour, son amour-propre, ses plaisirs, les études même de sa jeunesse. Il n'a plus qu'un but au monde, c'est de constater le crime qui a tué son père et de le punir. Que, pour accomplir ce dessein, il faille briser le cœur de celle qu'il aime ; que, dans le cours des incidents qu'il fait naître pour y parvenir, une méprise le rende le meurtrier de l'inoffensif Polonius ; qu'il devienne lui-même un objet de risée et de mépris; il n'y songe seulement pas; ce sont les résultats nécessaires de sa détermination, et dans cette détermination est concentrée toute son existence. Mais il veut l'accomplir avec certitude; il veut être assuré que le coup sera légitime et qu'il ne le manquera pas. Dès lors s'accumulent devant ses pas les doutes, les difficultés, les obstacles qu'oppose toujours le cours des choses à l'homme qui prétend se l'assujettir. En observant moins philosophiquement ses entraves, Hamlet les surmonterait plus aisément; mais l'hésitation, la crainte qu'elles inspirent font partie de leur puissance, et Hamlet doit la subir tout entière. Cependant rien ne l'ébranle, rien ne le détourne; il avance, bien que lentement, les yeux constamment fixés sur son but; soit qu'il fasse naître une occasion, soit qu'il la saisisse, chaque pas est un progrès; il semble toucher au dernier période de son dessein. Mais le temps a fourni sa carrière; la Providence est à son terme; les événements que Hamlet a préparés se précipitent sans son concours; ils se consomment par lui et contre lui; et il tombe victime des décrets dont il a assuré l'accomplissement, destiné à montrer combien l'homme compte pour peu de chose, même dans ce qu'il a voulu.

Déjà plus aguerri au spectacle de la vie humaine, Richard III, au début de sa sanglante carrière, contemple, mais d'un œil ferme, cette immense disproportion sous laquelle succombait sans cesse la pensée du courageux mais novice Hamlet; Richard ne s'en promet que plus d'orgueil et de plaisir à dompter cette force ennemie; il veut donner un démenti au sort qui paraît l'avoir désigné pour l'abaissement et le mépris. En effet, on va le voir commander en vainqueur aux chances de sa vie; les événements naîtront de ses mains, portant l'empreinte de ses volontés; comme sa pensée les a conçus, sa puissance les accomplit; il achève ce qu'il a projeté, élève son existence à la hauteur de son ambition..., et s'abîme au moment marqué par l'inflexible destin pour faire éclater, au milieu de ses succès, le châtiment de ses crimes. Macbeth, Othello, Coriolan, également actifs et aveugles dans la conduite de leur destinée, attirent de même sur eux, avec la force d'une volonté passionnée, l'événement qui doit les écraser. Brutus meurt de la mort de César; nul, plus que lui-même n'a voulu le coup qui le tue; nul ne s'y est déterminé par un choix plus libre de sa raison; il n'a pas eu, comme Hamlet, une apparition qui lui vint dicter son devoir; en lui seul il a retrouvé cette loi sévère à laquelle il a sacrifié son repos, ses affections, ses penchants; nul homme n'est plus maitre de lui-même, et comme tous, impuissant contre le sort, il meurt; avec lui périt la liberté qu'il a voulu sauver; l'espoir même de rendre sa mort utile ne luit point à ses yeux; et cependant Shakspeare ne lui fait pas dire en mourant : « O vertu, tu tu n'es qu'un vain nom! »

C'est qu'au-dessus de ce jeu terrible de l'homme contre la nécessité, plane son existence morale, indépendante, souveraine, exempte des hasards du combat. Le génie puissant dont le regard avait embrassé la destinée humaine n'en pouvait méconnaître le sublime secret; un instinct sûr lui révélait cette explication dernière, sans laquelle il n'y a que ténèbres et incertitude. Aussi, muni du fil moral qui ne se rompt jamais dans ses mains, marche-t-il d'un pas ferme à travers les embarras des circonstances et les perplexités des sentiments divers; rien de plus simple, au fond, que l'action de Shakspeare; rien de moins compliqué que l'impression qu'on en reçoit. L'intérêt ne s'y partage point et s'y balance encore moins entre deux penchants opposés, deux affections puissantes. Dès que les personnages sont connus, dès que la situation est développée, on a fait son choix; on sait ce qu'on désire, ce qu'on craint, qui l'on hait et qui l'on aime. Les devoirs ne se combattent pas plus que les intérêts; la conscience ne flotte pas plus que les affections. Au milieu des révolutions politiques, dans ces temps où la société en guerre avec elle-même ne peut plus diriger les individus par ces lois qu'elle leur imposait pour le maintien de son unité, alors seulement le jugement de Shakspeare hésite et laisse hésiter le nôtre; lui-même ne démêle plus bien où est le droit, ce que veut le devoir, et ne sait plus nous le faire pressentir. Le *Roi Jean, Richard II,* les *Henri VI,* en offrent l'exemple. Partout ailleurs, la situation morale est claire, sans ambiguïté comme sans complaisance. Les personnages n'y marchent point ou trompeurs ou trompés, entre le vice et la vertu, la faiblesse et le crime; ce qu'ils sont, ils le sont franchement, nettement; leurs actions sont dessinées à grands traits; l'œil le plus débile ne saurait s'y méprendre. Et cependant, science admirable de la vérité! dans ces actions si positives, si complètes, si conséquentes, vivent et se déploient toutes les inconséquences, tous les bizarres mélanges de la nature humaine. Macbeth a bien pris son parti sur le crime ; aucun fil ne retient plus ses actions à la vertu; et cependant qui peut douter que, dans le caractère de Macbeth, à côté des passions qui poussent au crime n'existent encore les penchants qui font la vertu? La mère de Hamlet n'a gardé, dans son incestueux amour, aucune mesure; elle connaît son crime et le commet; sa situation est celle d'une effrontée coupable; son âme est celle d'une femme qui pourrait aimer la pudeur et se trouver heureuse dans les liens du devoir. Claudius même, le scélérat Claudius voudrait encore pouvoir prier; il ne le peut, mais il le voudrait. Ainsi le coup d'œil du philosophe éclaire et dirige l'imagination du poëte; ainsi l'homme n'apparaît à Shakspeare que muni de tout ce qui appartient à sa nature. La vérité est toujours là, devant les yeux du poëte : il les baisse et il écrit.

Mais il est une vérité que Shakspeare n'observe point de la sorte, qu'il tire de lui-même, et sans laquelle toutes celles qu'il contemple au dehors ne seraient que des images froides et stériles: c'est le sentiment qu'elles excitent en lui. Ce sentiment est le lien mystérieux qui nous unit au monde extérieur et nous le fait vraiment connaître; quand notre pensée a considéré les réalités, notre âme s'émeut d'une impression analogue et spontanée; sans la colère qu'inspire la vue du crime, d'où nous viendrait la révélation de ce qui le rend odieux? Nul n'a réuni, au même degré que Shakspeare, ce double caractère de l'observateur impartial et de l'homme profondément sensible. Supérieur à tout par la raison, accessible à tout par la sympathie, il ne voit rien qu'il ne le juge, et il le juge parce qu'il le sent. Celui qui n'eût pas détesté Iago eût-il pénétré, comme Shakspeare, dans les replis de son exécrable caractère? A l'horreur qu'il ressent pour le criminel est due l'effrayante énergie du langage qu'il lui prête. Qui pourrait nous faire trembler, comme lady Macbeth elle-même, de l'action qu'elle prépare avec si peu de crainte? Mais s'agit-il d'exprimer la pitié, la tendresse, l'abandon de l'amour, l'égarement des terreurs maternelles, les fermes et profondes douleurs d'une amitié virile? Alors l'observateur peut quitter son poste, le juge son tribunal; c'est Shakspeare lui-même qui s'épanche avec l'abondance de sa nature; ce sont les sentiments familiers à son âme qui s'émeuvent au moindre contact de son imagination. Les femmes, les enfants, les vieillards, qui les a peints comme lui? Où l'ingénuité d'un amour permis a-t-elle fait naître une fleur plus pure que Desdemona? La vieillesse indignement abandonnée, livrée à la démence par la faiblesse de l'âge et la violence de la douleur, se répandit-elle jamais en lamentations plus pathétiques que dans le *Roi Lear?* Qui ne se sentira le cœur assailli de toutes les émotions pleines d'angoisse que peut inspirer l'enfance, en voyant la scène où Hubert, selon sa promesse au roi Jean, veut faire brûler les yeux du jeune Arthur? Et si ce projet barbare recevait son exécution, qui pourrait la supporter? Mais Shakspeare alors ne l'eût pas retracée : il y a des douleurs devant lesquelles il s'arrête; il prend pitié de lui-même et repousse des impressions trop difficiles à soutenir. A peine permet-il quelques mots à Juliette entre la mort de Roméo et la sienne; Macduff se taira après le massacre de sa femme et de ses enfants; et Shakspeare a voulu que Constance fût morte avant de nous apprendre la mort d'Arthur. Othello seul aborde sans ménagement toute sa souffrance; mais son malheur était si horrible, quand il ne le connaissait pas, que l'impression qu'il en reçoit, après la découverte de son erreur, devient presque un soulagement.

Ainsi ému de ce qui nous émeut, Shakspeare obtient notre confiance; nous nous abandonnons avec sécurité à cette âme toujours ouverte où nos sentiments ont déjà retenti, à cette imagination toujours prête où s'empreint l'éclat du soleil d'Italie et qu'obscurciront les sombres brouillards du Danemark. Dramatique dans la peinture des jeux d'une mère avec son enfant, simple dans la terrible apparition qui ouvre la scène de Hamlet, le poëte ne manquera jamais aux réalités qu'il doit nous peindre, ni l'homme aux émotions dont il veut nous pénétrer.

Pourquoi donc sommes-nous quelquefois péniblement contraints de nous arrêter en le suivant? Pourquoi une sorte d'impatience et de fatigue vient-elle assez souvent nous troubler dans l'admiration qu'il nous inspire? Un malheur est arrivé à Shakspeare; prodigue de ses richesses, il n'a pas toujours su les distribuer à propos ni avec art. Ce fut aussi quelquefois le malheur de Corneille. Les idées se pressaient autour de Corneille, confuses et tumultueuses, comme autour de Shakspeare, et ni l'un ni l'autre n'a eu le courage de traiter son propre esprit avec une prudente sévérité. Ils oublient la situation du personnage en faveur des pensées qu'elle suscite dans l'âme du poëte. Dans Shakspeare surtout, cette excessive complaisance pour lui-même arrête et interrompt quelquefois, d'une manière fatale à l'effet dramatique, l'ébranlement qu'a reçu le spectateur. Ce n'est pas seulement, comme dans Corneille, l'ingénieuse loquacité d'un esprit un peu bavard ; c'est l'inquiète et bizarre rêverie d'un esprit étonné de ses propres découvertes, ne sachant comment reproduire toute l'impression qu'il en reçoit, et forçant, entassant les idées, les images, les expressions, pour réveiller en nous des sentiment pareils à ceux qui l'oppressent. Ces sentiments longuement développés ne sont pas toujours ceux qui doivent occuper le personnage ; et non-seulement l'harmonie de la situation en est altérée, mais nous nous voyons contraints à un certain travail qui achève de nous en distraire. Toujours simples dans leurs émotions, les héros de Shakspeare ne le sont pas également dans leurs discours ; toujours vrais et naturels dans leurs idées, ils ne le sont pas aussi constamment dans les combinaisons qu'ils en forment. La vue du poëte embrassait un champ immense, et son imagination, le parcourant avec une rapidité merveilleuse, saisissait entre les objets mille rapports éloignés ou bizarres, et passait de l'un à l'autre par une multitude de transitions brusques et singulières qu'elle imposait ensuite aux personnages et aux spectateurs. De là est né le vrai, le grand défaut de Shakspeare, le seul qui vienne de lui-même, et qui se produise quelquefois dans ses plus belles compositions ; c'est l'apparence trompeuse d'une recherche pleine d'effort qui n'est due au contraire qu'à l'absence du travail. Accoutumé par le goût de son siècle à réunir souvent les idées et les expressions par leurs relations les plus lointaines, il en contracta l'habitude de cette subtilité savante qui aperçoit tout, rapproche tout et ne fait grâce de rien ; elle a gâté plus d'une fois la gaieté de ses comédies comme le pathétique de ses tragédies. Si la méditation eût instruit Shakspeare à se replier sur lui-même, à contempler sa propre force et à la concentrer en la ménageant, il eût bientôt rejeté l'abus qu'il en a fait, et il n'eût pas tardé à reconnaître que ni ses héros, ni ses spectateurs ne pouvaient le suivre dans ce prodigieux mouvement d'idées, de sentiments et d'intentions qui, à chaque occasion, au moindre prétexte, se soulevaient et s'obstruaient dans sa propre pensée.

Mais autant que, par les détails rares et incertains qui nous ont été transmis sur sa personne et sa vie, on peut concevoir aujourd'hui son caractère, tout porte à croire que Shakspeare ne prit jamais tant de soin de ses travaux ni de sa gloire. Plus disposé à jouir de lui-même qu'à s'en rendre compte, docile à l'inspiration plutôt que dirigé par la conscience de son génie, peu tourmenté du besoin des succès, plus enclin à en douter qu'attentif aux moyens de les préparer, le poëte avança sans mesurer sa route, se découvrant lui-même, pour ainsi dire, à chaque pas, et conservant peut-être encore, à la fin de sa carrière, quelque chose de cette naïve ignorance des merveilleuses richesses qu'il y répandait à pleines mains. Ses sonnets, seuls entre ses œuvres, contiennent quelques allusions à ses sentiments personnels, à la situation de son âme ou de sa vie; mais on n'y rencontre que bien rarement cette idée, si naturelle à un poëte, de l'immortalité promise à ses vers ; et ce n'était pas un homme qui comptât beaucoup sur la postérité, ou s'en souciât guère, que celui qui s'est montré si peu soigneux de jeter quelque jour sur les seuls monuments de son existence privée que la postérité tienne de lui.

Imprimés pour la première fois en 1609, ces sonnets le furent, sans doute, de l'aveu de Shakspeare ; rien n'indique cependant qu'il ait pris la moindre part à leur publication. Ni lui ni son éditeur n'ont cherché à leur donner un intérêt historique par la désignation des personnes à qui ils furent adressés ou des occasions qui les inspirèrent. Aussi les clartés qu'on y peut entrevoir sur quelques circonstances de sa vie sont-elles si douteuses qu'elles servent plutôt à inquiéter son historien qu'à le conduire. Le style passionné qui y règne, même dans ceux qui évidemment ne s'adressent qu'à un ami, a jeté les commentateurs de Shakspeare dans un grand embarras. De toutes les suppositions hasardées pour l'expliquer, une seule, à mon avis, a quelque vraisemblance. Dans un temps où l'esprit, comme tourmenté de son inexpérience et de sa jeunesse, essayait de toutes les formes, excepté de la simplicité, près d'une cour où l'*euphuisme*, langage à la mode, avait porté jusque dans la conversation familière les plus bizarres travestissements de personnes et d'idées, il se peut que, pour exprimer des sentiments réels, le poëte ait pris quelquefois, dans ces compositions légères, un rôle et un langage de convention. On sait, par un pamphlet publié en 1598, que les *doux* sonnets de Shakspeare, déjà célèbres bien qu'il ne fussent pas encore imprimés, faisaient le charme de ses sociétés particulières ; et si l'on remarque que le trait qui les termine est presque toujours répété et retourné dans plusieurs sonnets de suite, on sera bien tenté de les considérer comme de simples amusements d'un esprit que séduisait toujours l'occasion d'exprimer une idée ingénieuse. Insuffisants donc à éclaircir les faits qu'ils indiquent, ce n'est que par des inductions plus ou moins rapprochées que les sonnets de Shakspeare peuvent offrir quelques renseignements sur ce qui remplit sa vie pendant son séjour à Londres, et pendant ces trente années, maintenant si glorieuses, dont il a mis si peu d'intérêt à conserver les détails.

Peut-être sa situation a-t-elle, aussi bien que son caractère, contribué à ce silence. Un sentiment de fierté autant que la modestie a pu disposer Shakspeare à renfermer dans l'oubli une existence dont il était peu satisfait. L'état de comédien n'avait alors, en Angleterre, ni consistance ni éclat. Quelque différence que mette Hamlet entre les acteurs ambulants et ceux qui appartenaient à un théâtre établi, ces derniers devaient porter aussi le poids de la grossièreté du public dont ils dépendaient, et de celle des confrères avec qui ils partageaient la charge de divertir le public. La passion du spectacle fournissait de l'emploi à des gens de tout étage, depuis ceux qu'on dressait aux combats de l'ours jusqu'aux enfants de Saint-Paul et aux sociétaires de Black-Friars. C'est probablement de quelque théâtre placé entre ces deux extrêmes que Shakspeare nous donne une si plaisante image dans *le Songe d'une nuit d'été*. Mais les moyens d'illusion auxquels ont recours les artisans comédiens de ce drame ne sont guère inférieurs à ceux dont se servaient les théâtres les plus relevés. L'acteur crépi de plâtre, chargé de figurer la muraille qui sépare Pyrame et Thisbé, et instruit à écarter les doigts en guise de crevasse, cet homme qui avec sa lanterne, son chien et son buisson, doit signifier le clair de la lune, ne demandaient pas à l'imagination des spectateurs beaucoup plus de complaisance qu'il n'en fallait ailleurs pour se représenter la même scène tantôt comme un jardin rempli de fleurs, puis aussitôt, sans aucun changement, comme un rocher contre lequel vient se briser un vaisseau, puis enfin comme un champ de bataille où quatre hommes, armés d'épées et de boucliers, viennent figurer deux armées en présence[1]. Il y a lieu de croire que tous ces spectacles rassemblaient à peu près le même public; du moins est-il certain que les pièces de Shakspeare ont été jouées à *Black-Friars* et au *Globe*, deux théâtres différents, bien qu'appartenant à la même troupe.

Les comédiens ambulants étaient en usage de donner leurs représentations dans les cours d'auberge; le théâtre en occupait une partie; les spectateurs remplissaient l'autre et demeuraient à découvert ainsi que les acteurs; les chambres basses qui formaient le circuit de la cour et les galeries au-dessus offraient des places sans doute plus chères. Les théâtres de Londres avaient été construits sur ce modèle; et ceux qu'on appelait *théâtres*

---

[1] C'est la description ironique de l'état grossier du théâtre que donne sir Philippe Sidney dans sa *Defence of Poesie*, imprimée en 1595.

publics, par opposition aux *salles particulières*, avaient gardé la coutume de représenter en plein jour et sans autre toit que le ciel. Le *Globe* était un théâtre public et *Black-Friars* une salle particulière ; nul doute que ces derniers établissements ne fussent d'un rang supérieur ; on vit même plus tard la qualité de spectateurs de *Black-Friars* regardée comme le signe d'un goût plus élégant et plus dédaigneux. Mais de telles distinctions ne se dessinent nettement qu'à la longue, et quand Shakspeare monta sur la scène, les nuances en étaient probablement très-confuses. En 1609, Decker, dans un pamphlet intitulé *Guls Hornbook,* écrit un chapitre sur « la manière dont un homme du bel air doit se con- « duire au spectacle. » On y voit que, dans les salles *publiques* ou *particulières,* le gentilhomme doit d'abord aller prendre place sur le théâtre même : là il s'assiéra à terre ou sur un tabouret, selon qu'il lui conviendra ou non de payer un siége. Il gardera courageusement son poste malgré les huées du parterre, dût même la populace qui le remplit « lui cracher au nez et lui jeter de « la boue au visage ; » ce qu'il convient au gentilhomme de supporter patiemment, en riant « de ces imbéciles animaux-là. » Cependant si la multitude se met à crier à pleine gorge : « Hors d'ici le sot ! » le danger devient assez sérieux pour que le bon goût n'oblige pas le gentilhomme à s'y exposer. Les gens du peuple se faisaient apporter, pendant le spectacle, de la bière, des pommes, et les acteurs en avaient souvent leur part ; on fournissait d'un autre côté aux gentilhommes, pour leur argent, des pipes à fumer, des cartes à jouer ; et il était dans les règles de conduite des élégants habitués du théâtre d'y établir une partie de jeu avant le commencement de la pièce. *Guls Hornbook* leur recommande de témoigner une grande ardeur à leur jeu, dussent-ils ensuite se rendre l'argent à souper ; rien ne saurait, dit-il, donner plus de relief à un gentilhomme que de lancer ses cartes sur le théâtre après en avoir déchiré trois ou quatre avec les apparences de la fureur. Parler, rire, tourner le dos aux acteurs quand la pièce ou l'auteur déplaît, ce sont les devoirs du spectateur en possession des honneurs de la scène. Ces plaisirs des gentilhommes indiquent assez quels étaient ceux de la populace réunie au parterre, et que les écrits contemporains désignent ordinairement sous le nom de *puants* [1]. Le sort des acteurs voués aux divertissements d'un tel public devait avoir plus d'un dégoût, et il est permis d'attribuer à ce que Shakspeare en avait souffert cette aversion pour les réunions populaires qui se manifeste souvent dans ses ouvrages avec tant d'énergie.

La condition et les mœurs des poëtes qui travaillaient pour le théâtre ne nous donnent pas, sous ces deux rapports, une idée plus honorable des acteurs qui les fréquentaient; et, pour supposer que Shakspeare jeune, gai, facile, ait échappé à l'influence de ce double caractère de poëte et de comédien, il faut cette foi robuste que les commentateurs ont vouée à leur patron. Shakspeare lui-même nous laisse peu de doute sur des torts qu'il a du moins le mérite de regretter. Il demande, dans un sonnet, que sa fortune « coupable déesse, dit-il de « mes mauvaises actions, » porte seule le reproche des « moyens publics » auxquels l'a réduit la nécessité de subsister : « De là vient, ajoute-t-il, que mon nom est « diffamé et ma nature presque abaissée jusqu'à l'élé-« ment dans lequel elle agit, ainsi qu'il arrive à la main « du teinturier. Ayez donc pitié de moi, et souhaitez « que je puisse être renouvelé, tandis que, soumis et « patient, je boirai des potions de vinaigre contre la « puissante contagion où je vis [2]. » Dans le sonnet suivant, s'adressant à la même personne, toujours sur le ton d'une affection confiante à la fois et respectueuse : « Votre tendresse et votre pitié, dit-il, effacent pour moi

---

[1] *Stinkards.*
[2] Sonnet 111, édition de Steevens, 1780, t. XI, p. 670.

« l'empreinte que grave sur mon front le reproche vul-
« gaire. Que m'importera qu'on me qualifie mal ou bien
« si vous recouvrez de fraîches couleurs ce que j'ai de
« mauvais, et reconnaissez ce que j'ai de bon [1] ? » Ailleurs
il s'afflige de cette tache qui sépare deux vies unies par
l'affection : « Je ne puis, dit-il, toujours t'avouer, de
« peur que la faute que je pleure ne te fasse rougir ; et
« tu ne peux m'honorer d'une faveur publique, dans la
« crainte de déshonorer ton nom [2]. » Puis il se plaint
d'être, sinon calomnié, du moins mal jugé, et de ce que
les fragilités de sa « folâtre jeunesse » sont épiées par
des censeurs encore plus fragiles que lui [3]. On devine
aisément quelle devait être la nature des faiblesses de
Shakspeare ; plusieurs sonnets sur les infidélités, et
même sur les vices de la maîtresse qu'il célèbre, indiquent assez que ses écarts n'avaient pas toujours pour
objet des personnes capables de les honorer. Cependant,
comment supposer que, dans l'état des mœurs au XVIe siècle, la sévérité publique déployât tant de rigueur contre
de pareils égarements ? Pour expliquer l'humiliation du
poëte, il faut supposer ou quelque scandale fort au delà
de l'usage, ou simplement un déshonneur particulier
attaché aux désordres et à l'état de comédien. Cette
dernière hypothèse me paraît la plus probable. Aucun
reproche grave ne peut, en aucun temps, avoir pesé sur
un homme dont ses contemporains n'ont jamais parlé
qu'avec une affection pleine d'estime, et que Ben-Johnson
déclare « véritablement honnête », sans tirer de cette
assertion l'occasion ni le droit de rapporter quelque trait
honteux à sa mémoire, quelque tort connu que l'officieux
rival n'eût pas manqué de constater en l'excusant.

Peut-être en se rapprochant des classes élevées, frappé
du spectacle d'une élégance relative de sentiments et de
mœurs qu'il ne soupçonnait pas encore, averti soudain

[1] Sonnet 112, *ibid.* [2] Sonnet 36, *ibid.*, p. 61. [3] Sonnet 121, *ibid.*, p. 678.

que sa nature lui donnait droit de participer à ces délicatesses jusque-là étrangères à ses habitudes, Shakspeare se sentit-il chargé, par sa situation, de douloureuses entraves; peut-être s'exagéra-t-il son abaissement, par cette disposition d'une âme fière, d'autant plus accablée d'une condition inégale qu'elle se sent plus digne de l'égalité. Du moins n'est-il pas douteux qu'avec cette circonspection mesurée qui accompagne la fierté aussi bien que la modestie, Shakspeare n'ait travaillé à franchir des distances humiliantes, et qu'il n'y soit parvenu. Sa première dédicace à lord Southampton, celle de *Vénus et Adonis*, est écrite avec une respectueuse timidité. Celle du poëme de *Lucrèce*, publié l'année suivante, exprime un attachement reconnaissant, mais sûr d'être accueilli, et il voue à son protecteur « un amour sans mesure. » Le ton de cette préface conforme à celui d'un grand nombre de sonnets, des bienfaits répétés auxquels l'amitié de lord Southampton donna ce mérite qui permet qu'on s'en honore, la vive tendresse que devait inspirer au sensible et confiant Shakspeare l'aimable et généreuse protection d'un jeune homme brillant et considéré, toutes ces circonstances ont fait supposer à quelques commentateurs que lord Southampton pouvait bien avoir été l'objet des inexplicables sonnets du poëte. Sans examiner à quel point l'*euphuisme*, l'exagération du langage poétique et le faux goût du temps ont pu donner à lord Southampton les traits d'une maîtresse adorée, on ne saurait méconnaître que la plupart de ces sonnets s'adressent à une personne d'un rang supérieur, pour qui le dévouement du poëte porte le caractère d'un respect soumis autant que passionné. Plusieurs indiquent des relations littéraires, habituelles et intimes. Tantôt Shakspeare se félicite d'être guidé et inspiré, tantôt il se plaint de n'être plus seul à recevoir ces inspirations :

« J'avoue, dit-il, que tu n'étais pas marié à ma muse[1]; »

---

[1] Sonnet 82, *ibid.*, p. 646.

et cependant la douleur d'un tel partage se reproduit sous toutes les formes de la jalousie, tantôt résignée, tantôt poussée, par des sentiments trop amers, à laisser échapper des reproches pressants, mais contenus dans les bornes du respect. Ailleurs il s'accuse, à ce qu'il semble, d'infidélité envers « un ancien ami ; » il a trop « fréquenté des esprits inconnus, » trop livré au monde « les droits chèrement achetés » d'une affection qui l'enchaîne chaque jour par de nouvelles obligations ; mais il revient, et réclame son pardon au nom de la confiance que lui inspire toujours cette affection qu'il a négligée [1]. Un autre sonnet parle de torts mutuels pardonnés, mais dont la douleur est encore présente [2]. Si ce ne sont pas là de pures formes de langage employées peut-être dans des occasions bien différentes de celles qu'elles paraissent indiquer, le sentiment qui occupait ainsi la vie intérieure du poëte était aussi orageux que passionné.

Au dehors, cependant, son existence paraît avoir suivi un cours tranquille. Son nom ne se trouve mêlé dans aucune querelle littéraire ; et sans les malignes allusions de l'envieux Ben-Johnson, à peine une critique s'associerait-elle aux éloges qui consacrent sa supériorité. Tous les documents nous montrent enfin Shakspeare placé comme il avait droit de prétendre à l'être, recherché pour le charme de son caractère autant que pour l'agrément de son esprit et l'admiration due à son génie. Un coup d'œil jeté sur les affaires du poëte prouve aussi qu'il commençait à porter, dans les détails de son existence, cette régularité, cet ordre nécessaires à la considération. On le voit achetant successivement dans son pays natal une maison et diverses portions de terre dont il forme bientôt une propriété suffisante pour assurer l'aisance de sa vie. Les profits qu'il retirait du théâtre, en qualité d'auteur et d'acteur, ont été évalués à deux

---

[1] Sonnet 117, *ibid.* p. 675.   [2] Sonnet 120, *ibid.* p. 677.

cents livres sterling par an, somme considérable pour le temps; et si les bienfaits de lord Southampton sont venus au secours de l'économie du poëte, on peut juger que du moins ils n'ont pas été mal employés. Rowe, dans sa vie de Shakspeare, semble croire que les libéralités d'Élizabeth eurent part aussi à la fortune de son poëte favori. Le don d'un écusson accordé, ou plutôt confirmé à son père en 1599, prouve en effet l'intention d'honorer sa famille. Mais rien n'indique d'ailleurs que Shakspeare ait obtenu, d'Élizabeth et à sa cour, des marques de distinction supérieures ou même égales à l'accueil que recevait de Louis XIV Molière, comme lui comédien et poëte; ainsi que Molière, Shakspeare, si l'on en excepte son intimité avec lord Southampton, chercha surtout ses relations habituelles parmi les gens de lettres dont il avait probablement contribué à relever la condition sociale. Le club de la *Sirène,* fondé par sir Walter Raleigh et où se réunissaient Shakspeare, Ben-Johnson, Beaumont, Fletcher, etc., a été longtemps célèbre par l'éclat des combats d'esprit que s'y livraient Ben-Johnson et Shakspeare, jeu frivole où la vivacité de celui-ci lui donnait un immense avantage sur la lenteur laborieuse de son rival. Les traits qu'on en cite ne valent plus aujourd'hui la peine d'être recueillis. Peu de bons mots sont en état de fournir une carrière de deux siècles.

Qui ne croirait qu'une vie ainsi devenue honorable et douce retiendra longtemps Shakspeare au milieu de sociétés conformes aux besoins de son esprit et sur le théâtre de sa gloire? Cependant, en 1613 ou 1614 au plus tard, trois ou quatre ans après avoir obtenu de Jacques Ier la direction du théâtre de Black-Friars, sans qu'on puisse entrevoir aucun dégoût de la part du roi à qui il devait cette nouvelle faveur, ni de la part du public auquel il venait de donner *Othello* et la *Tempête,* Shakspeare quitte Londres et le théâtre pour aller vivre à Stratford, dans sa maison de *Newplace* et au milieu de ses champs. Le besoin de la vie de famille s'est-il fait sentir à lui ? Mais il pouvait attirer à Londres sa femme et ses enfants. Rien n'indique qu'il eût été fort tourmenté de cette séparation. Pendant son séjour à Londres, il faisait, dit-on, de fréquents voyages à Stratford ; mais on l'accusait de trouver, même sur la route, des distractions du genre de celles qui avaient pu le consoler, au moins de l'absence de sa femme; et sir William Davenant s'est vanté hautement de l'intimité du poëte avec sa mère, la belle et spirituelle hôtesse de *la Couronne*, à Oxford, où Shakspeare s'arrêtait en allant à Stratford. Si les sonnets de Shakspeare devaient être regardés comme l'expression de ses sentiments les plus habituels et les plus chers, on s'étonnerait de n'y jamais rencontrer un seul mot relatif à son pays, à ses enfants, pas même au fils qu'il perdit à l'âge de douze ans. Cependant Shakspeare ne pouvait ignorer la tendresse paternelle : celui qui, dans *Macbeth,* a peint la pitié sous la forme d'un « pauvre petit nouveau-né tout nu ; » celui qui a fait dire à Coriolan : « Pour ne pas devenir faible et sensible « comme une femme, il ne faut pas voir le visage d'une « femme ou d'un enfant; » celui qui a si bien rendu les tendres puérilités de l'amour maternel, celui-là ne pouvait avoir vu ses propres enfants sans ressentir les tendresses de cœur d'un père. Mais Shakspeare, tel que son caractère se présente à notre pensée, avait pu trouver longtemps, dans les distractions du monde, de quoi tenir, dans son âme et sa vie, la place qu'il était capable de donner aux affections. Quoi qu'il en soit, il est plus difficile de démêler les causes qui déterminèrent son départ de Londres, que d'entrevoir celles qui avaient pu y prolonger son séjour. Peut-être quelques infirmités vinrent-elles l'avertir de la nécessité du repos ; peut-être aussi le désir bien naturel de montrer à son pays une existence si différente de celle qu'il en avait emportée lui fit-il hâter le moment de renoncer à des travaux qui n'avaient plus pour dédommagement les plaisirs de la jeunesse.

De nouveaux plaisirs ne devaient pas manquer à Shakspeare dans sa retraite. Une disposition naturelle à jouir vivement de toutes choses rendait également propre au bonheur d'une vie paisible celui qu'elle avait distrait des vicissitudes d'une vie agitée. Le premier mûrier qui ait été introduit dans le canton de Stratford, planté des mains de Shakspeare en un coin de son jardin de Newplace, a durant plus d'un siècle attesté la douce simplicité des occupations qui remplissaient ses journées. Une aisance suffisante, l'estime et l'amitié de ses voisins, tout semblait lui promettre ce qui couronne si bien une vie brillante, une vieillesse tranquille et honorée, lorsque le 23 avril 1616, le jour même où il avait atteint sa cinquante-deuxième année, la mort vint l'enlever à cette situation commode et calme dont peut-être il n'eût pas toujours livré au repos seul les heureux loisirs.

Rien n'indique le genre de maladie auquel il succomba. Son testament est daté du 25 mars 1616 ; mais la date de février, effacée pour faire place à celle de mars, donne lieu de croire qu'il l'avait commencé un mois auparavant. Il déclare l'avoir écrit en parfaite santé; mais cette précaution prise si fort à propos dans un âge encore si éloigné de la vieillesse fait présumer que quelque fâcheux symptôme avait éveillé en lui l'idée du danger. Rien n'écarte ou ne confirme cette supposition ; et les derniers jours de Shakspeare sont entourés d'une obscurité encore plus profonde, s'il se peut, que celle de sa vie.

Son testament n'offre rien de remarquable, si ce n'est une nouvelle preuve du peu de place qu'occupait dans sa pensée la femme à qui il s'était si précipitamment uni. Après avoir institué légataire universelle sa fille aînée Susanna, mariée à M. Hall, médecin de Stratford, il laisse des marques d'amitié à plusieurs personnes, parmi lesquelles il oublie sa femme, et ne s'en souvient ensuite que pour lui léguer dans un interligne, non pas le meilleur de ses lits, mais *le second après le meilleur* [1]. Une distraction semblable, réparée de la même manière, se fait remarquer à l'égard de Burbadge, Hemynge et Condell, les seuls de ses camarades de théâtre dont il fasse mention ; il lègue à chacun d'eux, aussi dans un interligne, trente-six schellings pour avoir une bague. Burbadge, le premier acteur de son temps, avait contribué au succès des pièces de Shakspeare ; Hemynge et Condell ont donné, sept ans après sa mort, la première édition complète de ses œuvres dramatiques.

Cette singulière omission du nom de la femme de Shakspeare, si légèrement réparée, indique peut-être plus que de l'oubli ; on est tenté de la regarder comme le signe d'un éloignement ou d'un ressentiment dont l'approche seule de la mort a pu engager le poëte à adoucir un peu la manifestation.

La seconde fille de Shakspeare, Judith, mariée à un marchand de vin, reçut une part beaucoup moins considérable que madame Hall, sa sœur, de l'héritage de leur père. Fut-ce en qualité d'aînée, ou par une prédilection particulière que Shakspeare voulut ainsi avantager Susanna ? Une épitaphe gravée sur le tombeau de celle-ci, morte en 1649, la représente comme « spirituelle au delà de la portée de son sexe, » et ayant en cela « quelque chose de Shakspeare, » mais plus encore en ce qu'elle était « sage pour le salut et pleurait avec tous ceux qui pleuraient. » Rien ne nous est parvenu sur Judith, sinon qu'elle ne savait pas écrire, fait constaté par un acte encore existant, où elle a apposé une croix ou quelque autre signe analogue, indiqué par une note marginale comme « le signe de Judith Shakspeare. » Judith laissa trois fils qui moururent sans enfants. Susanna n'eut qu'une fille, mariée d'abord à Thomas Nash et ensuite

---

[1] *The second best.*

à sir Bernard Abingdon. Aucun enfant ne naquit de ces deux mariages, et ainsi s'éteignit à la seconde génération la postérité de Shakspeare.

Le jour de sa mort avait été, en Espagne, celui de la mort de Cervantes.

Shakspeare fut enterré dans l'église de Stratford, où subsiste encore son tombeau. Il est représenté de grandeur naturelle, assis dans une niche, un coussin devant lui et une plume à la main. Cette figure avait été dans l'origine, selon l'usage du temps, peinte des couleurs de la vie, les yeux d'un brun clair, la barbe et les cheveux plus foncés. Le pourpoint était écarlate et la robe noire. Les couleurs ternies par le temps en furent rafraîchies en 1748, par les soins de M. John Ward, grand-père de mistriss Siddons et de M. Kemble, sur les profits d'une représentation d'*Othello*. Mais en 1793, M. Malone, l'un des principaux commentateurs de Shakspeare, fit enduire la statue d'une épaisse couche de blanc, conduit sans doute par cette prévention exclusive en faveur des coutumes modernes qui l'a souvent égaré dans ses commentaires. Un voyageur indigné a, par un quatrain inscrit dans l'*Album* de l'église de Stratford, appelé la malédiction du poëte sur le profanateur qui « badigeonne son tombeau comme il « gâta ses pièces. » Sans adhérer absolument aux dures expressions d'une légitime colère, on ne peut s'empêcher de sourire en retrouvant, dans la couche de blanc de M. Malone, un symbole de l'esprit qui a dicté ses commentaires, et ce caractère général du xviiie siècle asservi à ses propres goûts, et inhabile à comprendre ce qui n'entrait pas dans la sphère de ses habitudes ou de ses idées.

Bien que cette malencontreuse réparation ait eu l'inconvénient d'altérer la physionomie du portrait de Shakspeare, elle n'a cependant pu tout à fait effacer, dit-on, cette expression de douce sérénité qui paraît avoir caractérisé la figure comme l'âme du poëte. Sur la pierre sépulcrale placée au-dessous de la niche sont gravés quatre vers dont voici la traduction :

« Ami, pour l'amour de Jésus, abstiens-toi de fouiller la pous-
« sière ici enclose. Béni soit celui qui épargnera ces pierres, et
« maudit soit celui qui déplacera mes os ! »

Cette inscription, composée, à ce qu'on croit, par Shakspeare lui-même, fut, dit-on, la cause qui empêcha de transporter son tombeau à Westminster, comme on en avait eu le projet. Il y a peu d'années qu'il se forma, contre le mur de l'église de Stratford, une excavation qui mit à découvert la fosse même où avait été déposé le corps ; le sacristain qui, pour empêcher les déprédations sacriléges de la curiosité ou de l'admiration, fit la garde près de l'ouverture jusqu'à ce que la voûte fût réparée, ayant essayé de porter la vue au dedans de la tombe, n'y aperçut ni ossement ni cercueil, mais seulement de la poussière. « Il me sembla, ajoute le voyageur qui raconte le fait, « que c'était quelque chose que d'avoir vu la poussière « de Shakspeare. »
Ce tombeau est aujourd'hui seul en possession des hommages qu'a longtemps partagés avec lui le mûrier de Shakspeare. Vers le milieu du dernier siècle, un M. Castrell, riche ecclésiastique, devint propriétaire de Newplace. Cette habitation, demeurée quelque temps dans la famille Nash, avait depuis passé dans plusieurs mains, et la maison avait été rebâtie, mais le mûrier restait sur pied, objet de la vénération des curieux. M. Castrell, ennuyé des visites qu'il lui attirait, le fit couper, dans l'accès d'une brutalité sauvage que ne se permettrait peut-être pas l'indifférence, mais dont se targue quelquefois cet orgueil furieux de liberté et de propriété qui se croirait compromis s'il s'asservissait à quelque respect pour un sentiment public. Peu d'années après, ce même M. Castrell, sur un démêlé qu'il eut avec la ville de Stratford, à l'occasion d'une légère taxe

qu'on exigeait de lui pour sa maison, jura qu'elle ne serait point taxée ; et en effet il la fit abattre et en vendit les matériaux. Quant au mûrier, il fut sauvé en partie du feu auquel l'avait dévoué M. Castrell par un horloger de Stratford, homme de sens, qui gagna beaucoup d'argent à en faire des tabatières, des boîtes à cure-dents et autres petits meubles. La maison où naquit Shakspeare subsiste encore à Stratford, toujours montrée aux voyageurs, qui peuvent y voir toujours, et même, dit-on, y acheter constamment soit la chaise, soit l'épée du poëte, la lanterne qui lui servit à jouer, dans *Roméo et Juliette,* le rôle du frère Laurence, ou les morceaux de l'arquebuse qui tua le daim de sir Thomas Lucy.

Ce n'est point de la mort de Shakspeare que date, en Angleterre, ce culte dont la dévotion, depuis soixante ans si fervente, semble aujourd'hui répandre, dans quelques parties de l'Europe, un reflet de sa chaleur. Shakspeare mort, Ben-Johnson vivait. Beaumont avait perdu son ami Fletcher, mais il conservait son talent, dont Fletcher avait plutôt affaibli que soutenu les effets. Les besoins de la curiosité l'emportent trop souvent sur ceux du goût, et le plaisir d'aller encore admirer Shakspeare devait céder à l'intérêt plus vif d'aller juger les nouvelles productions de ses émules. Ce ne fut point à sa pédanterie dramatique que Ben-Johnson dut alors l'empire que, du temps de Shakspeare, il n'osait prétendre à partager. Les triomphes du goût classique se bornèrent pour lui aux éloges unanimes des gens de lettres de son temps, peu difficiles en fait de régularité, et toujours heureux d'avoir à venger la science des dédains du vulgaire ; les tragédies et les comédies de Ben-Johnson n'en furent pas moins assez froidement accueillies du public, repoussées même quelquefois avec une irrévérence dont il se faisait ensuite justice dans ses préfaces. Mais ses *Masques*, espèce d'opéra, obtinrent un succès général ; et plus Ben-Johnson et les érudits s'efforçaient de rendre la comédie et la tragédie ennuyeuses, plus on devait se rejeter sur les *Masques*. Plusieurs poëtes de l'école de Shakspeare s'appliquaient aussi à satisfaire le goût du public pour le genre de plaisir auquel il l'avait accoutumé. Leurs efforts plus ou moins heureux, mais soutenus avec une grande activité, entretenaient ce goût pour le théâtre qui survit aux époques de ses chefs-d'œuvre. Cinq cent cinquante pièces de théâtre environ, sans compter celles de Shakspeare, Ben-Bohnson, Beaumont et Fletcher, furent imprimées avant la restauration de Charles II ; dans ce nombre, trente-huit seulement peuvent dater des temps antérieurs à Shakspeare ; on a vu que, durant sa vie, l'usage n'était pas de faire imprimer les pièces destinées à la représentation : de 1640 à 1660, les puritains fermèrent, ou à peu près, tous les théâtres ; la plupart de ces productions appartiennent donc aux vingt-cinq années qui s'écoulèrent entre la mort de Shakspeare et le commencement des guerres civiles. Voilà sous quel poids a succombé quelque temps la popularité du premier poëte dramatique de l'Angleterre.

Cependant sa mémoire ne périssait point. En 1623, Hemynge et Condell avaient publié la première édition complète de ses pièces, dont treize seulement avaient été imprimées de son vivant. Le respect subsistait toujours ; mais pour qu'une réputation consommée inspire un autre sentiment que le respect, il faut peut-être que le temps vienne à son aide, qu'il l'efface et l'assoupisse d'abord pour lui rendre un jour l'attrait d'une gloire méconnue, pour exciter un jour l'amour-propre et la curiosité des esprits à la rajeunir par un nouvel examen, et à y trouver le charme d'une découverte nouvelle. Un grand écrivain obtient rarement, de la génération qui le suit, les hommages que lui prodiguera la postérité. Quelquefois même de longs espaces de temps sont nécessaires pour que la révolution qu'a commencée un homme supérieur accomplisse son cours et ramène vers lui le monde.

Plusieurs causes contribuèrent à prolonger pour Shakspeare cet intervalle de froideur et presque d'oubli.

Les guerres civiles et le triomphe du puritanisme vinrent d'abord, non-seulement interrompre toute représentation dramatique, mais détruire, autant qu'il se pouvait, la trace de tout amusement de ce genre. La Restauration amena ensuite en Angleterre un goût étranger, que ne partageait pas toute la nation, mais qui dominait avec la cour. La littérature anglaise prit alors un caractère que n'effaça point, en 1688, une révolution nouvelle; et les idées françaises, mises en honneur par la gloire littéraire du xviie siècle, soutenues par celle du xviiie, conservèrent en Angleterre une influence de jeunesse qu'avait perdue la vieille gloire de Shakspeare. Cinquante ans après sa mort, Dryden avait déjà déclaré son idiome un peu « hors d'usage. » Au commencement du xviiie siècle, lord Shaftesbury se plaint de son style « grossier et barbare, de ses tournures et de son esprit « tout à fait passé de mode; » et Shakspeare fut alors, par cette raison, rejeté de plusieurs collections de poëtes modernes. En effet Dryden ne comprenait déjà plus Shakspeare, grammaticalement parlant : on a plusieurs preuves de ce fait, et Dryden a prouvé lui-même, en refaisant ses pièces, que poétiquement il ne le comprenait pas davantage. Non-seulement Shakspeare n'était pas compris, bientôt même il ne fut plus connu. En 1707, un poëte nommé Tate donna comme son ouvrage un *Roi Lear*, dont il a, dit-il, tiré le fond d'une pièce de même nom, qu'un de ses amis l'a engagé à lire comme intéressante. Cette pièce est le *Roi Lear* de Shakspeare.

Cependant les écrivains distingués n'avaient pas tout à fait cessé d'accorder à Shakspeare une part dans la gloire littéraire de leur pays; mais c'était timidement et par degrés qu'ils soulevaient le joug des préventions de leur temps. Si, de concert avec Davenant, Dryden avait refait les ouvrages de Shakspeare, Pope, dans l'édition qu'il en donna en 1725, se contente d'en retrancher ce qu'il ne peut se résoudre à regarder comme l'œuvre du génie auquel il rend du moins cet hommage. Quant à ce qu'il faut bien lui laisser, Shakspeare, dit Pope, forcé de pourvoir à sa subsistance, a écrit « pour le peuple, » et d'abord sans songer à plaire à des esprits « d'une meilleure sorte. » En 1765, Johnson déjà plus hardi, encouragé par l'aurore d'un retour au goût national, défend vigoureusement les libertés romantiques de Shakspeare contre les prétentions de l'autorité classique ; et s'il accorde quelque chose aux dédains d'un siècle plus poli pour la *vulgarité* et l'ignorance du vieux poëte, du moins fait-il remarquer qu'à certaines époques le vulgaire c'est toute la nation.

On réimprimait donc et on commentait Shakspeare ; mais les mutilations de ses œuvres obtenaient seules les honneurs de la scène ; le Shakspeare amendé par Dryden, Davenant et tant d'autres, était le seul qu'on osât représenter ; et le *Tatler* ayant à citer des vers de *Macbeth*, les prenait dans le *Macbeth* corrigé par Davenant. Ce fut Garrick qui, ne trouvant nulle part, aussi bien que dans Shakspeare, de quoi suffire aux besoins de son propre talent, l'arracha à ces honteuses protections, prêta à cette vieille gloire la fraîcheur de sa jeune renommée, et remit le poëte en possession du théâtre comme de la patriotique admiration des Anglais.

Depuis cette époque, l'orgueil national a, chaque jour, répandu et redoublé cette admiration. Cependant elle demeurait stérile, et Shakspeare régnait, dit sir Walter Scott, « comme un prince grec sur des esclaves persans « qui l'adorent, mais sans oser imiter son langage. » Un nouvel élan ne peut être uniquement dû à d'anciens souvenirs ; une ancienne époque, pour porter de nouveaux fruits, a besoin d'être de nouveau fécondée par un mouvement analogue à celui qui lui valut jadis sa fécondité.

Ce mouvement s'est fait sentir en Europe, et l'Angleterre aussi commence à en éprouver l'impulsion ; les romans de sir Walter Scott en sont la preuve. Mais ce qu'elle devra à Shakspeare dans la direction nouvelle qui se manifeste sur son théâtre, comme dans les autres genres de sa littérature, l'Angleterre ne sera pas seule à le recevoir de lui. Dans la secousse littéraire qui l'agite, l'Europe continentale tourne les yeux vers Shakspeare. L'Allemagne l'a depuis longtemps adopté pour modèle plutôt que pour guide ; et par là elle a peut-être suspendu dans leur cours les sucs vivifiants qui ne viennent colorer qu'un fruit né du sol. Cependant la voie où l'Allemagne est entrée mène à la découverte des vraies richesses ; qu'elle exploite les siennes propres, la fécondité ne lui manquera point. La littérature de l'Espagne, fruit naturel de sa civilisation, possède déjà son caractère original et distinct. L'Italie seule et la France, patries du classique moderne, s'étonnent du premier ébranlement donné à ces opinions qu'elles ont établies avec la rigueur de la nécessité, et soutenues avec l'orgueil de la foi. Le doute ne se présente encore à nous que comme un ennemi dont on commence à craindre les atteintes ; il semble que la discussion porte un aspect menaçant, et que l'examen ne puisse sonder sans renverser. Dans cette situation, on hésite, comme au moment de détruire ce qu'on ne remplacera point ; on a peur de se trouver sans loi, et de ne rien découvrir que l'insuffisance ou l'illégitimité des principes sur lesquels on se plaisait à s'appuyer sans inquiétude.

Ce trouble des esprits ne peut cesser tant que la question sera posée entre la science et la barbarie, les beautés de l'ordre et les effets du désordre, tant qu'on s'obstinera à ne voir, dans le système dont Shakspeare a tracé les premiers contours, qu'une liberté sans frein, une latitude indéfinie laissée aux écarts de l'imagination comme à la course du génie. Si le système romantique a des beautés, il a nécessairement son art et ses règles. Rien n'est beau pour l'homme qui ne doive ses effets à certaines combinaisons dont notre jugement peut toujours nous donner le secret quand nos émotions en ont attesté la puissance. La science ou l'emploi de ces combinaisons constitue l'art. Shakspeare a eu le sien. Il faut le découvrir dans ses ouvrages, examiner de quels moyens il se sert, à quels résultats il aspire. Alors seulement nous connaîtrons vraiment le système ; nous saurons à quel point il peut encore se développer, selon la nature générale de l'art dramatique considéré dans son application à nos sociétés modernes.

Ce n'est point ailleurs, en effet, ce n'est point dans des temps passés ou chez des peuples étrangers à nos mœurs, c'est parmi nous et en nous-mêmes qu'il faut chercher les conditions et les nécessités de la poésie dramatique. Différent en ceci des autres arts, outre les règles absolues que lui impose, comme à tous, l'invariable nature de l'*homme*, l'art du théâtre a des règles relatives qui découlent de l'état mobile de la société. Dans l'imitation du style antique, les statuaires modernes n'éprouvent d'autre gêne que la difficulté d'atteindre à sa perfection : le plus fervent et le plus puissant adorateur de l'antiquité n'oserait, sur le théâtre le plus soumis, reproduire tout ce qu'il admire dans une tragédie de Sophocle. Il est aisé d'en démêler la cause. Devant une statue ou un tableau, le spectateur reçoit d'abord, du sculpteur ou du peintre, l'impression première qui le saisit ; mais c'est à lui-même à continuer ensuite l'ouvrage. Il s'arrête, il regarde ; sa disposition naturelle, ses souvenirs, ses pensées viennent se grouper autour de l'idée principale qui s'offre à ses yeux, et développent en lui par degrés l'émotion toujours croissante qui va bientôt le dominer. L'artiste n'a fait qu'ébranler, dans le spectateur, la faculté de concevoir et de sentir ; elle s'empare du mouvement qu'elle a reçu, le suit dans sa propre direction, l'accélère par ses propres forces, et crée ainsi elle-même le plaisir dont elle jouit. Que devant un tableau de martyre, l'un s'émeuve de l'expression d'une piété fervente, l'autre de l'aspect d'une douleur résignée ; que la cruauté des bourreaux pénètre celui-ci d'indignation; qu'une teinte de satisfaction courageuse répandue dans les regards de la victime rappelle au patriote les joies du dévouement à une cause sacrée; que l'âme du philosophe s'élève par la contemplation de l'homme se sacrifiant à la vérité : peu importe la diversité de ces impressions; elles sont toutes également naturelles, également libres; chaque spectateur choisit, pour ainsi dire, le sentiment qui lui convient, et quand il y est entré, aucun fait extérieur ne vient l'y troubler; nul mouvement n'interrompt celui auquel chacun se livre selon son penchant.

Dans le cours prolongé de l'action dramatique, au contraire, tout change à chaque pas; chaque moment produit une impression nouvelle. Il a suffi au peintre d'établir, entre le personnage et le spectateur, un premier rapport qui ne varie plus. Il faut que le poëte dramatique renoue sans cesse cette relation, qu'il la maintienne à travers les vicissitudes de situations diverses. Tous les actes où se déploie l'existence humaine, toutes les formes qu'elle revêt, tous les sentiments qui la peuvent modifier pendant la durée d'un événement toujours compliqué, voilà les nombreux et mobiles objets qu'il présente au public; et il ne lui est pas permis de se séparer jamais de ses spectateurs, de les laisser un instant seuls et libres; il faut qu'il agisse incessamment sur eux, qu'à chaque pas il excite dans leur âme des émotions analogues à la situation toujours changeante où il les a placés. Comment y parviendra-t-il s'il ne s'adapte avec soin à leurs dispositions, à leurs penchants, s'il ne répond aux besoins actuels de leur esprit, s'il ne s'adresse constamment à des idées qui leur soient familières, et ne leur parle le langage qu'ils ont coutume d'entendre? La passion ne nous paraîtra plus aussi touchante si elle se manifeste d'une façon contraire à nos habitudes; la sympathie ne s'éveillera point avec la même vivacité sur des intérêts auxquels nous avons cessé d'être personnellement sensibles. La nécessité d'apaiser les dieux par un sacrifice humain ne prête pas pour nous, aux discours de Ménélas, la force qu'elle pouvait leur donner chez les Grecs, attachés à leur croyance; ce n'est pas la farouche chasteté d'Hippolyte qui nous intéresse à son sort; et la vertu même, pour obtenir de nous le culte affectueux qu'elle a droit d'en attendre, a besoin de s'attacher à des devoirs que nos mœurs nous aient appris à respecter et à chérir.

Soumis donc à la fois aux conditions des arts d'imitation et à celles des arts purement poétiques, tenu, comme l'épopée dans ses récits, de mettre la vie humaine en mouvement, appelé, comme la peinture et la sculpture, à la présenter en personne et sous des traits individuels, le poëte dramatique est obligé de renfermer, dans les vraisemblances d'une action, tous les moyens dont il a besoin pour la faire comprendre. Ses personnages ne peuvent nous dire que ce qu'ils diraient s'ils étaient là, réellement occupés du fait qu'ils nous représentent. Le poëte épique fait, pour ainsi dire, à ses lecteurs, les honneurs de l'édifice où il les introduit; il les accompagne de ses propres discours, les aide de ses explications, et par la peinture des mœurs, des temps, des lieux, il les dispose à la scène dont il va les rendre témoins, et leur ouvre en tout sens le monde où il veut les transporter et se transporter avec eux. Le personnage dramatique arrive seul, occupé de lui-même; c'est sans tenir compte du spectateur qu'il va se mettre en communication avec lui; c'est sans l'appeler ni le guider qu'il doit s'en faire suivre. Ainsi séparés l'un de l'autre, comment parviendront-ils à se rapprocher si une profonde et générale analogie n'existe déjà entre eux? Évidemment ces héros, qui ne font rien pour le public que sentir et parler sous ses yeux, n'en seront compris et accueillis qu'autant qu'ils se rencontreront avec lui dans leur manière de concevoir, de sentir, de parler, et l'effet dramatique ne peut résulter que de leur aptitude à s'unir dans les mêmes impressions.

Les impressions de l'homme communiquées à l'homme, telle est en effet l'unique source des effets dramatiques. L'homme seul est le sujet du drame ; l'homme seul en est le théâtre. Son âme est la scène où viennent jouer leur rôle les événements de ce monde ; ce n'est point par leur propre vertu, c'est uniquement par leurs rapports avec l'être moral dont la destinée nous occupe, que les événements prennent part à l'action ; tout caractère dramatique les abandonne dès qu'ils prétendent à exercer sur nous une influence directe, au lieu d'agir par l'intermédiaire d'un personnage sensible, et par l'émotion que nous recevons, à notre tour, de l'émotion qu'ils ont excitée en lui. Pourquoi le récit de Théramène est-il épique et non dramatique ? C'est qu'il s'adresse au spectateur et non à Thésée : Thésée, déjà instruit que son fils est mort, n'est plus capable de se prêter aux impressions du récit. Si, encore incertain, il ne devait arriver à la connaissance de son malheur qu'à travers les angoisses d'une telle relation, les ornements poétiques dont elle est peut-être surchargée n'empêcheraient pas qu'elle ne fût dramatique, car les impressions qu'elle produit seraient pour nous celles d'un personnage intéressé au résultat ; nous les sentirions dans le cœur de Thésée.

Dans le cœur seul de l'homme peut se passer le fait dramatique ; l'événement qui en est l'occasion ne le constitue point. La mort de l'amant est rendue dramatique par la douleur de l'amante, le danger du fils par l'effroi de sa mère ; quelque horrible que soit l'idée du meurtre d'un enfant, c'est d'Andromaque seule que nous occupe Astyanax. Un tremblement de terre et les bouleversements physiques qui l'accompagnent ne fourniront qu'un spectacle pour les yeux ou le sujet d'un récit épique ; mais la pluie est dramatique sur la tête chauve du vieux Lear, et surtout dans le cœur de ses compagnons, déchiré de la pitié qu'il leur inspire. L'apparition d'un spectre ne ferait rien à personne dans la salle si quelqu'un ne s'en effrayait sur le théâtre; et pour l'effet dramatique du somnambulisme de lady Macbeth, Shakspeare a eu soin d'en rendre témoins un médecin et une femme de chambre, chargés de nous transmettre les terribles impressions qu'ils en reçoivent.

Ainsi l'homme seul occupe la scène; son existence s'y déploie animée, agrandie par les événements qui s'y rapportent, et qui doivent à ce rapport seul leur caractère théâtral. Dans la comédie, plus petits que la passion qu'ils excitent dans l'homme, les événements empruntent de cette passion une importance risible; dans la tragédie, plus puissants que les moyens dont l'homme dispose, ils nous émeuvent du spectacle de sa grandeur et de sa faiblesse. Le poëte comique les invente librement, car son art est de faire naître, de l'homme même et de ses travers, les événements dont l'homme s'agite. Cette invention est rarement un mérite pour le poëte tragique, car son œuvre est de démêler et de faire éclater l'homme et son âme au milieu des événements qu'il subit. S'il faut en général que le fond de la tragédie soit pris dans l'histoire des grands et des puissants, c'est que les impressions fortes dont elle veut nous saisir ne peuvent guère nous être communiquées que par des caractères forts, incapables de succomber sous les coups d'une destinée ordinaire. C'est dans le développement de la haute fortune et de ses terribles vicissitudes que paraît l'homme tout entier, avec la richesse et dans l'énergie de sa nature. Ainsi concentré dans l'individu, le spectacle du monde se révèle à nous sur la scène du théâtre; ainsi, à travers l'âme qui en reçoit l'impression, les événements nous atteignent par la sympathie, source de l'illusion dramatique.

Si l'illusion matérielle était le but des arts, les figures de cire de Curtius surpasseraient toutes les statues de l'antiquité, et un panorama serait le dernier effort de la peinture. S'il s'agissait d'en imposer à la raison et d'imprimer à l'imagination une secousse assez forte pour pervertir le jugement à tel point qu'une représentation théâtrale pût être prise pour l'accomplissement d'un fait réel et actuel, il suffirait de bien peu de scènes pour conduire les spectateurs à ce degré de folie dont l'effet serait de troubler bientôt le spectacle par la violence de leurs émotions. Si même on voulait qu'en présence des objets imités par un art quelconque, l'âme, émue du moins de la réalité des impressions qu'elle en reçoit, éprouvât véritablement les sentiments dont une représentation fictive produit en elle l'image, les travaux du génie n'auraient réussi qu'à multiplier en ce monde les douleurs de la vie avec le spectacle des misères humaines. Cependant ces sentiments nous arrivent, nous pénètrent, et de leur existence dépend l'effet dont le poëte a voulu nous saisir. Nous avons besoin d'y croire pour nous y livrer, et nous n'y croirions pas sans leur attribuer une cause digne de les exciter. Quand nos larmes coulent devant le *Portement de croix* de Raphaël, il faut, pour que nous les laissions couler, que nous croyions les donner à cette compassion douloureuse qu'élèverait en nous le spectacle réel de ces déchirantes souffrances. Si, dans les émotions que nous inspire Tancrède mourant sur le théâtre, nous ne croyions pas reconnaître celles que nous éprouverions pour Tancrède mourant en réalité, nous nous saurions mauvais gré de cette pitié qui ne serait pas légitimée par son application à des douleurs au moins possibles. Et pourtant nous nous trompons ; ce que nous reconnaissons alors en nous n'est pas cette puissance qui se réveille à la vue des souffrances de nos semblables, puissance pleine d'amertume si elle est réduite à l'inaction, pleine d'activité si elle conserve la liberté et l'espoir de les secourir. Ce n'est point cette puissance, c'est son ombre, c'est l'image de nos traits répétés et frappants dans un miroir, quoique sans vie. Émus à l'aspect de ce que nous serions capables d'éprouver, nous y livrons notre imagination sans avoir rien à demander à notre volonté. Personne n'est tourmenté du besoin impérieux de crier à Tancrède, à Orosmane, à Othello qu'ils s'abusent ; personne ne souffre de ne pouvoir se précipiter au secours de Glocester contre l'exécrable duc de Cornouailles. Ce qu'aurait d'insupportable la situation des spectateurs d'une pareille scène est écarté par l'idée qu'elle n'a rien de réel ; idée qui nous est présente et que nous conservons sans nous apercevoir clairement de sa présence, parce que nous sommes absorbés dans la contemplation des impressions plus vives qui assiègent notre pensée. Si cette idée était claire dans notre esprit, elle ferait évanouir tout le cortége des illusions qui nous environnent, et nous l'appellerions à notre aide pour en amortir l'effet s'il venait à se changer en une vraie douleur. Mais, tant que le spectateur se plaît à l'oublier, l'art doit éviter avec soin ce qui pourrait lui rappeler que le spectacle qu'il contemple n'a rien de réel. De là vient la nécessité de mettre en accord toutes les parties de la représentation, de ne pas répandre inégalement la force de l'illusion, affaiblie dès qu'elle se laisse reconnaître. C'est ce qui arriverait si, au moment où il se livre à des sentiments qui lui sont familiers, le spectateur était dérangé, c'est-à-dire averti par des formes de mœurs qui lui fussent trop étrangères. De là aussi l'importance d'une certaine attention à l'égard des moyens accessoires, non pour augmenter l'illusion, mais pour ne pas la troubler. Cette illusion morale que veut le drame, l'acteur seul est chargé de la produire. Où trouverait-on des moyens égaux à ceux qu'il possède ? Quelle imitation se soutiendrait à côté de la sienne ? Quel objet de la nature pourrions-nous représenter aussi bien que l'homme, quand c'est l'homme lui-même qui le représente ? Que l'art dramatique ne demande donc point de secours à d'autres imitations qui sont fort au-dessous de celle que l'homme lui peut offrir ; tout ce que doivent à l'illusion morale le machiniste et le décorateur, c'est d'écarter ce qui pourrait lui nuire. Peut-être même l'art aurait-il à redouter de leur part trop d'efforts pour le servir; qui sait si une trop brillante magie de peinture, employée à rehausser l'effet des décorations, n'affaiblirait pas l'effet dramatique en détournant l'attention vers les prestiges d'un autre art?

Ces imitations accessoires sont des auxiliaires dangereux, soit que par leur perfection elles s'emparent de l'effet auquel elles devaient simplement contribuer, ou qu'elles le détruisent par leur insuffisance. En Angleterre, comme on l'a vu, le théâtre naissant fut absolument étranger à cet art des décorations, hommage récent rendu à la vraisemblance, et réellement utile à l'illusion dramatique lorsque, sans prétendre à l'augmenter, il empêche seulement qu'elle n'ait à surmonter de trop grossiers obstacles, et prépare l'esprit des spectateurs à se figurer plus nettement la situation où on lui demande de se transporter. Des imaginations plus susceptibles que délicates, plus faciles à émouvoir qu'à détromper, n'avaient pas besoin de ces ménagements qu'exige aujourd'hui une raison inquiète, incessamment occupée à surveiller même nos plaisirs. Ces spectateurs, si peu exigeants sur la décoration du théâtre, l'étaient beaucoup quant au mouvement matériel de la scène; indulgents pour l'insuffisance et la grossièreté des imitations théâtrales, ils en aimaient la variété, et à peine en apercevaient-ils les inconvenances. De même qu'un homme pouvait, sans nuire à leur émotion, leur représenter la sensible Ophélia, la délicate Desdemona, ils pouvaient voir pointer, à un coin du théâtre, le canon qui devait tuer au côté opposé le duc de Bedford, et ce grand événement ne les frappait pas avec moins de vivacité; et ils recevaient avec toute la force de l'illusion dramatique l'impression touchante de la mort des deux Talbot, sur un champ de bataille animé par les mouvements de quatre soldats.

Quand cette illusion devient à la fois plus difficile et plus nécessaire à des imaginations moins promptement séduites, à des esprits moins aisément amusés, l'art s'étudie à écarter ce qui pourrait y nuire ; et, en même temps que la représentation des objets matériels se perfectionne, elle intervient plus rarement dans le spectacle de l'action, presque exclusivement réservé à l'homme qui peut seul lui donner les apparences de la réalité. C'est à l'homme que, malgré les habitudes de son temps, Shakspeare sentit qu'il fallait demander ce grand effet. Le mouvement du théâtre, qui faisait avant lui le principal intérêt des ouvrages dramatiques, devint dans les siens un simple accessoire que le goût de son temps ne lui permettait pas de retrancher, dont peut-être même son propre goût ne lui demandait pas le sacrifice, mais qu'il réduisit à sa juste valeur. Peu importe donc que, dans ses pièces, l'illusion morale puisse encore être quelquefois troublée par l'imparfaite représentation d'objets que l'illusion théâtrale ne saurait atteindre ; Shakspeare n'en démêla pas moins la véritable source de cette illusion, et n'en chercha pas ailleurs les moyens.

Il en connut également la nature ; il sentit qu'une illusion de ce genre, étrangère à toute erreur des sens ou de la raison, simple résultat d'une disposition de l'âme qui oublie tout pour se contempler elle-même, ne peut se soutenir que par le consentement perpétuel du spectateur à la séduction que le poëte veut exercer sur lui, et qu'ainsi il faut le séduire sans relâche. Quelle que soit la puissance d'une représentation dramatique, elle ne saurait, dès les premiers pas, s'emparer de nous assez complétement pour nous livrer sans défense à tous les sentiments qui viendront nous saisir à mesure que nous avancerons dans la situation où elle nous a placés. Il faut que l'imagination se prête par degrés à cette situation étrangère, que l'âme s'y accoutume et accepte l'empire des impressions qui en doivent naître, comme, dans un malheur ou dans un bonheur inattendu, nous avons besoin de quelque temps pour mettre nos sentiments au niveau de notre sort. Que si, après avoir obtenu notre consentement à cette situation, après nous avoir émus des impressions qui l'accompagnent, le poëte veut imprudemment nous faire passer à une situation, à des impressions nouvelles, le travail est à recommencer, et avec d'autant plus d'effort qu'il faut effacer la trace d'un travail déjà affaibli. Alors l'imagination est refroidie et troublée; le spectateur se refuse à un mouvement dont on le détourne après lui avoir demandé de s'y livrer. L'illusion s'enfuit, et avec elle l'intérêt; car, ainsi que l'illusion dramatique, l'intérêt ne peut s'attacher qu'à des impressions continuées et renouvelées dans une seule et même direction.

L'unité d'impression, ce premier secret de l'art dramatique, a été l'âme des grandes conceptions de Shakspeare et l'objet instinctif de son travail assidu, comme elle est le but de toutes les règles inventées par tous les systèmes. Les partisans exclusifs du système classique ont cru qu'on ne pouvait arriver à l'unité d'impression qu'à la faveur de ce qu'on appelle les trois unités. Shakspeare y est parvenu par d'autres moyens. Si la légitimité de ces moyens était reconnue, elle diminuerait fort l'importance attribuée jusqu'ici à certaines formes, à certaines règles, évidemment revêtues d'une autorité abusive si l'art, pour accomplir son dessein, n'a pas besoin des restrictions qu'elles lui imposent et qui le privent souvent d'une partie de ses richesses.

La mobilité de notre imagination, la variété de nos intérêts, l'inconstance de nos penchants ont donné au temps, aux lieux mêmes, une puissance que ne saurait méconnaître le poëte qui veut se servir des affections de l'homme pour exciter la sympathie de ses semblables. S'il leur présente son personnage à des intervalles trop longuement séparés dans la durée de son existence, ils lui demanderont : « Qu'est devenu l'homme que nous connaissions il y a six mois? » de même que, rencontrant un ami six mois après l'événement qui l'a plongé dans la douleur, nous commençons par nous enquérir discrètement de l'état de cette douleur que nous avons vue si vive, de peur d'entrer en communication avec son âme avant de savoir quel sentiment nous aurons à partager. Obligé de rendre compte des changements survenus, dans le cours de six mois ou d'un an, à des spectateurs qui, tout à l'heure, l'ont vu disparaître de la scène, le héros tragique ne formerait-il pas avec lui-même une étrange disparate? Le fil de l'identité ne serait-il pas rompu? Et, loin de lui conserver le même intérêt, n'aurait-on pas quelque peine à l'avouer pour la même personne?

Dans cette condition de la nature humaine a été puisé le véritable motif des unités de temps et de lieu, si souvent et si mal à propos fondées sur une prétendue nécessité de satisfaire la raison en accommodant la durée de l'action réelle à celle de la représentation théâtrale; comme si la raison pouvait consentir à ce que, dans l'intervalle d'un entr'acte de quelques minutes, on crût passer du soir au matin sans avoir dormi, ou du matin au soir sans avoir mangé! comme s'il était plus aisé de prendre trois heures pour un jour que pour une semaine, ou même pour un mois!

Cependant, on ne saurait le nier : l'esprit éprouve une certaine répugnance à voir disparaître devant lui les intervalles de temps et de lieu sans qu'il puisse s'en rendre compte, sans qu'il en reçoive aucune modification. Plus ces intervalles sont considérables, plus son mécontentement s'accroît, car il sent qu'on dérobe ainsi à sa connaissance beaucoup de choses dont il lui appartient de disposer, et il n'aimerait pas qu'on lui répétât trop souvent, comme Crispin à Géronte : « C'est votre léthargie. » Mais ce ne sont point là des difficultés invincibles aux adresses de l'art; si l'esprit s'effarouche aisément de ce qui trouble, sans son aveu, les habitudes de son allure, il est facile de les lui faire oublier. Mettez-le en vue du but vers lequel vous aurez su porter ses désirs, et dans son élan pour l'atteindre, il ne songera plus à mesurer l'espace que vous l'obligerez de franchir. Dans une lecture intéressante, l'attente fortement excitée nous transporte sans peine d'un temps à un autre ; notre pensée se préoccupe de l'événement qu'on nous a promis, et ne voit rien dans l'intervalle qui nous en sépare ; et comme elle nous y fait arriver sans avoir, pour ainsi dire, changé de place, à peine nous apercevons-nous que nous ayons dû changer de jour. Quand Claudius et Laërtes sont convenus ensemble de l'assaut d'armes où doit périr Hamlet, entre ce moment et celui de l'événement on ne s'inquiète guère de savoir si deux heures ou une semaine se sont écoulées.

C'est que la chaîne des impressions n'a point été rompue ; c'est que la situation des personnages n'a point changé ; leurs projets sont demeurés les mêmes : leur ardeur n'est pas moins énergique ; le temps n'a point agi sur eux ; il ne compte pour rien dans les sentiments qu'ils nous inspirent ; il les retrouve, et nous avec eux, dans la même disposition d'âme ; et ainsi les époques sont rapprochées par cette unité d'impression qui nous fait dire, à la pensée d'un événement consommé depuis longtemps, mais dont rien encore n'a effacé la trace : « Il me semble que c'était hier. »

Que nous importe en effet le temps qui s'écoule entre les actions dont Macbeth remplit sa carrière de crime ? Quand il ordonne le meurtre de Banquo, celui de Duncan est encore présent à nos yeux ; il semble que c'était hier ; et quand Macbeth se détermine au massacre de la famille de Macduff, on croit le voir pâle encore de l'apparition de Banquo. Aucune de ses actions ne s'est terminée sans rendre nécessaire l'action qui la suit ; elles s'annoncent et s'attirent l'une l'autre, forçant ainsi l'imagination de marcher en avant, pleine de trouble et d'attente. Macbeth, qui, après avoir tué Duncan, est poussé, par la terreur même de son forfait, à tuer les chambellans à qui il veut l'attribuer, ne nous permet pas de douter de la facilité avec laquelle il commettra les forfaits nouveaux dont il aura besoin. Les sorcières qui, dès l'entrée de la scène, se sont emparées de sa destinée, ne nous laissent pas espérer qu'elles accorderont quelque relâche à l'ambition et aux nécessités du crime. Ainsi tous les fils de l'action sont d'abord exposés à nos yeux; nous suivons, nous prévenons le cours des événements; aucune hâte ne nous coûte pour arriver à ce que notre imagination dévore d'avance; les intervalles s'évanouissent avec la succession des idées qui les devaient remplir; une seule succession se marque dans notre esprit, celle des événements dont se compose le spectacle entraînant qui nous emporte dans sa rapidité; ils se touchent pour nous dans le temps comme ils se tiennent dans la pensée; et, quelque durée qui les puisse séparer, c'est une durée vide et inaperçue comme celle du sommeil, comme toutes celles où l'âme ne se manifeste par aucun symptôme sensible de son existence. Qu'est-ce pour notre esprit que l'enchaînement des heures auprès de cet enchaînement des idées? Et quel poëte, soumis à l'unité de temps, la croirait suffisante pour établir, entre les différentes parties de son ouvrage, ce lien puissant qui ne peut résulter que de l'unité d'impression? Tant il est vrai que celle-là seule est le but, tandis que les autres ne sont que le moyen.

Sans doute ce moyen peut avoir quelquefois son efficacité; la rapidité d'une grande action exécutée, d'un grand événement accompli dans l'espace de quelques heures, saisit l'imagination et emporte l'âme d'un mouvement auquel elle se livre avec ardeur. Mais peu d'actions comportent en réalité une action si soudaine; peu d'événements se composent de parties si exactement rapprochées dans le temps et l'espace; et, sans parler des invraisemblances qu'amène leur cohésion forcée, les surprises qui en résultent troublent bien souvent l'unité d'impression, condition rigoureuse de l'illusion dramatique. Zaïre, passant tout à coup de son amour dévoué pour Orosmane à la plus entière soumission pour la foi et la volonté de Lusignan, a quelque peine à nous rendre, dans sa situation nouvelle, autant d'illusion qu'elle nous en a fait perdre par un si brusque changement. Voltaire a cherché ses effets dans le contraste de l'amour parfaitement heureux avec l'amour au désespoir; moyen puissant, il est vrai, mais moins puissant peut-être que cette préoccupation d'une situation unique et constante qui ne se développe que pour redoubler le sentiment qu'elle a d'abord inspiré. Ce n'est pas lorsque nous nous sommes bien établis dans une affection qu'il est prudent de chercher à nous émouvoir en faveur d'une affection contraire : Corneille n'a point montré Rodrigue et Chimène ensemble avant la querelle de leurs pères; il a si peu voulu nous pénétrer de l'idée de leur bonheur que Chimène, à qui on l'annonce, n'y peut croire et trouble par ses pressentiments la situation trop douce dont le poëte s'est bien gardé de nous mettre en possession, de peur qu'ensuite nous n'eussions trop de peine à la sacrifier au devoir qui nous ordonnera d'en sortir. De même nous nous sommes associés aux sentiments de Polyeucte ; nous avons tremblé pour lui avant de connaître l'amour de Pauline et de Sévère; si notre premier intérêt se fût attaché à cet amour, peut-être nous serait-il difficile d'en ressentir ensuite beaucoup pour Polyeucte, dont la présence lui serait importune. Ainsi quand Zaïre nous a émus comme amante, nous sommes enclins à trouver qu'elle abandonne bien aisément cette situation où elle nous a placés, pour entrer dans celle de fille et de chrétienne. L'indifférence philosophique que lui a donnée Voltaire dans la première scène, pour faciliter plus tard sa conversion, rend plus invraisemblable encore le dévouement qu'elle porte si vite dans un devoir si récemment découvert. Si au contraire, dès le premier instant, Voltaire nous eût montré Zaïre troublée de scrupules et inquiète sur son bonheur, la crainte nous eût préparés d'avance à comprendre dans toute son étendue, à sa première apparition, le malheur qui la menace, et à la voir s'y livrer avec un abandon peu probable, parce qu'il est trop soudain.

L'emploi des péripéties par lesquelles on cherche à déguiser, sous de grands ébranlements, les transitions trop subites que la règle de l'unité de temps peut imposer, rend donc souvent plus saillants les inconvénients de cette règle, en ôtant les moyens de préparer les impressions différentes qu'elle accumule dans un espace trop étroit. C'est au contraire par une impression unique que Shakspeare, du moins dans ses plus belles compositions, s'empare, dès le premier instant, de la pensée, et, par la pensée, de l'espace. Hors du cercle magique qu'il a tracé, il ne laisse rien qui soit assez puissant pour altérer la seule unité dont il ait besoin. La péripétie peut exister pour les personnages, jamais pour le spectateur. Avant de connaître le bonheur d'Othello, nous savons qu'Iago s'apprête à le détruire; le spectre qui va dévouer la vie de Hamlet à la punition du crime paraît avant lui sur la scène; et avant que nous ayons vu Macbeth vertueux, son nom prononcé par les sorcières nous apprend qu'il est destiné à devenir coupable. De même, dans *Athalie,* toute la pensée de la pièce se déploie, dès la première scène, dans le caractère et les promesses du grand prêtre; l'impression est commencée; elle va continuer et s'accroître toujours dans la même direction. Aussi qui pourrait dire qu'un intervalle de huit jours, placé, s'il eût été nécessaire, entre les promesses de Joad et leur accomplissement, eût rompu l'unité d'impression qui résulte de l'invariable constance de ses projets?

A la constance du caractère, des sentiments, des résolutions, appartient exclusivement cette unité morale qui, bravant les temps et les distances, renferme toutes les parties d'un événement dans une action compacte où ne se laissent plus apercevoir les lacunes de l'unité matérielle. Une passion violemment excitée ne saurait prétendre à un tel effet; elle a ses orages momentanés dont le cours, soumis à des causes extérieures et variables, doit trouver en peu de temps son terme. Dès que la jalousie s'est emparée du cœur d'Othello, si un intervalle quelconque séparait ce moment de celui qui amène la mort de Desdémona, l'unité serait rompue ; rien ne nous attesterait le lien qui doit unir les premiers transports du More à sa dernière résolution; il faut donc que l'action marche, se précipite et le précipite lui-même à sa perte, qu'un jour donné à la réflexion l'empêcherait peut-être de consommer. De même le simple tableau des événements, si la présence d'un grand caractère individuel ne vient, en les dominant, leur imprimer sa propre unité, laissera sentir le besoin des unités matérielles ; et les efforts qu'a faits Shakspeare, dans ses pièces historiques, pour s'en rapprocher ou en déguiser l'absence, sont un nouvel hommage rendu à cette unité morale qui suffit à tout quand le poëte la possède, et que rien ne remplace quand elle lui manque. Dans *Hamlet*, dans *Macbeth*, Shakspeare, inattentif au cours du temps, le laisse passer sans y regarder. Dans ses pièces historiques, au contraire, il le cache et le dissimule par tous les artifices qui peuvent nous abuser sur sa durée; les scènes se suivent et s'annoncent l'une l'autre de telle sorte qu'un intervalle de plusieurs années semble se renfermer en quelques semaines ou même en quelques jours. Toutes les vraisemblances sont sacrifiées à cette unité théâtrale, que le temps romprait trop facilement entre des événements que ne lie point un principe uniforme. La scène où Richard II apprend d'Aumerle le départ de Bolingbroke pour son exil est celle où il annonce qu'il va partir lui-même pour l'Irlande; et l'on ne sait pas encore bien à la cour si en effet il s'est embarqué pour ce voyage quand on y reçoit la nouvelle du débarquement de Bolingbroke revenant avec une armée, sous prétexte de réclamer ses droits à la succession de son père mort dans l'intervalle, mais, au fait, pour s'emparer de la couronne dont on le voit presque en possession avant que Richard, rejeté par la tempête sur les côtes d'Angleterre, ait pu être instruit de son arrivée. Et l'on entend dire à la fin de la pièce qui, depuis l'exil de Bolingbroke, n'a pu durer plus de quinze jours, que Mowbray, exilé au même moment que lui, a fait pendant ce temps plusieurs voyages à la terre sainte, et est venu mourir en Italie.

Ces monstrueuses bizarreries ne compteraient assurément pas parmi les preuves du génie de Shakspeare si elles n'attestaient l'empire qu'avait pris sur lui la grande pensée dramatique à laquelle il a tout sacrifié. Soit que, dans ses pièces historiques, il multiplie les invraisemblances et les impossibilités pour dissimuler le cours du temps, soit que, dans ses plus belles tragédies, il le laisse fuir sans s'en inquiéter, c'est toujours l'unité d'impression, *source de l'effet théâtral*, qu'il poursuit et veut maintenir. Il faut voir dans *Macbeth*, véritable type de son système, avec quel art il sait vaincre les difficultés qui en naissent, et renouer, dans l'âme du spectateur, la chaîne des lieux et des temps sans cesse brisée dans la réalité! Macbeth, déterminé à faire périr Macduff qu'il redoute, vient d'apprendre sa fuite en Angleterre; il quitte la scène, annonçant le projet d'attaquer immédiatement son château, d'égorger sa femme, ses enfants, tout ce qui porte son nom. La scène se rouvre dans le château de Macduff, par une conversation entre lady Macduff et Ross, son parent, qui vient lui apprendre le départ de son mari et lui témoigner des craintes pour elle-même. Les deux scènes, liées ainsi étroitement par la pensée, semblent l'être par le temps; la distance a disparu : qui songerait à réclamer, comme un intervalle dont on doit lui rendre compte, les lieues qui séparent le château de Macduff du palais de Macbeth, et le temps qu'il a fallu pour les parcourir? On est entré sans effort dans cette nouvelle partie de la situation; elle suit son cours; les assassins se présentent; le massacre commence. On passe en Angleterre ; on y voit arriver Macduff ; les terribles événements qu'il ignore ont rempli, pour nous, l'intervalle qui doit séparer son départ de son arrivée ; Ross survient quelque temps après et l'instruit de son malheur. Tous deux peignent à Malcolm la désolation de l'Écosse, la haine générale qui s'est soulevée contre Macbeth. L'armée qui doit renverser le tyran est assemblée ; on donne l'ordre du départ. Mais, pendant que l'armée est en route, c'est vers Macbeth que le poëte rappelle notre imagination ; c'est avec lui que nous nous préparons à l'approche des troupes, dont la marche s'accomplit sans que rien nous apprenne à en mesurer la durée, ou nous porte à nous en informer. Presque jamais, dans Shakspeare, les personnages n'arrivent immédiatement dans le lieu pour lequel ils viennent de partir : un si brusque rapprochement serait contraire à l'ordre naturel de la succession des idées. Nous avons vu Richard II partir pour le château de Jean de Gaunt ; c'est chez Jean de Gaunt, et en nous occupant de lui, que nous attendons ensuite Richard, dont le voyage s'est fait sans que notre esprit se puisse plaindre de n'avoir pas été consulté sur le temps qu'il y a employé. De même, entre deux événements évidemment séparés par un intervalle assez long pour que nous n'aimions pas à le voir disparaître sans y prendre quelque part, Shakspeare place une scène qui peut appartenir également à la première ou à la seconde époque, et il nous fait passer de l'une à l'autre sans nous choquer par son intime connexion avec ce qui la précède ou ce qui la suit. Ainsi, dans le *Roi Lear*, entre le moment où Lear partage son royaume à ses filles, et celui où Gonerille, déjà lassée de la présence de son père, se détermine à s'en débarrasser, prennent place les scènes du château de Glocester, et le commencement de l'intrigue d'Edmond. Guidé par cet instinct qui est la science du génie, le poëte sait que notre imagination parcourra sans effort avec lui le temps et l'espace, s'il lui épargne les invraisemblances morales qui pourraient seules l'arrêter ; c'est dans ce dessein que tantôt il accumule les invraisemblances matérielles, tantôt il épuise les habiletés de son art, et, toujours attentif au but qu'il poursuit, il sait faire rentrer dans l'unité d'action ces artifices, ces moyens préparatoires qu'il emploie pour écarter ce qui troublerait l'illusion dramatique, et pour disposer librement de notre pensée.

L'unité d'action, indispensable à l'unité d'impression, ne pouvait échapper à la vue de Shakspeare. Comment la maintenir, se demande-t-on, au milieu de tant d'événements si mobiles et si compliqués, dans ce champ immense qui embrasse tant de lieux, tant d'années, toutes les conditions sociales et le développement de tant de situations ? Shakspeare y a réussi cependant; dans *Macbeth, Hamlet, Richard III, Roméo et Juliette*, l'action, pour être vaste, ne cesse pas d'être une, rapide et complète. C'est que le poëte en a saisi la condition fondamentale, qui consiste à placer le centre d'intérêt là où se trouve le centre d'action. Le personnage qui fait marcher le drame est aussi celui sur qui se porte l'agitation morale du spectateur. On a reproché à *Andromaque* la duplicité d'action ou du moins d'intérêt, et le reproche n'est pas sans fondement ; ce n'est pas que toutes les parties de l'action ne concourent au même but, mais l'intérêt y est épars, le centre d'action incertain. Si Shakspeare eût eu à traiter un pareil sujet, d'ailleurs peu conforme à la nature de son génie, il eût fait d'Andromaque le centre de l'action aussi bien que de l'intérêt. L'amour maternel eût plané sur toute la pièce, déployant son courage avec ses craintes, ses forces avec ses douleurs ; Shakspeare n'eût pas hésité à faire paraître l'enfant, comme Racine devenu plus hardi l'a fait ensuite dans *Athalie*. Toutes les émotions du spectateur auraient été attirées vers un seul point ; on eût vu Andromaque, plus active, essayant, pour sauver Astyanax, d'autres moyens que « les pleurs de sa mère, » et ramenant toujours, sur son fils et sur elle, une attention que Racine a trop souvent détournée sur les moyens d'action qu'il était contraint de puiser dans les vicissitudes de la destinée d'Hermione. Selon le système imposé dans le xviie siècle à nos poëtes dramatiques, Hermione devait être le centre de l'action, et elle l'est en effet. Sur un théâtre de plus en plus soumis à l'autorité des femmes et de la cour, l'amour semblait destiné à remplacer la fatalité des anciens : puissance aveugle, inflexible comme la fatalité, conduisant de même ses victimes au but marqué dès les premiers pas, l'amour devenait le point fixe autour duquel devaient tourner toutes choses. Dans *Andromaque*, l'amour fait d'Hermione un personnage simple, dominé par sa passion, y rapportant tout ce qui se passe sous ses yeux, attentif à se soumettre les événements pour la servir et la satisfaire ; Hermione seule dirige et fait avancer le drame ; Andromaque ne paraît que pour subir une situation aussi impuissante que douloureuse. Une conception pareille peut amener d'admirables développements des affections passives du cœur, mais elle ne constitue pas une action tragique ; et dans les développements qui ne conduisent pas immédiatement à l'action, l'intérêt court risque de s'égarer et de rentrer ensuite avec peine dans la seule direction où il se puisse maintenir.

Quand, au contraire, le centre d'action et le centre d'intérêt sont confondus, quand l'attention du spectateur a été fixée sur le personnage, à la fois actif et immuable, dont le caractère, toujours le même, fera sa destinée toujours changeante, alors les événements qui s'agitent autour d'un tel homme ne nous frappent que par rapport à lui ; l'impression que nous en recevons prend la couleur qu'il leur a lui-même imposée. Richard III marche de complot en complot ; chaque nouveau succès redouble l'effroi que nous a causé d'abord son infernal génie ; la pitié qu'éveille successivement chacune de ses victimes vient se perdre dans les sentiments de haine qui s'amassent sur le persécuteur ;

aucun de ces sentiments particuliers ne détourne à son profit nos impressions ; elles se reportent sans cesse, et toujours plus vives, vers l'auteur de tant de crimes ; et ainsi Richard, centre d'action, est en même temps centre d'intérêt ; car l'intérêt dramatique n'est pas seulement l'inquiète pitié que nous ressentons pour le malheur, ou cette affection passionnée que nous inspire la vertu ; c'est aussi la haine, le désir de la vengeance, le besoin de la justice du ciel sur le coupable, comme celui du salut de l'innocent. Tous les sentiments forts, capables d'exalter l'âme humaine, peuvent nous entraîner à leur suite et nous saisir d'un intérêt passionné ; ils n'ont pas besoin de nous promettre le bonheur, ou de nous attacher par la tendresse ; nous pouvons aussi nous élever à ce sublime mépris de la vie qui fait les héros et les martyrs, et à cette noble indignation sous laquelle succombent les tyrans.

Tout peut rentrer dans une action ainsi ramenée à un centre unique d'où émanent et auquel se rapportent tous les événements du drame, toutes les impressions du spectateur. Tout ce qui émeut l'âme de l'homme, tout ce qui agite sa vie peut concourir à l'intérêt dramatique, pourvu que, dirigés vers un même point, marqués d'une même empreinte, les faits les plus divers ne se présentent que comme les satellites du fait principal dont ils augmentent l'éclat et le pouvoir. Rien ne paraîtra trivial, insignifiant ou puéril, si la situation dominante en devient plus vive ou le sentiment général plus profond. La douleur redouble quelquefois par le spectacle de la gaieté ; au milieu du danger une plaisanterie peut exalter le courage. Rien n'est étranger à l'impression que ce qui la détruit ; elle s'alimente et s'accroît de tout ce qui peut s'y confondre. Le babil du jeune Arthur avec Hubert devient déchirant par l'idée de l'horrible barbarie qu'Hubert se prépare à exercer sur lui. C'est un spectacle plein d'émotion que celui de lady Macduff tendrement amusée des saillies de l'esprit naissant de son fils, tandis qu'à sa porte arrivent les assassins qui vont massacrer et ce fils et les autres, et ensuite elle-même. Qui pourrait, sans de telles circonstances, prendre intérêt à cette scène d'enfantillages maternels? Mais, sans la scène, haïrait-on Macbeth autant qu'on le doit pour ce nouveau crime? Dans *Hamlet*, non-seulement la scène des fossoyeurs, par le genre des méditations qu'elle inspire, se lie à l'idée générale de la pièce; mais, et nous le savons, c'est la fosse d'Ophélia qu'ils creusent en présence d'Hamlet; c'est à Ophélia que se rapporteront, quand il en sera instruit, toutes les impressions qu'ont fait naître dans son âme la vue de ces ossements hideux et méprisés, et l'indifférence attachée aux restes matériels de ce qui fut beau et puissant, honoré ou chéri. Aucun détail de ces tristes préparatifs n'est perdu pour le sentiment qu'ils excitent; l'insensible grossièreté des hommes voués aux habitudes d'un pareil métier, leurs chansons, leurs quolibets, tout porte coup; et les formes, les moyens du comique rentrent ainsi sans effort dans la tragédie, dont les impressions ne sont jamais plus vives que lorsqu'on les voit près de tomber sur l'homme déjà frappé à son insu et se jouant en présence du malheur qu'il ignore.

Sans cet emploi du comique, sans cette intervention des classes inférieures, combien d'effets dramatiques, qui contribuent puissamment à l'effet général, deviendraient impossibles! Accommodez au goût de plaisanterie de notre temps la scène du portier de Macbeth, et il n'est personne qui ne frémisse en songeant à la découverte qui va suivre ces accès d'une joie bouffonne, au spectacle de carnage encore caché sous ces restes de l'ivresse d'une fête. Que Hamlet soit le premier mis en relation avec l'ombre de son père; que de préparations, que d'explications seront indispensables pour nous placer dans l'état d'esprit où doit être un prince, un homme des classes élevées, pour croire à une apparition! Mais l'apparition a eu lieu d'abord devant des soldats, des hommes simples, plus prêts à s'en effrayer qu'à s'en étonner ; ils se la racontent pendant la veille de la nuit : « C'était ici, au moment où cette étoile qui brille là-bas « éclairait ce même point du ciel ; la cloche sonnait « aussi une heure... Paix, le voilà qui revient ! » L'effet de terreur est produit, et nous croyons au spectre avant que Hamlet en ait même entendu parler.

Ce n'est pas tout : l'intervention des classes inférieures fournit à Shakspeare un autre moyen d'effet, impraticable dans tout autre système. Le poëte qui peut prendre ses acteurs dans tous les rangs de la société et les présenter dans toutes les situations peut aussi tout mettre en action, c'est-à-dire demeurer constamment dramatique. Dans *Jules-César*, la scène s'ouvre par le tableau vivant des mouvements et des sentiments populaires : quelle exposition, quel entretien feraient aussi bien connaître le genre de séduction qu'exerce sur les Romains le dictateur, le genre de danger que court la liberté, et l'erreur ainsi que le péril des républicains qui se flattent de la rétablir par la mort de César ? Lorsque Macbeth veut se défaire de Banquo, il n'a point à nous informer de son projet dans la personne d'un confident ni à se faire rendre compte de l'exécution du fait pour nous en instruire ; il fait venir les assassins et cause avec eux ; nous assistons aux artifices par lesquels un tyran fait servir à ses desseins les passions et les malheurs de l'homme ; nous voyons ensuite les meurtriers attendre leur victime, porter le coup, revenir tout sanglants demander leur récompense. Banquo peut alors nous apparaître ; la présence réelle du crime a produit tout son effet ; nous ne refusons aucune des terreurs qui l'accompagnent.

Quand on veut produire l'homme sur la scène dans toute l'énergie de sa nature, ce n'est pas trop d'appeler à son aide l'homme tout entier, de le montrer sous toutes les formes, dans toutes les situations que comporte son existence. La représentation en est non-seulement plus complète et plus vive, mais aussi plus véridique. C'est tromper l'esprit sur un événement que de lui en présenter une partie saillante et revêtue des couleurs de la réalité, tandis que l'autre partie est repoussée, effacée dans une conversation ou un récit. De là résulte une impression fausse qui, plus d'une fois, a nui à l'effet des plus beaux ouvrages. *Athalie,* ce chef-d'œuvre de notre théâtre, nous trouve encore saisis d'une certaine prévention contre Joad et en faveur d'Athalie qu'on ne hait pas assez pour se réjouir de sa perte, qu'on ne craint pas assez pour approuver l'artifice qui l'attire dans le piége. Cependant Athalie n'a pas seulement massacré, pour régner à leur place, les enfants de son fils ; Athalie est une étrangère, soutenue sur le trône par des soldats étrangers ; ennemie du Dieu qu'adore son peuple, elle l'insulte et le brave par la présence et la pompe d'un culte étranger, tandis que le culte national, sans honneurs, sans pouvoir, pratiqué en tremblant par « un petit « nombre d'adorateurs zélés, » s'attend chaque jour à succomber sous la haine de Mathan, l'insolent despotisme de la reine et l'avidité de ses lâches courtisans. C'est bien là la tyrannie et le malheur ; c'est bien là ce qui appelle les révoltes des peuples et pousse aux complots les derniers défenseurs de leurs libertés. Et tous ces faits sont consignés dans les discours de Joad, d'Abner, de Mathan, d'Athalie même. Mais ils ne sont que dans les discours ; ce que nous voyons en action, c'est Joad qui conspire avec les moyens que lui laisse encore son ennemie ; c'est la grandeur imposante du caractère d'Athalie, et la ruse qui doit son triomphe sur la force à la pitié méprisante qu'elle a su inspirer par une apparence de faiblesse. La conspiration est sous nos yeux ; nous n'avons fait qu'entendre parler de la tyrannie. Que l'action nous eût révélé les maux que traîne avec soi l'oppression ; que nous eussions vu Joad excité, poussé par les cris des malheureux en proie aux vexations de l'étranger ; que l'indignation patriotique et religieuse du

peuple contre un pouvoir « prodigue du sang des misé-
« rables » fût venue légitimer à nos propres yeux la conduite de Joad ; l'action ainsi complétée ne laisserait dans
notre âme aucune incertitude ; et *Athalie* nous offrirait
peut-être l'idéal de la poésie dramatique, tel du moins
que nous avons pu le concevoir jusqu'à ce jour.

Facilement atteint chez les Grecs, dont la vie et les
sentiments peu compliqués se pouvaient résumer en
quelques traits larges et simples, cet idéal ne se présentait point aux peuples modernes sous des formes assez
générales et assez pures pour recevoir l'application des
règles tracées d'après les modèles antiques. La France,
pour les adopter, fut contrainte de se resserrer, en
quelque sorte, dans un coin de l'existence humaine.
Nos poëtes ont employé toutes les forces du génie à
mettre en valeur cet étroit espace ; les abimes du cœur
ont été sondés dans toute leur profondeur, mais non
dans toutes leurs dimensions. L'illusion dramatique a
été cherchée à sa véritable source ; mais on ne lui a pas
demandé tous les effets qu'on en pouvait obtenir.
Shakspeare nous offre un système plus fécond et plus
vaste. Ce serait s'abuser étrangement que de supposer
qu'il en a découvert et mis au jour toutes les richesses.
Quand on embrasse la destinée humaine sous tous ses
aspects et la nature humaine dans toutes les conditions
de l'homme sur la terre, on entre en possession d'un
trésor inépuisable. C'est le propre d'un tel système d'é-
chapper, par son étendue, à la domination d'un génie
spécial. On en peut retrouver les principes dans les
ouvrages de Shakspeare ; mais il ne les a ni pleinement
connus, ni toujours respectés. Il doit servir d'exemple,
non de modèle. Quelques hommes, même d'un talent
supérieur, ont essayé de faire des pièces dans le goût de
Shakspeare, sans s'apercevoir qu'il leur manquait une
chose ; c'était de les faire comme lui, de les faire pour
notre temps, comme celles de Shakspeare furent faites
pour le sien. C'est là une entreprise dont personne peut-

être n'a encore mûrement considéré les difficultés. On a vu combien d'art et d'efforts avait employés Shakspeare à surmonter celles qui sont inhérentes à son système. Elles sont bien plus grandes de nos jours, et se dévoileraient bien plus complétement à l'esprit de critique qui accompagne aujourd'hui les plus hardis essais du génie. Ce n'est pas seulement à des spectateurs d'un goût plus difficile, d'une imagination plus distraite et plus paresseuse, qu'aurait affaire parmi nous le poëte qui se hasarderait sur les traces de Shakspeare : il serait appelé à faire mouvoir des personnages embarrassés dans des intérêts bien plus compliqués, préoccupés de sentiments bien plus divers, livrés à des habitudes d'esprit moins simples, à des penchants moins décidés. Ni la science, ni la réflexion, ni les scrupules de la conscience, ni les incertitudes de la pensée n'entravent souvent les héros de Shakspeare ; le doute est peu à leur usage, et la violence de leurs passions fait bientôt passer leur croyance du côté de leurs désirs, ou leurs actions par-dessus leur croyance. Hamlet seul présente ce spectacle confus d'un esprit formé par les lumières de la société, aux prises avec une situation contraire à ses lois ; et il a besoin d'une apparition surnaturelle pour se déterminer à agir, d'un événement fortuit pour accomplir son projet. Sans cesse placés dans une situation analogue, les personnages d'une tragédie conçue aujourd'hui dans le système romantique nous offriraient la même indécision. Les idées se pressent et se croisent maintenant dans l'esprit de l'homme, les devoirs dans sa conscience, les obstacles et les liens autour de sa vie. Au lieu de ces cerveaux électriques, prompts à communiquer l'étincelle qu'ils ont reçue, au lieu de ces hommes ardents et simples dont les projets, comme ceux de Macbeth, « passent aussitôt dans leurs mains, » le monde offre maintenant au poëte des esprits pareils à celui de Hamlet, profonds dans l'observation de ces combats intérieurs que notre système classique a puisés dans un état social déjà plus avancé que celui du temps où vécut Shakspeare. Tant de sentiments, tant d'intérêts, tant d'idées, conséquences nécessaires de la civilisation moderne, pourraient devenir, même sous leur plus simple expression, un bagage embarrassant et difficile à porter dans les évolutions rapides et les marches hardies du système romantique.

Cependant il faut satisfaire à tout ; le succès même le veut. Il faut que la raison soit contente en même temps que l'imagination sera occupée. Il faut que les progrès du goût, des lumières de la société et de l'homme, servent, non à diminuer ou à troubler nos jouissances, mais à les rendre dignes de nous-mêmes, et capables de répondre aux besoins nouveaux que nous avons contractés. Avancez sans règle et sans art dans le système romantique ; vous ferez des mélodrames propres à émouvoir en passant la multitude, mais la multitude seule, et pour quelques jours ; comme, en vous traînant sans originalité dans le système classique, vous ne satisferez que cette froide nation littéraire qui ne connaît, dans la nature, rien de plus sérieux que les intérêts de la versification, ni de plus imposant que les trois unités. Ce n'est point là l'œuvre du poëte appelé à la puissance et réservé à la gloire ; il agit sur une plus grande échelle et sait parler aux intelligences supérieures comme aux facultés générales et simples de tous les hommes. Sans doute il faut que la foule accouré aux ouvrages dramatiques dont vous voulez faire un spectacle national ; mais n'espérez pas devenir national si vous ne réunissez dans vos fêtes toutes ces classes de personnes et d'esprits dont la hiérarchie bien liée élève une nation à sa plus haute dignité. Le génie est tenu de suivre la nature humaine dans tous ses développements ; sa force consiste à trouver en lui-même de quoi satisfaire toujours le public tout entier. Une même tâche est imposée aujourd'hui au gouvernement et à la poésie ; l'un et l'autre doivent exister pour tous, suffire à la fois aux besoins des masses et à ceux des esprits les plus élevés.

Arrêté sans doute par ces conditions dont la sévérité ne se révèlera qu'au talent qui saura les remplir, l'art dramatique, en Angleterre même, où, sous la protection de Shakspeare, il aurait la liberté de tout entreprendre, ose à peine aujourd'hui s'essayer timidement à le suivre. Cependant l'Angleterre, la France, l'Europe entière demandent au théâtre des plaisirs et des émotions que ne peut plus donner la représentation inanimée d'un monde qui n'est plus. Le système classique est né de la vie et des mœurs de son temps ; ce temps est passé : son image subsiste brillante dans ses œuvres, mais ne peut plus se reproduire. Près des monuments des siècles écoulés, commencent maintenant à s'élever les monuments d'un autre âge. Quelle en sera la forme? je l'ignore ; mais le terrain où peuvent s'asseoir leurs fondements se laisse déjà découvrir. Ce terrain n'est pas celui de Corneille et de Racine ; ce n'est pas celui de Shakspeare ; c'est le nôtre ; mais le système de Shakspeare peut fournir, ce me semble, les plans d'après lesquels le génie doit maintenant travailler. Seul, ce système embrasse toutes ces conditions sociales, tous ces sentiments, généraux ou divers, dont le rapprochement et l'activité simultanée forment aujourd'hui pour nous le spectacle des choses humaines. Témoins depuis trente ans des plus grandes révolutions de la société, nous ne resserrons plus volontiers le mouvement de notre esprit dans l'espace étroit de quelque événement de famille, ou dans les agitations d'une passion purement individuelle. La nature et la destinée de l'homme nous ont apparu sous les traits les plus énergiques comme les plus simples, dans toute leur étendue comme avec toute leur mobilité. Il nous faut des tableaux où se renouvelle ce spectacle, où l'homme tout entier se montre et provoque toute notre sympathie. Les dispositions morales qui imposent à la poésie cette nécessité ne changeront point ; on les verra au contraire se manifester et se développer de jour en jour. Des intérêts des devoirs, un mouvement communs à toutes les classes de citoyens, leur rendront chaque jour plus habituelles et plus puissantes ces relations auxquelles se viennent rattacher tous les sentiments publics. Jamais l'art dramatique n'a pu prendre ses sujets dans un ordre d'idées à la fois plus populaire et plus élevé; jamais la liaison des plus vulgaires intérêts de l'homme avec les principes d'où dépendent ses plus hautes destinées n'a été plus vivement présente à tous les esprits; et l'importance d'un événement peut maintenant éclater dans ses plus petits détails comme dans ses plus grands résultats. Dans cet état de la société, un nouveau système dramatique doit s'établir. Il sera large et libre, mais non sans principes et sans lois. Il s'établira, comme la liberté, non sur le désordre et l'oubli de tout frein, mais sur des règles plus sévères et d'une observation plus difficile peut-être que celles qu'on réclame encore pour maintenir ce qu'on appelle l'ordre contre ce qu'on nomme la licence.

HAMLET

TRAGEDIE

NOTICE SUR HAMLET

Hamlet n'est pas le plus beau des drames de Shakspeare; *Macbeth* et, je crois aussi *Othello*, lui sont, à tout prendre, supérieurs; mais c'est peut-être celui qui contient les plus éclatants exemples de ses beautés les plus sublimes comme de ses plus choquants défauts. Jamais il n'a dévoilé avec plus d'originalité, de profondeur et d'effet dramatique, l'état intime d'une grande âme; jamais aussi il ne s'est plus abandonné aux fantaisies terribles ou burlesques de son imagination, et à cette abondante intempérance d'un esprit pressé de répandre ses idées sans les choisir, et qui se plaît à les rendre frappantes par une expression forte, ingénieuse et inattendue, sans aucun souci de leur forme naturelle et pure.

Selon sa coutume, Shakspeare ne s'est point inquiété, dans *Hamlet*, d'inventer ni d'arranger son sujet : il a pris les faits tels qu'il les a trouvés dans les récits fabuleux de l'ancienne histoire de Danemark, par Saxon le Grammairien, transformés en histoires tragiques par Belleforest, vers le milieu du xvie siècle, et aussitôt traduits et devenus populaires en Angleterre, non-seulement dans le public, mais sur le théâtre, car il paraît certain que six ou sept ans avant Shakspeare, en 1589, un poëte anglais, nommé Thomas Kyd, avait déjà fait de Hamlet une tragédie. Voici le texte du roman historique dans lequel, comme un sculpteur dans un bloc de marbre, Shakspeare a taillé la sienne.

« Fengon, ayant gagné secrètement des hommes, se rua un jour en un banquet sur son frère Horwendille, lequel occit traîtreusement, puis cauteleusement se purgea devant ses sujets d'un si détestable massacre. Avant de mettre sa main sanguinolente et parricide sur son frère, il avoit incestueusement souillé la couche fraternelle, abusant de la femme de celui dont il pourchassa l'honneur devant qu'il effectuât sa ruine....

« Enhardi par telle impunité, Fengon osa encore s'accoupler en mariage à celle qu'il entretenoit exécrablement durant la vie du bon Horwendille.... Et cette malheureuse, qui avoit reçu l'honneur d'être l'épouse d'un des plus vaillants et sages princes du septentrion, souffrit de s'abaisser jusqu'à telle vilenie que de lui fausser sa foi, et qui pis est, épouser celui qui étoit le meurtrier tyran de son époux légitime....

« Géruthe s'étant ainsi oubliée, le prince Amleth, se voyant en danger de sa vie, abandonné de sa propre mère, pour tromper les ruses du tyran, contrefit le fol avec telle ruse et subtilité que, feignant d'avoir tout perdu le sens, il couvrit ses desseins et défendit son salut et sa vie. Tous les jours il étoit au palais de la reine, qui avoit plus de soin de plaire à son paillard que de soucy à venger son mari ou à remettre son fils en son héritage; il couroit comme un maniaque, ne disoit rien qui ne ressentît son transport des sens et pure frénésie, et toutes ses actions et gestes n'étoient que d'un homme qui est privé de toute raison et entendement; de sorte qu'il ne servoit plus que de passe-temps aux pages et courtisans éventés qui étoient à la suite de son oncle et beau-père.... Et faisoit pourtant des actes pleins de grande signifiance, et répondoit si à propos qu'un sage homme eût jugé bientôt de quel esprit est-ce que sortoit une invention si gentille....

« Amleth entendit par là en quel péril il se mettoit si, en sorte aucune, il obéissoit aux mignardes caresses et mignotises de la demoiselle envoyée par son oncle. Le prince, ému de la beauté de la fille, fut par elle assuré encore de la trahison, car elle l'aimoit dès son enfance, et eût été bien marrie de son désastre....

« Il faut, dit un des amis de Fengon, que le roi feigne de s'en aller en quelque voyage, et que cependant on enferme Amleth seul avec sa mère dans une chambre dans laquelle soit caché quelqu'un pour ouïr leurs propos et les complots de ce fol sage et rusé compagnon.... Cetuy même s'offrit pour être l'espion, et témoin des propos du fils avec la mère.... Le roi prit très-grand plaisir à cette invention....

« Cependant le conseiller entra secrètement en la chambre de la reine, et se cacha sous quelque loudier [1], un peu auparavant que le fils y fût enclos avec sa mère. Comme il étoit fin et cauteleux, sitôt

---

[1] Couverture, courte-pointe.

qu'il fut dedans la chambre, se doutant de quelque trahison ou surprise, il continua en ses façons de faire folles et niaises, sauta sur ce loudier où, sentant qu'il y avoit dessous quelque cas caché, ne faillit aussitôt de donner dedans avec son glaive.... Ayant ainsi découvert l'embûche et puni l'inventeur d'icelle, il s'en revint trouver la reine, laquelle pleuroit et se lamentoit; puis ayant visité encore tous les coins de la chambre, se voyant seul avec elle, il lui parla fort sagement en cette manière :

« — Quelle trahison est ceci, ô la plus infâme de toutes celles qui onc se sont prostituées au vouloir de quelque paillard abominable, que sous le fard d'un pleur dissimulé; vous couvriez l'acte le plus méchant et le crime le plus détestable? Quelle fiance puis-je avoir en vous qui, déréglée sur toute impudicité, allez courant les bras étendus après celuy félon et traître tyran qui est le meurtrier de mon père, et caressez incestueusement le voleur du lit légitime de votre loyal époux?... Ah! reine Géruthe, c'est la lubricité seule qui vous a effacé en l'âme la mémoire des vaillances et vertus du bon roi votre époux et mon père.... Ne vous offensez pas, je vous prie, Madame, si, transporté de douleur, je vous parle si rigoureusement et si je vous respecte moins que mon devoir; car, vous ayant mis à néant la mémoire du défunt roi mon père, ne faut s'ébahir si aussi je sors des limites de toute reconnoissance....

« Quoique la reine se sentît piquer de bien près, et que Amleth la touchât vivement où plus elle se sentoit intéressée, si est-ce qu'elle oublia tout dépit qu'elle eût pu concevoir d'être ainsi aigrement tancée et reprise pour la grande joie qui la saisit, connoissant la gentillesse d'esprit de son fils. D'un côté, elle n'osoit lever les yeux pour le regarder, se souvenant de sa faute, et de l'autre elle eût volontiers embrassé son fils pour les sages admonitions qu'il lui avoit faites, et lesquelles eurent tant d'efficace que sur l'heure elles éteignirent les flammes de sa convoitise....

« Avec lui furent envoyés en Angleterre deux des fidèles ministres de Fengon, portant des lettres gravées dans du bois, qui portoient la mort de Amleth et la commandoient à l'Anglois. Mais le rusé prince danois, tandis que ses compagnons dormoient, ayant visité le paquet et connu la trahison de son oncle et la méchanceté des courtisans qui le conduisoient à la boucherie, rasa les lettres mentionnant sa mort, et au lieu y grava et cisela un commandement à l'Anglois de faire pendre et étrangler ses compagnons....

« Vivant son père, Amleth avoit été endoctriné en cette science avec laquelle le malin esprit abuse les hommes, et avertissoit le prince des choses déjà passées. Il y auroit fort à discourir si ce prince, par la violence de sa mélancolie, recevoit telles impressions qu'il devinât ce que nul homme ne lui avoit jamais déclaré. »

Évidemment, c'est Hamlet qui, dans ce récit, a frappé et séduit Shakspeare. Ce jeune prince, fou par calcul, peut-être un peu par nature, rusé et mélancolique, ardent à venger la mort de son père et habile à veiller pour sa propre vie, adoré de la jeune fille envoyée pour le perdre, objet de l'effroi et toujours pourtant de la tendresse de sa coupable mère, et, jusqu'au moment de l'explosion, caché et incompréhensible pour toutes les deux; ce personnage plein de passion, de péril et de mystère, versé dans les sciences occultes et à qui peut-être, « à travers la violence de sa mélancolie, le malin esprit fait deviner ce que nul homme ne lui a jamais déclaré; » quelle donnée admirable pour Shakspeare, scrutateur si curieux et si profond des agitations obscures de l'âme et de la destinée humaines! N'eût-il fait que peindre, en les dessinant avec la fermeté et en les colorant avec l'éclat de son pinceau, ce caractère et cette situation tels que les lui donnait la chronique, il eût, à coup sûr, produit un chef-d'œuvre.

Mais Shakspeare a fait bien davantage : sous sa main la folie de Hamlet devient tout autre chose que la préméditation obstinée ou l'exaltation mélancolique d'un jeune prince du moyen âge, placé dans une situation périlleuse et plongé dans un sombre dessein : c'est un grave état moral, une grande maladie de l'âme qui, à certaines époques et dans certaines conditions de l'état social et des mœurs, se répand parmi les hommes, atteint souvent les mieux doués et les plus nobles, et les frappe d'un trouble quelquefois bien voisin de la folie. Le monde est plein de mal, de toute sorte de mal. Que de souffrances et de crimes, et d'erreurs fatales, quoique innocentes! Que d'iniquités générales et privées, éclatantes et ignorées! Que de mérites étouffés ou méconnus, perdus pour le public, à charge pour leurs possesseurs! Que de mensonges et de froideur, et de légèreté, et d'ingratitude, et d'oubli dans les relations et les sentiments des hommes! La vie si courte et pourtant si agitée, tantôt si pesante et tantôt si vide! L'avenir si obscur! tant de ténèbres au terme de tant d'épreuves! A ceux qui ne voient que cette face du monde et de la destinée humaine, on comprend que l'esprit se trouble, que le cœur défaille, et qu'une mélancolie misanthropique devienne une disposition habituelle qui les jette tour à tour dans l'irritation ou dans le doute, dans le mépris ironique ou dans l'abattement.

Ce n'était point là, à coup sûr, la maladie des temps où la chro-

'nique fait vivre Hamlet, ni de celui où vivait Shakspeare lui-même.
Le moyen âge et le xvi⁰ siècle étaient des époques trop actives et trop
rudes pour que ces contemplations amères et ces développements
malsains de la sensibilité humaine y trouvassent aisément accès. Ils
appartiennent bien plutôt à des temps de vie molle et d'une excitation
morale à la fois vive et oisive, quand les âmes sont jetées hors de
leur repos et dépourvues de toute occupation forte et obligée. C'est
alors que naissent ces mécontentements méditatifs, ces impressions
partiales et irritées, cet entier oubli des biens, cette susceptibilité
passionnée devant les maux de la condition humaine, et toute cette
colère savante de l'homme contre l'ordre et les lois de cet univers.

Ce malaise douloureux, ce trouble profond que porte dans l'âme
une si sombre et si fausse appréciation des choses en général et de
l'homme lui-même, et qu'il ne rencontrait guère dans son propre
temps, ni dans les temps dont il lisait l'histoire, Shakspeare les a
devinés et en a fait la figure et le caractère de Hamlet. Qu'on relise
les quatre grands monologues où le prince de Danemark s'abandonne
à l'expression réfléchie de ses sentiments intimes [1]; qu'on recueille
dans toute la pièce les mots épars où il les manifeste en passant;
qu'on recherche et qu'on résume ce qui éclate et ce qui se cache dans
tout ce qu'il pense et ce qu'il dit; partout on reconnaîtra la maladie
morale que je viens de décrire. Là réside vraiment, bien plus que
dans ses chagrins ou dans ses périls personnels, la source de la mélancolie de Hamlet; c'est là son idée fixe et sa folie.

Et avec l'admirable bon sens du génie, pour rendre, non-seulement
supportable, mais **saisissant**, le spectacle d'une maladie si sombre,
Shakspeare a mis, dans le malade lui-même, les qualités les plus
douces et les plus attrayantes. Il a fait Hamlet beau, populaire, généreux, affectueux, tendre même. Il a voulu que le caractère instinctif
de son héros relevât en quelque sorte la nature humaine des méfiances
et des anathèmes dont sa mélancolie philosophique l'accablait.

Mais, en même temps, guidé par cet instinct d'harmonie qui n'abandonne jamais le vrai poëte, Shakspeare a répandu sur tout le drame
la même couleur sombre qui ouvre la scène : le spectre du roi assassiné imprime dès les premiers pas et conduit jusqu'au terme le mouvement. Et quand le terme arrive, c'est aussi la mort qui règne; tous
meurent, les innocents comme les coupables, la jeune fille comme le
prince, et plus folle que lui : tous vont rejoindre le spectre qui n'est

---

[1] Acte I⁰ʳ, scène II;— Acte II, scène II;— Acte III, scène Ire
— Acte IV, scène IV.

sorti de son tombeau que pour les y pousser tous avec lui. L'événement tout entier est aussi lugubre que la pensée de Hamlet. Il ne reste sur la scène que les étrangers norwégiens, qui y paraissent pour la première fois et qui n'ont pris aucune part à l'action.

Après cette grande peinture morale, vient la seconde des beautés supérieures de Shakspeare, l'effet dramatique. Elle n'est nulle part plus complète et plus frappante que dans *Hamlet*, car les deux conditions du grand effet dramatique s'y trouvent, l'unité dans la variété; une seule impression constante, dominante; et cette même impression diversifiée selon le caractère, le tour d'esprit, la condition des divers personnages dans lesquels elle se reproduit. La mort plane sur tout le drame; le spectre du roi assassiné la représente et la personnifie; il est toujours là, tantôt présent lui-même, tantôt présent à la pensée et dans les discours des autres personnages. Grands ou petits, coupables ou innocents, intéressés ou indifférents à son histoire, ils sont tous constamment occupés de lui; les uns avec remords, les autres avec affection et douleur, d'autres encore simplement avec curiosité, quelques-uns même sans curiosité et uniquement par occasion : par exemple, ce grossier fossoyeur qui avait, dit-il, commencé son métier le jour où feu ce grand roi avait remporté une grande victoire sur son voisin le roi de Norwége, et qui, en le continuant pour creuser la fosse de la belle Ophélia, la maîtresse folle de Hamlet fou, retrouve le crâne du pauvre Yorick, ce bouffon du roi défunt, le crâne du bouffon de ce spectre qui sort à chaque instant de son tombeau pour troubler les vivants et obtenir justice de son assassin. Tous ces personnages, au milieu de toutes ces circonstances, sont amenés, retirés, ramenés tour à tour, chacun avec sa physionomie, son langage, son impression propre; et tous concourent incessamment à entretenir, à répandre, à fortifier cette impression unique et générale de la mort, de la mort juste ou injuste, naturelle ou violente, oubliée ou pleurée, mais toujours présente, et qui est la loi suprême et devrait être la pensée permanente des hommes.

Au théâtre, devant des spectateurs réunis en grand nombre et mêlés, l'effet de ce drame, à la fois si lugubre et si animé, est irrésistible; l'âme est remuée dans ses dernières profondeurs, en même temps que l'imagination et les sens sont occupés et entraînés par un mouvement extérieur continu et rapide. C'est là le double génie de Shakspeare, philosophe et poëte également inépuisable, moraliste et machiniste tour à tour, aussi habile à remplir bruyamment la scène qu'à pénétrer et à mettre en lumière les plus intimes secrets du cœur humain. Soumis à l'action immédiate d'une telle puissance, les hommes en masse ne lui demandent rien au delà de ce qu'elle leur donne ; elle les domine et emporte d'assaut leur sympathie et leur admiration. Les esprits difficiles et délicats, qui jugent presque au même moment où ils sentent, et qui portent le besoin de la perfection jusque dans leurs plus vifs plaisirs, goûtent et admirent aussi immensément Shakspeare ; mais ils sont désagréablement troublés dans leur admiration et leur jouissance, tantôt par l'entassement et la confusion des personnages et des incidents inutiles ; tantôt par les longs et subtils développements d'une réflexion ou d'une idée qu'il conviendrait au personnage d'indiquer en passant, mais dans laquelle le poëte se complaît et s'arrête pour son propre compte ; plus souvent encore par ce bizarre mélange de grossièreté et de recherche dans le langage qui donne quelquefois, aux sentiments les plus vrais, des formes factices et pédantes, et, aux plus belles inspirations de la philosophie ou de la poésie, une physionomie barbare. Ces défauts abondent dans *Hamlet*. Je ne veux ni me donner la pénible satisfaction de le prouver, ni me dispenser de le dire. En fait de génie, Shakspeare n'a peut-être point de rivaux ; dans les hautes et pures régions de l'art, il ne saurait être un modèle.

HAMLET

TRAGÉDIE

PERSONNAGES

CLAUDIUS, roi de Danemark.
HAMLET, fils de Hamlet et neveu de Claudius.
POLONIUS, seigneur chambellan.
HORATIO, ami de Hamlet.
LAERTES, fils de Polonius.
VOLTIMAND,
CORNÉLIUS,
ROSENCRANTZ,
GUILDENSTERN, } seigneurs de la cour de Danemark.
OSRICK, seigneur de la cour.
UN AUTRE SEIGNEUR DE LA COUR.
UN PRÊTRE.

MARCELLUS,
BERNARDO, } officiers.
FRANCISCO, soldat.
REYNALDO, domestique de Polonius.
UN CAPITAINE, ambassadeur.
L'OMBRE du père d'Hamlet.
FORTINBRAS, prince de Norwége.
GERTRUDE, reine de Danemark et mère d'Hamlet.
OPHÉLIA, fille de Polonius.
SEIGNEURS, DAMES, OFFICIERS, SOLDATS, COMÉDIENS, FOSSOYEURS, MATELOTS, MESSAGERS et autres serviteurs.

La scène est à Elseneur.

ACTE PREMIER

SCÈNE I

Elseneur. — Une plate-forme devant le château.

FRANCISCO *montant la garde*, BERNARDO *vient à lui.*

BERNARDO.—Qui va là ?

FRANCISCO.—Non, répondez vous-même. Arrêtez-vous et faites-vous reconnaître.

BERNARDO.—Vive le roi !

FRANCISCO.—Bernardo ?

BERNARDO.—En personne.

FRANCISCO.—Vous venez très-soigneusement à votre heure.

BERNARDO.—Minuit vient de sonner : va regagner ton lit, Francisco.

FRANCISCO.—Pour cette délivrance, mille grâces. Le froid est aigre, et j'ai le cœur saisi.

BERNARDO.—Avez-vous eu une garde tranquille?

FRANCISCO.—Pas une souris qui ait bougé!

BERNARDO.—Allons, bonne nuit. Si vous rencontrez Horatio et Marcellus, mes compagnons de garde, priez-les de faire hâte.

(Horatio et Marcellus entrent.)

FRANCISCO.—Je pense que je les entends.—Holà! halte! qui va là?

HORATIO.—Amis de ce pays.

MARCELLUS.—Et hommes liges du roi de Danemark.

FRANCISCO.—Je vous souhaite une bonne nuit.

MARCELLUS.—Adieu donc, honnête soldat; qui vous a relevé?

FRANCISCO.—Bernardo a pris mon poste; je vous souhaite une bonne nuit.

(Francisco sort.)

MARCELLUS.—Holà! Bernardo!

BERNARDO.—Que dites-vous? Est-ce Horatio qui est là?

HORATIO.—Un petit morceau de lui, oui.

BERNARDO.—Soyez le bienvenu, Horatio. Soyez le bienvenu, bon Marcellus.

MARCELLUS.—Eh bien! cette chose a-t-elle encore apparu cette nuit?

BERNARDO.—Je n'ai rien vu.

MARCELLUS.—Horatio dit que c'est pure imagination, et il ne veut pas souffrir que la croyance ait prise sur lui, quant à cette terrible vision que nous avons vue par deux fois. C'est pourquoi j'ai insisté auprès de lui, l'invitant à veiller avec nous chaque minute de cette nuit, afin que, si cette apparition vient encore, il puisse confirmer nos regards et lui parler.

HORATIO.—Bah! bah! elle ne paraîtra pas.

BERNARDO.—Asseyez-vous un moment, et laissez-nous encore une fois livrer assaut à vos oreilles, qui sont si bien fortifiées contre notre histoire, contre ce que nous avons vu pendant deux nuits.

HORATIO.—Bien! asseyons-nous, et écoutons Bernardo parler de ceci.

BERNARDO.—La dernière de toutes ces nuits, à l'heure

où cette même étoile, qui est à l'occident du pôle, avait fait son voyage jusqu'à éclairer cette partie du ciel où elle flamboie à présent, Marcellus et moi, la cloche sonnant alors une heure...

MARCELLUS.—Paix ! supprime le reste ! regarde, le voici qui revient.

(L'ombre entre.)

BERNARDO.—C'est la même apparence que celle du roi qui est mort.

MARCELLUS.—Toi qui es un savant, parle-lui, Horatio.

BERNARDO.—Ne ressemble-t-il pas au roi? Observe-le, Horatio.

HORATIO.—Tout semblable. Il me bouleverse de peur et d'étonnement.

BERNARDO.—Il voudrait qu'on lui parlât.

MARCELLUS.—Parle-lui, Horatio.

HORATIO.—Qui es-tu, toi qui usurpes ensemble cette heure de la nuit et cette forme noble et guerrière sous laquelle la majesté du Danemark, maintenant ensevelie, a pour un temps marché? Au nom du ciel, je te somme : parle.

MARCELLUS.—Il est offensé.

BERNARDO.—Vois, il s'éloigne avec hauteur.

(L'ombre s'en va.)

HORATIO.— Arrête ; parle, parle ; je te somme de parler.

MARCELLUS.—Il est parti et ne répondra pas.

BERNARDO.—Eh bien ! Horatio, vous tremblez, et vous êtes tout pâle ; ceci n'est-il pas quelque chose de plus que de l'imagination ? Qu'en pensez-vous ?

HORATIO.—Devant mon Dieu, je ne pourrais pas le croire, sans le sensible et sûr témoignage de mes propres yeux.

MARCELLUS.—Ne ressemble-t-il pas au roi?

HORATIO.—Comme tu te ressembles à toi-même. C'est bien là la même armure qu'il portait lorsqu'il combattit le Norwégien ambitieux ; ce fut ainsi qu'un jour il fronça le sourcil lorsque, dans une conférence furieuse, il arracha le Polonais de son traîneau et l'étendit sur la glace. Cela est étrange !

MARCELLUS.—Deux fois déjà, justement à cette heure de mort, il a passé près de notre poste avec cette démarche guerrière.

HORATIO.—Sur quel point précis doit, à ce propos, travailler notre pensée, je n'en sais rien ; mais, à dire l'ensemble et la pente de mon opinion, ceci annonce quelque étrange explosion dans notre royaume.

MARCELLUS.—C'est bon ; asseyons-nous, et dites-moi, si vous le savez, pourquoi ces continuelles gardes, si strictes et si rigoureuses, fatiguent ainsi, chaque nuit, les sujets de ce royaume? Et pourquoi, chaque jour, ces canons de bronze que l'on coule, et tout ce trafic, à l'étranger, pour des munitions de guerre? Pourquoi la presse sur les charpentiers de vaisseau, dont le rude labeur ne distingue plus le dimanche de la semaine? Qu'y a-t-il en jeu pour que cette hâte abondante en sueurs fasse les journées et les nuits compagnes du même travail ? Quel est celui qui peut m'instruire ?

HORATIO.—Je le puis, ou, du moins, ainsi vont les rumeurs : notre dernier roi, dont à l'heure même l'image vient de nous apparaître, fut, comme vous savez, provoqué au combat par Fortinbras de Norwége, qu'un jaloux orgueil avait excité à ce défi. Dans ce combat, notre vaillant Hamlet (car cette partie de notre monde connu le tenait pour tel) tua ce Fortinbras, qui, par un acte bien scellé et fait dans toutes les formes des lois et de la science héraldique, abandonnait au vainqueur, avec sa vie, tous les domaines dont il était possesseur. Contre ce gage, notre roi avait assigné une portion équivalente qui serait entrée dans le patrimoine de Fortinbras, s'il fût resté vainqueur, comme son lot, d'après la convention et la teneur des articles ratifiés, est échu à Hamlet. Maintenant, mon cher, le jeune Fortinbras, tout plein et tout bouillant d'une fougue inexpérimentée, a ramassé çà et là sur les frontières de la Norwége une troupe d'aventuriers sans feu ni lieu, moyennant les vivres et l'entretien, pour quelque entreprise où il s'agisse d'avoir du cœur; ce ne peut être (comme en est bien convaincu notre gouvernement) que le projet de reprendre sur nous à main armée, et par voie de contrainte, les susdites terres, ainsi perdues par son père ; et c'est là, je crois, la cause majeure de nos préparatifs, l'origine de ces gardes que nous montons, et le grand but de ce train de poste et de ce remue-ménage que vous voyez par tout le pays.

BERNARDO.—Je pense que ce ne peut être autre chose, et cela s'accorde bien avec cette figure d'augure étrange qui passe, armée, au milieu de notre veille, si semblable au roi qui était et est encore l'occasion de ces guerres.

HORATIO.—Ah ! cela, c'est un grain de poussière qui tombe dans l'œil de l'esprit, pour l'inquiéter. Au temps de la plus grande et plus florissante force de Rome, un peu avant que le très-puissant Jules-César ne tombât, les sépulcres se dépeuplèrent, et les morts en linceul s'en allaient, criant et gémissant par les rues de Rome ; on voyait des étoiles avec des queues de flamme, et des rosées de sang, et des ravages dans le soleil ; et l'humide planète, dont l'influence régit l'empire de Neptune, était atteinte d'une éclipse presque comme si c'eût été le jour du jugement. Eh bien ! ce sont de semblables signes précurseurs d'événements terribles, comme des hérauts qui ouvrent la marche des destins, comme un prologue du sort qui s'avance, c'est là ce que le ciel et la terre tout ensemble viennent de montrer dans nos climats et à nos concitoyens. (*L'ombre reparaît.*) Mais, silence ! voyez : le voilà. Il revient encore. Je veux me mettre devant lui, dût-il m'anéantir ! Arrête, illusion ! si tu as un son, une voix dont tu fasses usage, parle-moi.

S'il y a quelque chose de bien à faire qui puisse compter pour ton soulagement et pour mon salut, parle-moi.

Si tu es dans le secret des destins de ta patrie, et que, pour notre bonheur, la prescience puisse les faire éviter, oh ! parle.

Ou si, pendant ta vie, tu as enfoui dans le sein de la terre quelque trésor extorqué, ce pourquoi, dit-on, vous autres esprits, vous errez souvent, tout morts que vous êtes, dis-le-moi. Arrête-toi et parle. (*Le coq chante.*) Arrêtez-le, Marcellus.

MARCELLUS.—Le frapperai-je de ma pertuisane?
HORATIO.—Oui, s'il ne veut pas s'arrêter.
BERNARDO.—Le voici !
HORATIO.—Le voici !
(L'ombre s'en va.)

MARCELLUS.—Le voilà parti. Nous lui faisons tort, à lui qui est si majestueux, en essayant contre lui ces démonstrations de violence ; il est invulnérable comme l'air, et nos coups frappant dans le vide n'auraient été qu'une méchante raillerie.

BERNARDO.—Il était au moment de parler, quand le coq a chanté.

HORATIO.—Et alors il a tressailli comme un être coupable à un terrible appel. J'ai ouï dire que le coq, qui est le clairon du matin, par sa voix haute et perçante, éveille le dieu du jour ; et qu'à ce signal, les esprits échappés et errants, qu'ils soient dans la mer ou dans le feu, vont se cacher dans leur prison ; et ce que nous venons de voir a prouvé qu'on dit vrai.

MARCELLUS.—Il s'est évanoui au cri du coq. Quelques-uns disent que, toujours, quand la saison s'approche où la naissance de notre Sauveur est célébrée, cet oiseau de l'aurore chante durant toute la nuit ; alors, dit-on, aucun esprit n'ose se risquer dehors ; les nuits sont saines ; alors nulle planète dont l'action nous frappe, nulle fée qui nous surprenne, nulle sorcière qui ait le pouvoir de charmer, tant ce moment de l'année est sanctifié et riche de grâces.

HORATIO.—Je l'ai ouï dire ainsi, et je le crois en partie. Mais voyez : le matin, drapés dans son manteau rougissant, s'avance parmi la rosée sur cette haute colline à l'orient. Descendons notre garde, et si vous m'en croyez, faisons part au jeune Hamlet de ce que nous avons vu cette nuit ; car, sur ma vie, cet esprit, muet pour nous, lui parlera. Vous accordez-vous à vouloir que nous l'instruisions de cela, comme nous l'ordonnent nos affections, conformes à notre devoir ?

MARCELLUS.—Faisons cela, je vous prie ; je sais où nous pourrons le trouver ce matin fort à propos.

SCÈNE II

Une salle de réception dans le château.

LE ROI, LA REINE, HAMLET, POLONIUS, LAERTES, VOLTIMAND, CORNÉLIUS, *et des seigneurs de leur suite, entrent.*

LE ROI.—Bien que le souvenir de la mort de Hamlet, notre frère bien-aimé, soit encore vert et vivace, bien qu'il nous convînt, à nous, de laisser nos cœurs dans la tristesse, et à notre royaume tout entier de montrer comme un seul front contracté par la même douleur, la raison, cependant, combattant la nature, nous a amenés à penser à lui avec une sage douleur et non sans quelque souvenir de nous-mêmes. C'est pourquoi voici celle qui fut d'abord notre sœur, maintenant notre reine, compagne de notre empire sur ces belliqueux États, et que, avec une joie déroutée, avec un œil brillant, tandis que l'autre versait des larmes, mêlant les réjouissances aux funérailles et les obsèques au mariage, pesant dans une balance égale le plaisir et l'affliction, nous avons prise pour femme. Nous n'avons point résisté en ceci à vos sagesses supérieures, qui ont eu leur libre allure dans tout le cours de cette affaire. Recevez tous nos remerciments.

Maintenant il s'agit, comme vous le savez, du jeune Fortinbras, qui, faisant peu de cas de ce que nous pouvons valoir, ou pensant que la mort récente de notre frère bien-aimé aurait ébranlé ce royaume et dérangé ses ressorts, et sans autre allié que ce fantôme de ses avantages rêvés, n'a pas manqué de nous insulter par un message, pour redemander les domaines perdus par son père, et que notre très-vaillant frère a acquis par tous les liens et avec tous les sceaux de la loi. Mais c'est assez parler de lui. Quant à nous et à l'objet de cette assemblée, voici quelle est l'affaire : nous avons écrit par ces lettres au roi de Norwége, oncle du jeune Fortinbras, qui, impotent et alité, a à peine ouï parler du projet de son neveu, en l'invitant à en arrêter la suite ; car les levées, les enrôlements et la pleine organisation des corps, tout se fait parmi ses sujets. Et nous vous dépêchons aujourd'hui, brave Cornélius, et vous, Voltimand, pour porter nos salutations à ce vieux roi, sans vous donner pouvoir personnel pour traiter avec ce prince en dehors du cercle où peut s'étendre le développement de ces instructions. Adieu, et que votre diligence témoigne de votre dévouement.

VOLTIMAND.—En cela et en toutes choses, nous montrerons notre dévouement.

LE ROI.—Nous n'en doutons point. Adieu de bon cœur. (*Voltimand et Cornélius sortent.*) Et maintenant, Laërtes, qu'avez-vous de nouveau à nous dire? Vous nous avez annoncé une demande; qu'est-ce, Laërtes? Vous ne pouvez point dire une chose raisonnable au roi de Danemark, et perdre vos paroles. Que peux-tu demander, Laërtes, qui ne soit d'avance mon offre plutôt que ta demande? La tête n'est pas sœur du cœur, ni la main servante des lèvres plus étroitement que le trône de Danemark n'est lié à ton père. Que souhaites-tu, Laërtes?

LAERTES.—Mon redouté seigneur, je demande votre congé et votre agrément pour retourner en France. Quoique j'en sois parti avec empressement pour vous rendre hommage lors de votre couronnement, maintenant, je l'avoue, ce devoir une fois rempli, mes pensées et mes désirs se tournent de nouveau vers la France, et s'inclinent devant vous pour obtenir votre gracieux congé et votre indulgence.

LE ROI.—Avez-vous le congé de votre père? Que dit Polonius?

POLONIUS.—Il m'a, mon seigneur, arraché par l'effort de ses instances une lente permission, et à la fin j'ai scellé son désir de mon pénible consentement. Je vous supplie de lui donner congé de partir.

LE ROI.—Prends l'heure qui te sourira, Laërtes; tes moments sont à toi, et à toi mes meilleures volontés[1] ; fais-en usage selon tes souhaits. Et maintenant, Hamlet, mon cousin, mon fils...

HAMLET, *à part*.—Un peu plus que cousin, et un peu moins que fils.

LE ROI.—D'où vient que les nuages pèsent encore sur vous ?

HAMLET.—Mais non, mon seigneur ; je ne suis que trop en plein soleil.

LA REINE.—Cher Hamlet, renonce à ces couleurs ténébreuses, et que ton œil regarde en ami le roi de Danemark. Ne va pas, sans fin, sous le voile baissé de tes paupières, cherchant ton noble père dans la poussière. Tu le sais, c'est le sort commun ; tout ce qui vit doit mourir et ne fait que traverser ce monde pour aller à l'éternité.

HAMLET.—Oui, madame, c'est le sort commun.

LA REINE.—S'il en est ainsi, pourquoi cela te semble-t-il étrange ?

HAMLET.—Cela me *semble,* madame ! non, cela est. *Sembler* et moi, nous ne nous connaissons pas. Ce n'est pas seulement mon manteau noir comme l'encre, bonne mère, ni la traditionnelle livrée d'un deuil d'apparat, ni le souffle orageux d'une respiration pénible, non, ni la source abondante qui ruisselle dans les yeux, ni l'apparence abattue du visage, ni toutes les formes, tous les modes, tous les signes de la douleur, qui peuvent témoigner de moi vraiment. A bien dire, c'est là ce qui « semble : » car ce sont des actions qu'un homme peut jouer ; mais je porte au dedans de moi ce que n'égale aucun signe, ce que ne disent pas tous ces harnais et cette livrée de la douleur.

LE ROI.—C'est une tendre et honorable marque de votre nature, Hamlet, que de rendre à votre père ces lugubres devoirs. Mais, vous devez le savoir, votre père

---

[1] Nous traduisons d'après une correction excellente de Johnson :

> Take thy fair hour, Laertes ; time is thine,
> And my best graces.

perdit un père; ce père qu'il perdit avait perdu le sien ; et le survivant est tenu, par obligation filiale, à faire au mort, pendant quelque temps, hommage de sa douleur. Mais persévérer dans une affliction obstinée, c'est un acte d'opiniâtreté impie ; c'est un chagrin qui n'est point d'un homme. Cela fait voir une volonté très-indisciplinée envers le ciel, un cœur désarmé ou un esprit rebelle, une intelligence trop simple et sans étude: car ce qui doit être, à notre connaissance, de toute nécessité, ce qui est aussi habituel que la plus vulgaire des choses qui tombent sous les sens, pourquoi, dans notre révolte puérile, prendrions-nous cela tant à cœur ? Fi ! c'est un péché contre le ciel, un péché contre les morts, un péché contre la nature, une absurdité contre la raison, dont le texte habituel est la mort des pères, et qui n'a pas cessé de crier, depuis le premier cadavre jusqu'à celui qui est mort aujourd'hui : *Cela doit être ainsi*. Nous vous en prions, jetez bas cette infructueuse douleur, et considérez-nous comme un père ; car il faut que le monde le sache, vous êtes le plus proche de notre trône, et cette même excellence d'amour que le père le plus tendre porte à son fils, nous-même nous vous l'offrons. Quant à votre dessein de retourner aux écoles de Wittenberg, il est des plus contraires à nos désirs. Nous vous en supplions, soumettez-vous à rester ici pour la consolation et la joie de nos yeux, vous, le premier de notre cour, notre cousin et notre fils.

LA REINE.—Que les prières de ta mère ne soient pas perdues; Hamlet, je t'en prie, demeure avec nous, ne va pas à Wittenberg.

HAMLET.—Je vous obéirai de mon mieux en tout, madame.

LE ROI.—Bien, voilà une tendre et bonne réponse. Soyez en Danemark comme nous-mêmes.—Venez, madame ; cette douce et volontaire concession de Hamlet entre en souriant dans mon cœur ; en actions de grâces, je veux que le roi de Danemark ne boive pas aujourd'hui une joyeuse santé, sans que le grand canon le dise aux nuages, et le ciel répendra à chaque rasade du roi, en répétant le fracas du tonnerre terrestre. Allons.

(Le roi, la reine, la cour, etc., Polonius et Laertes sortent.)

HAMLET.—Oh! si cette solide, trop solide chair pouvait se fondre, s'écouler et se résoudre en une rosée! Ou si, du moins, l'Éternel n'avait pas établi sa loi sacrée contre le meurtre de soi-même! O Dieu! ô Dieu! combien pesantes et usées, et plates et sans profit me semblent toutes les pratiques de ce monde! Fi de ce monde! oh! fi! c'est un jardin non sarclé où tout monte en graine; ce sont des herbes grossières et sauvages qui s'en emparent uniquement... Que les choses en soient venues là! Mort depuis deux mois seulement... non, moins encore, il n'y a pas deux mois... Un si excellent roi! qui était à celui-ci ce qu'Apollon est à un satyre... si tendre pour ma mère qu'il ne pouvait pas même souffrir que les vents du ciel s'approchassent de son visage trop rudement. Ciel et terre! faut-il que je me souvienne? Comment? On l'aurait vue se pendre à lui comme si l'appétit en elle n'eût fait que s'accroître de ce dont il se nourrissait... et pourtant, en un mois... Ne pensons pas à cela. Fragilité, ton nom est femme! Un petit mois, et avant que ces souliers fussent vieux, avec lesquels elle avait suivi le corps de mon pauvre père, tout en pleurs, comme une Niobé... Comment? Elle, elle-même? O ciel! une bête à qui manquent les discours de la raison se serait plus longtemps lamentée.—Mariée avec mon oncle, avec le frère de mon père, qui ne ressemble pas plus à mon père que moi à Hercule... en un mois, avant que le sel de ses larmes vicieuses eût cessé de rougir ses yeux endoloris, elle s'est mariée! O criminelle hâte de se jeter—et si légèrement—dans un lit incestueux! Cela n'est pas bien, cela ne peut tourner à bien. Mais brise-toi, mon cœur; car je dois retenir ma langue.

(Horatio, Marcellus et Bernardo entrent.)

HORATIO.—Salut à votre seigneurie.

HAMLET.—Je suis charmé de vous voir en bonne santé. Horatio, n'est-ce pas?..... ou je ne sais plus qui je suis moi-même.

HORATIO.—Lui-même, mon seigneur, et votre très-humble serviteur pour toujours.

HAMLET.—Dites mon bon ami, monsieur; je veux échanger ce nom avec vous. Et quel motif vous ramène de Wittenberg, Horatio?—Marcellus?

MARCELLUS.—Mon bon seigneur...

HAMLET.—Je suis charmé de vous voir. Bonjour, monsieur. Mais, en vérité, qu'est-ce qui vous a fait quitter Wittenberg?

HORATIO.—Un naturel de vagabond, mon bon seigneur.

HAMLET.—Je ne m'accommoderais pas d'entendre votre ennemi parler de la sorte; vous ne voudrez pas faire à mon oreille cette violence de la rendre dépositaire de votre témoignage contre vous-même. Je sais bien que vous n'êtes pas un vagabond. Mais quelle affaire avez-vous à Elseneur? Nous vous apprendrons à boire à pleins bords avant que vous repartiez d'ici.

HORATIO.—Mon seigneur, j'étais venu pour voir les funérailles de votre père.

HAMLET.—Je te prie, camarade, ne te moque pas de moi; je pense que c'est pour voir les noces de ma mère.

HORATIO.—Il est vrai, mon seigneur, qu'elles ont suivi de bien près.

HAMLET.—Économie, Horatio, économie pure! Les viandes cuites pour les funérailles ont été resservies froides sur les tables du mariage. Plût à Dieu que j'eusse rencontré dans le ciel mon meilleur ennemi, plutôt que d'avoir vu ce jour, Horatio !—Mon père !—Il me semble que je vois mon père?

HORATIO.—Où, mon seigneur?

HAMLET.—Avec les yeux de l'âme, Horatio.

HORATIO.—Je l'ai vu autrefois; c'était un roi parfait.

HAMLET.—C'était un homme, pour tout dire en un mot, tel que je ne reverrai jamais son pareil.

HORATIO.—Mon seigneur, je crois l'avoir vu durant la nuit d'hier.

HAMLET.—Vu! Qui?

HORATIO.—Mon seigneur, le roi votre père.

ACTE I, SCÈNE II.

HAMLET.—Le roi mon père !

HORATIO.—Modérez pour un instant votre surprise, en prêtant une oreille attentive, afin que je puisse, avec le témoignage de ces messieurs, vous raconter ce prodige.

HAMLET.—Pour l'amour de Dieu, fais-toi entendre.

HORATIO.—Pendant deux nuits de suite, ces messieurs, Marcellus et Bernardo, étant en faction, à l'heure oisive et morte du milieu de la nuit, ont eu l'aventure que voici : une figure, semblable à votre père, armée de toutes pièces, exactement de pied en cap, apparaît devant eux, et, avec une démarche solennelle, passe lentement et gravement près d'eux. Trois fois il se promena devant leurs yeux accablés et fixes d'épouvante, à la distance de ce bâton, tandis que, dissous presque en je ne sais quelle gelée fondante, par l'effet de la peur, ils demeuraient muets et ne lui parlaient point. Ils m'ont fait part de cela comme d'un secret terrible ; et moi, la troisième nuit, j'ai monté la garde avec eux. Alors, tout comme ils me l'avaient raconté, à la même heure, en la même forme, chacune de leurs paroles se trouvant vraie et certaine, l'apparition est venue. J'ai reconnu votre père ; ces deux mains ne sont pas plus semblables.

HAMLET.—Mais où cela s'est-il passé?

MARCELLUS.—Mon seigneur, sur la plate-forme où nous montions la garde.

HAMLET.—Ne lui avez-vous point parlé?

HORATIO.—Mon seigneur, c'est ce que j'ai fait. Mais il n'a fait nulle réponse ; une fois, pourtant, à ce qu'il m'a semblé, il a levé la tête et a commencé à se mouvoir comme s'il voulait parler ; mais, à ce moment même, le coq du matin a chanté à haute voix, et lui, à ce bruit, il a reculé en toute hâte, et s'est évanoui à nos yeux.

HAMLET.—Cela est fort étrange.

HORATIO.—Aussi sûrement que j'existe, mon honorable seigneur, cela est vrai ; et nous avons pensé que notre devoir nous prescrivait de vous en donner connaissance.

HAMLET.—En vérité, en vérité, messieurs, cela me trouble. Montez-vous la garde ce soir?

TOUS.—Oui, mon seigneur.

HAMLET.—Armé, dites-vous?
TOUS.—Armé, mon seigneur.
HAMLET.—De la tête aux pieds?
TOUS.—Mon seigneur, de pied en cap.
HAMLET.—Alors, vous n'avez-pas vu son visage.
HORATIO.—Oh! si, mon seigneur; sa visière était levée.
HAMLET.—Eh bien! avait-il un aspect irrité?
HORATIO.—Un air de tristesse plutôt que de colère.
HAMLET.—Pâle ou rouge?
HORATIO.—Non, très-pâle.
HAMLET.—Et il fixait les yeux sur vous?
HORATIO.—Constamment.
HAMLET.—Je voudrais avoir été là.
HORATIO.—Cela vous aurait fortement frappé.
HAMLET.—Sans doute, sans doute. A-t-il demeuré longtemps?
HORATIO.—Le temps de compter jusqu'à cent, sans trop se presser?
MARCELLUS et BERNARDO.—Plus longtemps! plus longtemps!
HORATIO.—Non pas quand je l'ai vu.
HAMLET.—Sa barbe était grisonnante, n'est-ce pas?
HORATIO.—Comme lorsque je l'ai vu durant sa vie; comme un blason de sable semé d'argent [1].
HAMLET.—Je veillerai cette nuit, peut-être paraîtra-t-il encore.
HORATIO.—Je le garantis, il paraîtra.
HAMLET.—S'il revêt encore la forme de mon noble père, je lui parlerai, dût l'enfer béant m'ordonner de me tenir en paix. Je vous prie tous, si vous avez caché cette vision, persistez dans votre silence; et, quelque chose qui puisse encore advenir cette nuit, livrez-le à votre réflexion, mais point à votre langue. Je récompenserai votre affection! Ainsi, adieu. Sur la plate-forme, entre onze heures et minuit, j'irai vous trouver.
TOUS.—Nos respects à votre seigneurie.
HAMLET.—Non, votre affection, comme la mienne est

Dans le langage du blason, le sable est la couleur noire.

à vous. Adieu! *(Horatio, Marcellus et Bernardo sortent.)*—
L'âme de mon père tout armée! tout ne va pas bien.
Je soupçonne quelque mauvais mystère. Oh! je voudrais
que la nuit fût venue! Jusque-là, sois calme, mon âme!
Les mauvaises actions, quand la terre entière pèserait
sur elles, surgiront aux yeux des hommes.

(Il sort.)

SCÈNE III

Un appartement dans la maison de Polonius.

LAERTES et **OPHÉLIA** *entrent*.

LAERTES.—Mes bagages sont embarqués; adieu! Et maintenant, sœur, quand les vents en offriront l'occasion et qu'un convoi nous viendra er aide, ne vous endormez pas, mais donnez-moi de vos nouvelles.

OPHÉLIA.—Pouvez-vous en douter?

LAERTES.—Quant à Hamlet, et au badinage de ses gracieusetés, regardez cela comme une fantaisie de mode et un jeu auquel son sang s'amuse, — comme une violette née en la jeunesse de la nature qui s'éveille, — hâtive, mais passagère, suave, mais sans durée; le parfum et la distraction d'une minute, rien de plus.

OPHÉLIA.—Quoi! rien de plus?

LAERTES.—Non, croyez-moi, rien de plus; car la nature, dans son progrès, ne développe pas seulement les muscles et la masse du corps, mais à mesure que s'agrandit ce temple, s'étendent aussi largement, pour la pensée et pour l'âme, les charges de leur dignité intérieure. Peut-être vous aime-t-il maintenant; peut-être aucune souillure, aucune fraude n'altèrent maintenant la vertu de ses volontés; mais vous devez craindre, en pesant sa grandeur, que ses volontés ne lui appartiennent pas. Il est lui-même sujet de sa naissance; il ne lui est pas possible, comme aux gens qui ne comptent pas, de se tailler à lui-même sa destinée, car de son choix dépendent le salut et la santé de tout l'État; et c'est pourquoi son choix doit être restreint à ce que demande ou permet le corps dont il est la tête. Si donc Hamlet dit qu'il vous aime, il est de votre sagesse de le croire seulement jusqu'à ce point où peut aller, selon le rôle et le rang qui lui sont propres, son droit d'agir comme il a parlé, c'est-à-dire jusque-là seulement où peut aller avec lui la grande voix du Danemark. Pesez donc la perte que votre honneur aurait à subir, si, d'une oreille trop crédule, vous écoutiez ses chansons, ou perdiez votre cœur, ou ouvriez à ses importunités sans frein le trésor de votre chasteté. Craignez cela, Ophélia, craignez cela, chère sœur; tenez-vous toujours en deçà de votre affection, hors de l'atteinte et du danger des désirs. La vierge la plus ménagère d'elle-même est déjà assez prodigue si elle démasque sa beauté aux regards de la lune. La vertu même n'échappe point aux traits de la calomnie; le ver ronge les enfants du printemps, trop souvent même avant que leurs boutons soient épanouis; et c'est au matin de la jeunesse, sous ses limpides rosées, que les souffles contagieux ont plus de menaces. Soyez donc prudente; la meilleure sauvegarde, c'est la peur : assez souvent la jeunesse se révolte d'elle-même, quoiqu'elle n'ait près d'elle personne qui l'y pousse.

OPHÉLIA.—Je conserverai l'impression de cette leçon salutaire, comme un gardien pour mon cœur. Mais, mon bon frère, ne faites pas comme quelques rudes pasteurs : il ne faut pas me montrer une route escarpée et épineuse vers le ciel, et, comme un libertin vantard et insouciant, suivre soi-même le sentier fleuri de la licence, et s'inquiéter peu de ses propres leçons.

LAERTES.—Oh ! ne craignez pas pour moi. Je m'arrête trop longtemps. Mais voici venir mon père. (*Polonius entre.*) Une double bénédiction est une double faveur. L'occasion me rit pour un second adieu.

POLONIUS.—Encore ici, Laertes ! A bord, à bord ! c'est une honte : le vent est là qui pousse au dos de votre voile, et vous vous faites attendre ! Allons, que ma bénédiction soit avec vous (*il met sa main sur la tête de Laertes*); et songe à graver en ta mémoire ces quelques préceptes : « Ne donne pas à toutes tes pensées une langue, ni à

« aucune pensée non calculée son exécution. Sois fami-
« lier, mais jamais banal. Les amis que tu auras, et dont
« le choix sera éprouvé, attache-les à ton âme par des
« crampons d'acier ; mais n'use pas la paume de ta
« main à fêter tout camarade éclos d'hier et encore
« sans plumes. Garde-toi d'entamer une querelle ; mais
« une fois engagé, comporte-toi de manière que l'ad-
« versaire prenne garde à toi. Prête l'oreille à tous, mais
« ne livre tes paroles qu'à peu de gens. Recueille l'opi-
« nion de chacun, mais réserve ton jugement. Que tes
« habits soient aussi coûteux que ta bourse le permet,
« sans recherches singulières; riches, sans être voyants;
« car l'ajustement révèle souvent l'homme ; et les gens
« les plus relevés en France par leur rang et par leur
« position sont, surtout en cela, des modèles de goût
« et de dignité. Ne sois ni emprunteur, ni prêteur, car le
« prêt fait souvent perdre et l'argent et l'ami, et l'em-
« prunt émousse le tranchant de l'économie. Ceci par-
« dessus tout : sois vrai envers toi-même ; et, comme la
« nuit suit le jour, ceci doit s'en suivre que tu ne pour-
« ras être faux envers personne. » Adieu ! que ma bénédiction fasse pénétrer tout cela en toi.

LAERTES.—Je prends humblement congé de vous, mon seigneur.

POLONIUS.—L'heure vous réclame. Allez, vos serviteurs vous attendent.

LAERTES.—Adieu, Ophélia; et souvenez-vous bien de ce que je vous ai dit.

OPHÉLIA.—Cela est enfermé en ma mémoire, et vous en garderez vous-même la clef.

LAERTES.—Adieu !

(Laertes sort.)

POLONIUS.—Qu'est-ce, Ophélia? que vous a-t-il dit?

OPHÉLIA.—C'est, ne vous en déplaise, quelque chose touchant le seigneur Hamlet.

POLONIUS.—Certes, c'est fort à propos. On m'a dit que depuis peu il vous avait très-souvent consacré ses moments de loisir intime, et que vous-même aviez été très-libérale et prodigue de vos audiences; s'il en est ainsi (comme on me l'a raconté, par voie de précaution), je dois vous dire que vous ne comprenez pas assez clairement par vous-même ce qui convient à ma fille et à votre honneur. Qu'y a-t-il entre vous? confiez-moi la vérité.

OPHÉLIA.—Il m'a dernièrement, mon seigneur, fait beaucoup d'offres de son affection.

POLONIUS.—Son affection? Bah! vous parlez comme une fillette encore toute verdelette qui n'a pas été passée au crible dans des circonstances de ce péril; croyez-vous à ses offres, comme vous les appelez?

OPHÉLIA.—Je ne sais pas, mon seigneur, ce que je dois penser.

POLONIUS.—Eh bien! je vais vous l'apprendre. Pensez que vous n'êtes qu'un petit enfant, et que vous avez pris pour argent comptant des offres qui ne sont que fausse monnaie. Offrez-vous à vous-même un tarif plus cher de votre valeur, ou (pour ne pas essouffler plus longtemps ce pauvre mot, dont j'abuse ainsi), vous n'aurez plus qu'à m'offrir le titre de sot.

OPHÉLIA.—Mon seigneur, il m'a importunée de son amour, mais d'une manière honorable.

POLONIUS.—Ah! oui. Vous pouvez appeler cela de belles manières!... Allez, allez!

OPHÉLIA.—Et il donnait autorité à ses discours, mon seigneur, par presque tous les plus saints serments du ciel.

POLONIUS.—Ah! oui, piéges à attraper des bécasses! Je sais, quand le sang brûle, combien l'âme est prodigue à prêter à la langue des serments. Ce sont des éclairs, ma fille, donnant plus de lumière que de chaleur, qui perdent aussitôt chaleur et lumière, et dont les promesses mêmes s'éteignent aussitôt faites. Vous ne devez pas les prendre pour du feu. A partir de cette heure, soyez un peu plus avare de votre virginale présence; mettez vos entretiens à plus haut prix, et que votre conversation ne soit pas à commandement. Quant au seigneur Hamlet, ce que vous en devez croire, c'est qu'il est jeune et qu'il lui est permis d'aller au bout d'une longe plus longue que ne saurait être la vôtre. Bref, Ophélia, ne croyez pas à ses serments; ce sont des enjôleurs, ils n'ont pas la couleur dont ils sont revêtus en dehors; ce ne sont rien qu'entremetteurs de projets fort profanes, qui ne semblent respirer que saintes et dévotes instances, afin de mieux tromper. Une fois pour toutes, et pour parler clairement, je ne veux pas que désormais vous fassiez mauvais usage de votre loisir en parlant au seigneur Hamlet, ou en l'écoutant; prenez-y garde, entendez-vous, et passez votre chemin.

OPHÉLIA.—J'obéirai, mon seigneur.

(Ils sortent.)

SCÈNE IV

La plate-forme.

HAMLET, HORATIO et MARCELLUS *entrent.*

HAMLET.—L'air est subtil et mordant; il fait très-froid.
HORATIO.—Oui, c'est un air aigre et qui pique.
HAMLET.—Quelle heure est-il à présent?
HORATIO.—Peu s'en faut, je crois, qu'il ne soit minuit.
MARCELLUS.—Non, il est sonné.
HORATIO.—Vraiment? je ne l'ai pas entendu. Alors, le moment approche, où l'esprit a l'habitude de se promener. (*On entend dans le palais une fanfare de trompettes et des décharges d'artillerie.*) Qu'est-ce que cela signifie, mon seigneur?

HAMLET.—Le roi passe la nuit et boit à toute sa soif; il tient séance d'orgie et danse en chancelant la gigue impudente, et à chaque fois qu'il avale ses rasades de vin du Rhin, la timbale et la trompette se mettent à braire ainsi pour le triomphe des santés qu'il porte.

HORATIO.—Est-ce la coutume?

HAMLET.—Oui, ma foi! c'est la coutume. Mais selon mon sentiment, encore que je sois enfant de ce pays et né pour en prendre les manières, c'est une coutume qu'il est plus honorable d'enfreindre que d'observer. Ces divertissements qui appesantissent les têtes nous font, de l'orient à l'occident, citer et condamner par les autres nations ; elles nous appellent ivrognes, et souillent notre nom du sobriquet de pourceaux. Et en vérité, quels que soient nos exploits et malgré la hauteur où ils atteignent, cela leur retire la séve même et la moelle de la gloire qu'ils nous mériteraient. De même, il arrive fréquemment aux individus que, s'ils ont en eux quelque tache d'un vice naturel; si, par exemple, ils sont, de naissance (et par conséquent sans en être coupables, puisque la créature n'a pas le choix de son origine), dominés par l'excès de telle ou telle humeur du tempérament qui renverse souvent les remparts et les forteresses de la raison, ou si quelque habitude met en eux un levain qui les fasse trop sortir du moule des manières approuvées ; parce que ces hommes, dis-je, portent la marque d'un seul défaut, soit que ce défaut soit une livrée dont la nature les a revêtus, ou une cicatrice que leur a faite le hasard, leurs autres vertus (fussent-elles aussi pures que la grâce céleste et aussi infinies que l'homme les peut posséder) seront, dans l'opinion générale, gâtées par ce tort unique, et la goutte d'alliage impur abaisse souvent au taux de son propre mépris toute la noble substance où elle est mêlée.

(Le fantôme entre.)

HORATIO.—Regardez, mon seigneur, il vient.

HAMLET.—Anges et ministres de grâce, défendez-nous ! Que tu sois un esprit de bénédiction ou un lutin damné, que tu apportes avec toi le souffle du ciel ou la vapeur de l'enfer, que tes intentions soient perverses ou charitables, tu te présentes sous une forme si provoquante, que je dois te parler. Je t'appelle, Hamlet, roi, père, souverain du Danemark ! Oh ! réponds-moi : ne me laisse pas éclater d'angoisse sans rien savoir. Pourquoi tes ossements sanctifiés, et ensevelis dans la mort, ont-ils rompu leur linceul? Pourquoi le sépulcre, où nous t'avons vu tranquillement enclos, a-t-il ouvert ses pesantes mâchoires de marbre pour te rejeter ici? Que signifie ceci ? Pour que toi, corps mort, de nouveau couvert de tout ton acier, tu reviennes ainsi revoir les lueurs de la lune, et rendre la nuit hideuse, et pour que nous, pauvres plastrons de la nature, nous soyons si horriblement ébranlés jusqu'au fond de notre être par des pensées qui excèdent la portée de nos âmes,—dis, qu'y a-t-il? pourquoi cela? que devons-nous faire?

HORATIO.—Il vous fait signe d'aller vers lui, comme s'il avait quelque communication à vous faire, à vous seul.

MARCELLUS.—Voyez avec quel geste courtois il vous invite à le suivre dans un endroit plus écarté. Mais n'allez pas avec lui.

HORATIO.—Non, certes, en aucune façon.

HAMLET.—Il ne veut point parler ici; je veux le suivre.

HORATIO.—N'en faites rien, mon seigneur.

HAMLET.—Pourquoi? qu'ai-je à craindre? je donnerais ma vie pour une épingle; et quant à mon âme, que pourrait-il lui faire, étant immortelle comme lui? Il me fait signe de nouveau; je vais le suivre.

HORATIO.—Eh quoi! s'il vous attire vers les flots, mon seigneur, ou sur la terrible cime de ce rocher qui, surplombant sa base, s'avance au-dessus de la mer; s'il prend là quelque autre forme horrible qui vous prive de l'empire de la raison et vous entraîne dans la démence? Pensez-y, le lieu même pourrait, sans nulle autre cause, jeter des boutades de désespoir dans le cerveau de tout homme qui voit une hauteur de tant de brasses entre la mer et lui, et qui l'entend rugir au-dessous.

HAMLET.—Il me fait signe encore.—Marche, je te suivrai.

MARCELLUS.—Vous n'irez point, mon seigneur.

HAMLET.—Lâchez-moi donc.

HORATIO.—Soyez raisonnable, n'y allez pas.

HAMLET.—Mon destin me hèle, et rend la plus petite artère du corps que voici aussi roide que les nerfs du lion de Némée. (*Le fantôme fait un signe.*) Il m'appelle encore; lâchez-moi, messieurs. (*Il se dégage.*) Par le ciel! je ferai un fantôme du premier qui m'arrêtera... Je l'ai dit...—Allons... marche... je te suivrai.

(Le fantôme et Hamlet sortent.)

HORATIO.—Il est mis tout hors de lui par son imagination.

MARCELLUS.—Suivons-le ; il ne convient pas que nous lui obéissions ainsi.

HORATIO.—Oui, marchons. Quelle issue aura tout ceci ?

MARCELLUS.—Il y a quelque chose de vermoulu dans l'état du Danemark.

HORATIO.—Le ciel en décidera.

MARCELLUS.—Eh bien! suivons-le.

(Ils sortent.)

SCÈNE V

Un endroit plus écarté de la plate-forme.

LE FANTOME et HAMLET entrent.

HAMLET.—Où veux-tu me conduire ? Parle, je n'irai pas plus loin.

LE FANTÔME.—Écoute-moi.

HAMLET.—Je le veux.

LE FANTÔME.—L'heure est presque arrivée où je dois retourner dans les flammes sulfureuses et torturantes.

HAMLET.—Hélas! pauvre âme!

LE FANTÔME.—Ne me plains pas ; mais prête une attention sérieuse à ce que je vais te révéler.

HAMLET.—Parle, je suis tenu d'écouter.

LE FANTÔME.—Et de venger aussi, quand tu auras entendu.

HAMLET.—Quoi donc?

LE FANTÔME.—Je suis l'esprit de ton père, condamné pour un certain temps à errer durant la nuit, et, durant le jour, à jeûner, confiné dans les flammes, jusqu'à ce que la souillure des crimes commis pendant les jours de ma vie soit consumée et purifiée. S'il ne m'était pas défendu de dire les secrets de ma prison, je pourrais dérouler un récit dont la plus légère parole bouleverserait ton âme, glacerait ton jeune sang, pousserait hors de leurs orbites tes deux yeux comme des étoiles, disperserait les boucles noires et agencées de ta tête, et ferait que chacun de tes cheveux se dresserait à part sur sa racine, comme les piquants sur le porc-épic craintif. Mais ces révélations de l'éternité ne sont pas faites pour des oreilles de chair et de sang. Écoute,... écoute,... oh ! écoute !... si tu as jamais aimé ton tendre père...

HAMLET.—O ciel !

LE FANTÔME.—Venge-le d'un meurtre affreux et dénaturé.

HAMLET.—D'un meurtre ?

LE FANTÔME.—D'un meurtre affreux ; et dans le meilleur cas tel est un meurtre ; mais celui-ci fut le plus affreux, le plus inouï, le plus dénaturé.

HAMLET.—Hâte-toi de m'instruire, afin que moi, sur des ailes aussi rapides que la réflexion ou que les pensées de l'amour, je puisse voler à ma vengeance.

LE FANTÔME.—Je te trouve prêt ; et quand tu serais plus inerte que l'herbe grasse qui pourrit à loisir sur les bords du Léthé, ne serais-tu pas excité par ceci ? Maintenant, Hamlet, écoute : on a donné à entendre qu'un serpent m'avait piqué pendant que je dormais dans mon verger ; c'est ainsi que la publique oreille du Danemark a été grossièrement abusée par un rapport forgé sur ma mort. Mais sache, toi, noble jeune homme, que le serpent dont la piqûre frappa la vie de ton père porte maintenant sa couronne.

HAMLET.—O mon âme prophétique ! Mon oncle !

LE FANTÔME.—Oui, cette brute incestueuse, adultère, par la magie de son esprit, par des dons perfides (ô damnable esprit, damnables dons, qui ont le pouvoir de séduire ainsi !) gagna à sa honteuse convoitise la volonté de ma reine, si vertueuse en apparence. O Hamlet ! quelle décadence il y eut là ! De moi, de qui l'amour était d'une dignité telle qu'il marchait toujours, mains jointes, avec le serment que je lui avais fait au mariage, descendre jusqu'à un misérable dont les dons naturels étaient si pauvres auprès des miens ! Mais, ainsi que la vertu ne sera jamais ébranlée, quand même la luxure la courtiserait sous une forme divine ; ainsi l'impureté, quoique unie à un ange rayonnant, se rassasiera vite en un lit céleste, et se ruera aussitôt sur l'immonde curée. Mais doucement ! Je crois sentir l'air du matin ! abrégeons. Comme je dormais dans mon verger, ainsi que c'était toujours mon usage après midi, ton oncle envahit furtivement l'heure de ma sécurité, avec une fiole du suc maudit de la jusquiame, et il répandit dans les porches de mes oreilles cette essence qui distille la lèpre, et dont l'action est en telle hostilité avec le sang de l'homme que, prompte comme le vif-argent, elle court à travers toutes les barrières naturelles et toutes les allées du corps, et que, par une force subite, comme une goutte acide dans le lait, elle fait figer et cailler le sang le plus coulant et le plus sain. Ainsi du mien ; et une dartre toute soudaine enveloppa comme d'une écorce qui me fit ressembler à Lazare, d'une croûte honteuse et dégoûtante, la surface lisse de tout mon corps. Voilà comme, en *dormant*, par la main d'un frère, je fus d'un seul coup frustré de ma vie, de ma couronne, de ma reine, fauché en pleine floraison de mes péchés, sans sacrements, sans préparation, sans les saintes huiles, sans avoir fait mon examen, et envoyé là où il faut rendre compte, avec toutes mes fautes pesant sur ma tête. O horrible ! ô horrible ! très-horrible ! Si la nature vit encore en toi, ne supporte pas cela ! Ne laisse pas le lit royal du Danemark servir de couche à la luxure et à l'inceste damné. Mais quelle que soit la voie par où tu poursuivras cette action, ne souille pas ta pensée, et ne laisse point ton âme projeter la moindre chose contre ta mère ; abandonne-la au ciel et à ces épines qui habitent dans son sein pour la piquer et la percer. Adieu une fois pour toutes ! Le ver luisant montre que le matin approche ; sa flamme inefficace commence à pâlir. Adieu, adieu, adieu, souviens-toi de moi.

(Il sort.)

HAMLET.—O vous toutes, armées du ciel ! ô terre ! quoi de plus ? dois-je vous associer aussi l'enfer ? Arrête, arrête, mon cœur ; et vous, mes nerfs, ne vieillissez pas tout à coup, mais soutenez-moi de toute votre roideur. Me souvenir de toi ? Oui, pauvre âme, tant que la mémoire conservera un siége dans ce crâne bouleversé. Me souvenir de toi? Oui, j'effacerai du registre de ma mémoire tous les vulgaires souvenirs qui m'étaient chers, toutes les sentences des livres, toutes les formes, toutes les impressions du passé que la jeunesse et l'observation y ont inscrites; sur les pages et dans tout le volume de mon cerveau, ton commandement seul vivra, dégagé de tout sujet moins noble... Oui, par le ciel!—O femme perverse entre toutes! O scélérat! scélérat! souriant et damné scélérat! Ici, mes tablettes! car il importe d'y noter qu'un homme peut sourire, et sourire, et être un scélérat. Je suis sûr, du moins, que cela peut être ainsi en Danemark (*il écrit*); vous y êtes, mon oncle. Et maintenant, à mon mot d'ordre! C'est : « Adieu, adieu, souviens-toi de moi. » Je l'ai juré.

HORATIO, *derrière la scène.*—Mon seigneur, mon seigneur!

MARCELLUS, *derrière la scène.*—Seigneur Hamlet!

HORATIO, *derrière la scène.*—Dieu le garde!

HAMLET.—Ainsi soit-il!

MARCELLUS, *derrière la scène.*—Holà! ho! ho! mon seigneur!

HAMLET.—Holà! oh, oh, petit! Viens, l'oiseau, viens!
(Horatio et Marcellus entrent.)

MARCELLUS.—Où en êtes-vous, mon noble seigneur?

HORATIO.—Quelles nouvelles, mon seigneur?

HAMLET.—Oh! prodigieuses!

HORATIO.—Mon bon seigneur! dites-les.

HAMLET.—Non; vous les révélerez.

HORATIO.—Pas moi, mon seigneur; par le ciel!

MARCELLUS.—Ni moi, mon seigneur.

HAMLET.—Qu'en dites-vous donc? Un cœur d'homme eût-il pu le croire?... Mais vous serez secrets?

HORATIO et MARCELLUS.—Oui, par le ciel, mon seigneur!

HAMLET.—Il n'y a nulle part, dans tout le Danemark, un scélérat... qui ne soit un fieffé coquin.

HORATIO.—Il n'est pas besoin, mon seigneur, d'un fantôme qui sorte du tombeau pour nous dire cela.

HAMLET.—Oui, vraiment, vous dites vrai, et par conséquent, sans aucun détail de plus, je tiens pour convenable que nous nous serrions la main et que nous nous séparions, vous, pour aller où vous conduiront vos affaires et vos penchants, car chaque homme a ses affaires et ses penchants, quels qu'ils soient; et moi, pour mon propre et pauvre compte, voyez-vous, j'irai prier.

HORATIO.—Ce ne sont que paroles d'égarement et de vertige, mon seigneur.

HAMLET.—Je suis fâché qu'elles vous offensent; sincèrement; oui, ma foi, sincèrement.

HORATIO.—Il n'y a point là d'offense, mon seigneur.

HAMLET.—Si fait, par saint Patrice! il y en a une, Horatio, et même une grande offense. Quant à cette vision, c'est un honnête fantôme, permettez-moi de vous dire cela; et pour ce qui est de votre désir de connaître ce qu'il y a entre nous, réprimez-le comme vous pourrez. Et maintenant, mes bons amis, comme camarades, compagnons d'armes et amis, accordez-moi une pauvre faveur.

HORATIO.—Qu'est-ce, mon seigneur? Nous le ferons.

HAMLET.—Ne faites jamais connaître ce que vous avez vu cette nuit.

HORATIO et MARCELLUS.—Mon seigneur, nous n'en dirons rien.

HAMLET.—Bien, mais jurez-le.

HORATIO.—Sur ma foi, monseigneur, ce ne sera pas moi.

MARCELLUS.—Ni moi, mon seigneur, sur ma foi.

HAMLET.—Sur mon épée.

MARCELLUS.—Nous avons déjà juré, mon seigneur.

HAMLET.—N'importe, sur mon épée; n'importe.

LE FANTÔME, *sous la terre*.—Jurez!

HAMLET.—Ah! ah! mon garçon, c'est ton avis? Es-tu là, bonne pièce? Allons, vous entendez le camarade, là-bas, à la cave; consentez à jurer.

HORATIO.—Dites la formule du serment, mon seigneur.

HAMLET.—Ne parlez jamais de ce que vous avez vu ici. Jurez par mon épée.

LE FANTÔME, *sous la terre*.—Jurez!

HAMLET.—*Hic et ubique?* Changeons donc de place. Venez ici, messieurs, et replacez vos mains sur mon épée. Jurez par mon épée de ne jamais parler de ce que vous avez entendu !

LE FANTÔME, *sous la terre.*—Jurez par son épée !

HAMLET.—Bien dit, vieille taupe. Peux-tu travailler si vite sous terre? Un précieux mineur !... Allons encore plus loin, mes bons amis.

HORATIO.—Oh ! par le jour et la nuit, voilà un prodige étrange !

HAMLET.—Faites-lui donc l'accueil qu'on fait à un étranger. Il y a plus de choses au ciel et sur la terre, Horatio, qu'il n'en est rêvé dans votre philosophie. Mais allons : ici comme auparavant, jurez que jamais (et en aide vous soit la miséricorde de Dieu !) si étrange et si bizarre que je puisse me montrer, comme je trouverai peut-être à propos par la suite de m'habiller d'un caractère fantasque, jamais, me voyant en de tels moments, vous ne croiserez les bras de la sorte, ni ne secouerez ainsi la tête, ni ne prononcerez quelqu'une de ces phrases équivoques, comme : « Bien, bien, nous savons ; » ou : « Nous pourrions, si nous voulions... ; » ou : « Si « nous avions envie de parler... ; » ou : « Si l'on pouvait, « il y aurait... ; » ou telle autre parole ambiguë donnant à entendre que vous savez quelque chose de moi... Jurez vous cela?... Que la grâce et la miséricorde vous soient donc en aide au besoin !

LE FANTÔME, *sous la terre.*—Jurez !

HAMLET.—Calme-toi, calme-toi, âme en peine !... Ainsi, messieurs, je me recommande à vous de toute mon affection, et tout ce qu'un aussi pauvre homme que Hamlet pourra faire pour vous exprimer son attachement et son amitié, Dieu aidant, ne vous manquera pas. Allons-nous en ensemble ; et toujours le doigt sur les lèvres, je vous prie. Notre siècle est en désarroi. O fatalité maudite, que je sois jamais né pour le remettre en ordre ! Allons, venez, partons ensemble.

(Ils sortent.)

FIN DU PREMIER ACTE.

ACTE DEUXIÈME

SCÈNE I

Une chambre dans la maison de Polonius.

POLONIUS ET REYNALDO *entrent.*

POLONIUS.—Donnez-lui cet argent et ces lettres, Reynaldo.

REYNALDO.—Ainsi ferai-je, mon seigneur.

POLONIUS.—Vous serez sage à miracle, bon Reynaldo, si vous voulez bien, avant de lui faire visite, vous enquérir de sa conduite.

REYNALDO.—Mon seigneur, j'étais dans cette intention.

POLONIUS.—Bien dit, ma foi, très-bien dit. Suivez ceci, monsieur. Commencez-moi par demander quels Danois se trouvent à Paris, comment ils y sont, qui ils sont, leurs ressources, leur demeure, leurs compagnies, leurs dépenses; et quand, par cette enceinte continue de questions, en allant à la dérive, vous trouverez qu'on connait mon fils, côtoyez de plus près, plutôt que d'aborder tout de suite par des questions particulières. Présentez-vous, par exemple, comme ayant de lui quelque lointaine connaissance. Ainsi, dites : « Je connais « son père et ses amis, et même lui un peu. » Vous comprenez cela, Reynaldo?

REYNALDO.—Oui, très-bien, mon seigneur.

POLONIUS.— « Et lui, un peu... mais, » pourrez-vous ajouter, « pas très-bien. Au reste, si c'est celui que je veux dire, il est fort dérangé, adonné à ceci, à cela. » Et alors mettez à sa charge tel conte bleu qu'il vous plaira. Ah ça! pourtant, rien d'assez bas pour le déshonorer. Prenez garde à cela, monsieur. Mais seulement cette légèreté, ce désordre, ces écarts ordinaires qui sont les compagnons notoires et bien connus de la jeunesse et de la liberté.

REYNALDO.—Comme de jouer, mon seigneur.

POLONIUS.—Oui ; ou de boire, de bretailler, de jurer, de quereller, de courir les filles ;... vous pouvez aller jusque-là.

REYNALDO.—Mon seigneur, cela le déshonorerait.

POLONIUS.—Ma foi, non, si vous savez, tout en l'accusant, tempérer la chose. Il ne faudra pas mettre à sa charge un surcroît de scandale, comme de le donner pour livré à la débauche. Ce n'est pas là ce que je veux dire. Mais murmurez si délicatement ses fautes qu'elles puissent passer pour les torts de la liberté, pour les éclairs et les éclats d'une âme en feu, pour une fougue naturelle au sang indompté dont tous, à cet âge, sentent les assauts.

REYNALDO.—Mais, mon bon seigneur...

POLONIUS.—Pourquoi je vous charge de faire cela?

REYNALDO.—Oui, mon seigneur, je voudrais le savoir.

POLONIUS.—Eh bien! monsieur, voici mon but; et ce stratagème, je crois, est d'un succès garanti. Quand vous aurez attribué à mon fils ces légers défauts, comme s'il s'agissait d'un objet qui, à l'user, se serait un peu taché,—suivez-moi bien,—si le partenaire de votre entretien, celui que vous voudriez sonder, a jamais vu le jeune homme sur qui portent vos murmures coupable de quelqu'un des forfaits susdits, soyez assuré qu'il finira par vous dire en conclusion : « Mon bon monsieur, » ou « mon ami, » ou « monsieur, » selon la façon de parler ou le titre usité dans le pays, ou par la personne en question...

REYNALDO.—Très-bien, mon seigneur.

POLONIUS.—Et alors, monsieur, il dira que... il dira... qu'est-ce que j'étais en train de dire? Par la sainte messe! j'étais en train de dire quelque chose... où en suis-je resté?

REYNALDO.—Et il finira par dire, en conclusion...

POLONIUS.—Il finira par dire, en conclusion, oui, mor-

bleu! il finira par vous dire : « Je connais ce gentil-
« homme, je l'ai vu hier ou l'autre jour, ou à tel moment,
« ou à tel autre, avec tel ou tel ; et, comme vous dites, il
« était là à jouer ; ou il avalait sa rasade, ou il avait
« une dispute à la paume ; » ou peut-être : « je l'ai vu
« entrer dans une de ces maisons de commerce, » *videlicet*,
un mauvais lieu,... ou telle autre chose. Voyez-vous
maintenant? Le hameçon de votre mensonge prendra
ainsi la carpe de la vérité ; et, voilà comme, nous autres
gens de bon sens et de pénétration, à force de machines
et en essayant de biais, nous savons indirectement suivre
notre direction. C'est ainsi, d'après mes instructions et
mes avis ci-dessus, que vous en agirez avec mon fils. Y
êtes-vous, ou n'y êtes-vous pas?

REYNALDO.—J'y suis, mon seigneur.

POLONIUS.—Dieu soit avec vous! Bon voyage.

REYNALDO.—Mon bon seigneur...

POLONIUS.—Observez ses penchants par vous-même.

REYNALDO.—Ainsi ferai-je, mon seigneur.

POLONIUS.—Et laissez-le chanter sa gamme.

REYNALDO.—Bien, mon seigneur.

(Il sort.)

(Ophélia entre.)

POLONIUS.—Adieu !—Qu'est-ce, Ophélia? De quoi s'agit-il?

OPHÉLIA.—Oh ! mon seigneur, mon seigneur, j'ai été si effrayée !

POLONIUS.—De quoi, au nom du ciel?

OPHÉLIA.—Mon seigneur, comme j'étais à coudre dans mon cabinet, le seigneur Hamlet, avec son pourpoint tout défait, sans chapeau sur la tête, ses bas froissés, sans jarretières, et tombant, enroulés, jusque sur sa cheville, pâle comme sa chemise, ses genoux se heurtant l'un contre l'autre, et avec un regard d'une expression aussi pitoyable que s'il avait été détaché du fond de l'enfer pour faire un récit d'horreurs... il est venu se poser devant moi.

POLONIUS.—Fou pour l'amour de toi?

ACTE II, SCÈNE I.

OPHÉLIA.—Mon seigneur, je ne sais pas ; mais vraiment, je le crains.

POLONIUS.—Qu'a-t-il dit?

OPHÉLIA.—Il m'a prise par le poignet et m'a serrée très-fort ; puis il s'écarte de toute la longueur de son bras, et tenant son autre main, ainsi, au dessus de son front, il tombe en une contemplation de mon visage comme s'il eût voulu le dessiner. Il est longtemps resté ainsi. Enfin,—une petite secousse à mon bras, et trois fois sa tête ainsi balancée de bas en haut,—il a poussé un soupir si pitoyable et si profond qu'il semblait devoir faire éclater tout son corps et mettre fin à son existence. Cela fait, il me laisse aller ; et, la tête tournée par-dessus son épaule, il paraissait trouver son chemin sans ses yeux, car il a passé la porte sans leur secours, et jusqu'au dernier moment, il a tenu leur lumière tournée vers moi.

POLONIUS.—Allons, viens avec moi ; je vais trouver le roi. C'est là, au vrai, le délire de l'amour qui se ravage lui-même par la violence qui lui appartient, et entraîne la volonté à des entreprises désespérées, aussi souvent que toute autre passion qui soit sous le ciel pour affliger notre nature. J'en suis fâché. Mais quoi? Lui avez-vous adressé dernièrement quelques paroles rudes?

OPHÉLIA.—Non, mon bon seigneur ; mais, comme vous l'aviez commandé, j'ai repoussé ses lettres, et j'ai refusé ses visites.

POLONIUS.—C'est cela qui l'a rendu fou. Je suis fâché de ne l'avoir pas observé avec plus d'attention et de discernement ; je craignais que ce ne fût seulement une plaisanterie, et qu'il ne se proposât ton naufrage. Mais maudits soient mes soupçons jaloux ! Il semble que ce soit le propre de notre âge de dépasser notre portée, en nos jugements, comme, parmi les gens plus jeunes, c'est le défaut commun de manquer de réflexion. Viens, allons vers le roi ; ceci doit être connu, dont le secret gardé pourrait causer plus de peine que ne causera de haine cet amour révélé. Allons.

(Ils sortent.)

SCÈNE II

Un appartement dans le château.

LE ROI, LA REINE, ROSENCRANTZ, GUILDENTERN, suite, *entrent.*

LE ROI.—Soyez les bienvenus, cher Rosencrantz, et vous, Guildenstern! Outre le grand désir que, depuis longtemps, nous avions de vous voir, le besoin que nous avons de vos services a provoqué notre hâtif appel. Vous avez su quelque chose de la transformation de Hamlet; je dis transformation, car en lui ni l'homme extérieur ni l'intérieur ne ressemblent plus à ce qu'il était. Quelle pourrait être la cause, autre que la mort de son père, qui l'a jeté à ce point hors de toute conscience de lui-même, je ne saurais l'imaginer. Vous donc qui avez été dès un si jeune âge élevés avec lui, et qui, depuis lors, avez vécu si voisins de sa jeunesse et de ses goûts, je vous prie tous deux de vouloir bien consacrer à notre cour quelque peu de votre loisir, afin de l'attirer vers les plaisirs par votre compagnie, et de saisir, par tous les indices que le hasard vous permettra de glaner, s'il y a quelque motif à nous inconnu qui l'afflige ainsi, et qui, venant à être découvert, serait à portée de nos remèdes.

LA REINE.—Mes bons messieurs, il a beaucoup parlé de vous; et je suis sûre qu'il n'y a pas en ce monde deux hommes à qui il soit plus attaché. S'il vous plaît de nous montrer assez de courtoisie et de bon vouloir pour passer quelque temps avec nous, au secours et au profit de nos espérances, votre visite sera comblée de tous les remerciements qui conviennent à la gratitude d'un roi.

ROSENCRANTZ.—Vos Majestés pourraient, en vertu du souverain pouvoir qu'elles ont sur nous, donner à leur bon plaisir redouté la forme d'un ordre plutôt que d'une prière.

GUILDENSTERN.—Nous obéissons d'ailleurs tous les deux, et nous faisons ici hommage de nous-mêmes et de nos efforts tendus jusqu'au bout, mettant à vos pieds nos services pour être commandés par vous.

le roi.—Je vous remercie, Rosencrantz, et vous, aimable Guildenstern.

la reine.—Je vous remercie, Guildenstern, et vous, aimable Rosencrantz ; et je vous conjure d'aller à l'instant voir mon fils, hélas ! trop changé.—Que quelques-uns de vous conduisent ces messieurs là où est Hamlet.

guildenstern.—Que le ciel lui rende notre présence et nos soins agréables et salutaires !

la reine.—Hélas ! Ainsi soit-il !
(Rosencrantz, Guildenstern et quelques hommes de la suite sortent.)
(Polonius entre.)

polonius.—Les ambassadeurs sont revenus de Norwége, fort satisfaits, mon bon seigneur.

le roi.—Tu es toujours le père aux bonnes nouvelles.

polonius.—Vraiment, mon seigneur ? Soyez sûr, mon bon souverain, que je tiens mes services, comme je tiens mon âme, tout ensemble à la disposition de mon Dieu et de mon gracieux roi ; et je pense (ou bien cette mienne cervelle ne sait plus suivre la piste d'une affaire aussi sûrement qu'elle en avait coutume) je pense que j'ai trouvé la vraie cause de la démence de Hamlet.

le roi.—Ah ! dis-moi cela ! Voilà ce qu'il me tarde d'entendre !

polonius.—Donnez d'abord audience aux ambassadeurs ; mes nouvelles seront le dessert après ce grand festin.

le roi.—Fais-leur toi-même les honneurs, et introduis-les. (*Polonius sort.*) Il me dit, ma chère Gertrude, qu'il a trouvé le point capital et la source de tout le dérangement de notre fils.

la reine.—Je doute qu'il y en ait une autre que cette grande cause : la mort de son père et l'extrême hâte de notre mariage.
(Polonius rentre avec Voltimand et Cornélius.)

le roi.—Bien ! nous le sonderons.—Soyez les bienvenus, mes bons amis. Dites, Voltimand, que nous apportez-vous de la part de notre frère de Norwége?

VOLTIMAND.—La plus riche réciprocité de compliments et de vœux. Dès notre première démarche, il a envoyé l'ordre de suspendre les recrutements de son neveu, qui lui paraissaient être des préparatifs contre le Polonais; mais, y ayant mieux regardé, il les trouva réellement dirigés contre Votre Altesse. Alors, blessé de voir comment on avait abusé de sa maladie, de son âge, de son impuissance, il fait signifier ses ordres à Fortinbras, qui obéit sur-le-champ, reçoit les réprimandes du roi, et, finalement, fait serment devant son oncle de ne plus faire jamais essai de ses armes contre Votre Majesté. Sur quoi le vieux roi, débordé de joie, lui assigne un revenu annuel de trois mille écus, et lui donne commission d'employer contre le Polonais les soldats qu'il a levés auparavant. Ci-jointe une supplique (*il remet un papier*), que son contenu expliquera plus amplement, vous demandant qu'il vous plaise donner un libre passage à travers vos États pour cette expédition, sous telles conditions de sûreté et de bonne entente qui sont proposées ici.

LE ROI.—Cela nous convient fort, et à un moment de loisir plus réfléchi, nous lirons, nous répondrons, et nous aviserons à cette affaire. Cependant nous vous remercions de la peine que vous avez si bien su prendre : allez vous reposer; ce soir, nous festoierons ensemble; vous serez les très-bienvenus chez moi.

(Voltimand et Cornélius sortent.)

POLONIUS.—Cette affaire est bien terminée. Mon souverain, et vous, madame, rechercher ce que doit être la majesté, ce qu'est l'obéissance, pourquoi le jour est le jour, la nuit, la nuit, et le temps, le temps, ce ne serait autre chose que perdre la nuit, le jour et le temps; donc... puisque la brièveté est l'âme de l'esprit, duquel l'anatomie et les fleurs de parade extérieure ne sont qu'ennui, je serai bref. Votre noble fils est fou. Fou je l'appelle, car vouloir définir au vrai la folie, qu'est-ce? si ce n'est n'être soi-même rien de moins que fou? Mais laissons cela.

LA REINE.—Plus de choses et moins d'art.

POLONIUS.—Madame, je vous jure que je n'emploie l'art aucunement. Que votre fils est fou, cela est vrai. Il est vrai que c'est une pitié. Et c'est une pitié que cela soit vrai. Sotte figure de rhétorique. Mais disons-lui adieu, car je ne veux pas employer l'art. Ainsi, accordons qu'il est fou ; et maintenant il nous reste à trouver la cause de cet effet, ou, pour mieux dire, la cause de ce méfait ; car cet effet est un méfait qui vient d'une cause. Voilà ce qui demeure démontré, et voici ce qui reste à démontrer. Pesez bien tout. J'ai une fille ; je l'ai, puisqu'elle est encore à moi ; une fille qui, dans son respect et son obéissance, suivez bien, m'a remis ceci. Maintenant, résumez et concluez...

> A la céleste idole de mon âme, à la bienheureuse beauté Ophélia...

C'est une mauvaise phrase, une phrase vulgaire. « Bienheureuse beauté » est un mot vulgaire. Mais écoutez ; poursuivons.

> Puissent, dans sa parfaite et blanche poitrine, ces paroles, etc.

LA REINE.—Ceci lui a été adressé par Hamlet?

POLONIUS.—Ma bonne dame, attendez un moment, je serai exact.

(Il lit.)

> Doute que les étoiles soient de feu,
> Doute que le soleil tourne,
> Doute que la vérité ne puisse être un mensonge[1],
> Mais ne doute jamais de mon amour.

[1] Ceci est vague. Mais pourquoi le traducteur prendrait-il parti quand l'auteur a laissé la pensée en suspens ? Le texte porte :
> Doubt thou, the stars are fire ;
> Doubt that the sun doth move ;
> Doubt truth to be a liar ;
> But never doubt I love.

Le verbe anglais *to doubt* signifie tantôt douter, tantôt soupçonner. Fallait-il traduire le troisième vers par : « Soupçonne la « vérité d'être une menteuse »—ou par : « Doute que la vérité « soit une menteuse ? » Les deux sens sont dans le texte ; il fallait les garder dans la traduction, confondus et même confus. N'en-

« O chère Ophélia! je suis mal à l'aise dans ce mètre; je n'ai pas l'art de calculer la longueur de mes gémissements. Mais que je t'aime bien, oh! parfaitement bien, crois-le. Adieu.

« A toi pour toujours, dame chérie, tant que cette machine mortelle lui appartiendra.

HAMLET.

« C'est là ce que ma fille, par obéissance, m'a montré; et de plus, les instances de votre fils, à quelles dates, de quelles manières et en quels lieux elles se produisirent, elle a tout confié à mon oreille.

LE ROI.—Mais comment a-t-elle reçu son amour?

POLONIUS.—Quelle idée avez-vous de moi?

LE ROI.—L'idée d'un homme fidèle et honorable.

POLONIUS.—Je ne demanderais, sur ce point, qu'à faire mes preuves. Mais que pourriez-vous penser si, lorsque j'ai vu ce chaleureux amour prendre son essor (car je m'en suis aperçu, je dois vous le dire, avant que ma fille m'eût parlé), que pourriez-vous penser de moi, vous et sa gracieuse Majesté la reine ici présente, si j'avais joué le rôle inerte d'un pupitre ou d'un portefeuille, ou si j'avais laissé mon cœur travailler sourdement et silencieusement, ou si j'avais regardé cet amour d'un œil nonchalant? Que pourriez-vous penser? Non, je me suis rondement mis en besogne; et j'ai parlé ainsi à ma jeune

---

levons jamais au langage de Hamlet, surtout à partir du second acte, après qu'il a vu le spectre, appris le crime et conçu la vengeance, après qu'il a annoncé à ses amis l'intention de feindre un caractère fantasque, après que le roi l'a dépeint comme tout transformé et malade, n'enlevons jamais à son langage ni un trait de brusquerie, ni une goutte d'amertume, ni une ombre d'obscurité. Hamlet dit-il que le vrai est vrai, ou que ce qu'on appelle ainsi n'est que mensonge? Est-ce un axiome de sens commun ou un axiome de scepticisme subtil et triste qu'il propose à Ophélia? Est-ce à la certitude de la vérité ou à la vérité de l'incertitude qu'il compare et préfère l'évidence de son amour? Qui sait? Mais quoi qu'il en soit, voulue ou fortuite, la confusion des deux sens est de Shakspeare. On dirait volontiers qu'Ophélia, en lisant ce vers, l'a compris dans le sens le plus simple, et que Hamlet l'avait écrit dans l'autre sens, le plus dérobé et le plus désolé.

damoiselle : « Le seigneur Hamlet est un prince au-dessus de ta sphère ; ceci ne doit pas être. » Et alors je lui ai donné pour préceptes de se tenir enfermée hors de ses atteintes, de n'admettre aucun messager, de ne recevoir aucun cadeau. Cela fait, elle a recueilli le fruit de mes avis, et lui (pour vous faire une courte histoire), se voyant rebuté, est tombé dans la tristesse ; de là dans le dégoût ; de là dans l'insomnie ; de là dans la faiblesse ; de là dans les rêveries flottantes, et, par ce déclin, dans la folie, où maintenant il s'égare, et qui nous met tous en deuil.

LE ROI.—Pensez-vous que ce soit cela ?

LA REINE.—Cela peut être, très-vraisemblablement.

POLONIUS.—Est-il arrivé une seule fois (je voudrais bien le savoir) que j'aie dit positivement : *cela est,* et que cela se soit trouvé autrement ?

LE ROI.—Non, pas que je sache.

POLONIUS, *montrant sa tête et ses épaules.*—Otez ceci de là, si cela est autrement. Pourvu que je sois guidé par les circonstances, je trouverai le point où la vérité est cachée, fût-elle cachée, en vérité, dans le centre de la terre.

LE ROI.—Comment pourrons-nous pousser plus loin l'enquête ?

POLONIUS.—Vous savez que, parfois, il se promène quatre heures de suite ici, dans la galerie.

LA REINE.—Il s'y promène, en effet.

POLONIUS.—Dans un de ces moments-là je lui lâcherai ma fille ; soyons alors, vous et moi, derrière une tapisserie ; observez leur rencontre ; s'il ne l'aime pas et si ce n'est pas ce qui l'a fait déchoir de la raison, ne me laissez plus être conseiller d'un royaume, envoyez-moi gouverner une ferme et des charretiers.

LE ROI.—Nous essayerons cela.

(Hamlet entre en lisant.)

LA REINE.—Mais regardez de quel air de tristesse le pauvre malheureux vient en lisant.

POLONIUS.—Éloignez-vous, je vous en conjure, éloignez-vous tous deux ; je vais l'aborder sur-le-champ : oh ! donnez-moi carte blanche. (*Le roi, la reine et leur suite sortent.*) Comment va mon bon seigneur Hamlet?

HAMLET.—Bien, Dieu merci!

POLONIUS.—Me connaissez-vous, mon seigneur?

HAMLET.—Parfaitement bien : vous êtes un marchand de poisson.

POLONIUS.—Non pas moi, mon seigneur.

HAMLET.—En ce cas, je voudrais que vous fussiez un aussi honnête homme.

POLONIUS.—Honnête, mon seigneur?

HAMLET.—Oui, monsieur; être honnête, au train dont va ce monde, c'est être un homme trié sur dix mille.

POLONIUS.—C'est très-vrai, mon seigneur.

HAMLET.—Car si le soleil engendre des vers dans un chien mort,—lui qui est un dieu, baisant une charogne....—avez-vous une fille?

POLONIUS.—J'en ai une, mon seigneur.

HAMLET.—Ne la laissez pas se promener au soleil. La conception est une bonne chose : mais quant à la façon dont votre fille pourrait concevoir.... ami, prenez-y garde.

POLONIUS.—Qu'entendez-vous par là? (*A part.*) Encore son refrain sur ma fille! Cependant il ne m'a pas reconnu d'abord; il a dit que j'étais un marchand de poisson. Il n'y est plus, il n'y est plus! A vrai dire, dans ma jeunesse, j'ai subi bien des extrémités par le fait de l'amour; à bien peu de chose près autant que ceci. Je veux lui parler encore. Que lisez-vous, mon seigneur?

HAMLET.—Des mots, des mots, des mots!

POLONIUS.—De quoi est-il question, mon seigneur?

HAMLET.—Question? Entre qui?

POLONIUS.—Je veux dire dans le livre que vous lisez, mon seigneur.

HAMLET.—Des calomnies, monsieur; car ce maraud de satirique dit que les vieillards ont des barbes grises; que leurs figures sont ridées; que leurs yeux sécrètent une ambre épaisse et comme une gomme de prunier, et qu'ils ont une abondante absence d'esprit, avec des jarrets très-faibles. Tout cela, monsieur, bien que j'y croie de tout mon pouvoir et de toute ma puissance, je tiens pourtant qu'il n'y a pas d'honnêteté à l'avoir ainsi couché par écrit; car vous-même, monsieur, vous serez aussi vieux que je le suis, si jamais, comme un crabe, vous pouvez aller à reculons.

POLONIUS, *à part*.—Quoique ce soient des folies, il y a pourtant de la suite là-dedans. Voulez-vous changer d'air, mon seigneur, et venir ailleurs?

HAMLET.—Dans mon tombeau?

POLONIUS.—Ce serait assurément changer d'air tout à fait. Comme ses répliques sont parfois grosses de sens! Heureux hasards, où souvent la folie frappe en plein, tandis que la raison et les saines pensées ne seraient pas aussi chanceuses à bien s'exprimer! Je vais le laisser et aviser sur-le-champ aux moyens d'amener une rencontre entre lui et ma fille. Mon honorable seigneur, je prendrai très-humblement congé de vous.

HAMLET.—Vous ne pouvez, monsieur, rien prendre de moi dont je fasse plus volontiers l'abandon... si ce n'est ma vie, si ce n'est ma vie, si ce n'est ma vie!

POLONIUS.—Adieu, mon seigneur.

HAMLET.—Ces ennuyeux vieux fous!

(Rosencrantz et Guildenstern entrent.)

POLONIUS.—Vous cherchez le seigneur Hamlet; il est ici.

ROSENCRANTZ, *à Polonius*.—Dieu vous garde, monsieur!

(Polonius sort.)

GUILDENSTERN.—Mon honoré seigneur!...

ROSENCRANTZ.—Mon très-cher seigneur!...

HAMLET.—Mes bons, mes excellents amis! comment vas-tu, Guildenstern? Ah! Rosencrantz! Bons compagnons, comment allez-vous tous les deux?

ROSENCRANTZ.—Comme le vulgaire des enfants de la terre.

GUILDENSTERN.—Heureux par cela même que nous ne sommes pas trop heureux. Nous ne sommes pas précisément le plus beau fleuron que la fortune porte à sa toque.

HAMLET.—Ni les semelles que foulent ses souliers?

ROSENCRANTZ.—Non, mon seigneur.

HAMLET.—Alors vous vivez près de sa ceinture, dans le centre de ses faveurs?

GUILDENSTERN.—Oui, ma foi! nous sommes de ses amis privés.

HAMLET.—Logés dans le secret giron de la fortune? Oh! oui, cela est vrai. C'est une catin. Quelles nouvelles?

ROSENCRANTZ.—Aucune, mon seigneur; si ce n'est que le monde est devenu honnête.

HAMLET.—Alors le jugement dernier est proche; mais votre nouvelle n'est pas vraie. Laissez-moi vous faire une question plus particulière : qu'avez-vous donc fait à la fortune, mes bons amis, pour qu'elle vous envoie en prison ici?

GUILDENSTERN.—En prison, mon seigneur?

HAMLET.—Le Danemark est une prison.

ROSENCRANTZ.—Alors le monde en est une aussi.

HAMLET.—Une grande prison, dans laquelle il y a beaucoup de caveaux, de basses fosses et de cachots : le Danemark est un des pires.

ROSENCRANTZ.—Nous ne pensons pas ainsi, mon seigneur.

HAMLET.—Soit! c'est donc que, pour vous, le Danemark n'est pas un cachot; car il n'y a de bien et de mal que selon l'opinion qu'on a. Pour moi, c'est une prison.

ROSENCRANTZ.—Soit! C'est donc votre ambition qui vous le fait paraître ainsi; il est trop étroit pour votre âme.

HAMLET.—O Dieu! je pourrais être enfermé dans une coque de noix, et m'estimer roi d'un espace infini, n'était que j'ai de mauvais rêves.

GUILDENSTERN.—Lesquels rêves sont assurément l'ambition; car la substance même des ambitieux n'est rien de plus que l'ombre d'un rêve.

HAMLET.—Un rêve lui-même n'est qu'une ombre.

ROSENCRANTZ.—Assurément, et je tiens que l'ambition est d'une essence si aérienne et si légère qu'elle n'est que l'ombre d'une ombre.

HAMLET.—En ce cas nos gueux sont des corps réels, et nos monarques et nos grands héros qui n'en finissent pas, sont des ombres de gueux.—Irons-nous à la cour? car, par ma foi, je ne suis pas en état de raisonner.

ROSENCRANTZ ET GUILDENSTERN.—Nous y serons de votre suite.

HAMLET.—Il ne s'agit pas de cela; je ne veux point vous ranger avec le reste de mes serviteurs, car à vous parler en honnête homme, je suis terriblement accompagné. Mais dites-moi,—pour aller droit par les sentiers battus de l'amitié,—que venez-vous faire à Elseneur?

ROSENCRANTZ. — Vous voir, mon seigneur, pas d'autre motif.

HAMLET. — Gueux comme je le suis, je suis pauvre même en remerciements, mais je vous remercie, et soyez sûrs, mes chers amis, que mes remerciements sont trop chers à un sou. Ne vous a-t-on pas envoyé chercher? Est-ce votre propre penchant? est-ce une visite de plein gré? Allons, allons! agissez en toute justice avec moi. Allons, allons! en vérité, parlez!

GUILDENSTERN. — Que pourrions-nous dire, mon seigneur?

HAMLET.—Quoi que ce soit, mais que cela aille au fait. On vous a envoyé chercher, et il y a une sorte de confession dans vos regards que votre pudeur n'a pas l'habileté de colorer. Je le sais, le bon roi et la reine vous ont envoyé chercher.

ROSENCRANTZ.—A quelle fin, mon seigneur?

HAMLET.—C'est ce que vous avez à m'apprendre. Mais permettez-moi de vous conjurer, par les droits de notre camaraderie, par l'harmonie de notre jeunesse, par les devoirs de notre tendresse toujours maintenue, et par tous les motifs encore plus touchants qu'un meilleur orateur pourrait invoquer auprès de vous, soyez simples et droits envers moi : vous a-t-on envoyé chercher, oui ou non?

ROSENCRANTZ, *à Guildenstern.*—Que dites-vous?

HAMLET, *à part.*—Bon! j'ai déjà un aperçu sur votre compte. (*Haut*). Si vous m'aimez, ne me tenez pas rigueur.

GUILDENSTERN.—Mon seigneur, on nous a envoyé chercher.

HAMLET. — Je vais vous dire pourquoi. Ainsi mes aveux anticipés vous dispenseront de vos confidences, et votre discrétion envers le roi et la reine n'aura pas à muer d'une seule plume. J'ai, depuis peu (mais pourquoi ? je ne sais), perdu toute ma gaieté, laissé là tous mes exercices accoutumés ; et en vérité, il y a tant d'accablement dans ma disposition, que ce vaste assemblage, la terre, me semble un promontoire stérile ; que cet admirable pavillon, l'air, voyez-vous, ce firmament hardiment suspendu, cette majestueuse voûte incrustée de flammes d'or, eh bien ! cela ne me paraît rien autre chose qu'un immonde et pestilentiel amas de vapeurs. Quel chef-d'œuvre que l'homme ! combien noble par la raison ! combien infini par les facultés ! combien admirable et expressif par la forme et les mouvements ? dans l'action combien semblable aux anges ! dans les conceptions combien semblable à un dieu ! Il est la merveille du monde, le type suprême des êtres animés ! Eh bien ! à mes yeux, qu'est-ce que cette quintessence de la poussière ? L'homme ne me charme pas, ni la femme non plus, quoique par votre sourire vous paraissiez me démentir.

ROSENCRANTZ. — Mon seigneur, il n'y avait rien de cela dans mes pensées.

HAMLET. — Pourquoi donc avez-vous ri, lorsque j'ai dit : « L'homme ne me plaît pas ? »

ROSENCRANTZ. — Parce que je me disais, mon seigneur, — si l'homme ne vous plaît pas, — quel maigre accueil les comédiens recevront de vous ! Nous les avons rencontrés en chemin ; ils viennent ici vous offrir leurs services.

HAMLET. — Celui qui joue le roi sera le bienvenu ; Sa Majesté aura un tribut de moi ; l'aventureux chevalier pourra faire usage de son fleuret et de son écu ; l'amoureux ne soupirera pas gratis ; le bouffon pourra achever tranquillement son rôle ; le niais fera rire ceux-là même dont les poumons sont secoués par une toux sèche, et la princesse nous contera ses sentiments en toute liberté, dût le vers blanc boiter pour la suivre. Quels sont ces comédiens ?

ROSENCRANTZ.—Ceux-là même que vous aviez coutume de voir avec plaisir, les tragédiens de la Cité.

HAMLET.—Et par quel hasard sont-ils devenus ambulants? Leur résidence fixe, autant pour la réputation que pour le profit, valait mieux à tous égards.

ROSENCRANTZ.—Je pense que leur empêchement vient de la récente innovation.

HAMLET.—Se maintiennent-ils dans la même estime que lorsque j'étais en ville? Sont-ils aussi suivis?

ROSENCRANTZ.—Non, en vérité, ils ne le sont pas.

HAMLET. — D'où vient cela? Est-ce qu'ils se rouillent?

ROSENCRANTZ.—Non, leurs efforts n'ont rien perdu de leur allure accoutumée. Mais il y a, monsieur, une nichée d'enfants, de fauconneaux à la brochette, qui piaillent à force tout au haut du dialogue, et sont claqués à outrance pour cela; ils sont aujourd'hui à la mode, et ils ont tant décrié le théâtre ordinaire (c'est ainsi qu'ils l'appellent) que beaucoup de gens portant l'épée ont peur des plumes d'oie et n'osent presque plus y venir.

HAMLET.—Comment, sont-ce des enfants? Qui les entretient? Comment est réglé leur écot? Poursuivront-ils cette profession aussi longtemps seulement qu'ils pourront chanter? Ne diront-ils point, par la suite, s'ils arrivent eux-mêmes à être comédiens ordinaires (ainsi que cela est vraisemblable, s'ils n'ont rien de mieux à faire), que les auteurs de leur troupe leur ont fait tort, en les faisant d'avance déclamer contre leur futur héritage?

ROSENCRANTZ.—Ma foi! il y a eu beaucoup à faire de part et d'autre, et la nation estime que ce n'est pas un péché de les exciter à la dispute. Il n'y a eu pendant un temps point d'argent à gagner avec une pièce, à moins que le poëte et le comédien n'en vinssent à se gourmer avec leurs rivaux en plein dialogue.

HAMLET.—Est-il possible?

GUILDENSTERN.—Oh! il y a eu déjà beaucoup d'effusion de cervelles.

HAMLET.—Sont-ce les enfants qui l'emportent?

ROSENCRANTZ.—Oui, mon seigneur, ils emportent tout, Hercule et son fardeau avec lui[1].

HAMLET.—Ce n'est pas fort étrange, car mon oncle est roi de Danemark; et ceux qui, du vivant de mon père, lui auraient fait la moue, donnent maintenant vingt, quarante, cinquante, cent ducats par tête pour avoir son portrait en miniature. Par la sambleu! il y a là quelque chose qui est plus que naturel; si la philosophie pouvait le découvrir!

(On entend une fanfare de trompette derrière le théâtre.)

GUILDENSTERN.—Ce sont les comédiens.

HAMLET.—Messieurs, vous êtes les bienvenus à Elseneur. Vos mains. Approchez : la marque ordinaire d'un bon accueil, ce sont les compliments et les cérémonies; permettez que je vous traite de cette façon, de peur que mes manières, en recevant les comédiens, à qui je dois, je vous en préviens, montrer beaucoup d'égards, ne paraissent plus polies qu'envers vous. Vous êtes les bienvenus; mais cet oncle qui est mon père, et cette tante qui est ma mère, sont abusés.

---

[1] Tout ce passage n'est qu'un tissu d'allusions à l'histoire des divers théâtres qui s'étaient établis peu avant la représentation de *Hamlet*, et où les enfants de chœur de l'église de Saint-Paul et de la chapelle royale d'Élisabeth faisaient concurrence à la troupe de Shakspeare. Ce n'est pas seulement de leur concurrence que Shakspeare se plaint, mais aussi des abus et des désordres qui s'étaient introduits sur la scène avec les nouveaux acteurs. Les attaques personnelles y avaient pris toute licence. On voit dans l'*Apologie des acteurs,* par Heywood, publiée en 1612, « que l'État, « la cour, la loi, la cité et leurs gouvernements » n'étaient aucunement épargnés et que certains auteurs « mettaient leurs amères « invectives dans les bouches enfantines, comptant que la jeu- « nesse des comédiens aurait le privilége de faire passer ces par- « ticularités violentes contre les humeurs diverses d'hommes « privés et vivants, nobles ou autres. » Mais le succès fit bientôt scandale; une partie du public se dégoûta et s'éloigna; les représentations des enfants furent interdites de 1591 à 1600, et les autres troupes souffrirent tour à tour de la vogue et du décri de leurs jeunes rivaux, des règlements sévères auxquels ils donnèrent lieu et de leur retour sur la scène. Le théâtre de Shakspeare était le théâtre du Globe et avait pour enseigne Hercule portant le monde.

GUILDENSTERN.—En quoi, mon cher seigneur?

HAMLET.—Je ne suis fou que lorsque le vent est nord-nord-ouest; quand le vent est au sud, je distingue très-bien un faucon d'un héron.

(Polonius entre.)

POLONIUS.—Grand bien vous fasse, messieurs.

HAMLET.—Écoutez, Guildenstern... et vous aussi... pour chaque oreille un auditeur... ce grand marmot que vous voyez là n'est pas encore hors du maillot.

ROSENCRANTZ.—Peut-être y est-il revenu, car on dit que le vieillard est une seconde fois enfant.

HAMLET.—Je vous fais ma prophétie qu'il vient pour me parler des comédiens; garde à vous!... Vous avez raison, monsieur; lundi matin, c'est bien cela, en vérité.

POLONIUS.—Mon seigneur, j'ai des nouvelles à vous apprendre.

HAMLET.— « Mon seigneur, j'ai des nouvelles à vous apprendre. » Du temps que Roscius était acteur à Rome...

POLONIUS.—Les acteurs sont ici, mon seigneur.

HAMLET.—Bah ! bah !

POLONIUS.—Sur mon honneur.

HAMLET.—

Alors arrive chaque acteur sur son âne...

POLONIUS.—Les meilleurs acteurs du monde, pour la tragédie, pour la comédie, le drame historique, la pastorale comique, l'histoire pastorale, la tragédie historique, la tragi-comédie, les pièces avec unité, ou les poëmes sans règles, Sénèque ne peut être trop lourd, ni Plaute trop léger pour eux; pour le genre régulier, comme pour le genre libre, ils n'ont pas leurs pareils.

HAMLET.—

O Jephté, juge d'Israël!

Quel trésor tu"avais !

POLONIUS.—Quel trésor avait-il, mon seigneur?

HAMLET.—Quel trésor!

Une fille très-belle, et rien de plus,
Il l'aimait mieux que bien.

POLONIUS, *à part.* — Encore question de ma fille !

HAMLET. — Ne suis-je pas dans le vrai, vieux Jephté?

POLONIUS. — Si vous m'appelez Jephté, mon seigneur, j'ai une fille que j'aime mieux que bien.

HAMLET. — Non, cela ne fait pas suite.

POLONIUS. — Qu'est-ce donc qui fait suite, mon seigneur?

HAMLET. — Eh bien !

Comme par hasard,
Dieu le sait!....

Et puis vous savez :

Il advint donc,
Comme on pouvait le croire?

Le premier couplet de la pieuse complainte vous en apprendra plus long, car, regardez ! voici venir mon interruption. (*Quatre ou cinq comédiens entrent.*) Vous êtes les bienvenus, mes maîtres, tous les bienvenus. — Je suis enchanté de te voir bien portant. — Bonjour, mes bons amis. — Oh ! mon vieil ami, qu'est-ce donc ? ta tête a pris de la frange depuis la dernière fois que je t'ai vu ; viens-tu en Danemark pour me faire la barbe ? Eh quoi ! ma jeune dame et princesse, par Notre-Dame ! Votre Seigneurie est plus près du ciel que la dernière fois où je vous vis, de toute la hauteur d'un socque à l'italienne ! Dieu veuille que votre voix, comme une pièce d'or qui n'a plus cours, ne se soit pas fêlée au delà de l'anneau[1] ! Mes maîtres, vous êtes tous les bienvenus. Allons, sus tout de suite, sus, comme des fauconniers de France, et volons au premier gibier que nous voyons. Il nous faut une tirade à l'instant ; donnez-nous un avant-goût de votre talent ; allons, quelque tirade passionnée.

LE PREMIER COMÉDIEN. — Quelle tirade, mon seigneur ?

---

[1] Cela s'adresse à un jeune acteur chargé des rôles de femmes. Hamlet, le voyant grandi, suppose que sa voix a mué ou va muer et le rendre impropre à ses anciens rôles. C'était la règle, en Angleterre, qu'une pièce d'or n'avait plus cours quand elle était entamée par quelque fêlure au delà du cercle dont l'effigie était entourée.

HAMLET. — Je t'ai entendu une fois dire une tirade, mais elle n'a jamais été jouée sur le théâtre, ou si elle l'a été, elle n'est pas allée au delà d'une fois; car la pièce, je m'en souviens, ne plaisait pas à la multitude ; c'était du caviar pour le plus grand nombre[1]; mais, à mon avis, et selon d'autres personnes dont les jugements en cette matière donnent le ton aux miens de bien plus haut, c'était une excellente pièce ; des scènes bien filées, écrites avec autant de réserve que de finesse. Je me souviens que quelqu'un disait qu'il n'y avait point d'épices dans les vers pour donner à la pensée du montant, ni dans les phrases une pensée qui pût convaincre l'auteur d'affectation ; il disait que c'était une œuvre d'un goût estimable, aussi saine que douce, et bien plutôt belle que parée[2]. Il y avait surtout un morceau

[1] Le caviar, connu depuis peu des Anglais au temps de Shakspeare, faisait les délices des gourmets raffinés, et Ben Jonson a souvent tourné en ridicule l'importance de ces friandises exotiques, anchois, macaroni, caviar, etc.

[2] Les commentateurs sont une race d'hommes à part et capables de tout ; il faut être convaincu de cela par avance pour en croire ses yeux, quand on voit un des plus savants et plus fervents interprètes anglais de Shakspeare prétendre qu'il n'y a point d'ironie dans les remarques de Hamlet que nous venons de traduire, ni de parodie dans les tirades qui vont suivre. Autant dire que Molière était de l'avis de Philinte, et non de l'avis d'Alceste, à propos du sonnet d'Oronte. On verra plus loin (acte III, sc. II) ce que Shakspeare pensait des acteurs emphatiques. Ici nous avons son opinion sur les écrivains ampoulés et précieux. Que Shakspeare lui-même soit parfois tombé, en courant, dans quelques-uns des défauts qu'il raille ainsi, on doit l'avouer ; mais on n'en doit pas conclure que, de sang-froid, et chez les autres, il ait admiré ces défauts systématiquement entassés et sans aucune beauté qui les compensât. Chacun des éloges mis ici dans la bouche de Hamlet est une contre-vérité sous la plume de Shakspeare. Hamlet annonce comme simples et mesurés les vers où Shakspeare a imité la violence et les faux ornements du style à la mode. A quel point l'intention est satirique et son imitation exacte, on en peut juger par ce fragment de la pièce qu'il a parodiée : *Didon, reine de Carthage,* tragédie de Christophe Marlowe et de Thomas Nash. Énée raconte à Didon comment Pyrrhus, dans le palais royal de Troie, répondit aux larmes de Priam et d'Hécube : « N'étant pas du tout ému, souriant de leurs

que j'aimais beaucoup ; c'était le récit d'Enée à Didon, et surtout le passage où il parle du meurtre de Priam. Si cela vit encore en votre mémoire, commencez à ce vers,.. voyons un peu, voyons :

> Le hérissé Pyrrhus, pareil à la bête hyrcanienne.....

Ce n'est pas cela ; cela commence par Pyrrhus.

> Le hérissé Pyrrhus, dont les armes de sable, noires comme son projet, ressemblaient à la nuit quand il était couché dans le sinistre cheval, porte maintenant ces redoutables et noires couleurs barbouillées d'un blason plus lugubre : de pied en cap, maintenant il est tout gueules, horriblement colorié du sang des pères, des mères, des filles, des fils, cuit et empâté par les rues brûlantes qui prêtent une tyrannique et damnée lueur au meurtre de leur seigneur et maître. Rôti dans son courroux et dans ces flammes, et ainsi bardé de caillots coagulés, avec des yeux semblables à des escarboucles, l'infernal Pyrrhus cherche le vieil ancêtre Priam.... »

« larmes, ce boucher, tandis que Priam tenait encore les mains « levées, lui marcha sur la poitrine, et de son épée lui fit voler « les mains.... Aussitôt la reine frénétique sauta aux yeux de « Pyrrhus, et, se suspendant par les ongles à ses paupières, pro- « longea un peu la vie de son époux ; mais à la fin les soldats « la tirèrent par les talons et la balancèrent, haletante, dans le « vide qui envoya un écho au roi blessé ; alors celui-ci souleva « du sol ses membres alités et aurait voulu se colleter avec le fils « d'Achille, oubliant à la fois son manque de forces et son man- « que de mains. Pyrrhus le dédaigne ; il balaye autour de lui, « avec son épée, dont le choc a fait tomber le vieux roi, et depuis « le nombril jusqu'à la gorge, d'un seul coup, il fend le vieux « Priam. Au dernier soupir du mourant, la statue de Jupiter com- « mença à baisser son front de marbre, comme en haine de Pyr- « rhus et de sa méchante action ; mais lui, insensible, il prit le « drapeau de son père, le plongea dans le sang froid et glacé du « vieux roi, et courut en triomphe vers les rues ; il ne put passer « à cause des hommes tués : alors, appuyé sur son épée, il se tint « aussi immobile qu'une pierre, contemplant le feu dont brûlait « la riche Ilion. » Mais, n'êtes-vous pas de l'avis de Didon qui s'écrie, dès que les mains de Priam sont coupées : « Oh ! arrêtez... « Je n'en puis entendre davantage ? »

ACTE II; SCÈNE II.

Continuez, à présent.

POLONIUS.—Devant Dieu! mon seigneur, bien déclamé, avec bon accent et bon discernement!

LE PREMIER COMÉDIEN. —

Bientôt il le trouve lançant des coups trop courts aux Grecs; son antique épée, rebelle à son bras, demeure où elle tombe et désobéit au commandement. Inégal adversaire, Pyrrhus pousse à Priam; dans sa rage, il frappe à côté; mais rien qu'au sifflement et au vent de sa féroce épée, le père énervé tombe. Alors l'insensible Ilion, qu'on dirait ému par ce coup, s'affaisse sur sa base avec ses sommets enflammés, et, avec un hideux fracas, fait prisonnière l'oreille de Pyrrhus; car voici : son épée qui allait s'abattant sur la tête, blanche comme le lait, du respectable Priam, sembla adhérer à l'air et s'y fixer. Pyrrhus donc, ainsi qu'un tyran en peinture, s'arrêta, et comme s'il eût été une personne neutre en présence de sa volonté et de ses intérêts, il ne fit rien. Mais comme nous voyons souvent, à l'approche de quelque orage, un silence dans les cieux, les nuées arrêtées, les hardis aquilons sans parole, et, au-dessous, le globe aussi muet que la mort, et tout à coup l'effroyable tonnerre déchirant toute la contrée; ainsi, après cette pause de Pyrrhus, un réveil de vengeance le ramène à l'œuvre, et jamais les marteaux des Cyclopes ne tombèrent sur l'armure de Mars, forgée pour être mise à l'épreuve de l'éternité, avec moins de remords que l'épée sanglante de Pyrrhus ne tombe maintenant sur Priam. Hors d'ici, hors d'ici, toi, prostituée, ô Fortune! Et vous tous, ô dieux! assemblés en synode général, ôtez-lui son pouvoir; brisez tous les rayons et toutes les jantes de sa roue, et faites-en rouler le moyeu arrondi sur la pente des collines du ciel, aussi bas que chez les démons!

POLONIUS. — Ce discours est trop long.

HAMLET.—Il ira chez le barbier en même temps que votre barbe. Je t'en prie, continue; il lui faut quelque gigue ou quelque conte de mauvais lieu ; sans cela il s'endort; continue. Passons à Hécube.

LE PREMIER COMÉDIEN. —

  Mais celui (ah! malheur!) qui aurait vu la reine encapuchonnée...

HAMLET. — La reine encapuchonnée !

POLONIUS. — Est-ce bien ? Oui, « reine encapuchonnée » est bien.

LE PREMIER COMÉDIEN. —

  ... courir, pieds nus, çà et là, et, du flux aveugle de ses yeux, menacer les flammes—ayant un chiffon sur sa tête où naguère se tenait le diadème—et en manière de robe, autour de ses reins décharnés et tout fourbus par trop d'enfantements, une courtepointe ramassée dans l'alarme de la peur,—celui qui eût vu cela aurait, avec une langue infusée de venin, prononcé contre l'empire de la fortune le grief de haute trahison. Mais si les dieux eux-mêmes l'avaient vue alors, quand elle vit Pyrrhus se faire un jeu malicieux de réduire en hachis, à coups d'épée, le corps de son mari, le soudain éclat de clameurs qu'elle fit (à moins que les choses mortelles ne les émeuvent pas du tout) aurait pu traire les yeux brûlants du ciel et toute la passion qui est dans les dieux.

POLONIUS. — Regardez s'il n'a pas changé de couleur ; il a les larmes aux yeux. Je t'en prie, restons-en là.

HAMLET. — C'est bon ! je te ferai bientôt déclamer le reste. Mon bon seigneur, voulez-vous veiller à ce que les comédiens soient bien pourvus? Vous entendez, il faut en user bien avec eux, car ils sont l'essence et la chronique abrégée des temps. Il vaudrait mieux pour vous avoir une méchante épitaphe après votre mort, que d'être maltraité par eux durant votre vie.

POLONIUS. — Mon seigneur, je les traiterai selon leur mérite.

HAMLET. — Eh ! l'homme ! beaucoup mieux, par la tête-bleu ! Traitez-moi chaque homme selon son mérite, et qui donc, en ce cas, échappera aux étrivières? Traitez-les selon votre propre rang et votre dignité ; moindres seront leurs droits, plus méritoire sera votre bonté. Emmenez-les.

POLONIUS.—Venez, messieurs.

HAMLET.—Suivez-le, mes amis ; nous verrons une pièce demain. Écoute, mon vieil ami : pouvez-vous jouer le *Meurtre de Gonzague?*

LE PREMIER COMÉDIEN.—Oui, mon seigneur.

HAMLET. — Eh bien ! nous donnerons cela demain au soir. Vous pourriez, au besoin, étudier un discours de quelques douze ou seize vers que je voudrais mettre par écrit et y insérer ? ne pourriez-vous pas ?

LE PREMIER COMÉDIEN.—Oui, mon seigneur.

HAMLET. — Très-bien. Suivez ce seigneur, et faites attention à ne pas vous moquer de lui. (*Polonius et les comédiens sortent.*)—(*A Rosencrantz et à Guildenstern.*) Mes bons amis, je vous laisse jusqu'à ce soir ; vous êtes les bienvenus à Elseneur.

ROSENCRANTZ.—Mon bon seigneur !

(Rosencrantz et Guildenstern sortent.)

HAMLET.—Or çà, Dieu soit avec vous !—Maintenant je suis seul. Oh ! quel drôle et quel rustre inerte je suis ! N'est-ce pas chose monstrueuse que ce comédien que voi i, dans une pure fiction, dans une passion rêvée, puisse, selon sa propre idée, contraindre son âme à ce point que, par le travail de son âme, son visage entier blémisse. Et des pleurs dans ses yeux ! l'égarement dans sa physionomie ! une voix brisée ! et toute son action appropriant les formes à l'idée ! Et tout cela pour rien ! pour Hécube ! Qu'est-ce que lui est Hécube, ou qu'est-ce qu'il est à Hécube, lui, pour qu'il pleure pour elle ? Que ferait-il donc s'il avait, pour se passionner, le motif et le mot d'ordre que j'ai ? Il inonderait de larmes le théâtre, il déchirerait l'oreille de la multitude par de formidables paroles, il rendrait fou le coupable et épouvanterait l'innocent ; il confondrait l'ignorant et frapperait de stupeur, sur ma parole ! les facultés mêmes d'entendre et de voir. Et moi ! moi, cependant, plat coquin, courage de boue, je suis là à parler comme un Jeannot rêveur[1], mal imprégné de la fécondité de ma cause, et je ne puis rien dire, non, rien pour un roi dont le domaine et la très-chère vie ont subi un infernal échec. Suis-je un lâche? Qui vient m'appeler drôle? se jeter au travers de mon chemin[2]? m'arracher la barbe et me la souffler à la face?

[1] *John-a-dreams*, par allusion à quelque personnage d'une histoire populaire. De même en France, on donnait autrefois, et Brantôme donnait encore le surnom de Guillot le Songeur à ceux qui perdaient leur temps et leurs escrimes à excogiter divers moyens d'agir — en souvenir du chevalier Guillan le Pensif, l'un des personnages de l'*Amadis*.

[2] Le texte porte :

Who calls me villain? breaks my pate across?

Mais il me semble évident qu'il faut lire : *my pace* ou *my path*. L'extrême négligence avec laquelle ont été imprimées les premières éditions de Shakspeare excuse, et au delà, cette petite correction. Tel quel, le texte voudrait dire : « Qui vient me fendre d'outre en outre la caboche? » Après cela, le nez tiré et les plus profonds démentis seraient peu de chose, et Hamlet ne serait pas très-lâche de prendre bien un traitement qui le mettrait hors d'état de prendre mal quoi que ce fût. Sa folie, si folie il y a, n'est pas si sotte ; elle a de la méthode, comme nous l'a dit Polonius. A chaque pensée qu'il conçoit, à chaque fait qu'il imagine, on le voit rapidement aller et rouler de conséquence en conséquence, raisonneur passionné qui s'enivre de ses remarques, de ses calculs, de ses soupçons, du jeu qu'il joue devant les autres, de sa sévérité envers lui-même. Ce cours précipitamment régulier, ces bonds suivis par lesquels avance l'impétueuse logique des pensées et des paroles de Hamlet étaient trop selon le génie de Shakspeare pour n'être pas partout dans le caractère de son héros. Hamlet, dans le passage qui nous occupe ici, se représente une série graduée d'injures dont il se trouve digne ; il y pense, il la voit, il y est ; son adversaire s'emporte à plus d'insolence à mesure que lui-même il s'abaisse à plus de patience; c'est ainsi que tout se passe dans son esprit. C'est ainsi que, peu de lignes plus haut, quand il suppose un comédien poussé par les motifs qui laissent Hamlet immobile, quand il se représente en même temps l'acteur et les spectateurs sous le coup d'une réalité si poignante, il arrive enfin à « frapper de stupeur les facultés même d'entendre et de voir. » Notez cette abstraction. L'oreille était déjà déchirée, l'œil déjà épouvanté ; mais plus loin encore, tout au fond de la cervelle et de l'âme, Hamlet va chercher la faculté même d'entendre et de voir ; c'est la dernière hyperbole d'un analyste furieux. On est trop heureux quand il n'

me tirer par le nez? me donner des démentis par la gorge,
jusqu'à me les enfoncer dans les poumons? Qui me fait
cela? ah! qu'est-ce donc? Je prendrais bien la chose,
car il faut assurément que j'aie un foie de pigeonneau,
et que je manque du fiel qui doit rendre amère l'oppression; autrement, avant cette heure, j'aurais engraissé
déjà tous les vautours de la contrée avec les entrailles de
ce laquais! O sanglant, sensuel coquin! Traître sans remords, sans pudeur, dénaturé coquin! Eh bien! quoi?
Quel âne suis-je donc? Ceci est très-brave que, moi, fils
d'un bien-aimé père assassiné, moi, excité à ma vengeance par le ciel et l'enfer, j'aie besoin comme une
catin de décharger mon cœur en paroles et que je
tombe dans les malédictions comme une vraie coureuse
de rues, comme une fille de cuisine! Fi donc! fi! En
avant, mon cerveau! Un instant : j'ai entendu dire que
des créatures coupables, assistant à une pièce de théâtre,
avaient, par l'artifice même de la scène, été frappées à
l'âme de telle sorte que, sur l'heure, elles avaient déclaré
leurs forfaits[1]. Car le meurtre, quoiqu'il n'ait pas de

---

a qu'à traduire avec une véritable exactitude pour reproduire ces
nuances admirablement raisonnables de Shakspeare. Quand il
n'y a qu'une lettre à changer pour les lui rendre, faut-il respecter jusqu'à la superstition un vieux texte, condamné en cent
autres endroits?

[1] Il est probable que Shakspeare avait en vue une aventure de
son temps. La vieille histoire du frère François était jouée par
les comédiens du comte de Sussex, à Lynn, dans la province de
Norfolk; une femme y était représentée éprise d'un jeune gentilhomme; et, pour mieux s'assurer la possession de son amant,
elle avait secrètement assassiné son mari, dont l'ombre la pour-
suivait et se présentait différentes fois devant elle dans les lieux
les plus retirés où elle s'enfermait. Il y avait au spectacle une
femme de la ville qui jusqu'alors avait joui d'une bonne réputation, et qui sentit en ce moment sa conscience extrêmement
troublée et poussa ce cri soudain : « O mon mari! mon mari.
« Je vois l'ombre de mon mari qui me poursuit et me menace..
A ces cris aigus et inattendus, le peuple qui l'environnait fut
étonné, et lui en demanda la raison. Aussitôt, sans autres
instances, elle répondit qu'il y avait sept ans que, pour jouir
d'un jeune amant qu'elle nomma, elle avait empoisonné son mari,
dont l'image terrible s'était représentée à elle sous la forme de ce

langue, saura parler par quelque organe miraculeux. Je ferai jouer, par ces comédiens, quelque chose qui ressemble au meurtre de mon père, devant mon oncle, et j'observerai son apparence, je le sonderai jusqu'au vif; s'il se trouble, je sais mon chemin. L'esprit que j'ai vu pourrait bien être un démon; le démon a le pouvoir de prendre une forme qui plaît; oui, et peut-être, grâce à ma faiblesse et à ma mélancolie (car il est très-puissant sur les tempéraments ainsi faits), m'abuse-t-il pour me damner. Je veux me fonder sur des preuves plus directes que cela. Oui, cette pièce est le piége où je surprendrai la conscience du roi.

(Il sort.)

spectre; elle avoua tout devant les juges, et fut condamnée. Les acteurs et plusieurs habitants de la ville furent témoins de ce fait.

FIN DU DEUXIÈME ACTE.

ACTE TROISIÈME

SCÈNE I
(Un appartement dans le château.)

LE ROI, LA REINE, POLONIUS, OPHÉLIA, ROSEN-CRANTZ et GUILDENSTERN *entrent*.

LE ROI.—Et vous ne pouvez pas, en faisant dériver la conversation, savoir de lui pourquoi il montre ce désordre, déchirant si cruellement tous ses jours de repos par une turbulente et dangereuse démence?

ROSENCRANTZ.—Il avoue bien qu'il se sent lui-même dérouté; mais pour quel motif, il ne veut en aucune façon le dire.

GUILDENSTERN.—Et nous ne le trouvons pas disposé à se laisser sonder; mais avec une folie rusée, il nous échappe, quand nous voudrions l'amener à quelque aveu sur son véritable état.

LA REINE.—Vous a-t-il bien reçus?

ROSENCRANTZ.—Tout à fait en galant homme.

GUILDENSTERN.—Mais avec beaucoup d'effort dans sa manière.

ROSENCRANTZ.—Avare de paroles, mais quant à nos questions seulement; très-libre dans ses répliques.

LA REINE.—L'avez-vous provoqué à quelque passe-temps?

ROSENCRANTZ.—Madame, il s'est justement trouvé que nous avons rencontré sur notre chemin certains comédiens; nous lui avons parlé d'eux, et nous avons cru voir en lui une espèce de joie d'entendre cette nouvelle. Ils sont quelque part dans le palais; et, à ce que je crois, ils ont déjà l'ordre de jouer ce soir devant lui.

POLONIUS.—Cela est très-vrai, et il m'a prié d'engager Vos Majestés à entendre et à voir cette affaire.

LE ROI.—De tout mon cœur, et j'ai beaucoup de contentement à apprendre qu'il soit porté à cela. Mes chers messieurs, aiguisez encore en lui ce goût et poussez plus avant ses projets vers de tels plaisirs.

ROSENCRANTZ.—Ainsi ferons-nous, mon seigneur.
(Rosencrantz et Guildenstern sortent.)

LE ROI.—Douce Gertrude, laissez-nous aussi; car nous avons, sans nous découvrir, mandé Hamlet ici, afin qu'il y puisse, comme par hasard, se trouver en face d'Ophélia. Son père et moi, espions sans reproche, nous nous placerons de manière que, voyant sans être vus, nous puissions juger avec certitude de leur rencontre, et conclure d'après lui-même, selon qu'il se sera comporté, si c'est le renversement de son amour, ou non, qui le fait ainsi souffrir.

LA REINE.—Je vais vous obéir. Et quant à vous, Ophélia, je souhaite que vos rares beautés soient l'heureuse cause de l'égarement de Hamlet; car je pourrai ainsi espérer que vos vertus, au grand honneur de tous deux, le remettront dans la bonne voie.

OPHÉLIA.—Madame, je souhaite que cela se puisse.
(La reine sort.)

POLONIUS.—Ophélia, promenez-vous ici.... Gracieux maître, s'il vous plaît, nous irons nous placer. (*A Ophélia.*) Lisez dans ce livre; cette apparence d'une telle occupation pourra colorer votre solitude.... Nous sommes souvent blâmables en ceci.... la chose n'est que trop démontrée.... avec le visage de la dévotion et une démarche pieuse, nous faisons le diable lui-même blanc et doux comme sucre, de la tête aux pieds.

LE ROI (*à part*).— Oh! cela est trop vrai! De quelle cuisante lanière ce langage fouette ma conscience! La joue de la prostituée, savamment plâtrée d'une fausse beauté, n'est pas plus laide sous la matière dont elle s'aide, que ne l'est mon action sous mes paroles peintes et repeintes! O pesant fardeau!

POLONIUS.—Je l'entends venir, retirons-nous, mon seigneur. (Le roi et Polonius sortent.) (Hamlet entre).

HAMLET.—Être ou n'être pas, voilà la question.... Qu'y a-t-il de plus noble pour l'âme? supporter les coups de fronde et les flèches de la fortune outrageuse? ou s'armer en guerre contre un océan de misères et, de haute lutte, y couper court?... Mourir.... dormir.... plus rien.... et dire que, par un sommeil, nous mettons fin aux serrements de cœur et à ces mille attaques naturelles qui sont l'héritage de la chair! C'est un dénoûment qu'on doit souhaiter avec ferveur. Mourir.... dormir.... dormir! rêver peut-être? Ah! là est l'écueil; car dans ce sommeil de la mort, ce qui peut nous venir de rêves, quand nous nous sommes soustraits à tout ce tumulte humain, cela doit nous arrêter. Voilà la réflexion qui nous vaut cette calamité d'une si longue vie! Car qui supporterait les flagellations et les humiliations du présent, l'injustice de l'oppresseur, l'affront de l'homme orgueilleux, les angoisses de l'amour méprisé, les délais de la justice, l'insolence du pouvoir, et les violences que le mérite patient subit de la main des indignes?—quand il pourrait lui-même se donner son congé avec un simple poignard!—Qui voudrait porter ce fardeau, geindre et suer sous une vie accablante, n'était que la crainte de quelque chose après la mort, la contrée non découverte dont la frontière n'est repassée par aucun voyageur, embarrasse la volonté et nous fait supporter les maux que nous avons, plutôt que de fuir vers ceux que nous ne connaissons pas? Ainsi la conscience fait de nous autant de lâches; ainsi la couleur native de la résolution est toute blêmie par le pâle reflet de la pensée, et telle ou telle entreprise d'un grand élan et d'une grande portée, à cet aspect, se détourne de son cours et manque à mériter le nom d'action.... Doucement, maintenant! Voici la belle Ophélia. Nymphe, dans tes oraisons, puissent tous mes péchés être rappelés!

OPHÉLIA.—Mon bon seigneur, comment se porte Votre Honneur depuis tant de jours?

HAMLET.—Je vous remercie humblement. Bien, bien, bien.

OPHÉLIA.—Mon seigneur, j'ai de vous des souvenirs que, depuis longtemps, il me tarde de vous rendre; je vous prie, recevez-les maintenant.

HAMLET.—Non, ce n'est pas moi; je ne vous ai jamais rien donné.

OPHÉLIA.—Mon honoré seigneur, vous savez bien que

si; et même avec ces dons allaient des paroles faites d'une si suave haleine qu'elles rendaient les choses plus précieuses ; leur parfum est perdu, reprenez-les ; car pour une âme noble, le plus riche bienfait devient pauvre lorsque le bienfaiteur se montre malveillant. Les voici, mon seigneur.

HAMLET.—Ah! ah! êtes-vous honnête?

OPHÉLIA.—Mon seigneur?

HAMLET.—Êtes-vous belle?

OPHÉLIA.—Que veut dire Votre Seigneurie?.

HAMLET.—Que si vous êtes honnête et belle, il faut bien prendre garde que votre beauté n'ait aucun commerce avec votre honnêteté.

OPHÉLIA.—Mais la beauté, mon seigneur, peut-elle être en meilleure compagnie qu'avec l'honnêteté?

HAMLET.—Oui, vraiment; car le pouvoir de la beauté aura transformé l'honnêteté, de ce qu'elle est, en une sale entremetteuse plus tôt que la force de l'honnêteté n'aura transfiguré la beauté à son image. C'était, il y a quelque temps, un paradoxe, mais le temps présent le prouve. Je vous ai aimée jadis.

OPHÉLIA.—En vérité, mon seigneur, vous me l'avez fait croire.

HAMLET.—Vous n'auriez pas dû me croire; car la vertu a beau greffer notre vieille souche, nous nous sentirons toujours de notre origine. Je ne vous aimais pas.

OPHÉLIA.—Je n'en ai été que plus déçue.

HAMLET.—Va-t'en dans un cloître. Pourquoi voudrais-tu te faire mère et nourrice de pécheurs? Je suis moi-même passablement honnête, et pourtant je pourrais m'accuser de choses telles qu'il vaudrait mieux que ma mère ne m'eût pas mis au monde; je suis très-orgueilleux, vindicatif, ambitieux; j'ai en cortége autour de moi plus de péchés que je n'ai de pensées pour les loger, d'imagination pour leur donner une forme, ou de temps pour les commettre. Qu'est-ce que des gens comme moi ont à faire de traînasser entre la terre et le ciel [1]? Nous sommes

---

[1] Une rencontre de Hamlet et de René dans le même senti-

tous de fieffés coquins, ne crois aucun de nous. Va-t'en droit ton chemin jusqu'à un cloître. Où est votre père?

OPHÉLIA.—A la maison, mon seigneur.

HAMLET.—Qu'on ferme la porte sur lui, afin qu'il ne puisse pas jouer le rôle d'un sot ailleurs qu'en sa propre maison. Adieu!

OPHÉLIA.—Oh! secourez-le, cieux cléments!

HAMLET.—Si tu te maries, je te donnerai pour dot cette malédiction : sois aussi chaste que la glace, aussi pure que la neige, tu n'échapperas pas à la calomnie. Va-t'en dans un cloître; adieu! Ou si tu veux à toute force te marier, épouse un sot; car les hommes sages savent bien quels monstres vous faites d'eux. Au cloître, allons, et au plus vite! Adieu.

OPHÉLIA.—O puissances célestes, guérissez-le!

HAMLET.—J'ai aussi entendu parler de vos peintures, bien à ma suffisance. Dieu vous a donné un visage, et vous vous en faites vous-mêmes un autre. Vous dansez, vous trottez, vous chuchotez, vous débaptisez les créatures de Dieu, et vous mettez votre frivolité sur le compte de votre ignorance. Allez, je ne veux plus de cela; c'est cela qui m'a rendu fou. Je vous le dis, nous ne ferons plus de mariage; ceux qui sont mariés déjà vivront ainsi, tous, excepté un; les autres resteront comme ils sont. Au cloître! Allez.

(Hamlet sort.)

OPHÉLIA.—Oh! quel noble esprit est là en ruines! Courtisan, soldat, savant, le regard, la langue, l'épée! L'attente et la fleur de ce beau royaume, le miroir de la mode et le moule des bonnes formes, le seul observé de tous les observateurs, tout à fait, tout à fait à bas! Et moi,

---

ment de tristesse et la même rapide image, une ressemblance de hardiesse familière dans l'expression, entre Shakspeare et Chateaubriand, n'est-ce pas un fait tout naturel et comme un hasard qu'on devait prévoir? Ainsi M. de Chateaubriand, peu d'années avant sa mort (10 août 1840), écrivait à madame Récamier : « Si « ce n'était votre belle et chère personne, je m'en voudrais « d'avoir traînassé si longtemps sous le soleil. » (*Souvenirs de madame Récamier*, tome II, p. 499.)

de toutes les femmes la plus accablée et la plus misérable, moi qui ai sucé le miel de ses vœux mélodieux, maintenant je vois cette noble et tout à fait souveraine raison, telle que les plus douces cloches quand elles se fêlent, rendre des sons faux et durs ! cette forme incomparable et ces traits de jeunesse épanouie flétris par de tels transports ! Oh ! le malheur est sur moi ! Avoir vu ce que j'ai vu et voir ce que je vois !

(Le roi et Polonius rentrent.)

LE ROI.—L'amour ? non, ses affections ne suivent pas cette route ; et ce qu'il disait, quoique manquant un peu de suite, ne ressemblait pas à de la folie. Il y a dans son âme quelque chose sur quoi sa mélancolie s'est établie à couver, et je soupçonne fort que l'éclosion et le produit seront quelque danger. Pour le prévenir, je viens, par une résolution vive, de régler tout ainsi : il partira en hâte pour l'Angleterre, et ira réclamer nos tributs négligés. Peut-être les mers, la différence des pays et la variété des objets, pourront-elles chasser ce je ne sais quoi qui est l'idée fixe de son cœur et où se heurte sans cesse son cerveau qui le jette ainsi hors de l'usage de lui-même. Qu'en pensez-vous ?

POLONIUS.—Cela fera bon effet ; mais néanmoins je crois que l'origine et le commencement de son chagrin proviennent d'un amour maltraité.—Eh bien ! Ophélia, vous n'avez pas besoin de nous dire ce que le seigneur Hamlet a dit ; nous avons tout entendu.—Mon seigneur, agissez comme il vous plaît ; mais, si vous le trouvez bon, faites qu'après la représentation, la reine sa mère, toute seule avec lui, le presse de dévoiler son chagrin. Qu'elle le traite rondement ; et moi, si tel est votre bon plaisir, je me placerai dans le vent de toute leur conversation. Si elle ne le pénètre pas, envoyez-le en Angleterre, ou confinez-le dans le lieu que votre sagesse croira le meilleur.

LE ROI.—C'est ce que nous ferons ; la folie d'un homme de haut rang ne peut rester sans surveillance.

(Ils sortent.)

SCÈNE II

(Une salle dans le château.)

HAMLET *entre avec quelques comédiens.*

HAMLET.—Dites ce discours, je vous prie, comme je l'ai prononcé devant vous, en le laissant légèrement courir sur la langue ; mais si vous le déclamez à pleine bouche, comme font beaucoup de nos acteurs, j'aurais tout aussi bien pour agréable que mes vers fussent dits par le crieur de la ville. N'allez pas non plus trop scier l'air en long et en large a.. votre main, de cette façon ; mais usez de tout sobre...., car dans le torrent même et la tempête et, pour ainsi dire, le tourbillon de votre passion, vous devez prendre sur vous et garder une tempérance qui puisse lui donner une douceur coulante. Oh ! cela me choque dans l'âme d'entendre un robuste gaillard, grossi d'une perruque, déchiqueter une passion, la mettre en lambeaux, en vrais haillons, pour fendre les oreilles du parterre, qui, le plus souvent, n'est à la hauteur que d'une absurde pantomime muette, ou de beaucoup de bruit. Je voudrais qu'un tel gaillard fût fouetté, pour charger ainsi les Termagants[1] ; c'est se faire plus Hérode qu'Hérode lui-même. Je vous en prie, évitez cela.

PREMIER COMÉDIEN.—J'assure Votre Altesse....

HAMLET.—Ne soyez pas non plus trop apprivoisé, mais que votre propre discernement soit votre guide ; réglez l'action sur les paroles, et les paroles sur l'action, avec une attention particulière è n'outre-passer jamais la convenance de la nature ; car toute chose ainsi outrée s'écarte de la donnée même du théâtre, dont le but, dès le premier jour comme aujourd'hui, a été et est encore de présenter, pour ainsi parler, un miroir à la nature ; de

---

[1] Termagant était, dit-on, dans les vieux poëmes romanesques, le nom donné au dieu des tempêtes chez les Sarrasins. De là son nom vint, dans les vieux mystères, partager avec le nom d'Hérode le privilége de désigner un tyran plein de violence et d'ostentatoire orgueil, personnage presque obligé de ce théâtre primitif, sorte de Matamore tragique et toujours pris au sérieux.

montrer à la vertu ses propres traits, à l'infamie sa propre image, à chaque âge et à chaque incarnation du temps sa forme et son empreinte [1]. Tout cela donc, si vous outrez ou si vous restez en deçà, quoique cela puisse faire rire l'ignorant, ne peut que faire peine à l'homme judicieux, dont la censure, fût-il seul, doit, dans votre opinion, avoir plus de poids qu'une pleine salle d'autres spectateurs. Oh! il y a des comédiens que j'ai vus jouer,—et je les ai entendu vanter par d'autres personnes, et vanter grandement, pour ne pas dire grossement,—qui, n'ayant ni voix de chrétiens, ni démarche de chrétiens, ni de païens, ni d'hommes, se carraient et beuglaient au point de m'avoir donné à penser que quelques-uns des manouvriers de la nature avaient fait des hommes et ne les avaient pas bien faits, tant ces gens-là imitaient abominablement l'humanité!

PREMIER COMÉDIEN.—J'espère que nous avons passablement réformé cela chez nous.

HAMLET.—Ah! réformez-le tout à fait. Et que ceux qui jouent vos clowns n'en disent pas plus qu'on n'en a écrit dans leur rôle; car il y en a qui se mettent à rire

---

[1] Nous avons adopté ici une légère correction de M. Mason: *every age and body of the time*, au lieu de *the very age*, qui ne donnait aucun sens admissible. Même avec cette correction, le sens est vague. La langue anglaise n'est pas aussi rigoureuse que la langue française, et souvent la plume hâtive de Shakspeare esquisse avec une ampleur flottante telle ou telle idée que nous voudrions plus nettement définie. *The time*, est-ce seulement le temps même des comédiens et leurs contemporains, ou bien est-ce le passé comme le présent, et l'ensemble de la durée humaine? *Every age*, est-ce la jeunesse, l'âge mûr et la vieillesse, ou l'époque du roi Henri VI, celle de Macbeth, celle de Jules César, celle d'Énée et des héros épiques? Sont-ce les diverses générations d'un même siècle, ou les divers siècles de l'histoire? *Every body*, est-ce chaque personnage saillant, ou chaque caractère personnifié, ou chaque classe, chaque groupe de la société? Tout cela peut et doit, selon nous, être sous-entendu à la fois dans les quelques mots abstraits et incertains de Shakspeare, comme, plus haut, lorsqu'il appelait le théâtre « l'essence et la chronique abrégée du temps. » En somme, *every age and body of the time*, dans cet autre mauvais langage qui est du xixe siècle, cela se dirait probablement: chaque phase et chaque type de la vie.

eux-mêmes, pour mettre en train de rire un certain nombre de spectateurs imbéciles. Cependant, à ce moment-là même, il y a peut-être quelque situation essentielle de la pièce qui exige l'attention. Cela est détestable, et montre la plus pitoyable prétention de la part du sot qui use de ce moyen. Allez, préparez-vous. (*Les comédiens sortent.*) — (*Polonius, Rosencrantz et Guildenstern entrent.*) Où en sommes-nous, mon seigneur ? Le roi veut-il entendre ce chef-d'œuvre ?

POLONIUS. — Oui, et la reine aussi, et cela tout de suite.

HAMLET. — Dites aux acteurs de faire hâte. (*Polonius sort.*) Voulez-vous tous deux aller aussi les presser ?

TOUS DEUX. — Oui, mon seigneur.

(Horatio entre.)   (Rosencrantz et Guildenstern sortent.

HAMLET. — Qu'est-ce ? Ah ! Horatio !

HORATIO. — Me voici, mon doux seigneur, à votre service.

HAMLET. — Horatio, tu es de tout point l'homme le plus juste que jamais ma pratique du monde m'ait fait rencontrer.

HORATIO. — Oh ! mon cher seigneur !

HAMLET. — Non, ne crois pas que je flatte ; car quel avantage puis-je espérer de toi qui n'as d'autre revenu que ton bon courage, pour te nourrir et t'habiller ? Pourquoi le pauvre serait-il flatté ? Non ! Que la langue doucereuse aille lécher la pompe stupide ! que les charnières moelleuses du genou se courbent là où le profit récompense la servilité !... M'entends-tu bien ? depuis que mon âme tendre a été maîtresse de son choix et a pu distinguer parmi les hommes, elle t'a pour elle-même marqué du sceau de son élection ; car tu as été, en souffrant tout, comme un homme qui ne souffre rien, un homme qui, des rebuffades de la fortune à ses faveurs, a tout pris avec des remercîments égaux ; et bénis sont ceux-là dont le sang et le jugement ont été si bien combinés, qu'ils ne sont pas des pipeaux faits pour les doigts de la fortune et prêts à chanter par le trou qui lui plaît ! Donnez-moi l'homme qui n'est point l'esclave de la passion, et je le porterai dans le fond de mon cœur, oui, dans le cœur de mon cœur, comme je fais de toi.... Mais en voilà un peu trop à ce sujet. On joue ce soir une pièce devant le roi, une des scènes se rapproche fort des circonstances que je t'ai racontées sur la mort de mon père. Je te prie, quand tu verras cet acte en train, aussitôt, avec la plus intime pénétration de ton âme, observe mon oncle. Si son crime caché ne se débusque pas de lui-même, à une certaine tirade, c'est un esprit infernal que nous avons vu, et mes imaginations sont aussi noires que l'enclume de Vulcain. Surveille-le attentivement. Quant à moi, je riverai mes yeux sur son visage, et ensuite, nous réunirons nos deux jugements pour prononcer sur ce qu'il aura laissé voir.

HORATIO.—Bien, mon seigneur. S'il nous dérobe rien, pendant que la pièce sera jouée, et s'il échappe aux recherches, je prends ce vol-là à mon compte.

HAMLET.—Ils viennent pour la pièce; il faut que je flâne; trouvez une place.

(Marche danoise; fanfare. Le roi, la reine, Polonius, Ophélia, Rosencrantz, Guildenstern et autres entrent.)

LE ROI.—Comment se porte notre cousin Hamlet?

HAMLET.—A merveille, sur ma foi! vivant des reliefs du caméléon, je mange de l'air, et je m'engraisse de promesses. Vous ne pourriez pas mettre vos chapons à ce régime.

LE ROI.—Je n'ai rien à voir dans cette réponse, Hamlet; je ne suis pour rien dans ces paroles.

HAMLET.—Ni moi non plus, désormais [1]. (A Polonius.) Mon seigneur, vous avez joué la comédie autrefois à l'Université, dites-vous?

POLONIUS.—Oui, mon seigneur, je l'ai jouée, et je passais pour bon acteur.

HAMLET.—Et qu'avez-vous joué?

POLONIUS.—J'ai joué Jules César. Je fus tué au Capitole; Brutus me tua.

HAMLET.—Il joua un rôle de brute, en tuant en pareil lieu un veau d'une si capitale importance [2]. Les comédiens sont-ils prêts?

[1] Les paroles d'un homme, dit le proverbe anglais, ne lui appartiennent plus dès qu'il les a dites.
[2] Double jeu de mots entre *Brutus* et *brute*, *Capitole* et *capitale*.

ROSENCRANTZ. — Oui, mon seigneur, ils n'attendent que votre permission.

LA REINE. — Venez ici, mon cher Hamlet, asseyez-vous près de moi.

HAMLET. — Non, ma bonne mère, voici un aimant qui a plus de force d'attraction.

POLONIUS, *au roi*. — Oh! oh! remarquez-vous ceci?

HAMLET, *s'asseyant aux pieds d'Ophélia*. — Madame, me coucherai-je entre vos genoux?

OPHÉLIA. — Non, mon seigneur.

HAMLET. — Je veux dire la tête sur vos genoux.

OPHÉLIA. — Oui, mon seigneur.

HAMLET. — Pensez-vous donc que j'aie eu dans l'esprit un propos de manant?

OPHÉLIA. — Je ne pense rien, mon seigneur.

HAMLET. — Ce n'est pas une vilaine pensée que celle de s'étendre parmi des jambes de jeunes filles.

OPHÉLIA. — Comment, mon seigneur?

HAMLET. — Rien.

OPHÉLIA. — Vous êtes gai, mon seigneur.

HAMLET. — Qui, moi?

OPHÉLIA. — Oui, mon seigneur.

HAMLET. — Oh! je ne suis que votre bouffon. Qu'est-ce que l'homme peut faire de mieux que de s'égayer? car, voyez comme ma mère a l'air joyeux... et il n'y a pas deux heures que mon père est mort.

OPHÉLIA. — Mais non, mon seigneur, il y a deux mois.

HAMLET. — Si longtemps? eh bien, que le diable porte le noir! Pour moi, je veux avoir un assortiment de martre zibeline [1]. Oh, ciel! mort depuis deux mois et pas encore

---

[1] Le texte dit : « *Let the devil wear black, for I'll have a suit of sables* ; » il y a là un de ces jeux de mots qu'il faut expliquer quand on ne peut les traduire. En anglais, *sable* veut dire la fourrure de la martre zibeline, la plus luxueuse parure au temps de Shakspeare, et en même temps, dans la langue du blason, la couleur noire, comme on a pu deux fois déjà le remarquer dans cette pièce même, à propos de la barbe du roi mort (acte I, sc. II) et à propos de l'armure de Pyrrhus (acte II, sc. II). En employant ce mot, Shakspeare a voulu nous laisser hésiter entre les deux sens. En même temps que nous entendons Hamlet

oublié? Alors il y a de l'espoir pour que la mémoire
d'un grand homme survive à sa vie la moitié d'une
année; mais, par Notre-Dame, il faut alors qu'il bâtisse
des églises; autrement, il aura à souffrir du mal de
non-souvenance, avec le pauvre dada de bois, dont
l'épitaphe est connue :

« Car oh ! car oh ! le dada de bois,
« Le dada de bois est oublié[1] ! »

(Les trompettes sonnent; suit une pantomime: un roi et une
reine entrent d'un air fort amoureux. La reine l'embrasse, et il
embrasse la reine, elle se met à genoux devant lui, et par gestes
lui proteste de son amour. Il la relève, et penche la tête sur son
épaule. Il se couche sur un banc couvert de fleurs. Le voyant
endormi, elle se retire. Alors survient un autre personnage, qui
lui enlève sa couronne, la baise, puis verse du poison dans l'o-
reille du roi, et s'en va. La reine revient, elle trouve le roi mort,
et fait des gestes de désespoir. L'empoisonneur arrive avec deux
ou trois acteurs muets, et semble se lamenter avec elle. On
emporte le corps. L'empoisonneur offre à la reine des présents
de mariage; elle paraît un moment les repousser et les refuser;
mais à la fin, elle accepte le gage de son amour. Les comédiens
sortent.)

OPHÉLIA.—Que veut dire cela, mon seigneur?

dire à Ophélia: « Au diable le deuil! à moi l'élégance! » nous
l'entendons se dire à lui-même, par un subtil calembour, par
une contradiction imprévue, par une restriction mentale aussi
prompte que l'éclair: « Je parle de belles fourrures à Ophélia,
mais c'est un vêtement noir que je veux toujours avoir, et je
garde pieusement ce deuil que je semble rejeter et railler. »
N'oublions pas que Hamlet vit double : il vit devant des gens qu'il
veut sonder et tromper, ennemis ou amis; et il vit en lui-même,
s'observant sans cesse, et comme en présence du spectre paternel
auquel il veut donner satisfaction. De là, souvent des paroles
doubles comme la vie de Hamlet, et adressées en un sens aux
personnages réels du drame, en un autre sens à l'invisible témoin
du drame intérieur qui se passe dans le cœur de Hamlet. Et nous,
admis à suivre ces deux drames, confidents de son secret comme
spectateurs de ses actions, tâchons de n'en rien perdre, exer-
çons-nous à l'écouter avec cette même présence d'esprit si subtile
et si soudaine qui aiguise son langage, si nous voulons admirer
assez l'art unique de Shakspeare dans la création de Hamlet, tant
de suite à travers un tel labyrinthe, l'harmonie de tous ces contrastes, la profondeur de plus d'une puérilité.

[1] Parmi les jeux du mois de mai, populaires dans les villages
d'Angleterre, il y avait un cheval de bois, *hobby-horse*, occasion de

HAMLET.—Ma foi! c'est l'embûche de la méchanceté ; cela veut dire : crime.

OPHÉLIA.—Sans doute cette pantomime indique le sujet de la pièce.

(Le Prologue entre.)

HAMLET.—Nous allons le savoir de ce garçon-là. Les comédiens ne peuvent garder un secret, ils nous diront tout.

OPHÉLIA.—Nous dira-t-il ce que signifiait cette pantomime ?

HAMLET.—Oui, et toute autre pantomime que vous voudrez lui mimer. N'ayez pas honte, vous, de faire le spectacle, et lui, il n'aura pas honte de vous faire le commentaire.

OPHÉLIA.—Vous êtes un vaurien, vous êtes un vaurien. Je veux écouter la pièce.

LE PROLOGUE.—

> Pour nous et pour notre tragédie, nous agenouillant ici devant votre clémence, nous implorons de vous audience et patience [1].

HAMLET.—Est-ce là un prologue, ou la devise d'une bague ?

OPHÉLIA.—C'est bref, mon seigneur.

HAMLET.—Comme l'amour d'une femme.

(Un roi et une reine entrent.)

LE ROI DE LA COMÉDIE.—

> Trente fois le chariot de Phébus a fait le tour entier du bassin salé de Neptune et du sol arrondi de Tellus, et trente fois douze lunes, de leur splendeur empruntée, ont marqué autour du monde douze fois trente étapes du temps, depuis que l'amour a uni nos cœurs, et l'hymen nos mains, par la réciprocité des liens les plus sacrés.

diverses farces et d'une danse qui avait reçu le même nom. Mais l'humeur puritaine ayant maudit et proscrit tous ces divertissements, une complainte fut faite sur le pauvre dada mis à mal, et Hamlet la rappelle, opposant l'oubli où était tombée cette innocente victime des sectaires, à l'éternelle mémoire que s'assurait un fondateur d'église, dont le nom avait place dans les prières publiques à la fête du patron.

[1] L'idée première de cette scène n'est pas de Shakspeare. Avant

LA REINE DE LA COMÉDIE. —

Ah! puissent le soleil et la lune nous faire encore compter leurs voyages en aussi grand nombre, avant que c'en soit fait de l'amour! mais, malheureuse que je suis! vous êtes si malade depuis quelque temps, si loin de l'allégresse et de votre ancienne façon d'être, que je suis défiante à votre sujet. Cependant, quoique je me défie, cela ne doit en rien, mon seigneur, vous décourager : car les craintes et les tendresses des femmes vont par égales quantités, pareillement nulles, ou pareillement extrêmes. Maintenant, ce qu'est mon amour, l'expérience vous l'a fait connaître, et la

---

lui, le poëte Kid, dans sa pièce intitulée *la Tragédie espagnole*, avait mêlé et fait concourir à l'action principale une autre représentation théâtrale; voici comment: Hiéronimo, vieux maréchal espagnol, a un fils qui est assassiné, mais dont il ne connaît pas les assassins: il se lamente et il cherche, il croit découvrir et hésite encore; enfin la maîtresse de son fils lui révèle les coupables, et pour s'assurer une vengeance éclatante, il complote avec la jeune femme de donner au roi d'Espagne le divertissement d'une tragédie où les meurtriers auront des rôles et trouveront la mort. Le plan s'exécute: Hiéronimo et Belimpéria tuent leurs ennemis, Belimpéria se tue elle-même, toute la cour applaudit le jeu terriblement naturel des acteurs, et alors Hiéronimo s'avance, montre le cadavre de son fils, et le dénoûment de la tragédie devient ainsi celui du drame.—Cela seul suffirait à prouver que Shakspeare a imité Kid, tout en remaniant son idée; mais il y a d'autres ressemblances encore entre les deux pièces: « Je retrouve dans le caractère de Hiéronimo le germe de celui « de Hamlet, » écrivait récemment M. Alfred Mézières, dans ses savantes et élégantes études sur les contemporains de Shakspeare; « comme Hamlet, le vieux maréchal espagnol poursuit la ven« geance d'un meurtre dont il ne connaît pas avec certitude les « auteurs; comme lui, il doute, il hésite; comme lui, il simule « la folie pour s'instruire et pour cacher ses projets, en même « temps qu'il en éprouve quelquefois les transports par l'excès « de son désespoir. Leur démence est une ruse, mais par instants « elle devient réelle. Il y a de l'habileté dans leur conduite et de « l'égarement dans leur pensée. L'un se sert de la petite pièce, « jouée dans la grande, pour amener le dénoûment, l'autre pour « convaincre les meurtriers de leur crime. Mais au fond le pro« cédé est le même; si Shakspeare en a tiré un plus grand parti, « Kid l'a employé le premier. » (*Magasin de librairie*, 10 février 1859.)

mesure de mon amour est celle de ma crainte aussi. Là où l'amour est grand, les plus petits soupçons sont une crainte; là où les petites craintes deviennent grandes, là croissent les grandes amours.

LE ROI DE LA COMÉDIE.—

Oui, vraiment, mon amour, je dois te dire adieu, et bientôt sans doute; mes forces actives renoncent à accomplir leurs fonctions; et toi, tu resteras en arrière, à vivre en ce monde si beau, honorée. chérie; et peut-être un autre aussi tendre sera-t-il, par toi, comme époux.....

LA REINE DE LA COMÉDIE.—

Ah! supprimez le reste! Un tel amour, dans mon sein, ne pourrait être qu'une trahison. Un second époux, ah! que je sois maudite en lui! Nulle n'épousa le second sans avoir tué le premier.

HAMLET (*à part*).—Voilà l'absinthe! voilà l'absinthe!

LA REINE DE LA COMÉDIE.—

Les motifs qui amènent un second mariage sont de basses raisons de gain, non des raisons d'amour. Je tue une seconde fois mon époux mort, quand un second époux m'embrasse dans mon lit.

LE ROI DE LA COMÉDIE.—

Je vous crois, vous pensez ce que vous dites maintenant. Mais ce que nous décidons, il nous arrive souvent de l'enfreindre. Un dessein n'est rien de plus qu'un esclave de notre mémoire et, violemment né, est pauvre en validité. Aujourd'hui, comme un fruit vert, il tient à l'arbre; mais il tombe même sans secousse, quand il est mûr. De toute nécessité, nous oublions de nous payer à nous-mêmes la dette où nous sommes seuls nos propres créanciers. Ce que, dans la passion, nous nous proposons à nous-mêmes, devient hors de propos quand la passion est finie. La violence des peines ou des joies, en les détruisant elles-mêmes, détruit aussi les ordonnances qu'elles s'étaient signifiées. Là où la joie s'ébat le plus, là où se lamente le plus la peine, la peine s'égaye et la joie s'attriste au plus léger accident. Ce monde n'est pas pour toujours, et il n'est pas étrange que nos amours mêmes changent avec nos fortunes. Car cette question nous reste encore à décider : Est-ce l'amour qui mène la fortune, ou bien la fortune l'amour? Que le grand homme soit à bas, voyez-vous, son favori s'envole. Que le pauvre monte, il fait de ses ennemis autant d'amis, et jusqu'à ce jour l'amour s'est dirigé d'après la fortune ; car celui qui n'a pas besoin ne manque jamais d'un ami, et celui qui, par nécessité, met à l'épreuve une de ces amitiés creuses, la fait aussitôt tourner en inimitié. Mais pour revenir en règle conclure là où j'ai commencé, nos volontés et nos destinées se contrarient tellement dans leur course, que nos plans sont toujours renversés. Nôtres sont nos pensées, mais leur issue n'est pas nôtre. Pense donc que tu ne veux jamais t'unir à un second époux : tes pensées pourront mourir, quand ton premier seigneur sera mort.

LA REINE DE LA COMÉDIE.—

Alors, que la terre ne me donne plus la nourriture, ni le ciel la lumière ! Que les jeux et le repos me soient jour et nuit fermés ! Puissent en désespoir se changer ma foi et mon espérance ! Puisse au fond d'une prison et aux plaisirs d'un anachorète se borner ma carrière ! Puissent tous les revers qui décontenancent le visage de la joie rencontrer mes meilleurs souhaits et les détruire ! Et que, dans ce monde et dans l'autre, je sois poursuivie par le plus durable tourment, si, veuve une fois, je redeviens jamais femme !

HAMLET, à *Ophélia*.—Maintenant, si elle manquait à son serment....

LE ROI DE LA COMÉDIE.—

Voilà de profonds serments. Douce amie, laisse-moi seul ici pour un peu de temps. Mes esprits s'appesantissent, et je voudrais tromper par le sommeil l'ennui traînant du jour.

(Il s'endort.)

LA REINE DE LA COMÉDIE.—

Que le sommeil berce ton cerveau, et que jamais le malheur ne vienne se glisser entre nous deux.

(Elle sort.)

HAMLET.—Madame, comment vous plaît cette pièce?

LA REINE.—La reine fait trop de protestations, ce me semble.

HAMLET.—Oh! mais elle tiendra sa parole.

LE ROI.—Connaissez-vous le sujet de la pièce? N'y a-t-il rien qui puisse blesser?

HAMLET.—Non, non; ils ne font que rire; ils empoisonnent pour rire; il n'y a rien au monde de blessant.

LE ROI.—Comment appelez-vous la pièce?

HAMLET.—*La Souricière*. Et pourquoi cela, direz-vous? Par métaphore. Cette pièce est la représentation d'un meurtre commis à Vienne. Le duc s'appelle Gonzague, et sa femme Baptista. Vous verrez tout à l'heure. C'est un chef-d'œuvre de scélératesse; mais qu'importe? Votre Majesté, et nous, qui avons la conscience libre, cela ne nous touche en rien. Que la haridelle écorchée rue, si le bât la blesse : notre garrot n'est pas entamé. (*Lucianus entre.*) Celui-là est un certain Lucianus, neveu du roi.

OPHÉLIA.—Vous êtes d'aussi bon secours que le Chœur, mon seigneur.

HAMLET.—Je pourrais dire le dialogue entre vous et votre amant, si je voyais jouer les marionnettes.

OPHÉLIA.—Vous êtes piquant, mon seigneur, vous êtes piquant.

HAMLET.—Il ne vous en coûterait qu'un soupir, et la pointe serait émoussée.

OPHÉLIA.—De mieux en mieux, mais de pis en pis.

HAMLET.—Oui, comme vous vous méprenez quand vous prenez vos maris! Commence donc, assassin! Cesse tes maudites grimaces, et commence. Allons! Le corbeau croassant hurle pour avoir sa vengeance!

LUCIANUS.—
  Noire pensée, bras dispos, drogue appropriée, moment favorable, occasion complice! Nulle autre créature qui voie! O toi, mélange violent d'herbes sauvages recueillies à minuit, trois fois flétries, trois fois infectées par l'imprécation d'Hécate, que ta nature magique et ta cruelle puissance envahissent sans retard la vie encore saine!
  (Il verse du poison dans l'oreille du roi endormi.)

HAMLET. — Il l'empoisonne dans le jardin pour s'emparer de ses possessions. — Son nom est Gonzague. L'histoire existe, écrite en italien, style de premier choix. Vous verrez tout à l'heure comment l'assassin acquiert l'amour de la femme de Gonzague.

OPHÉLIA. — Le roi se lève !

HAMLET. — Quoi ! effrayé par un feu follet ?

LA REINE. — Qu'avez-vous, mon seigneur ?

POLONIUS. — Laissez-là la pièce !

LE ROI. — Donnez-moi de la lumière ! Sortons.

POLONIUS. — Des lumières ! des lumières ! des lumières !

(Tous sortent hormis Hamlet et Horatio.)

HAMLET. —
« Eh bien ! que le daim frappé s'échappe et
« pleure ; que le cerf non blessé se joue ! Les uns
« doivent veiller, les autres doivent dormir. Ainsi
« va le monde. »

Ne croyez-vous pas, monsieur, qu'un coup de théâtre comme celui-ci, avec accompagnement d'une forêt de plumes sur la tête, et deux roses de Provins sur des souliers taillardés [1], pourrait, si la fortune, par la suite, me traitait de Turc à More, me faire recevoir compagnon dans une meute de comédiens ?

HORATIO. — A demi-part.

HAMLET. — A part entière, vous dis-je [2] !

---

[1] Au temps de Shakspeare, sur les souliers élégants, taillardés comme l'étaient souvent les vêtements, pour laisser voir des *crevés* d'étoffes brillantes, on portait de gros nœuds de rubans disposés en forme de roses, et la ville de Provins était dès lors partout célèbre par ses roses dont elle fait commerce depuis six siècles, pour la pharmacie comme pour les jardins.

[2] Les acteurs, au temps de Shakspeare, n'avaient pas de traitements annuels et fixes. La somme des bénéfices de la troupe était divisée en un certain nombre de parts ; l'entrepreneur des spectacles prenait celles qu'il s'était réservées, et chaque acteur, selon son mérite et la convention faite, en recevait, ou plusieurs, ou une, ou quelque partie d'une. Horatio n'attribue à Hamlet qu'une demi-part parce qu'il n'a qu'un droit de collaborateur dans la pièce qu'il a fait jouer ; mais Hamlet, estimant davantage la valeur de sa ruse et l'effet dramatique de son succès, réclame une part entière.

« Car tu sais, bien-aimé Damon, que ce royaume déman-
« telé appartenant à Jupiter lui-même, et maintenant règne
« en ces lieux un vrai... un vrai... un vrai paon. »

Horatio.—Vous auriez pu mettre la rime [1].

Hamlet.—Oh! mon cher Horatio! à présent je tiendrais mille livres sterling sur la parole du fantôme. As-tu remarqué?

Horatio.—Très-bien, mon seigneur.

Hamlet.—Quand il a été question de l'empoisonnement....

Horatio.—Je l'ai très-bien remarqué!

Hamlet.—Ah! ah!—Allons, un peu de musique! les flageolets!

 « Car si le roi n'aime pas la comédie, eh bien!
 « alors probablement..... c'est qu'il ne l'aime pas,
 « pardieu! »

 (Rosencrantz et Guildenstern entrent.)

Allons! un peu de musique.

Guildenstern.—Mon bon seigneur, accordez-moi la grâce de vous dire un mot.

Hamlet.—Toute une histoire, monsieur.

Guildenstern.—Le roi, monsieur....

Hamlet.—Ah! oui, monsieur. Quelles nouvelles de lui?

Guildenstern.—Il est dans son apppartement, singulièrement indisposé.

Hamlet.—Par la boisson, monsieur?

Guildenstern.—Non, mon seigneur, par la colère.

Hamlet.—Votre sagesse se serait montrée mieux en fonds, en instruisant de ceci le médecin; car, quant à moi, me charger de lui porter des purgatifs, ce serait peut-être le plonger encore plus avant dans le cholérique.

Guildenstern.—Mon bon seigneur, mettez quelque règle à vos discours, et ne faites pas ces bonds sauvages hors de mon sujet.

---

[1] Hamlet dit: *A very peacock;* la rime voulait: *A very ass;* et Horatio dit à Hamlet que l'indigne roi de Danemark mérite aussi bien le titre d'âne que celui de paon.

HAMLET.—Je suis apprivoisé, monsieur ; parlez.

GUILDENSTERN.—La reine votre mère, dans une très-grande affliction d'esprit, m'a envoyé vers vous.

HAMLET.—Vous êtes le bienvenu.

GUILDENSTERN.—Non, mon seigneur, cette courtoisie n'est pas de race franche. S'il vous plaît de me faire une saine réponse, j'exécuterai les ordres de votre mère ; sinon, votre pardon et mon retour mettront fin à mon office.

HAMLET.—Monsieur, je ne puis....

GUILDENSTERN.—Quoi, mon seigneur?

HAMLET.—.... Vous faire une saine réponse ; mon esprit est malade. Mais, monsieur, ma réponse, telle que je puis la faire, est bien à votre service, ou plutôt, comme vous dites, à celui de ma mère. Ainsi, sans plus de paroles, venons au fait : ma mère, dites-vous....?

ROSENCRANTZ.—Voici ce qu'elle dit : votre conduite l'a frappée de surprise et de stupéfaction.

HAMLET.—O fils prodigieux, qui peut ainsi étonner sa mère ! Mais la stupéfaction de cette mère n'a-t-elle pas quelque suite qui lui coure sur les talons? Instruisez-moi.

ROSENCRANTZ.—Elle désire causer avec vous dans son cabinet, avant que vous alliez vous coucher.

HAMLET.—Nous obéirons, fût-elle dix fois notre mère. Avez-vous quelque autre affaire à traiter avec nous?

ROSENCRANTZ.—Mon seigneur, il fut un temps où vous m'aimiez.

HAMLET.—Et je vous aime encore, par la pilleuse que voici et la voleuse que voilà [1] !

ROSENCRANTZ.—Mon bon seigneur, quelle est la cause de votre trouble ? C'est assurément fermer la porte à votre propre délivrance que de refuser vos chagrins à votre ami.

HAMLET.—Monsieur, ce qui me manque, c'est de l'avancement.

---

[1] C'est à-dire : « Par mes mains, » et sans doute Hamlet les tend à Rosencrantz. La singulière périphrase dont il se sert vient du catéchisme anglais, qui enseigne au catéchumène, parmi ses devoirs envers son prochain, à abstenir ses mains du pillage et du vol (*picking and stealing*).

ACTE III, SCÈNE II.

ROSENCRANTZ.—Comment cela se peut-il, lorsque vous avez la voix du roi lui-même, en gage de votre succession à la couronne du Danemark [1]?

HAMLET.—Oui; mais « pendant que l'herbe pousse...[2]; »

[1] En Danemark, comme dans la plupart des royaumes goths, la royauté était élective; mais c'était la coutume, quand le roi mourait, de choisir son successeur d'après ses conseils et dans sa famille. Bien des détails, dans *Hamlet*, attestent cette nature complexe de la monarchie danoise. Si elle n'avait pas été jusqu'à un certain point élective, l'oncle de Hamlet n'aurait pu garder à sa cour son neveu frustré; Laërte ne parlerait pas à Ophélia de cette « grande voix du Danemark » qui doit régir la vie de Hamlet (acte I, scène III); Hamlet appellerait formellement son oncle usurpateur, au lieu de l'appeler : « celui qui s'est glissé « entre l'élection et mes espérances » (acte V, scène II); il ne prédirait pas, en mourant, que « le choix va tomber sur le jeune « Fortinbras » (acte V, scène II). D'autre part, si la monarchie danoise n'avait pas été jusqu'à un certain point héréditaire, le roi ne dirait pas à Hamlet: « Vous êtes le plus proche de notre « trône » (acte I, scène II); le jeune étudiant de Wittemberg n'aurait point eu de chances à perdre ni de titres à réclamer; et quand les séditieux veulent porter Laërte au trône (acte IV, scène v), le messager ne dirait pas que « l'antiquité est oubliée « et la coutume méconnue; » enfin si, en Danemark, la déclaration du dernier roi n'avait pas influé, par force d'habitude et presque de loi, sur l'élection du roi nouveau, il ne serait pas ainsi question, ici même, des promesses faites à Hamlet par son oncle, et Hamlet, quand il meurt (acte V, scène II), ne songerait pas à donner sa voix à Fortinbras, pour lequel elle n'a de prix que comme acte de cette autorité d'un instant dont Hamlet a été à demi investi par les promesses et la mort de Claudius. Shakspeare n'a jamais perdu de vue la triple source du pouvoir royal chez les Danois: élection populaire, demi-hérédité, suffrage du roi défunt. Shakspeare est rempli d'ignorance, de distractions historiques, d'anachronismes; mais quand il sait bien un fait, et une fois qu'il l'a fait entrer dans son drame, ce fait devient comme un personnage du drame et s'y meut sans effort et s'y retrouve partout. L'exemple que nous venons d'en donner nous a paru assez concluant pour être donné tout au long.

[2] Ce proverbe que Hamlet n'achève pas était: « Pendant que « l'herbe pousse, le cheval affamé maigrit. » Cachant, sous une impatience ambitieuse, son impatience de se venger, Hamlet va avouer que son oncle, à son gré, vit trop longtemps; tout en dissimulant, il va se trahir; il s'échappe à demi; mais il s'arrête, il tourne court, et Rosencrantz est déjoué.

le proverbe lui-même s'est un peu moisi. (*Des comédiens et des joueurs de flageolets entrent.*) Ah! les joueurs de flageolets! Voyons-en un. (*A Guildenstern.*) Me retirer avec vous! Pourquoi tourner autour de moi, et flairer ma piste comme si vous vouliez me pousser dans un piége?

GUILDENSTERN.—Ah! mon seigneur, si mes devoirs envers le roi me rendent trop hardi, c'est aussi mon amour pour vous qui me rend importun.

HAMLET.—Je n'entends pas bien cela. Voulez-vous jouer de cette flûte?

GUILDENSTERN.—Mon seigneur, je ne puis.

HAMLET.—Je vous prie.

GUILDENSTERN.—Croyez-moi; je ne puis.

HAMLET.—Je vous en conjure.

GUILDENSTERN.—Je n'en connais pas une seule touche, mon seigneur.

HAMLET.—Cela est aussi aisé que de mentir. Gouvernez ces prises d'air avec les doigts et le pouce, animez l'instrument du souffle de votre bouche, et il se mettra à discourir en très-éloquente musique. Voyez-vous? Voici les soupapes.

GUILDENSTERN.—Mais je ne saurais les faire obéir à l'expression d'aucune harmonie. Je n'ai pas le talent requis.

HAMLET.—Eh bien! voyez maintenant quelle indigne chose vous faites de moi! Vous voudriez jouer de moi; vous voudriez avoir l'air de connaître mes soupapes; vous voudriez me tirer de vive force l'âme de mon secret; vous voudriez me faire résonner, depuis ma note la plus basse jusqu'au haut de ma gamme. Il y a beaucoup de musique, il y a une voix excellente dans ce petit tuyau d'orgue; et pourtant vous ne pouvez le faire parler. Par la sang-bleu! pensez-vous qu'il soit plus aisé de jouer de moi que d'une flûte? Prenez-moi pour tel instrument que vous voudrez; vous pouvez bien tourmenter mes touches, vous ne pouvez pas jouer de moi. (*Polonius entre.*) Dieu vous bénisse, monsieur!

POLONIUS.—Mon seigneur, la reine voudrait vous parler, et à l'heure même.

HAMLET.—Voyez-vous ce nuage, qui a presque la forme d'un chameau?

POLONIUS.—Par la sainte messe, il ressemble à un chameau, en vérité!

HAMLET.—Je crois qu'il ressemble à une belette.

POLONIUS.—Il a comme un dos de belette.

HAMLET.—Ou de baleine?

POLONIUS.—Oui, tout à fait de baleine.

HAMLET.—Ainsi, j'irai donc trouver ma mère tout à l'heure... L'arc est à bout de corde; ils me tirent à me rendre fou... J'irai tout à l'heure.

POLONIUS.—Je le lui dirai.

(Polonius sort.)

HAMLET.—Tout à l'heure est aisé à dire. Laissez-moi, mes amis. (*Rosencrantz, Guildenstern, Horatio, etc., sortent.*) Voici justement l'heure de la nuit, cette heure qui ensorcelle, l'heure où les cimetières bâillent et où l'enfer même souffle sur ce monde la contagion. Maintenant, je pourrais boire du sang chaud et faire des actions si amères que le jour frémirait de les regarder... Doucement! chez ma mère, maintenant? O mon cœur! ne perds pas ta nature; que jamais l'âme de Néron ne pénètre dans cette ferme poitrine; soyons cruel, mais non dénaturé: je lui parlerai de poignards, mais je n'en mettrai point en usage. Ma langue et mon âme, soyez hypocrites en ceci, et de quelque façon que mes discours puissent frapper sur elle,—quant à les sceller des sceaux qui font agir, ô mon âme! n'y consens jamais!

(Il sort.)

SCÈNE III

(Un appartement dans le château.)

LE ROI, ROSENCRANTZ et GUILDENSTERN *entrent*.

LE ROI.—Il m'est déplaisant; et, d'ailleurs, il n'y a point de sûreté pour nous à laisser errer sa folie. Préparez-vous donc; je vais expédier sur-le-champ votre commission, et il partira pour l'Angleterre avec vous.

Les intérêts de notre empire ne peuvent endurer ces hasards dangereux, et croissant d'heure en heure, qui naissent de ses accès.

GUILDENSTERN.—Nous allons nous préparer. Elle est très-sainte et religieuse la crainte qui s'éveille pour maintenir saufs tant et tant de corps qui vivent et se nourrissent de Votre Majesté.

ROSENCRANTZ.—La vie isolée et privée est sujette à ce devoir d'employer la force et l'armure entière de l'esprit pour se préserver de toute atteinte ; mais bien plus encore cette âme au salut de laquelle se rattachent et se fient les vies de beaucoup d'autres. Le décès d'une majesté n'est pas une mort unique ; mais, comme un gouffre, elle entraîne avec elle tout ce qui est près d'elle. C'est une roue énorme fixée au sommet de la plus haute montagne ; dans ses vastes rayons sont enchâssées et engagées dix mille menues pièces ; lorsqu'elle tombe, chaque petit accessoire, conséquence chétive, la suit dans sa bruyante ruine. Jamais ne vont seuls les soupirs du roi, mais toujours avec un gémissement public.

LE ROI.—Equipez-vous, je vous prie, pour ce pressant voyage ; car nous voulons mettre des entraves à cette crainte qui maintenant marche d'un pied trop libre.

ROSENCRANTZ ET GUILDENSTERN. — Nous allons nous hâter.

(Rosencrantz et Guildenstern sortent ; Polonius entre.)

POLONIUS.—Mon seigneur, il se rend dans le cabinet de sa mère : je me placerai derrière la tapisserie pour entendre la conversation. Je garantis qu'elle va le réprimander sans cérémonie ; mais, comme vous l'avez dit, et cela était très-sagement dit, il est à propos que quelque autre auditoire qu'une mère (puisque la nature rend les mères partiales) soit là pour constater leurs discours à l'occasion. Adieu, mon souverain, j'irai vous trouver avant que vous vous mettiez au lit, et vous dire ce que j'aurai su.

LE ROI.—Merci, mon cher seigneur. (*Polonius sort.*) Oh ! mon crime est sauvage ; son odeur impure va jusqu'au ciel. Il porte avec lui la première, la plus ancienne des malédictions : le meurtre d'un frère!... Prier, je ne le puis, malgré le penchant qui m'y porte aussi vivement que la volonté; ma faute plus forte triomphe de ma forte intention, et, comme un homme astreint à une double tâche, je demeure en suspens, ne sachant par où commencer, et je néglige l'une et l'autre. Eh quoi? quand même cette main maudite serait plus épaisse du sang d'un frère que de sa propre chair, n'y a-t-il pas assez de pluie dans les cieux cléments pour la rendre aussi blanche que la neige? A quoi sert la miséricorde, si ce n'est à tenir tête à la face du péché? et qu'y a-t-il dans la prière, sinon cette double force de nous retenir avant que nous en venions à tomber, ou de nous faire pardonner quand nous sommes à bas? Je lèverai donc les yeux; ma faute est passée... Mais hélas! quelle forme de prière peut servir ma cause?... Pardonne-moi mon infâme meurtre. Cela ne se peut, puisque je suis encore en possession de ces résultats pour lesquels j'ai commis le meurtre... ma couronne, mon ambition propre, et ma reine. Peut-on être pardonné et garder ce qui fait l'offense? Dans le train corrompu de ce monde, la main dorée du crime peut écarter la justice, et souvent on a vu les profits criminels employés eux-mêmes à se racheter de la loi; mais il n'en est pas ainsi là-haut. Là, point de subterfuges. Là est exposée l'action, dans toute la vérité de sa nature, et nous sommes contraints de comparaître nous-mêmes, devant le front découvert de nos fautes et comme à portée de leurs dents, et de rendre témoignage!... Quoi donc alors? Que me reste-t-il? Essayer ce que peut la repentance? Et que ne peut-elle pas? Que peut-elle cependant, quand on ne peut se repentir? Oh! l'état misérable! ô conscience aussi noire que la mort! ô âme engluée, qui, te débattant pour te délivrer, n'es que plus engagée! Secourez-moi, ô anges! faites effort! Pliez, genoux roides, et toi, cœur aux fibres d'acier, sois tendre comme les nerfs de l'enfant nouveau-né! Alors tout pourra aller bien

(Il s'éloigne et se met à genoux.) (Hamlet entre.)

HAMLET.—Maintenant je puis le faire, fort à propos;

maintenant il est en prières ; et maintenant, je vais le faire... et ainsi il va au ciel, et moi, suis-je ainsi vengé? Ceci veut être examiné. Un scélérat tue mon père, et pour cela, moi, son fils unique, j'envoie ce même scélérat droit au ciel ! Eh ! mais ce serait salaire et profit, et non vengeance. Il a surpris mon père brutalement, plein de pain [1], quand tous ses péchés étaient largement épanouis et frais comme le mois de mai... Et comment ses comptes se balancent, qui le sait, hormis le ciel? Mais, du point de vue où nous sommes et dans notre ordre de pensées, la charge est lourde pour lui. Serai-je donc vengé en surprenant celui-ci au moment où il purifie son âme, lorsqu'il est prêt et accommodé pour le voyage? Non. Halte-là, mon épée, et médite une plus horrible atteinte. Quand il sera ivre, endormi, ou dans sa rage, ou dans les plaisirs incestueux de son lit ; jouant ou jurant, ou en train de quelque action qui n'ait aucun parfum de salut ; alors, abats-le, de façon que ses talons ruent vers le ciel et que son âme soit aussi damnée et aussi noire que l'enfer où elle va.—Ma mère attend.—Ce cordial, vois-tu, ne fait que prolonger tes jours incurables.

(Il sort.) (Le roi se lève et revient.)

LE ROI.—Mes paroles s'envolent, mes pensées demeurent ici-bas. Les paroles sans les pensées ne vont jamais au ciel.

(Il sort.)

SCÈNE IV

(Un autre appartement dans le château.)

LA REINE ET POLONIUS *entrent.*

POLONIUS.—Il va venir tout de suite. N'oubliez pas de le réprimander sans cérémonie. Dites-lui que ses écarts

---

[1] Expression biblique empruntée à Ézéchiel, XVI, 49 : « Voici ! « ç'a été ici l'iniquité de Sodome, ta sœur : l'orgueil, la plénitude « de pain et une molle oisiveté. »

se sont donné trop large carrière pour être supportés, et que Votre Grâce a eu à se dresser comme abri entre lui et une grande chaleur de colère. Je rentre en silence, ici même; mais, je vous en prie, menez-le rondement.

LA REINE.—Je vous le garantis, ne craignez rien de ma part. Retirez-vous, je l'entends venir.

(Hamlet entre.)

HAMLET.—Eh bien! ma mère, de quoi s'agit-il?

LA REINE.—Hamlet, tu as beaucoup offensé ton père.

HAMLET.—Ma mère, vous avez beaucoup offensé mon père.

LA REINE.—Allons, allons, vous me répondez d'une langue oiseuse.

HAMLET.—Allez, allez, vous m'interrogez d'une langue méchante.

LA REINE.—Comment! Qu'est-ce donc, Hamlet?

HAMLET.—De quoi s'agit-il donc?

LA REINE.—Avez-vous oublié qui je suis?

HAMLET.—Non, par la sainte croix, non, vraiment! Vous êtes la reine, la femme du frère de votre mari.... et,.. plût au ciel que cela ne fût pas!... vous êtes ma mère.

LA REINE.—Eh bien! je vais vous adresser des gens qui sauront vous parler.

HAMLET.—Allons, allons, asseyez-vous; vous ne bougerez pas; ne sortez pas que je ne vous aie présenté un miroir, où vous pourrez voir le plus intime fond de vous-même.

LA REINE.—Que veux-tu faire? tu ne veux pas m'assassiner? Au secours! au secours! Holà!

POLONIUS (*derrière la tapisserie*).—Qu'y a-t-il? Holà! au secours!

HAMLET.—Qu'est-ce donc? un rat[1]! (*Il donne un coup*

---

[1] Le traducteur anglais des *Histoires tragiques* de Belleforest avait ajouté au récit ce cri de Hamlet, qui était ainsi devenu une donnée du sujet, et que Shakspeare ne pouvait se dispenser de reproduire; mais comme il en a préparé l'explication et l'effet! A la fin du premier acte, Hamlet a dit que la pièce était le piége où

d'épée à travers la tapisserie.) Mort! un ducat qu'il est mort!

POLONIUS (*derrière la tapisserie*).—Ah! je suis assassiné!

(Il tombe et meurt.)

LA REINE.—Malheur à moi! Qu'as-tu fait?

HAMLET.—Ma foi, je n'en sais rien. Est-ce le roi?

(Il lève la tapisserie et tire le corps de Polonius.)

LA REINE.—Ah! quelle furieuse et sanglante action est ceci!

HAMLET.—Une action sanglante?... presque aussi mauvaise, ma bonne mère, que de tuer un roi et d'épouser son frère.

LA REINE.—Que de tuer un roi?

HAMLET.—Oui, madame, c'est le mot dont je me suis servi. (*A Polonius.*) Et toi, misérable, absurde, importun imbécile, adieu! Je t'ai pris pour quelqu'un de meilleur que toi; prends ton sort comme il est: tu t'aperçois qu'à faire trop l'empressé il y a quelque danger... Cessez de vous tordre ainsi les mains. Paix! asseyez-vous, et attendez-vous à avoir le cœur tordu par moi, car c'est ce que je vais faire s'il n'est pas d'une matière impénétrable, si l'infernale habitude ne l'a pas bronzé de telle sorte qu'il soit à l'épreuve et fortifié contre tout sentiment.

LA REINE.—Qu'ai-je donc fait, pour que tu oses darder ta langue avec un bruit si rude contre moi?

HAMLET.—Une action telle qu'elle souille la grâce et la rougeur de la pudeur; qu'elle donne à la vertu le nom d'hypocrite; qu'elle ôte la rose au front serein d'un innocent amour, et met là un ulcère; qu'elle rend les vœux du mariage aussi faux que les serments d'un

---

se prendrait la conscience du roi. Pendant la représentation, il dit au roi que la pièce s'appelle: *la Souricière*. De sorte que ce cri, qui est pour la reine un trait de folie, nous dit tout de suite que Hamlet croit tuer en embuscade le roi qu'il n'a pas voulu tuer à genoux. C'est ainsi que Molière, dans *le Festin de Pierre*, conservait toutes les circonstances qui avaient frappé l'attention du public et qui venaient d'être consacrées par la vogue des pièces jouées sur le même sujet aux autres théâtres.

joueur; oh! une action telle, que, des formes et du corps du contrat, elle retire leur âme même, et fait de la douce religion une rapsodie de mots! La face du ciel s'en est enflammée; oui, en vérité, cette masse compacte et solide, avec un visage triste, comme à la menace du jugement dernier, est malade de penser à cet acte.

LA REINE.—Hélas! quelle est cette action qui gronde si haut et qui tonne déjà pour s'annoncer?

HAMLET.—Regardez ici, ce tableau d'abord, puis celui-ci, cette confrontation simulée de deux frères... Voyez quelle grâce résidait sur ce visage; les bouches d'Apollon, le front de Jupiter lui-même, l'œil semblable à celui de Mars pour la menace et pour le commandement; une stature semblable à celle du héraut Mercure, quand il vient d'abattre son vol sur une hauteur qui baise le bord du ciel; un ensemble et une forme, en vérité, où chaque dieu semblait avoir mis son cachet, afin de donner au monde la certitude de voir un homme : c'était votre mari. Regardez maintenant ce qui suit : voici votre mari, pareil à l'épi corrompu par la nielle, qui dévora son frère florissant... Avez-vous des yeux? avez-vous pu quitter les pâturages de cette belle montagne, pour aller vous engraisser dans ce marais? Ah! avez-vous des yeux? vous ne pouvez appeler cela de l'amour; car, à votre âge, la fermentation du sang est domptée; il est humble, il est au service de la raison. Et quelle raison voudrait passer de celui-ci à celui-là? Assurément, vous avez la faculté de sentir; sans quoi vous n'auriez pas celle de vous mouvoir; mais, assurément, cette faculté de sentir est, chez vous, frappée d'apoplexie, car la folie elle-même ne se tromperait pas de la sorte, et jamais les sens n'ont été asservis à un tel transport, qu'il ne leur restât pas une certaine dose de discernement pour apercevoir une telle différence. Quel démon vous a ainsi jouée à ce jeu de colin-maillard? Les yeux sans le toucher, le toucher sans la vue, les oreilles sans les mains ni les yeux, l'odorat sans rien autre, ou même ne fût-ce qu'une moitié infirme d'un seul de nos véritables sens, ne pourraient pas être hébétés à ce point... O honte ! où est ta rougeur ? O enfer révolté ! si tu peux mutiner ainsi la moelle des os d'une matrone, souffrons désormais que, pour la jeunesse brûlante, la vertu soit comme une cire et fonde à son propre feu ! Ne proclamez plus qu'il y a honte quand la tyrannique ardeur de l'âge donne l'assaut, puisque la glace elle-même est aussi active à brûler, et que la raison s'entremet à prostituer la volonté !

LA REINE.—O Hamlet ! n'en dis pas davantage. Tu tournes mes yeux vers le fond de mon âme, et j'y aperçois des places si noires et si pénétrées de noirceur, qu'elles n'en pourront jamais perdre la teinte.

HAMLET.—Et cela pour vivre dans l'infecte moiteur d'un lit souillé, toute confite en joies dans la corruption, s'emmiellant les lèvres, et faisant l'amour sur un sale fumier !

LA REINE.—Oh ! ne m'en dis pas davantage ! Ces paroles sont comme des poignards qui entrent dans mes oreilles. Assez, mon doux Hamlet.

HAMLET.—Un meurtrier et un scélérat ! un laquais qui n'est pas le vingtième de la dîme de ce que valait votre premier maître ! un roi de carnaval[1] ! un coupe-bourse de l'empire et des lois, qui a pris sur une planche le précieux diadème, et l'a mis dans sa poche !

LA REINE.—Assez !

HAMLET.—Un roi de pièces et de morceaux !... (*Le fantôme entre.*) Sauvez-moi et couvrez-moi de vos ailes, célestes gardiens !... Que veut votre gracieuse apparition ?

LA REINE.—Hélas, il est fou !

HAMLET.—Ne venez-vous pas gourmander votre fils tardif, qui, faisant défaut à l'heure propice et à l'élan du cœur, laisse s'éloigner l'importante exécution de vos ordres révérés ? Ah ! parlez.

LE FANTÔME.—N'oublie pas. Cette visite n'est faite que pour rafraîchir le souvenir presque effacé de ton dessein.

---

[1] *A vice of kings*..... et plus bas : *A king of shreds and patches*, double allusion au personnage du fou, du bouffon, qui s'appelait *he vice*, dans les farces anglaises, et dont le costume était composé d'étoffes diverses et bariolées comme celui d'Arlequin.

Mais, regarde! la stupeur s'est emparée de ta mère. Ah!
place-toi entre elle et son âme qui combat : c'est dans
les plus faibles corps que l'imagination opère le plus
fortement. Parle-lui, Hamlet.

HAMLET.—Qu'avez-vous, madame?

LA REINE.—Hélas! qu'avez-vous vous-même, pour tendre ainsi vos regards dans le vide, et pour converser ainsi avec l'air incorporel? Vos esprits vitaux se sont élancés dans vos yeux, et, de là, épient sauvagement, tandis que, pareils aux soldats endormis quand vient l'alarme, vos cheveux d'abord couchés, se soulèvent maintenant, comme si leur végétation prenait vie, et se tiennent debout. O mon doux fils, répands sur cette chaleur et ces flammes de ton transport la patience d'un sang plus froid. Que regardes-tu donc?

HAMLET.—Lui, lui! Regardez comme il brille d'un pâle éclat! Une telle forme et une telle cause, réunies pour prêcher à des pierres, les rendraient sensibles.... Ne me regarde pas, de peur que, par cette démarche pitoyable, tu n'altères la fermeté de mes actes : ce que j'ai à faire y perdrait peut-être sa vraie couleur ; ce seraient des larmes, peut-être, au lieu de sang.

LA REINE.—A qui dites-vous cela?

HAMLET.—Ne voyez-vous rien ici?

LA REINE.—Rien du tout : et cependant, tout ce qui est ici, je le vois.

HAMLET.—Et n'avez-vous, non plus, rien entendu?

LA REINE.—Non, rien que nos propres paroles.

HAMLET.—Eh bien! regardez là, regardez, comme il se retire, mon père, dans le costume qu'il avait durant sa vie! Regardez, il s'en va, à ce moment même, vers le portail!

(Le fantôme sort.)

LA REINE.—C'est votre cerveau même qui se frappe de cette image ; le délire est très-adroit à ces créations sans corps.

HAMLET.—Le délire! mon pouls, comme le vôtre, bat tranquillement sa mesure et ne chante pas une moins saine musique. Ce n'est point la folie qui m'a fait parler : mettez-moi à l'épreuve, et je répéterai la chose mot pour mot, tandis que la folie ne ferait que s'en écarter par gambades. Mère, pour l'amour de votre salut! ne mettez pas ce baume flatteur sur votre âme, ne croyez pas que ce soit, au lieu de votre faute, ma folie qui vous parle ; ce ne serait que cacher et masquer la place de l'ulcère, pendant que la corruption infecte, minant tout au dedans, travaille à empoisonner sans être vue. Confessez-vous au ciel, repentez-vous du passé, gardez-vous de l'avenir, et ne répandez pas l'engrais sur les herbes mauvaises, qui deviendraient plus fortes... Pardonnez-moi ces devoirs de ma vertu ; car telle est la douillette enflure de ce siècle poussif que la vertu même doit demander pardon au vice, oui, c'est elle qui doit se courber et supplier pour obtenir la permission de lui faire du bien.

LA REINE.—O Hamlet, tu as brisé mon cœur en deux.

HAMLET.—Ah! rejetez-en la pire partie, et vivez, d'autant plus pure, avec l'autre moitié. Bonne nuit, mais n'allez pas au lit de mon oncle ; faites-vous une vertu, si vous ne l'avez pas. L'habitude, ce monstre qui dévore toute raison à l'ordinaire démon, est pourtant un ange en ceci ; il nous donne aussi, pour la pratique des belles et bonnes actions un vêtement, une livrée, qui s'ajuste heureusement. Abstenez-vous ce soir, et cela prêtera une sorte de facilité à la prochaine abstinence ; la suivante sera plus facile encore, car l'usage peut presque changer l'empreinte de la nature, soumettre le démon, ou même le chasser, par une merveilleuse puissance. Encore une fois, bonne nuit, et quand vous désirerez d'être bénie, je viendrai vous demander votre bénédiction. Quant à ce même seigneur de tout à l'heure (*montrant Polonius*), je me repens ; mais il a plu ainsi aux cieux de me punir par lui, et lui par moi ; j'ai dû être leur fléau et leur ministre. Je me charge de lui, et je répondrai de la mort que je lui ai donnée. Ainsi, encore une fois, bonne nuit ; je dois être cruel, mais seulement pour être humain : le mal vient de commencer, et le pire reste encore à suivre.

LA REINE.—Que vais-je faire?

HAMLET.—Rien, en aucune façon, de ce que je vous ai dit de faire. Non, laissez ce roi bouffi vous attirer encore au lit, vous pincer gaiement la joue, vous appeler sa petite souris ; laissez-le, pour une paire de baisers fumeux, ou pour quelques jeux de ces doitgs damnés sur votre cou, vous amener à lui révéler toute cette affaire, comme quoi je ne suis pas réellement en démence, mais fou par artifice. Il serait bon que vous le lui fissiez connaître ; car quelle femme, à moins d'être une belle, chaste et sage reine, voudrait cacher à un tel crapaud, à une telle chauve-souris, à un tel matou, des secrets qui l'intéressent si chèrement ? qui voudrait en user ainsi ? Non, en dépit du bon sens et de la discrétion, allez, sur le toit de la maison, ôter la cheville qui fermait la cage ; laissez s'envoler les oiseaux ; et puis, comme le singe fameux, glissez-vous dans la cage pour en faire l'essai, et rompez vous vous-même le col à terre [1].

LA REINE.—Sois assuré que, si les paroles sont faites de souffle et si le souffle est fait de vie, je n'ai pas de vie pour exhaler un souffle de ce que tu m'as dit.

HAMLET.—Il faut que je parte pour l'Angleterre, vous le savez ?

LA REINE.—Hélas ! je l'avais oublié. Cela a été décidé ?

HAMLET.—Les lettres sont déjà scellées ! et mes deux camarades d'études,—à qui je me fierai comme je me fierai à des vipères armées de leurs crocs,—portent le mandat ; ils doivent me frayer le chemin, et me guider vers l'embuscade ! laissons faire, car là est l'amusement : faire sauter l'ingénieur par son propre pétard ! Ou la besogne sera bien dure, ou je creuserai à une toise au-dessous de leur mine, et je les lancerai dans la lune. Oh !

---

[1] Un autre auteur anglais, du commencement du XVIIe siècle sir John Suckling, dans une de ses lettres, semble faire allusion à la même histoire enfantine ou populaire d'où provenait ce passage de Shakspeare : « C'est, dit sir J. Suckling, l'histoire des « singes et des perdrix : tu restes tout ébahi à contempler une « beauté jusqu'à ce qu'elle soit perdue pour toi, et alors tu en « laisses sortir une autre et tu la contemples encore jusqu'à ce « qu'elle soit partie aussi. »

cela est bien doux, lorsque deux ruses se rencontrent juste en droite ligne!—Cet homme va me mettre en train de faire mes paquets ; je vais traîner cette panse jusque dans la chambre voisine ¹. Bonsoir, ma mère... Vrai-

---

¹ Le texte porte :

I'll lug the guts into the neighbour room.

Faut-il traduire à la lettre? *Guts*, les boyaux. Voilà un de ces vers qui irritent les gens de goût contre Shakspeare et contre ses admirateurs. Mais la plupart du temps on ne s'irrite que faute de comprendre, et ici, par exemple, Shakspeare n'a pas même besoin d'être excusé, pourvu qu'on ne traduise pas inconsidérément la langue du XVIe siècle avec les dictionnaires du XIXe. De même qu'en France on disait *estomac*, là où il faudrait aujourd'hui dire *cœur*, de même en Angleterre, là où il faudrait aujourd'hui dire *entrails*, on disait *guts* au temps de Shakspeare ; un Corneille anglais n'aurait pas hésité à l'employer alors, pour peindre Rome

... de ses propres mains déchirant ses entrailles,

et n'eût point été accusé de tomber dans la bassesse du langage, car les euphuïstes eux-mêmes s'en servaient sans scrupule, quoique ces précieux et précieuses d'outre-Manche fussent aussi célèbres que nos femmes savantes

Par les proscriptions de tous les maux divers
Dont ils voulaient purger et la prose et les vers.

Mais en même temps que je me reporte à la date du texte que je traduis, il faut que je me pénètre de l'intention de l'auteur; ce n'est pas seulement d'un siècle à un autre siècle que le sens d'un mot peut changer, mais aussi d'une page à l'autre, surtout dans la variété du drame, de ses scènes et de ses personnages: *guts* n'est pas grossier, au temps de Shakspeare, mais il est sarcastique dans la bouche de Hamlet; traduire par *boyaux* serait un contre-sens contre le XVIe siècle ; par *entrailles*, un contre-sens contre Hamlet et contre son mépris de Polonius; il ne regarde Polonius que comme un gros corps à tête vide, et il l'appelle « cette panse, » à peu près comme, selon saint Paul, Épiménide ou Callimaque appelait les Crétois: « mauvaises bêtes, ventres « paresseux » (Ép. à Tite, I, 12). Sans doute, Hamlet aurait pu se dispenser de cette dernière insulte à un cadavre: mais ne soyons pas trop prompts à blâmer Shakspeare, quand il y a un mort sur le théâtre; de son temps, les acteurs étaient peu nombreux dans les troupes, les personnages très-nombreux dans les pièces, de sorte que chaque comédien avait plusieurs rôles à remplir et que les comparses mêmes suffisaient difficilement à leur tâche multipliée; de plus, il n'y avait pas d'entr'actes, puisqu'il n'y avait

ment, ce conseiller est maintenant bien tranquille, bien discret et bien grave, lui qui fut, en sa vie, un drôle si niais et si babillard. Allons, monsieur, tâchons d'en finir avec vous. Bonsoir, ma mère.
(Ils s'en vont, chacun de son côté; Hamlet traînant le corps de Polonius.)

pas d'actes, et les scènes se suivaient sans interruption ; aussi quand un des personnages venait de mourir devant le public, la plus pressante affaire était de le faire rentrer dans les coulisses, afin que le cadavre redevînt un acteur et passât à un autre rôle; quand, pour satisfaire à cette nécessité, l'auteur ne pouvait introduire un comparse à cause du caractère intime de la scène, comme dans le cas présent, ou pour toute autre cause, il fallait bien qu'un des interlocuteurs se chargeât de tirer ou d'emporter le mort, et il fallait sauver tant bien que mal l'invraisemblance. Shakspeare tâchait toujours d'accommoder à la situation et aux personnages les expédients que cette gêne scénique l'obligeait à inventer ; il en a de toute sorte: railleries, imprécations, adieux pathétiques, promesses de vengeance, précautions du meurtrier, etc., etc., toujours quelques paroles qui conviennent à l'action du moment accompagnent le cadavre emporté et motivent l'incident ; rien que dans la trilogie de *Henri VI*, on en peut remarquer neuf exemples (part. I, act. I, sc. IV: act. II, sc. V; act. IV; sc. VII;—part. II, act. IV, sc. I; act. IV, sc. X; act. V, sc. II; —part. III, act. II, sc. V, deux fois dans la même scène; et act. V, sc. VI). Si quelques-uns trouvent indigne de Shakspeare son attention à de telles minuties, ou si d'autres trouvent mal dissimulées les ruses qu'il imagine pour sortir d'embarras, nous ne sommes ni de l'un ni de l'autre avis. Passionnément inspiré et profondément moraliste, Shakspeare nous semble encore admirable par cela même qu'il se rappelle à chaque instant qu'il écrit pour le théâtre, et parce qu'il prépare de détails en détails l'effet de la représentation, tout en se livrant à sa verve de poëte et en développant sa connaissance du cœur humain ; et en même temps il a raison de traiter les expédients comme des expédients; il a raison de ne pas ciseler avec un art prétentieux les chevilles nécessaires à ses grandes charpentes ; quand quelque chose manque à ses ressources d'*impresario*, il a raison d'y suppléer par l'adresse, mais simplement, et de n'y point attarder son génie.

FIN DU TROISIÈME ACTE.

ACTE QUATRIÈME

SCÈNE I

Le château.

LE ROI, LA REINE, ROSENCRANTZ et GUILDEN-
STERN *entrent*.

LE ROI.—Ces sanglots ont une cause ; ces profonds soulèvements de votre cœur, il faut les expliquer ; il est à propos que nous les comprenions. Où est votre fils ?

LA REINE, *à Rosencrantz et à Guildenstern*.—Laissez-nous un moment. (*Ils s'en vont.*) Ah ! mon bon seigneur, qu'ai-je vu ce soir ?

LE ROI.—Quoi, Gertrude ! comment va Hamlet ?

LA REINE.—Fou, comme la mer et le vent, lorsqu'ils luttent ensemble à qui sera le plus puissant. Dans son accès effréné, entendant remuer quelque chose derrière la tapisserie, de sa rapière tirée il fouette l'air, il crie : « Un rat ! un rat ! » et dans ce saisissement de son cerveau, il tue le bon vieillard sans le voir.

LE ROI.—O lourd forfait ! Il nous en serait arrivé autant si nous avions été là. Sa liberté est pour tous pleine de menaces ; pour vous-même, pour nous, pour tout le monde. Hélas ! comment répondre à ce sanglant événement ? Il retombera sur nous, dont la prévoyance aurait dû tenir de court, en bride et loin de toute hantise, ce jeune homme en démence. Mais tel était notre amour que nous ne voulions pas comprendre ce qu'il était à propos de faire, et nous avons agi comme un homme affligé d'une honteuse maladie, et qui, pour éviter de la divulguer, la laisse se nourrir de la moelle même de sa vie. Où est-il allé ?

LA REINE.—Tirer à l'écart le corps qu'il a tué ; et sur ce corps sa folie même, comme un peu d'or dans un minerai de vils métaux, se montre pure. Il pleure de ce qu'il a fait.

LE ROI.—O Gertrude, venez ! Le soleil n'aura pas plutôt touché les montagnes, que nous le ferons embarquer. Quant à cette affreuse action, nous devons tous deux employer toute notre majesté et notre adresse à la couvrir et à l'excuser.—Holà ! Guildenstern (*Rosencrantz et Guildenstern entrent.*) Amis, allez tous deux, prenez avec vous quelque renfort; Hamlet, dans son délire, a tué Polonius, et l'a traîné hors du cabinet de sa mère. Allez, cherchez-le ; parlez-lui comme il faut; et portez le corps dans la chapelle : je vous prie, faites diligence. (*Rosencrantz et Guildenstern sortent.*) Venez, Gertrude; nous convoquerons nos plus sages amis, et nous leur ferons connaître en même temps ce que nous comptons faire et ce qui est malheureusement déjà fait. Ainsi nous avons chance que la calomnie,—dont le murmure, parcourant la circonférence du monde, lance, aussi droit que le canon à son but, sa charge empoisonnée,—manque pourtant notre nom, et ne frappe que l'air insensible. Oh ! venez ; mon âme est pleine de discorde et d'effroi.

(Ils sortent.)

SCÈNE II

Un autre appartement dans le château

HAMLET entre.

HAMLET.—Déposé en lieu sûr...

ROSENCRANTZ ET GUILDENSTERN, *derrière la scène.*—Hamlet ! seigneur Hamlet !

HAMLET.—Mais doucement! Quel est ce bruit? qui appelle Hamlet? Oh! ils viennent ici !

(Rosencrantz et Guilsdenstern entrent.)

ROSENCRANTZ.— Qu'avez-vous fait du cadavre, monseigneur?

HAMLET.—Confondu avec la poussière, dont il est parent.

ROSENCRANTZ.—Dites-nous où il est, pour que nous puissions le tirer de là et le porter à la chapelle.

HAMLET.—N'allez pas croire cela.

ROSENCRANTZ.—Croire quoi?

HAMLET.—Que je puisse garder votre secret et non le mien. Et puis, être importuné par une éponge! Quelle réponse doit faire à cela le fils d'un roi?

ROSENCRANTZ.—Me prenez-vous pour une éponge, mon seigneur?

HAMLET.—Oui, monsieur, une éponge qui pompe la physionomie du roi, ses faveurs, son autorité. Mais de tels officiers rendent en définitive de grands services au roi; il les tient en réserve, comme ferait un singe avec des noisettes, dans le coin de sa mâchoire—embouchés tout d'abord, pour être avalés au dernier moment;—quand il a besoin de ce que vous avez recueilli, il n'a qu'à vous presser un peu, éponge, et vous redevenez sèche.

ROSENCRANTZ.—Je ne vous comprends pas, mon seigneur.

HAMLET.—Cela me fait grand plaisir; un méchant propos doit mourir dans une sotte oreille.

ROSENCRANTZ.—Mon seigneur, il faut nous dire où est le corps, et venir avec nous chez le roi.

HAMLET.—Le corps est avec le roi, mais le roi n'est pas avec le corps. Le roi est une chose...

GUILDENSTERN.—Une chose, mon seigneur?

HAMLET.—...de rien. Conduisez-moi vers lui. Cache-toi, renard! et tous en chasse [1]!

(Ils sortent.)

[1] Remarquez-vous comme les paroles de Hamlet deviennent tantôt plus hardies, tant plus obscures, à mesure que l'action avance? De plus en plus obsédé par la certitude croissante du crime qu'il doit punir, par les émotions qui se multiplient, par les piéges qui s'ouvrent sous ses pas, par la haine qu'il voit s'amonceler sur lui, par l'idée de la vengeance dont il est, de minute en minute, plus altéré et plus effrayé tout ensemble, parce que chaque minute l'a retardée et la rapproche, il parle comme il sent, et les saccades de son langage reproduisent le tumulte de

SCÈNE III

Un autre appartement dans le château.

LE ROI *entre avec sa suite.*

LE ROI.—Je l'ai envoyé querir, et l'on cherche le corps. Combien il est dangereux que cet homme aille en liberté ! Il ne faut pas, cependant, lui appliquer la loi rigoureuse ; il est aimé de la multitude désordonnée, qui aime, non d'après son jugement, mais d'après ses yeux ; et là où il en est ainsi, on pèse le fléau qui frappe l'offenseur, jamais on ne pèse l'offense. Pour que tout se passe doucement et sans bruit, il faut que cet éloignement soudain paraisse une décision réfléchie. Les maux qui sont devenus désespérés veulent des remèdes désespérés pour être guéris ou ne le sont pas du tout. (*Rosencrantz entre.*) Eh bien ! qu'est-il arrivé ?

ROSENCRANTZ.—Où le corps est-il déposé ? c'est ce que nous ne pouvons tirer de lui, mon seigneur.

LE ROI.—Mais lui, où est-il ?

son âme. La plupart de ses répliques aux courtisans ont un sens confus et une portée manifeste : on voit plus d'ombre envahir son esprit et plus d'amertume jaillir de son cœur. Il faut renoncer à expliquer des phrases comme : « Le corps est avec le roi, mais le « roi n'est pas avec le corps. » Veut-il dire que le cadavre est dans le palais, comme le roi, mais que le roi a encore à mourir, comme Polonius, et à rejoindre de plus près le cadavre ? Ou bien parle-t-il tour à tour des deux rois, du faux roi vivant, son oncle, et du vrai roi mort, son père ? Mais à quoi bon expliquer ? Il ne veut pas être compris et ne peut pas se retenir d'être menaçant. Il appelle le roi une chose, les courtisans l'interrompent à ce mot méprisant, et il coupe court aux périls de l'entretien, mais par une pire insolence : « Le roi est une chose de rien, » expression toute faite et courante chez tous les poëtes du même temps et qui leur venait, comme tant d'autres, de la Bible, du quatrième verset du psaume CXLIV, où il est dit, selon la traduction anglaise : « L'homme est comme une chose de rien. » Quant aux derniers mots de Hamlet, c'est le refrain du jeu des enfants anglais qui correspond à notre *cache-cache*. Les sources de la langue de Shakspeare sont aussi diverses que les courants des pensées de Hamlet.

ROSENCRANTZ.—A la porte, mon seigneur ; on le garde et l'on attend vos ordres.

LE ROI.—Amenez-le devant nous.

ROSENCRANTZ.—Holà! Guildenstern, faites entrer mon seigneur.

(Hamlet et Guildenstern entrent.)

LE ROI.—Voyons, Hamlet, où est Polonius?

HAMLET.—A souper.

LE ROI.—A souper? où donc?

HAMLET.—Non pas dans un endroit où il mange, mais dans un endroit où il est mangé : il y a un certain congrès de vermine politique qui est en affaire avec lui en ce moment même. Votre ver est l'empereur qui préside seul à toute votre diète [1] : nous engraissons toutes les autres créatures pour nous engraisser ; et nous nous engraissons nous-mêmes pour les asticots. Votre roi bien gras et votre mendiant bien maigre ne font qu'un service différent ; deux plats, mais pour la même table : c'est là la fin de tout.

LE ROI.—Hélas! hélas!

HAMLET.—Un homme peut pêcher avec le ver qui a mangé d'un roi, et manger le poisson qui s'est nourri de ce ver.

LE ROI.—Que veux-tu dire par là?

HAMLET.—Rien, mais seulement vous montrer comment un roi peut faire un voyage à travers les entrailles d'un mendiant.

LE ROI.—Où est Polonius?

HAMLET.—Dans le ciel : envoyez-y voir. Si votre mes-

---

[1] Les vers, en anglais: *the worms.* On sait que c'est dans la ville de Worms que furent tenues, par les empereurs d'Allemagne, plusieurs des diètes les plus célèbres, entre autres celle de 1521, fameuse en tout pays protestant comme ayant eu pour conséquence l'édit de Worms contre Luther. On comprendra donc sans peine comment, dans le texte des sinistres plaisanteries de Hamlet se mêlent et jouent les vers, l'empereur et la diète. *Toute votre diète,* c'est-à-dire toutes vos habitudes de nourriture et de vie, selon l'ancien sens du mot, que l'usage a maintenant réduit au point de le changer tout à fait et de le rendre presque synonyme de *jeûne.*

sager ne le trouve pas là, allez vous-même le chercher à l'autre endroit. Mais, en vérité, si vous ne le trouvez pas d'ici à un mois, vous le flairerez en montant l'escalier de la galerie.

LE ROI, *à quelqu'un de sa suite.*—Allez le chercher là.

HAMLET.—Oh! il attendra bien jusqu'à votre arrivée.
(Quelques hommes de la suite sortent.)

LE ROI.—Hamlet, pour ta propre sûreté, qui nous occupe aussi tendrement que nous afflige ce que tu as fait, cette action exige que tu partes d'ici avec la promptitude de l'éclair. Ainsi prépare-toi : la barque est prête, et le vent est favorable, tes compagnons t'attendent, et toutes choses sont disposées pour ton voyage en Angleterre.

HAMLET.—En Angleterre?

LE ROI.—Oui, Hamlet.

HAMLET.—C'est bon.

LE ROI.—Tu dis vrai; si tu connais nos projets.

HAMLET.—Je vois un ange qui les voit. Mais allons, en Angleterre ! Adieu, mère chérie.

LE ROI.—Et ton père qui t'aime, Hamlet?

HAMLET.—Ma mère! père et mère sont mari et femme; mari et femme ne sont qu'une même chair; et ainsi, ma mère..... Allons, en Angleterre!
(Il sort.)

LE ROI.—Suivez-le pas à pas; attirez-le en toute hâte à bord. Ne différez pas ; je veux qu'il soit hors d'ici ce soir. Allez, car tout ce qui touche, d'ailleurs, à cette affaire est fait et scellé; je vous prie, hâtez-vous. (*Rosencrantz et Guildenstern sortent.*) Et toi, Angleterre, si tu tiens mon amitié pour quelque chose (comme ma grande puissance peut te rendre ce point sensible, puisque ta cicatrice se montre encore vive et rouge là où a passé l'épée danoise, et puisque le libre mouvement de ta crainte nous rend hommage), tu n'accueilleras pas froidement notre message souverain, qui implique nettement, par lettres instantes à cet effet, la mort immédiate de Hamlet; entends-moi, Angleterre! car il fait rage comme la fièvre dans mon sang, et il faut que tu me guérisses. Jusqu'à ce que je sache que c'en est fait, quoi qu'il m'arrive, mes joies ne recommenceront pas.

(Il sort.)

SCÈNE IV

Une plaine en Danemark.

FORTINBRAS *entre à la tête de ses troupes.*

FORTINBRAS.—Allez, capitaine, saluer de ma part le roi de Danemark ; dites-lui, qu'avec son agrément, Fortinbras réclame le passage promis pour une expédition à travers son royaume. Vous savez où est le rendez-vous. Si Sa Majesté nous veut quelque chose, nous irons en personne lui rendre nos devoirs ; faites-le-lui savoir.

LA CAPITAINE.—Je le ferai, mon seigneur.

FORTINBRAS.—Avancez doucement.

(Fortinbras et ses troupes sortent.)
(Hamlet, Rosencrantz, Guildenstern, etc., entrent.)

HAMLET.—Mon bon monsieur, à qui sont ces forces ?

LE CAPITAINE.—Ce sont des Norvégiens, monsieur.

HAMLET.—Quelle est leur destination, monsieur, je vous prie ?

LE CAPITAINE.—Ils marchent contre une partie de la Pologne ?

HAMLET.—Qui les commande, monsieur ?

LE CAPITAINE.—Le neveu du vieux roi de Norvége, Fortinbras.

HAMLET.—Marchent-ils contre le gros de la Pologne, monsieur, ou s'agit-il de quelque frontière ?

LE CAPITAINE.—A parler vrai, monsieur, et sans amplification, nous allons conquérir un petit morceau de terre qui n'a guère d'autre valeur que son nom. S'il en fallait payer cinq ducats, je dis cinq! je ne voudrais pas l'affermer, et il ne rapportera pas à la Norvége, non plus qu'à la Pologne, un plus gros profit, quand même on le vendrait en toute propriété.

HAMLET.—Eh bien ! alors les Polonais ne voudront jamais le défendre.

LE CAPITAINE.—Si fait, il y a déjà une garnison.

HAMLET.—Deux mille âmes et vingt mille ducats ne suffiront pas à décider la question de ce fétu. Ceci est comme un abcès, amassé par trop de richesse et de paix, qui éclate au dedans et ne montre pas au dehors la cause qui fait mourir l'homme. Je vous remercie humblement, monsieur.

LE CAPITAINE.—Dieu vous soit en aide, monsieur !
(Le capitaine sort.)

ROSENCRANTZ.—Vous plaira-t-il d'avancer, mon seigneur ?

HAMLET.—Je vous aurai rejoints dans un instant. Allez un peu en avant. (*Rosencrantz et Guildenstern sortent.*) Comme toutes les circonstances témoignent contre moi et éperonnent ma molle vengeance!... Qu'est-ce qu'un homme pour qui le bien suprême et le seul débit de son temps ne seraient que de dormir et de manger? un animal, et rien de plus. Certes, celui qui nous a créés, avec cette vaste intelligence qui regarde en avant et en arrière, ne nous a pas donné cette capacité et cette raison divine pour moisir en nous sans emploi. Maintenant donc, que ce soit par un bestial oubli, ou par quelque lâche scrupule de vouloir réfléchir trop précisément à l'issue.... et dans ces réflexions-là, à les couper en quatre, il n'y a qu'un quart de sagesse et toujours trois quarts de couardise... je ne sais pourquoi je continue à vivre pour dire : « Cela est à faire ; » tandis que j'ai motif, volonté, force et moyen de le faire. J'en ai gros comme la terre, d'exemples qui m'exhortent ! Témoin cette armée, d'une telle masse et d'un tel poids, conduite par un prince délicat et frêle, dont l'âme, enflée d'une ambition divine, fait une grimace de défi à l'invisible événement, et qui expose tout ce qui, en lui, est mortel et fragile, à tout ce que peuvent oser la fortune, la mort et le péril ; et cela pour une coquille d'œuf! A le bien prendre, être grand, c'est ne s'émouvoir pas sans une grande cause, mais grandement aussi tirer une querelle d'un fétu, lorsque l'honneur est en jeu. Comment puis-je donc rester là, moi, qui ai un père assassiné, une mère déshonorée, tant d'excitants de ma raison et de mon sang! et laisser tout cela dormir, tandis qu'à ma honte je vois la mort imminente de vingt mille hommes, qui, pour une fantaisie et une babiole de gloire, s'en vont à leur tombeau comme à un lit, combattant pour un coin de sol, où les joueurs trop nombreux ne pourront engager la partie, et qui n'est même pas une fosse et un espace suffisants pour cacher les morts?... Oh! désormais que mes pensées soient sanglantes, ou estimées à néant!

(Il sort.)

SCÈNE V

Elseneur. — Un appartement dans le château.

LA REINE et HORATIO *entrent.*

LA REINE.—Je ne veux pas lui parler.

HORATIO.—Elle est pressante, en vérité; elle est en délire: toutes ses façons vous feront certainement pitié.

LA REINE.—Que veut-elle?

HORATIO.—Elle parle beaucoup de son père; elle dit qu'elle sait qu'on joue de mauvais tours dans le monde; elle sanglote et se frappe la poitrine; elle piétine avec colère pour un fétu; elle dit des choses équivoques, qui n'ont de sens qu'à moitié; ses paroles ne sont rien; et pourtant, l'informe usage qu'elle en fait pousse ceux qui les entendent à les assembler; ils ne les perdent pas de vue et recousent les mots selon leurs propres pensées; de là, comme ses clignements d'yeux, et ses hochements de tête, et ses gestes, leur viennent encore en aide, quelqu'un pourrait croire, en vérité, qu'elle a quelque pensée, sans rien de certain, mais d'une tournure très-fâcheuse.

LA REINE.—Il serait bon de lui parler; car elle pourrait jeter de dangereuses conjectures dans les esprits qui nourrissent un mauvais vouloir. Qu'on la fasse entrer. (*Horatio sort.*) Pour mon âme malade,—telle est la vraie nature du péché!—toute bagatelle semble le prologue de quelque grand mécompte; tant nos fautes nous remplissent de malhabile défiance! Elles se découvrent elles-mêmes, en craignant d'être découvertes.

(Horatio rentre avec Ophélia.)

OPHÉLIA.—Où est la belle reine de Danemark?

LA REINE.—Eh bien! Ophélia?

OPHÉLIA, *chantant*.—

> Comment pourrai-je distinguer d'un autre votre véritable ami? A son chapeau orné de coquillages, et à son bâton, et à ses sandales [1].

LA REINE.—Hélas! gentille dame, que signifie cette chanson?

OPHÉLIA.—Que dites-vous? Remarquez bien, je vous prie.

(Elle chante.)

> Il est mort et parti, madame, il est mort et parti : à sa tête est un tertre d'herbe verte; à ses talons est une pierre.

Ah! ah!

LA REINE.—Oui; mais, Ophélia....

OPHÉLIA.—Je vous prie, remarquez bien.

(Elle chante.)

> Son linceul, blanc comme la neige des montagnes...

(Le roi entre.)

LA REINE.—Hélas! voyez ceci, mon seigneur.

OPHÉLIA.—

> ... est tout semé de douces fleurs, qui, tout humides de pleurs, allèrent au tombeau, humides des ondées du sincère amour.

LE ROI.—Comment vous trouvez-vous, ma belle demoiselle?

OPHÉLIA.—Bien. Dieu vous assiste! Ils disent que la chouette était la fille d'un boulanger [2]. Seigneur, nous

---

[1] Ophélia décrit le costume d'un pèlerin, lequel, dans les histoires et les chansons du vieux temps, servait souvent de déguisement aux amoureux.

[2] C'est une légende du Gloucestershire, que N. S. Jésus-Christ

savons ce que nous sommes, mais nous ne savons pas ce que nous pouvons être. Que Dieu soit à votre table !

LE ROI.—Elle songe à son père.

OPHÉLIA.—Je vous en prie, ne disons pas un mot de cela ; mais si l'on vous demande ce que cela signifie, dites ceci :

(Elle chante.)

Bonjour! c'est le jour de Saint-Valentin[1] ; tous, ce matin, sont levés de bonne heure, et moi, jeune fille, je suis à votre fenêtre, pour être votre Valentine. Il se leva et mit ses habits, et ouvrit la porte de la chambre : il fit entrer la jeune fille, mais jeune fille elle ne sortit plus.

LE ROI.—Ma charmante Ophélia !

entra un jour dans la boutique d'un boulanger qui enfournait. Il demanda un peu de pain. La femme du boulanger mit tout de suite au four un morceau de pâte pour le lui faire cuire ; mais elle fut vivement réprimandée par sa fille qui trouvait la part trop grosse et la réduisit presque à rien. Aussitôt la pâte se gonfla et devint un pain énorme ; ce que voyant, la fille du boulanger se mit à crier : « Heugh! heugh! heugh! » et afin de la punir de sa méchanceté, Notre-Seigneur la changea en chouette, parce qu'elle avait imité le cri de cet oiseau. On raconte cette histoire aux petits enfants pour leur apprendre à être généreux envers les pauvres.

[1] La fête de saint Valentin est le 14 février. Selon la tradition des campagnes, c'est vers ce moment de l'année que les couples d'oiseaux se choisissent ; de là vient sans doute la coutume à laquelle Ophélia fait allusion. Dans certaines parties de l'Angleterre, la première jeune fille qu'un jeune homme rencontrait le 14 février était officiellement son amoureuse ; en d'autres endroits, les noms des jeunes gens étaient mis dans une urne, et les jeunes filles tiraient au sort. C'était, disait-on, un bon présage de mariage entre ceux que le hasard fiançait ainsi ; on pourrait, même sans la chanson d'Ophélia, croire que cette coutume naïve ne tournait pas toujours si bien. Aujourd'hui encore, en Angleterre, les jeunes gens et les jeunes filles s'envoient mutuellement, le 14 février, des déclarations en prose et en vers ; mais on ne les signe pas, on ne les écrit même pas, la plupart du temps ; on les achète toutes faites pour les jeter à la poste, et les vignettes ou les dentelles du papier mignon qui sert à ces galanteries imprimées n'ajoutent pas assez d'attrait à un témoignage banal de souvenir qu'on ne prend pas même la peine de porter comme une carte de visite.

ACTE IV, SCÈNE V. 239

OPHÉLIA.—En vérité, sans vouloir jurer, je finirai cette chanson :

> Par Gis [1] et par sainte Charité! hélas! fi! quelle honte! Ainsi font les jeunes gens quand ils peuvent le faire. Ah! Dieu! qu'ils sont blâmables! Avant de me chiffonner, dit-elle, vous m'aviez promis de m'épouser...

Et il répond :

> Aussi l'aurais-je fait, par l'astre que voilà, si tu n'étais pas arrivée à mon lit.

LE ROI.—Depuis combien de temps est-elle ainsi?

OPHÉLIA.—J'espère que tout ira bien. Il faut prendre patience....; mais je ne puis m'empêcher de pleurer, en songeant qu'ils l'ont mis dans la froide terre. Mon frère saura cela; et, sur ce, je vous remercie de vos bons avis.... Allons, ma voiture. Bonsoir, mesdames; bonsoir, mes chères dames; bonsoir, bonsoir.

(Elle sort.)

LE ROI.—Suivez-la de près; donnez-lui bonne garde, je vous en prie. (*Horatio sort.*) Ah! voilà bien le poison d'une profonde douleur, jaillissant tout entier de la mort de son père. Et maintenant regardez, ô Gertrude, Gertrude! quand les chagrins arrivent, ils ne viennent pas un à un comme des éclaireurs, mais par bataillons. D'abord son père tué, puis votre fils parti—votre fils, très-violent auteur de son propre et juste exil — le peuple, fange troublée, épaisse, exhalant de pernicieuses pensées, et murmurant au sujet de la mort du bon Polonius; car nous n'avons pas mûrement agi en le faisant enterrer en tapinois; puis la pauvre Ophélia

---

[1] Gis, abréviation corrompue et populaire de Jésus, venant des lettres J. H. S., qui servaient seules à marquer le nom de N. S. sur les autels, sur les reliures, etc. Sainte Charité n'est pas la vertu théologale, mais une sainte souvent invoquée, comme ici, en manière de juron pieux, dans l'ancienne poésie anglaise, et qui a sa place dans le martyrologe à la date du 1er août, comme ayant subi le martyre à Rome, sous l'empereur Hadrien, avec deux autres vierges qui s'appelaient Espérance et Foi.

enlevée à elle-même et à cette noble raison sans laquelle nous ne sommes que des simulacres humains ou de vraies brutes; enfin, et cela est aussi important que tout le reste, son frère, revenu secrètement de France, se repaît de ses cruelles surprises, s'enveloppe de nuages, et ne manque pas de mouches bourdonnantes qui infestent ses oreilles de discours empoisonnés sur la mort de son père; et, dans ces discours, les exigences d'un sujet trop pauvre ne leur laisseront nul scrupule de nous accuser en personne, d'oreille en oreille. O ma chère Gertrude, tout ceci, comme un canon à mitraille, me frappe à bien des places et me donne à la fois trop de morts!

(Bruit derrière le théâtre.)

LA REINE.—Hélas! quel bruit est ceci?

(Un gentilhomme entre.)

LE ROI.—Holà! où sont mes Suisses? qu'ils gardent la porte.... De quoi s'agit-il?

LE GENTILHOMME. — Sauvez-vous, mon seigneur. L'Océan, franchissant ses barrières, ne dévore pas les plages avec une plus impétueuse hâte que le jeune Laërtes, à la tête de la sédition, ne renverse vos officiers! La cohue l'appelle son seigneur; et, comme si le monde n'en était qu'à commencer aujourd'hui, l'antiquité est mise en oubli, la coutume est méconnue, elles par qui sont ratifiés et soutenus tous les titres. Ils crient : « Choisissons nous-mêmes! Laërtes sera roi! » Et les bonnets, et les mains, et les langues applaudissent jusqu'aux nues à ce cri : « Laërtes sera notre roi! « Laërtes roi! »

LA REINE.—Avec quelle joie ils s'en vont aboyant sur cette fausse piste! Ah! vous êtes en défaut, mauvais chiens danois!

(Bruit derrière le théâtre.)

LE ROI.—Les portes sont brisées.

(Laërtes armé entre; il est suivi d'une foule de peuple.)

LAERTES.—Où est ce roi?.... Messieurs, restez tous en dehors.

LE PEUPLE.—Non, entrons.

ACTE IV, SCÈNE V.

LAERTES.—Je vous en prie, laissez-moi faire.
LE PEUPLE.—Oui, oui!
(Ils se retirent hors de la porte.)
LAERTES.—Je vous remercie,..... gardez la porte.....
O toi, roi infâme, rends-moi mon père!
LA REINE.—Calmez-vous, brave Laërtes.
LAERTES.—Une seule goutte de mon sang, si elle est calme, me proclame bâtard, crie à mon père : « cocu! » et brûle, ici même, du nom de fille de joie, le front chaste et immaculé de ma loyale mère.
LE ROI.—Quelle est la cause, Laërtes, qui fait prendre à ta rébellion ces airs gigantesques?... Laissez-le aller, Gertrude ; ne craignez pas pour notre personne; il y a une magie divine qui entoure les rois d'une telle haie, que la trahison peut à peine regarder à la dérobée ce qu'elle voudrait et met en action peu de sa volonté!... Dis-moi, Laërtes, pourquoi tu es à ce point enflammé.... Laissez-le aller, Gertrude... Parle, ô homme!
LAERTES.—Où est mon père?
LE ROI.—Mort.
LA REINE.—Mais non par la faute du roi.
LE ROI.—Laissez-le questionner à sa suffisance.
LAERTES. — Et comment s'est-il fait qu'il soit mort? Je ne veux pas qu'on jongle avec moi. Aux enfers la fidélité ! et les serments au plus noir des diables ! au fond de l'abîme la conscience et le salut ! Je brave la damnation. Je m'en tiens à ce point : mettre en oubli ce monde et l'autre, et advienne que pourra ! Seulement, j'aurai pleine vengeance pour mon père.
LE ROI.—Qui pourra vous arrêter?
LAERTES.—Ma volonté, non celle de l'univers entier ; et pour ce qui est de mes ressources, je les ménagerai si bien qu'avec peu elles iront loin.
LE ROI.—Brave Laërtes, si vous désirez connaître la vérité certaine sur la mort de votre cher père, avez-vous écrit dans votre projet de vengeance que, d'un seul coup de rafle, vous emporterez à la fois ses amis et ses ennemis, les coupables et les innocents?
LAERTES.—Non, ses ennemis seuls.

LE ROI.—Alors, voulez-vous les connaître ?

LAERTES.— Quant à ses bons amis, voici comment je leur ouvrirai mes bras, tout larges; et semblable au tendre pélican qui donne sa vie, je les nourrirai de mon sang.

LE ROI.—Eh bien ! maintenant vous parlez comme un bon fils et un loyal gentilhomme. Que je ne suis pas coupable de la mort de votre père, et que j'en ai le plus sensible chagrin, c'est ce qui pénétrera dans votre propre raison, aussi droit que le jour pénètre dans vos yeux.

LE PEUPLE, *derrière le théâtre.*—Laissez-la entrer.

LAERTES.—Qu'est-ce donc ? quel est ce bruit? *(Ophélia entre, bizarrement ajustée avec des fleurs et des brins de paille.)* O chaleur, dessèche mon cerveau ! ô larmes sept fois salées, consumez en mes yeux tout don de sentir et d'agir! Par le ciel, ta folie sera si bien payée à son poids que ce sera notre plateau qui fera tourner le fléau de la balance ! O rose de mai, chère fille, bonne sœur, douce Ophélia! O ciel, est-il possible que la raison d'une jeune fille soit aussi mortelle que la vie d'un vieillard? La nature s'affine dans l'amour; et, ainsi affinée, elle envoie, en témoignage d'elle-même, vers l'objet tant aimé, quelque chose de sa précieuse essence.

OPHÉLIA.—*(Elle chante.)*

> Ils l'ont porté le visage nu dans la bière, tra, la, la, la! tra, la, la, la ! et sur son tombeau vinrent pleuvoir bien des larmes...

Bonsoir, mon tourtereau.

LAERTES.—Tu aurais ta raison, et tu m'exciterais à la vengeance, que cela ne pourrait pas m'émouvoir autant.

OPHÉLIA.—Il faut que vous chantiez :

> A bas! à bas! jetez-le donc à bas!

Comme la ritournelle va bien là [1] ! C'est ce traître d'intendant, qui avait ravi la fille de son maître.

---

[1] A la scène antérieure, entre Ophélia folle et la reine de Danemark, la première édition de Hamlet donne cette indication

LAERTES.—Ces non-sens sont plus que du bon sens.

OPHÉLIA, *à Laërtes.* — Voilà du romarin [1] ; c'est pour le souvenir. Je vous en prie, amour, souvenez-vous. Et voici des pensées ; c'est pour vous faire penser.

LAERTES.—Il y a un enseignement dans sa folie : les pensées et le souvenir assemblés.

OPHÉLIA, *au roi.* — Voilà du fenouil pour vous [2], et des ancolies.— (*A la reine.*) Voilà de la rue pour vous [3], et il

---

oubliée : « Ophélia entre les cheveux flottants, jouant du luth et « chantant. » Sans doute il était aussi de tradition qu'elle jouât ici sur son luth cette ritournelle qui lui plaît.

[1] Le langage emblématique des fleurs était en grande vogue au temps de Shakspeare et tenait de près à la foi superstitieuse qu'on avait encore en la puissance médicinale ou magique des végétaux. Ophélia donne à chacun une fleur qui fait allusion à un événement du drame ou au caractère connu du personnage, et elle fait son choix avec une présence d'esprit, avec une justesse d'application, qui semblerait démentir sa folie si quelques-unes de ces allusions, par leur justesse même et leur imprudente vérité, ne montraient qu'Ophélia n'est plus maîtresse de sa parole et de ses actes. Le romarin, toujours vert, était l'emblème de la fidélité ; on le portait aux funérailles et aux fiançailles ; dans son dialogue en vers entre la nature et le phénix (1601), R. Chester dit : « Voici du romarin : les Arabes, médecins d'une habileté « parfaite, affirment qu'il reconforte le cerveau et la mémoire. » Aussi Ophélia choisit-elle le romarin pour son frère afin qu'il se souvienne d'elle et de leur père mort.

[2] Le fenouil qu'Ophélia donne au roi était la fleur de la flatterie et de la dissimulation ; l'ancolie était la fleur de l'ingratitude et du délaissement. Dans le dictionnaire italien-anglais de Florio (1598), on lit : « *Dare finnochio,* donner du fenouil, flatter, dissimuler. » Parmi les sonnets publiés en 1584 sous le titre d'*Une Poignée de Délices*, il y a un poëme qui s'appelle *Bouquets toujours doux aux amants, à envoyer comme gages d'amour*, et où l'amoureux dit : « Le fenouil est pour les flatteurs, mauvaise « chose assurément, mais je n'ai jamais eu que des intentions « droites, un cœur constant et pur. » Dans la comédie de Chapman, *Rien que des fous* (1605), un personnage dit : « Qu'est-ce ? une « ancolie ? »—« Non, » répond l'interlocuteur, « cette fleur ingrate « ne pousse pas dans mon jardin. »

[3] La rue était un emblème de douleur, à cause de la ressemblance qui existe, en anglais, entre le mot *rue* et le mot *ruth*, chagrin. Shakspeare, dans *Richard II* (acte III, sc. IV), a refait le même jeu de mots ; un jardinier y dit, en parlant de la reine détrônée : « Ici elle a laissé couler une larme ; ici, à cet endroit

y en a encore pour moi ; nous pourrons, les dimanches, la nommer herbe de grâce ; vous pouvez porter votre bouquet de rue avec une différence. Voilà aussi une marguerite¹ ; je vous donnerais bien des violettes, mais elles se fanèrent toutes quand mon père mourut²..... Ils disent qu'il a fait une bonne fin ;

Car ce cher bon Robin, il fait toute ma joie....

« même, je mettrai une plate-bande de rue ; et la rue, à la place du
« chagrin, se montrera bientôt en souvenir d'une reine qui
« pleura. » La rue était aussi nommée *herbe de grâce*, parce qu'on lui attribuait la puissance d'inspirer la contrition et de corriger les vices, et comme telle elle était employée dans les exorcismes. Dans une vieille ballade anglaise qui a pour titre : *Les Conseils du docteur Bien-Faire*, la recette pour l'usage de la rue est ainsi donnée : « Si quelqu'un a des doigts trop lestes,
« qu'il n'a pas pu conjurer, des doigts qui veulent fouiller dans
« la poche des gens ou faire tout autre mal de ce genre, il faut
« qu'il se fasse saigner, qu'il porte son bras en écharpe, et qu'il
« boive une infusion d'herbe de grâce dans un mélange tiède de
« lait et de vin. » Ophélia garde de la rue pour elle-même, en symbole de sa tristesse filiale ; elle veut que la reine en porte aussi en symbole de sa tristesse maternelle ; mais chaque fois que reviendra le dimanche, le jour consacré à Dieu, Ophélia veut que la rue reprenne son sens encore plus mystique, pour que la reine se repente et se délivre de l'amour criminel auquel elle a vendu son âme. Voilà pourquoi Ophélia marque une différence. Une différence, en langage héraldique, était le signe qui faisait distinguer entre un aîné et un cadet les armoiries de la famille ; ainsi le plus jeune des Spencer portait, comme différence, une bordure de gueules autour de son écusson (Holinshed, *Règne du roi Richard II*, p. 443). D'après ce blason des fleurs auquel Ophélia emprunte ses images, la rue, aux mains de la pauvre folle innocente, ne parlera que de regrets, et se compliquant de son autre nom, aux mains de la reine coupable, parlera à la fois de regrets et de remords.

¹ Un des contemporains de Shakspeare, Greene, dit, dans son *Coup de dent à un courtisan parvenu* : « ... Près de là poussait la
« marguerite dissimulée, pour avertir toutes ces donzelles trop
« promptes à la tendresse de ne se pas fier à chaque belle pro-
« messe de tous ces garçons amoureux. »

² Dans les sonnets cités tout à l'heure, la violette est ainsi commentée : « La violette est pour la fidélité, qui demeurera
« toujours en moi ; et j'espère que vous, de même, vous ne la
« laisserez pas s'échapper de votre cœur. » Mais ici, ce qu'il faut noter, n'est-ce pas plutôt le dernier trait si touchant et si triste

LAERTES.—Mélancolie et abattement, désespoir, enfer même, tout en elle tourne en charme et en grâce.
OPHÉLIA.—(*Elle chante.*)

> Et ne reviendra-t-il pas? et ne reviendra-t-il pas?
> Non, non, il est mort! Va à ton lit de mort! Il ne
> reviendra jamais. Sa barbe était blanche comme
> la neige, sa tête toute blonde comme le lin; il est
> parti, il est parti, et nous gémissons en vain. Dieu
> fasse miséricorde à son âme!...

Et à toutes les âmes chrétiennes!... Je prie Dieu... Dieu soit avec vous!

(Elle sort.)

LAERTES.—Voyez-vous ceci, ô Dieu!
LE ROI.—Laërtes, je dois converser avec votre douleur, ou vous me refuseriez un droit qui m'appartient. Retirons-nous seulement. Faites choix de qui vous voudrez parmi vos plus sages amis; ils entendront et jugeront entre vous et moi. Si, par action directe ou collatérale, ils nous trouvent compromis, nous vous livrons notre royaume, notre couronne, notre vie et tout ce que nous disons nôtre, pour vous faire satisfaction. Mais, s'il n'en est rien, résignez-vous à nous prêter votre patience, et nous travaillerons en commun avec votre âme pour lui donner les contentements qui lui sont dus.
LAERTES.—Qu'il en soit donc ainsi. Le genre de sa mort, son obscur enterrement, point de trophée, ni d'épée, ni d'écusson sur son cercueil, point de rite nobiliaire, ni d'appareil officiel, tout cela me crie, comme une voix qui se ferait entendre de ciel en terre, que je dois en demander compte.

d'Ophélia qui croit les violettes flétries par la mort de son père? Après ce cliquetis rapide d'allusions, quand ce babil à double entente va fatiguer, quand Shakspeare a fini de nous peindre la folle et veut nous rendre la fille, un mot jaillit, ou pour mieux dire une larme de pure poésie, une seule, et c'est assez, car la sobriété même et la grâce des Grecs les plus délicats ne sont point étrangères à cet impétueux génie du Nord. Bion avait dit, comme Shakspeare, dans l'élégie sur la mort d'Adonis : « Et toutes « avec lui, quand il mourut, toutes les fleurs aussi se fanèrent. »

LE ROI.—Ainsi ferez-vous ; et là où est le crime, que la grande hache y tombe ! Je vous prie, venez avec moi.

(Ils sortent.)

SCÈNE VI

Un autre appartement dans le château.

HORATIO et un SERVITEUR *entrent.*

HORATIO.—Qui sont les gens qui veulent me parler?

UN SERVITEUR.—Des matelots, monsieur ; ils disent qu'ils ont des lettres pour vous.

HORATIO.—Fais-les entrer. (*Le serviteur sort.*) J'ignore de quelle partie du monde je puis recevoir un message, si ce n'est du seigneur Hamlet.

(Les matelots entrent.)

PREMIER MATELOT.—Dieu vous bénisse, monsieur !

HORATIO.—Qu'il te bénisse aussi !

PREMIER MATELOT.—Ainsi fera-t-il, monsieur, si tel est son bon plaisir. Voici une lettre pour vous, monsieur,—elle vient de l'ambassadeur qui s'était embarqué pour l'Angleterre,—si votre nom est Horatio, comme je me le suis laissé dire.

HORATIO, *lisant.* — « Horatio, quand tu auras lu ceci,
« donne à ces gens-là quelque moyen d'arriver jusqu'au
« roi ; ils ont des lettres pour lui. Nous n'avions pas vieilli
« de deux jours en mer, lorsqu'un pirate, très-bien équi-
« pé en guerre, nous a donné la chasse. Nous trouvant
« trop faibles de voiles, nous avons eu recours à un
« courage forcé. Les grappins jetés, j'ai monté à l'abor-
« dage. Au même instant ils se sont dégagés de notre
« vaisseau ; ainsi je suis demeuré seul leur prisonnier.
« Ils en ont usé avec moi en brigands pleins de miséri-
« corde ; mais ils savaient bien ce qu'ils faisaient : je
« suis en passe de leur donner du retour. Que le roi ait
« les lettres que je lui envoie ; et toi, viens me rejoindre
« avec autant de hâte que si tu fuyais la mort. J'ai à te
« dire à l'oreille des paroles qui te rendront muet ;
« encore seront-elles bien trop légères pour le calibre

« de cette affaire. Ces braves gens t'amèneront là où je
« suis. Rosencrantz et Guildenstern continuent leur
« route vers l'Angleterre; j'ai beaucoup à te dire sur
« eux. Adieu.
« Celui que tu sais à toi,
« Hamlet. »

Venez, je vous donnerai le moyen de remettre vos lettres : faites au plus vite, afin que vous puissiez me conduire vers celui qui vous en avait chargés.

(Ils sortent.)

SCÈNE VII

Un autre appartement dans le château.

LE ROI et LAERTES *entrent*.

le roi.—Maintenant votre conscience doit sceller mon acquittement, et vous devez me donner place dans votre cœur comme à un ami ; car vous avez entendu,—et d'une oreille qui sait ce qu'elle entend,—comment celui qui a tué votre noble père en voulait à ma vie.

laertes.—Oui, cela apparaît bien. Mais, dites-moi pourquoi vous n'avez pas fait procéder contre des actes si criminels et d'une si mortelle nature, comme votre sûreté, votre grandeur, votre sagesse, tout enfin vous y poussait puissamment.

le roi.—Oh! pour deux raisons spéciales qui vous sembleront peut-être avoir bien peu de nerf, et qui cependant sont fortes pour moi. La reine, sa mère, ne vit presque que par ses yeux ; et, quant à moi (qu'elle soit mon salut ou mon fléau, n'importe!), elle est si intimement unie à ma vie et à mon âme, que, comme l'étoile ne peut se mouvoir hors de sa sphère, moi, je ne vais que par elle. L'autre motif qui ne me permettrait pas de pousser jusqu'à une enquête publique, c'est le grand amour que la masse du peuple lui porte. Toutes ses fautes disparaîtraient plongées dans leur affection qui, semblable à cette source où le bois tourne à la pierre, changerait ses chaînes en faveurs ; de sorte que mes flèches, faites d'un bois trop léger pour un vent si fort, seraient revenues à mon arc au lieu d'aller à mon but.

LAERTES.—Ainsi j'ai perdu un noble père ! ainsi ma sœur a été jetée dans un état désespéré ! elle, dont le mérite (s'il est permis à la louange de retourner en arrière), droit et ferme sur le plus haut faîte, mettait tout notre siècle au défi d'égaler ses perfections ! Mais ma vengeance viendra !

LE ROI. — Ne rompez point pour cela vos sommeils. Il ne faut pas nous croire faits d'une assez plate et molle matière pour souffrir que le danger vienne nous secouer par la barbe, et pour regarder cela comme un passe-temps. Vous en saurez bientôt davantage. J'aimais votre père, nous nous aimons nous-mêmes, et cela vous apprendra, j'espère, à concevoir que... (*Un messager entre.*) Mais qu'est-ce donc ? quelles nouvelles ?

LE MESSAGER.—Des lettres, mon seigneur, de la part de Hamlet; celle-ci pour Votre Majesté, celle-là pour la reine.

LE ROI.—De Hamlet ? qui les a apportées ?

LE MESSAGER.—Des matelots, à ce qu'on dit, mon seigneur; je ne les ai pas vus : elles m'ont été remises par Claudio; il les avait reçues de celui qui les avait apportées.

LE ROI.—Laërtes, vous allez les entendre. Laissez-nous.

(*Le messager sort.*)

Le roi lit :

« Haut et puissant seigneur,

« Vous saurez que j'ai été débarqué nu en votre
« royaume. Demain je demanderai la permission d'être
« admis en votre royale présence, et alors, après avoir
« imploré votre pardon pour tout ceci, je vous racon-
« terai les circonstances de mon si soudain et encore
« plus étrange retour.

« HAMLET. »

Que signifie ceci ? Est-ce que tous les autres sont aussi de retour ? ou bien est-ce quelque tromperie, et n'y a-t-il rien de vrai ?

LAERTES.—Reconnaissez-vous la main ?

ACTE IV, SCÈNE VII.

le roi.—C'est l'écriture de Hamlet. Nu! et, dans ce post-scriptum, il ajoute : seul. Pouvez-vous me conseiller?

laertes. —Je m'y perds, mon seigneur; mais laissez-le venir. Tout ce que mon cœur a de malade se réchauffe quand je pense que je vivrai assez pour lui dire à ses dents : voilà ce que tu as fait !

le roi. — S'il en est ainsi, Laërtes... et comment cela pourrait-il être ainsi?... mais comment cela serait-il autrement?... voulez-vous vous laisser gouverner par moi ?

laertes.—Oui, mon seigneur, pourvu que vous ne vouliez pas me tyranniser jusqu'à me faire faire la paix.

le roi. — Non. La paix avec toi-même seulement. S'il est vrai que Hamlet soit déjà revenu, et, rebuté de son voyage, s'il a dessein de ne point l'entreprendre à nouveau, je l'engagerai dans une aventure, maintenant mûrie dans ma pensée, et où il ne pourra si bien faire qu'il n'y succombe; sa mort ne soulèvera aucun souffle de blâme, mais sa mère elle-même innocentera l'affaire et l'appellera un accident.

laertes. — Mon seigneur, je me laisserai gouverner, et plus volontiers encore, si vous pouvez arranger vos plans de telle manière que j'en sois moi-même l'instrument.

le roi.—Cela tombe bien. On a beaucoup parlé de vous depuis votre voyage, et cela en présence de Hamlet, à cause d'un talent où vous brillez, dit-on; l'ensemble de vos mérites n'a pas tiré de lui autant d'envie que celui-là seul ; et celui-là, pourtant, à mes yeux, est de l'ordre le moins élevé.

laertes.—Quel mérite est-ce donc, mon seigneur?

le roi.—Un simple ruban sur la toque de la jeunesse; utile cependant, car la jeunesse n'est pas moins bienséante, avec la livrée légère et libre dont elle se revêt, que l'âge mûr sous son deuil et ses fourrures, convenables à la santé et à la gravité.... Ici se trouvait, il y a deux mois, un gentilhomme de Normandie; j'ai vu moi-même les Français, et j'ai servi contre eux ; ils montent bien à cheval ; mais ce galant cavalier va en ce genre jusqu'à la sorcellerie; il prenait racine en selle et obtenait de son cheval des exercices aussi merveilleux que s'il eût fait corps et double créature avec ce brave animal. Vraiment, il surpassait de si loin toutes mes idées, que j'avais beau imaginer des passes et des voltiges, je demeurais au-dessous de ce qu'il faisait.

LAERTES.—C'était un Normand?

LE ROI.—Un Normand.

LAERTES —Sur ma vie, c'est Lamord!

LE ROI.—Lui-même.

LAERTES.—Je le connais bien ; il est, en vérité, l'ornement et la perle de toute sa nation.

LE ROI.—Il a rendu témoignage de vous, et vous donnait rang de passé maître, pour votre science et votre pratique de l'escrime, et tout singulièrement pour votre façon de manier la rapière. Il s'écriait que ce serait un vrai spectacle à voir, si quelqu'un pouvait vous faire votre partie ; il jurait que les escrimeurs de sa nation n'avaient ni botte, ni parade, ni coup d'œil, lorsque vous leur teniez tête. Un tel éloge dans sa bouche, monsieur, empoisonna Hamlet d'une telle jalousie qu'il ne faisait plus autre chose que de souhaiter et demander votre soudain retour, pour faire assaut avec vous. D'après cela donc......

LAERTES.—Eh bien! d'après cela, mon seigneur?

LE ROI. — Laërtes, votre père vous était-il cher? ou n'êtes-vous pour ainsi dire que le portrait d'un chagrin, un visage qui n'a point de cœur?

LAERTES.—Pourquoi me demandez-vous cela?

LE ROI. —Ce n'est pas que je pense que vous n'ayez pas aimé votre père. Mais ce que je sais, c'est que le temps fait naître l'amour ; et ce que je vois, dans les épreuves où l'amour passe, c'est que le temps en modifie l'éclat et l'ardeur. Il y a, au centre même de la flamme de l'amour, une sorte de mèche ou de lumignon qui finit par l'étouffer. Rien ne reste fixe en la même excellence, car l'excellence arrive à la surabondance et meurt de son propre excès. Ce que nous voulons faire, nous devrions le faire quand nous le voulons ; car ce « nous le voulons » vient à changer et souffre autant de défaillances et de délais qu'il y a autour de nous de langues, et de mains, et d'accidents; et ce n'est plus alors qu'un « nous devrions », semblable au soupir d'un mauvais sujet, et pernicieux parce qu'il soulage [1]. Mais droit dans le vif de la plaie! Hamlet revient; que sauriez-vous entreprendre pour montrer, en fait plutôt que par des paroles, que vous êtes fils de votre père?

LAERTES. — Je lui couperais la gorge dans l'église même.

LE ROI. — Aucun lieu, à vrai dire, ne devrait être un sanctuaire pour le meurtre. La vengeance ne devrait pas avoir de bornes. Mais, brave Laërtes, voulez-vous faire ceci? Tenez-vous enfermé dans votre chambre. Hamlet revenu apprendra que vous êtes aussi de retour; nous mettrons en avant des gens qui vanteront votre

[1] On croyait très-fermement, au temps de Shakspeare, que les soupirs usaient la vie. On lit dans les *Discours tragiques* de Fenton (1579) : « Pourquoi n'arrêtez-vous pas à temps la source de « ces brûlants soupirs qui ont déjà mis votre corps à sec de tou- « tes les humeurs salubres dont la nature l'avait pourvu pour « donner du suc à vos entrailles et à vos secrets ressorts? » Ailleurs encore, dans *Henri VI*, Shakspeare a dit « des soupirs qui « consument le sang. » Ici, cette croyance, plus ou moins scientifique, complique bizarrement et termine par un vrai nœud gordien les observations de moraliste où Shakspeare vient de se complaire. Ne dirait-on pas d'abord un commentaire sur Hamlet lui-même, mis par inadvertance dans la bouche du roi, son ennemi? Ce « je veux » qui, de retards en retards, s'exténue et se réduit à un « je devrais, » c'est le premier thème. Puis les projets dépensés en paroles sont comparés aux remords dépensés en regrets : oublions vite Hamlet, il ne s'agit plus d'un contemplateur qui rêve au lieu d'agir : il s'agit du mauvais sujet qui soupire au lieu de se corriger, s'enfonçant et se perdant d'autant plus en ses fautes qu'il vient, en les condamnant un instant, de se mettre mieux à l'aise envers sa conscience. Est-ce tout? Non ; encore un soubresaut d'imagination! Aussi vite que la pensée de Shakspeare a couru de l'irrésolution dans la vie pratique à la mollesse dans la vie morale, aussi vite passe-t-elle maintenant à un fait de la vie physique, à une doctrine des médecins d'alors, au soulagement pernicieux des soupirs qui ne dégonflent le cœur qu'en appauvrissant le sang. Il y a là, en un vers et demi, deux comparaisons si brusquement lancées que l'esprit du lecteur, étourdi et comme étranglé par ce double coup de lazzo, s'arrête et chancelle.

talent et donneront un nouveau lustre à la réputation que ce Français vous a faite ; nous vous amènerons enfin l'un en face de l'autre, et il y aura des paris établis sur vos têtes. Lui qui est distrait, fort généreux, innocent de tout artifice, il n'examinera pas les fleurets. De sorte que vous pourrez sans peine, ou avec un peu de ruse, choisir une épée non émoussée, et, par un coup de secrète adresse, lui payer tout pour votre père.

LAERTES.—C'est ce que je ferai ; et, dans ce dessein, je veux oindre mon épée. J'ai acheté d'un charlatan un onguent si meurtrier, que vous avez seulement à y plonger votre couteau, et s'il vient ensuite à tirer une goutte de sang, il n'est au monde cataplasme si rare, fût-il composé de tous les simples qui ont le plus de vertu sous les rayons de la lune, qui puisse sauver de la mort un être que vous auriez seulement égratigné. Ma pointe sera touchée de cette peste, afin que, si je pique légèrement, ce soit la mort.

LE ROI. — Pensons encore à ceci, pesons bien quels agencements de temps et de moyens peuvent convenir à notre plan. Si ceci échouait, si une exécution manquée devait laisser voir notre dessein, il vaudrait mieux ne l'avoir point essayé. Notre projet doit donc avoir une arrière-garde, un second qui tienne encore, si celui-ci se brise à l'épreuve. Doucement... voyons un peu... nous ferons un pari solennel sur le savoir-faire de chacun de vous...... j'y suis..... Lorsque, par votre assaut, vous serez échauffés et altérés (poussez les bottes plus violemment pour qu'il en soit ainsi), et lorsqu'il demandera à boire, je lui aurai préparé une coupe à cet effet ; et si, par hasard, il a échappé à votre fer empoisonné, qu'il la goûte seulement, nos efforts pourront s'en tenir là ! Mais arrêtez ; quel est ce bruit ? (*La reine entre.*) Qu'est-ce donc, ma chère reine ?

LA REINE. — Toujours, sur les talons d'un malheur, marche un autre malheur, tant ils se suivent de près !... Votre sœur est noyée, Laërtes.

LAERTES.—Noyée ! Oh ! où donc ?

LA REINE.—Il y a, au bord du ruisseau, un saule qui

réfléchit son feuillage blanchâtre dans le miroir du courant ; elle était là, faisant de fantasques guirlandes de renoncules, d'orties, de marguerites, et de ces longues fleurs pourpres que nos bergers licencieux nomment d'un nom plus grossier, mais que nos chastes vierges appellent des doigts de morts. Et là, comme elle grimpait pour attacher aux rameaux pendants sa couronne d'herbes sauvages, une branche ennemie se rompit ; alors ses humbles trophées, et elle-même avec eux, tombèrent dans le ruisseau qui pleurait. Ses vêtements s'enflent et s'étalent ; telle qu'une fée des eaux, ils la soutiennent un moment à la surface ; pendant ce temps elle chantait des lambeaux de vieilles ballades, comme désintéressée de sa propre détresse, ou comme une créature née et douée pour cet élément. Mais cela ne pouvait durer longtemps ; si bien qu'enfin, la pauvre malheureuse ! ses vêtements, lourds de l'eau qu'ils buvaient, l'ont entraînée de ses douces chansons à une fangeuse mort.

LAERTES.—Hélas ! elle est donc noyée !

LA REINE.—Noyée ! noyée !

LAERTES.—Tu n'as déjà que trop d'eau, pauvre Ophélia ; aussi je retiens mes larmes. Mais non ; c'est notre train courant, la nature conserve ses coutumes, la honte a beau dire ce qui lui plaît. Que ces larmes partent, et c'en est fait de la femme en moi[1]... Adieu, mon seigneur ! Je me sens des paroles de flamme qui éclateraient volontiers, n'était que cette folie les noie.

(Il sort.)

LE ROI.—Suivons-le, Gertrude. Combien j'ai eu à faire pour calmer sa rage ! maintenant je crains que ceci ne lui donne un nouvel élan. Ainsi donc, suivons-le.

(Ils sortent.)

---

[1] Ainsi dans *Henri V*, acte IV, scène vi : « Mais toute ma mère me monta aux yeux et me livra en proie aux larmes. »

FIN DU QUATRIÈME ACTE.

ACTE CINQUIÈME

SCÈNE I

Un cimetière.

DEUX PAYSANS *entrent avec leurs bêches, etc.*

PREMIER PAYSAN.—Doit-elle être enterrée en terre chrétienne, celle qui volontairement est allée chercher son salut?

SECOND PAYSAN.—Je te dis que oui; creuse donc sa fosse tout de suite. Le coroner a tenu séance sur elle et a conclu à la sépulture chrétienne.

PREMIER PAYSAN.—Comment cela se peut-il, à moins qu'elle ne se soit noyée en un cas de légitime défense?

SECOND PAYSAN.—Eh bien! c'est ce qu'on a reconnu.

PREMIER PAYSAN.—Non, cela doit être un cas de personnelle offense; cela ne peut être autrement. Car voici où gît la question : si je me noie volontairement, cela constitue un acte; or un acte se divise en trois branches, qui sont : agir, faire et accomplir. *Ergo*, elle s'est noyée volontairement.

SECOND PAYSAN.—Bien! mais écoutez-moi, bonhomme de fossoyeur.

PREMIER PAYSAN.—Permettez. Ici passe l'eau; bien. Là se tient l'homme; bien. Si l'homme va à l'eau et se noie, — qu'il le veuille ou non, — c'est parce qu'il y va qu'il se noie; remarquez bien ceci. Mais si l'eau vient à lui et le noie, il ne se noie point lui-même : *ergo*, celui qui n'est point coupable de sa propre mort n'a point abrégé sa propre vie [1].

---

[1] Shakspeare ici tourne en ridicule les subtilités de la logique judiciaire de son temps. On trouve dans les *Commentaires* de

ACTE V, SCÈNE I.

SECOND PAYSAN.—Mais est-ce la loi?

PREMIER PAYSAN.—Oui, pardieu! c'est la loi, la loi touchant l'enquête du coroner.

SECOND PAYSAN.—Voulez-vous savoir la vérité là-dessus? Si ce n'avait point été une demoiselle noble, elle aurait été enterrée en dehors de la terre sainte.

PREMIER PAYSAN.—Pour çà, c'est bien parlé; et de plus c'est une pitié que les grands personnages, en ce monde, soient en passe de se noyer et de se pendre plus que leurs frères en Jésus-Christ. Allons, ma bêche; il n'y a point de plus anciens gentilshommes que les jardiniers, les terrassiers et les fossoyeurs : ils continuent la profession d'Adam.

SECOND PAYSAN.—Était-il gentilhomme?

PREMIER PAYSAN.—Il est le premier qui ait jamais porté de sable et de vair.

Plowden un procès qui semble lui avoir servi de thème. Sir James Hale s'étant-suicidé en se noyant dans une rivière, il s'agissait de décider si un bail dont il jouissait devait continuer à courir au profit de sa veuve, ou bien, à cause du suicide, passer au profit de la Couronne; et le sergent Walsh raisonnait ainsi : « L'action consiste en trois parties : la première partie est « la conception, qui est l'acte de l'esprit se repliant et méditant pour savoir s'il convient ou s'il ne convient pas de se « noyer et quelles sont les façons de le faire; la seconde partie est la résolution qui est l'acte de l'esprit se déterminant à « se détruire et à le faire, spécialement de telle ou telle façon; « la troisième partie est l'accomplissement, qui est l'exécution « de ce que l'esprit s'est déterminé à faire. Et cet accomplissement consiste encore en deux parties, qui sont le commencement et la fin : le commencement est la perpétration de l'acte « qui cause la mort, et la fin est la mort, qui est seulement une « conséquence de l'acte, etc., etc. » Voyez encore si les juges Weston, Anthony Brown et lord Dyer ne se montrèrent pas eux-mêmes, dans leurs considérants, aussi puérilement pointilleux que le sergent Walsh ou le paysan de Shakspeare : « Sir « James Hale est mort, » dirent-ils, « et comment en vint-il à « mourir? par noyade, peut-on répondre. Et qui est-ce qui l'a « noyé? Sir James Hale. Et quand l'a-t-il noyé? De son vivant. « De sorte que sir James Hale étant en vie a causé le décès de « sir James Hale, et l'acte du vivant fut la mort du défunt. La « raison veut, par conséquent, que l'on punisse de cette offense « le vivant qui l'a commise, et non le mort, etc., etc. » En vérité, Shakspeare n'a pas exagéré.

second paysan.—Bah! il n'avait aucun blason.

premier paysan.—Quoi? es-tu donc un païen? comment entends-tu l'Écriture? L'Écriture dit : « Adam cultiva ; » et comment aurait-il cultivé sans porter du sable et du vert¹? Mais je te proposerai une autre question ; si tu ne me réponds point juste, confesse-toi...

second paysan.—Va!

premier paysan.—Quel est celui qui bâtit plus solidement que le maçon, le charpentier et l'ouvrier de marine?

second paysan.—Le faiseur de potences ; car sa bâtisse survit à mille de ceux qui viennent s'y loger.

premier paysan.—Par ma foi, j'aime ta répartie : la

---

¹ Dans le texte, le jeu de mots roule sur le double sens de *arms*, qui signifie tantôt *bras*, tantôt *armes* ou *blason*. « Adam avait un blason, car il n'aurait pu cultiver sans bras ; » tel est, littéralement, le sophisme facétieux du fossoyeur. Nous avons cherché un équivalent qui eût trait aussi au blason. *Vair*, dans le langage héraldique, est le nom des fourrures, comme *sable* est synonyme de *noir*. Dans le même langage, porter d'une couleur signifie : avoir des armes de la couleur indiquée. Le jeu de mots admis dans la traduction ne vaut rien : mais nous ne demandons même pas qu'on nous en pardonne la pauvreté ; sans finesse et sans orthographe, il ne va que mieux au personnage et au sinistre effet de toute cette gaieté vulgaire que Shakspeare a mise en scène dans un lieu si solennel. Tous les détails de ce dialogue sont d'ailleurs autant de traits satiriques que Shakspeare lance contre les ridicules de son temps, contre ceux de la science héraldique après ceux de la logique judiciaire. Malgré le très-ancien distique populaire qui avait dit :

> Adam poussait sa bêche, Ève tournait son fil,
> Le gentilhomme, alors, où donc se trouvait-il?

les archéologues de la noblesse anglaise professaient, au XVIe siècle, dans tous leurs traités sur le blason, tantôt qu'Abel avait été le premier gentilhomme, tantôt que Caïn était devenu un vilain sous le coup de la colère divine et Seth un gentilhomme par la bénédiction de ses parents. Les plus modérés ne faisaient remonter qu'à Jésus-Christ l'origine de l'aristocratie et donnaient pour armoiries à Notre-Seigneur les instruments de sa Passion, comme en font foi les figures et les devises imprimées sur quelques vieilles reliures de livres pieux. D'autres encore enseignaient que le fer même de la bêche d'Adam était le type des écussons triangulaires et que l'écusson en forme de losange, habituellement consacré aux armoiries féminines, imitait le fuseau d'Ève.

potence fait bien là. Mais comment fait-elle bien? Elle fait bien pour ceux qui font mal. Et toi, tu fais mal de dire qu'une potence est bâtie plus solidement qu'une église. *Ergo*, la potence ferait bien pour toi. Recommence, allons.

SECOND PAYSAN. — Qui est-ce qui bâtit plus solidement que le maçon, et l'ouvrier de marine, et le charpentier?

PREMIER PAYSAN.—Oui, dis-moi cela et détèle ensuite.

SECOND PAYSAN.—Pardieu, oui, maintenant je peux le dire.

PREMIER PAYSAN.—Allons!

SECOND PAYSAN.—Par la sainte messe! je ne puis point le dire.

(Hamlet et Horatio entrent et restent à quelque distance.)

PREMIER PAYSAN.—Ne te romps point la cervelle davantage à propos de cela, car ton fainéant d'âne ne corrigera point son allure pour avoir été battu; et quand on te posera cette question une autre fois, réponds : le fossoyeur. Les maisons qu'il fait durent jusqu'au jugement dernier. Allons, va-t'en chez Yaughan, et apporte-moi un pot de liqueur.

(Le second paysan sort. Le premier paysan se met à bêcher en chantant.)

Dans ma jeunesse, quand j'aimais, quand j'aimais,
il me semblait que c'était très-doux, pour abréger...
hop!... le temps. Quant à... holà!... mes convenances...hop!... il me semblait que rien ne m'allait
plus [1].

---

[1] Les trois stances que le fossoyeur chante, en les coupant par une exclamation à chaque effort qu'il fait pour bêcher, sont des fragments d'une romance écrite par lord Vaux. La première stance est, dans le texte de Shakspeare, absolument informe et décousue. Quiconque a entendu un paysan chanter une chanson des villes, sait bien à quel point, en passant de bouche en bouche, les mots se brouillent et le sens se perd. Voici la traduction complète de la romance même de lord Vaux :

L'Amoureux vieilli renonce à l'amour.

« Je romps avec ce que j'aimais, avec ce qui me paraissait doux
« en mes jours de jeunesse; le temps me rappelle à d'autres con-
« venances; ces choses-là, je le vois, ne me vont plus. Mes sou-
« plesses m'abandonnent, mes fantaisies se sont toutes envolées,

HAMLET. — Est-ce que ce gaillard-là n'a aucun sentiment de son métier ? Il chante en creusant un tombeau !

HORATIO. — L'habitude a engendré en lui une faculté d'insouciance.

HAMLET. — C'est cela même ; la main qui fait peu de service a le tact plus délicat.

PREMIER PAYSAN. —

> Mais l'âge, à pas furtifs, est venu me déchirer de sa griffe et m'a fait échouer en terre comme si je n'avais jamais été.

(Il ramasse un crâne et le jette.)

HAMLET. — Ce crâne avait une langue autrefois et pouvait chanter. Comme ce maraud le fait rouler par terre ! Ferait-il autrement si c'était la mâchoire de Caïn, qui commit le premier meurtre ?... C'est peut-être la caboche

« et sous les traces du temps ma tête commence à être mêlée de
« cheveux gris. L'âge à pas furtifs est venu me déchirer de sa
« griffe, et la vie souple au loin s'évade, comme si elle n'avait
« jamais été. Ma muse ne me réjouit plus ainsi qu'autrefois ; ma
« main et ma plume ne sont plus d'accord ainsi que jadis. La
« raison me refuse toute chanson insouciante et légère, et jour
« après jour elle me crie : « Laisse là ces hochets avant qu'il soit
« trop tard! » Les rides sur mon front, les sillons sur mon visage
« disent : « La vieillesse boiteuse veut habiter ici, il faut que la
« jeunesse lui fasse place. » Je vois galoper vers moi l'avant-
« coureur de la mort ; la toux, le froid, la pénible haleine m'en-
« gagent à faire préparer une pioche et une bêche, et un drap
« pour me couvrir, une maison d'argile qui soit bien faite pour
« un hôte tel que moi. Il me semble que j'entends le bedeau
« sonner le glas funèbre ; il m'invite à laisser là mes déplorables
« œuvres avant que la Nature m'y contraigne. O mes serviteurs !
« tissez pour moi ce tissu dont la jeunesse rit et ricane, le lin-
« ceul pour moi qui serai tout de suite aussi oublié que si je
« n'étais jamais né ! Il faut donc que je renonce à la jeunesse
« dont j'ai si longtemps arboré les couleurs ! Je passe la joyeuse
« coupe à ceux qui peuvent la porter mieux. Tenez : voyez cette
« tête chauve, dont la nudité m'apprend que l'âge toujours
« courbé m'arrachera ce que semaient les jeunes années. C'est la
« Beauté, avec toute sa troupe, qui a forgé mes soucis aigus et
« qui me fait déjà m'échouer en cette terre d'où j'ai été tiré au
« premier jour. O vous qui restez en deçà ! n'entretenez point
« une autre croyance : vous êtes, par naissance, pétris d'argile,
« et vous vous évanouirez en poussière aussi. »

d'un politique que cet âne-là traite maintenant du haut en bas... quelqu'un qui aurait circonvenu Dieu lui-même..... n'est-ce pas bien possible ?

HORATIO.—C'est bien possible, mon seigneur.

HAMLET.—Ou d'un courtisan, qui savait dire : « Bonjour, mon gracieux seigneur ; comment te portes-tu, mon excellent seigneur? » C'est peut-être monseigneur un tel, qui vantait le cheval de monseigneur un tel, quand il avait dessein de le lui demander [1]. N'est-ce pas bien possible ?

HORATIO.—Oui, mon seigneur.

HAMLET.—N'est-ce pas ? c'est cela même. Et maintenant le voilà marié à milady Vermine, décharné, et bien cogné à la mâchoire par la bêche d'un sacristain. Il y a là une belle révolution, si seulement nous avions le bon esprit d'y regarder ! Ces os ont-ils coûté si peu à fabriquer qu'ils doivent servir à jouer aux quilles ? Les miens me font mal quand je songe à cela.

PREMIER PAYSAN.—

> Une pioche et une bêche, et une bêche, et un drap
> pour se couvrir... holà !... et un trou d'argile à
> faire... cela convient à un tel hôte.

(Il jette encore un crâne.)

HAMLET.—En voici un autre; pourquoi ne serait-ce pas le crâne d'un légiste ? Où sont ses équivoques maintenant, ses *distinguo,* ses points de fait, ses points de droit et tous ses tours ? Pourquoi souffre-t-il que ce maraud brutal lui cogne maintenant la tête avec une pelle crottée ? Et pourquoi ne lui intente-t-il pas son action pour coups, sévices et injures graves ? Hum ! ce monsieur-là était peut-être en son temps un grand acheteur de terres,

---

[1] Shakspeare a mis cela en scène dans *Timon d'Athènes,* acte I, scène II. Timon, qui n'est pas encore misanthrope, n'ayant pas encore éprouvé l'ingratitude de ses amis, leur donne un banquet somptueux et leur fait à tous des présents; un d'entre eux se récrie sur sa générosité, alors Timon lui dit : « Je me souviens « maintenant, mon cher seigneur, que l'autre jour vous avez parlé « en bons termes d'un cheval bai que je montais. Il est à vous « puisqu'il vous a plu. »

avec ses hypothèques, ses reconnaissances, ses redevances, ses doubles garanties, ses recouvrements ! Est-ce donc là la redevance finale de toutes ses fines redevances, et le recouvrement de tous ses recouvrements, que d'avoir sa fine caboche pleine de fine boue ? Est-ce que ses garanties, les doubles comme les simples, ne lui garantiront de tous ses achats rien de plus qu'un espace long et large comme deux rôles d'écritures ? A eux seuls, les titres de transmission de ses propriétés tiendraient difficilement dans cette boîte ; et faut-il donc que le propriétaire lui-même n'en ait pas davantage ? Hein ?

HORATIO.—Pas un pouce de plus.

HAMLET.—Le parchemin n'est-il pas fait de peau de mouton?

HORATIO.—Oui, mon seigneur ; et aussi de peau de veau.

HAMLET.—Ceux-là sont des veaux et des moutons qui cherchent là leur assurance... Je veux parler à ce camarade. Dites-moi, l'homme ! de qui est-ce la fosse?

PREMIER PAYSAN.—C'est la mienne, monsieur.

Holà !... Et un trou d'argile à faire... cela convient à un tel hôte.

HAMLET.—En vérité, oui, je crois qu'elle est à toi, car tu y fais des tiennes, en voulant me mettre dedans.

PREMIER PAYSAN.—Là-dessus, monsieur, c'est bien plutôt vous qui voulez me mettre dedans ; mais vous n'y êtes point, et ça prouve bien qu'elle n'est point à vous. Quant à vous mettre dedans, pour ma part, je n'y travaille point. Et pourtant, c'est ma fosse.

HAMLET.—Si fait, tu travailles à me mettre dedans, puisque tu y travailles, à cette fosse, et puisque tu dis qu'elle est à toi ; tu sais bien qu'elle est faite pour tenir le mort, et non pour saisir le vif. Voilà comment tu veux me mettre dedans.

PREMIER PAYSAN.—Ce qui est vif, monsieur, c'est de vouloir me mettre dedans. Mais ces vivacités-là pourront bien rebrousser chemin de vous à moi[1].

---

[1] Il y a dans ce passage une joute de quiproquos volontaires

HAMLET.—Pour quel homme est-ce que tu la creuses?

PREMIER PAYSAN.—Ce n'est point pour un homme, monsieur.

HAMLET.—Pour quelle femme donc?

PREMIER PAYSAN.—Ni pour une femme non plus.

HAMLET.—Qui donc doit être enterré là?

PREMIER PAYSAN.—Quelqu'un qui fut une femme, monsieur; mais paix soit à son âme! elle est morte.

HAMLET.—Comme ce drôle-là est rigoureux! Il faut lui parler selon les règles, ou les équivoques nous mettront à mal. Par le seigneur Dieu, Horatio, depuis trois ans je remarque ceci : notre siècle est devenu si pointilleux, que le paysan, du bout de son pied, serre d'assez près les talons du courtisan pour lui écorcher ses engelures..... Depuis combien de temps es-tu fossoyeur?

PREMIER PAYSAN.—De tous les jours de l'année je pris, pour commencer le métier, celui où notre feu roi Hamlet battit Fortinbras.

HAMLET.—Combien y a-t-il de cela?

PREMIER PAYSAN.—Ne sauriez-vous point le dire? Il n'est si nigaud qui ne le sache. C'est le jour même où naquit le jeune Hamlet, celui qui est fou, et qu'on a envoyé en Angleterre.

HAMLET.—Ah! vraiment? et pourquoi l'a-t-on envoyé en Angleterre?

PREMIER PAYSAN.—Mais, parce qu'il était fou. Il re-

---

dont la traduction ne saurait être aussi brève que le texte. Dans le texte ils roulent sur l'absolue ressemblance du verbe *to lie, mentir,* et de l'autre verbe *to lie, être couché, enterré, situé,* etc. Ils roulent aussi sur le double sens de *quick,* qui, dans le langage usuel, signifie *vif, prompt, impétueux,* et dans une acception spéciale *vivant,* quand on dit *the quick,* par opposition à *the dead,* comme en français *le vif,* dans quelques termes de la langue juridique. Mais tel est l'imbroglio de ces subtilités qu'on courrait grand risque, en les commentant, de les emmêler au lieu de les dénouer; les équivalents de la traduction suffiront à eux seuls si le lecteur, dans son esprit, voit bien la scène, s'il voit bien le fossoyeur dans sa fosse, le paysan narquois et lent qui bavarde entre deux coups de pioche, tient tête au gentilhomme et veut avoir le dernier.

trouvera l'esprit là-bas. Ou bien, s'il ne l'y retrouve point, ce ne sera que petit dommage dans ce pays-là.

HAMLET.—Pourquoi?

PREMIER PAYSAN.—Cela ne se verra aucunement en lui : les hommes, là-bas, sont tous aussi fous que lui.

HAMLET.—Comment est-il devenu fou?

PREMIER PAYSAN.—Fort étrangement, dit-on.

HAMLET.—Étrangement? et comment?

PREMIER PAYSAN—C'est, par ma foi, en perdant l'esprit.

HAMLET.—Et sur quel point?

PREMIER PAYSAN.—Sur un point de ce territoire, en Danemark. Moi, j'y suis sacristain depuis trente ans, tant jeune que vieux.

HAMLET.—Combien de temps un homme reste-t-il en terre avant de pourrir?

PREMIER PAYSAN.—Ma foi ! s'il n'est pas pourri avant de mourir (comme nous en voyons par le temps qui court, et beaucoup! de ces cadavres vérolés qui peuvent à peine supporter l'enterrement), il vous durera quelque huit ans... ou neuf ans... ; un tanneur vous durera neuf ans.

HAMLET.—Pourquoi lui plus qu'un autre?

PREMIER PAYSAN.—Ah! voilà, monsieur! Son cuir est si bien tanné par le fait de son métier, qu'il peut tenir contre l'eau pendant longtemps ; et c'est l'eau qui vous est un rude démolisseur de tous vos corps morts de fils de catins!—Tenez, voici un crâne qui vous est resté déjà en terre vingt-trois ans.

HAMLET.—De qui était-ce le crâne?

PREMIER PAYSAN.—Ah ! le fils de catin, quel triple fou c'était! Qui pensez-vous que ce fût?

HAMLET.—En vérité, je n'en sais rien !

PREMIER PAYSAN. — La peste soit de lui, ce gredin de fou ! il me versa une fois sur la tête un flacon de vin du Rhin. Ce même crâne-là, monsieur! ce même crâne-là, monsieur, était le crâne d'Yorick, le bouffon du roi.

HAMLET. — Celui-là?

PREMIER PAYSAN. — Oui-da, cette chose-là.

HAMLET.—Laisse-moi voir. (*Il prend le crâne.*) Hélas! pauvre Yorick.... Je l'ai connu, Horatio, c'était un garçon d'une verve infinie, d'une fantaisie tout à fait rare. Il m'a porté sur son dos un millier de fois; et maintenant, comme mon imagination y répugne! Cela me soulève le cœur. Là étaient attachées ces lèvres que j'ai baisées je ne sais combien de fois! Où sont vos moqueries, maintenant? vos folâtreries? vos chansons? vos éclats de gaieté qui avaient coutume de faire tonner les rires de toute la table? Et rien de tout cela, maintenant, rien pour vous moquer de votre propre grimace? quoi! bouche béante, décidément? Allez-vous-en maintenant dans la chambre de Madame, et dites à Sa Seigneurie qu'elle aura beau se peindre jusqu'à en avoir un pouce d'épaisseur, voilà la figure à laquelle il faudra qu'elle en vienne! Faites-la rire à ce propos[1].—Je te prie, Horatio, dis-moi une chose.

HORATIO.—Qu'est-ce, mon seigneur?

HAMLET.—Penses-tu qu'Alexandre fit cette figure-là sous terre?

HORATIO.—Oui, certes.

HAMLET.—Et qu'il eût cette odeur-là? pouah!

(Il jette le crâne.)

HORATIO.—Oui, certes, mon seigneur.

---

[1] Shakspeare, en mettant ces dernières paroles dans la bouche de Hamlet, pensait probablement à quelque gravure, à quelque tableau qui l'avait frappé. L'art chrétien s'est longtemps complu à figurer sous mille formes, avec une rude et religieuse ironie. ce même spectacle de la Mort venant avertir les vivants au milieu de leurs plaisirs, d'où l'art païen tirait, avec tant de gracieuse et molle tristesse, une invitation à jouir vite du monde et de ses biens. *Vive memor lethi*, dit la Volupté, dans Perse; et dans ce petit chef-d'œuvre attribué à Virgile et digne de lui, aux derniers vers de l'*Hôtesse syrienne*:

> Pone merum et talos; pereant qui crastina curant!
> Mors vellens aurem : vivite, ait, venio.

Entre ces images de la poésie antique et celles de la poésie shakspearienne, on sent que toute la Danse Macabre a passé. La scène que décrit Hamlet n'est-elle pas cette gravure de Goltzius, où la Vanité est figurée par une dame, assise à sa toilette et entourée de ses bijoux, surprise par l'apparition de la Mort, ou ce tableau dont parle l'inventaire du mobilier d'Henri VIII à Westminster, qui représentait une femme jouant du luth, tandis qu'un vieillard lui tend d'une main un miroir et de l'autre un crâne?

HAMLET.—A quels vils emplois nous pouvons revenir, Horatio! Pourquoi l'imagination ne pourrait-elle pas dépister la noble poussière d'Alexandre jusqu'à la trouver bouchant la bonde d'une barrique?

HORATIO.—Ce serait considérer les choses avec trop de recherche que de les considérer ainsi.

HAMLET.—Non, ma foi, je n'en rabats point un *iota* ; on peut le suivre jusque-là assez simplement, et il y a de la vraisemblance à mener le raisonnement comme ceci : Alexandre mourut, Alexandre fut enterré, Alexandre retourna en poussière ; la poussière est de la terre ; avec de la terre nous faisons du ciment ; et pourquoi donc, de ce ciment en quoi il a été converti, n'aurait-on point pu boucher une barrique de bière? L'auguste César, mort, et changé en argile, pourrait boucher un trou et arrêter le vent. Oh! dire que cette poussière qui tenait le monde en arrêt était destinée à rapiécer un mur et à repousser le souffle de l'hiver! Mais doucement! doucement! retirons-nous : voici venir le roi.

(Entrent les prêtres en procession. Viennent ensuite le corps d'Ophélia, Laërtes et des pleureuses ; puis le roi, la reine et leur suite.)

La reine, les courtisans! qui est-ce qu'ils suivent? Et comme ces rites sont mutilés! Cela indique que le cadavre auquel ils font cortége a, d'une main désespérée, attenté à sa propre vie. C'était une personne de quelque marque. Cachons-nous un moment et observons.

(Il se retire avec Horatio.)

LAERTES.—Quelle autre cérémonie?...

HAMLET.—C'est Laërtes, un fort noble jeune homme : écoutons.

LAERTES.—Quelle autre cérémonie?...

PREMIER PRÊTRE.—Ses obsèques ont été poussées aussi loin que nous en avons mission. Sa mort prêtait au doute, et sans cette haute volonté qui l'emporte sur l'ordre établi, elle eût été logée dans une terre non bénite jusqu'à la trompette du dernier jugement. Au lieu de charitables prières, on eût jeté sur elle des tessons, des pierres et des cailloux ; mais on lui a accordé ses couronnes de jeune fille, ses jonchées de fleurs virginales, et l'accompagnement des cloches et des funérailles.

LAERTES.—Ne doit-on rien faire de plus?

PREMIER PRÊTRE.—Non, rien de plus; ce serait profaner l'office des morts que de chanter pour elle le *Requiem* et ce repos réservé aux âmes qui partent en paix.

LAERTES.—Placez-la dans la terre, et puissent de sa chair belle et sans tache mille violettes naître ici[1]! Je te dis ceci, prêtre brutal : ma sœur sera un ange protecteur, quand tu seras, toi, tombé là-bas en hurlant!

HAMLET.—Quoi? la belle Ophélia!

LA REINE, *répandant des fleurs*.—Les plus douces à la plus douce! Adieu! J'avais espéré que tu serais la femme de mon Hamlet; je pensais, douce fille, à parer de ces fleurs ton lit nuptial, et non à en joncher ton tombeau.

LAERTES.—Oh! qu'une triple peine tombe trois fois dix fois sur cette tête maudite dont l'action méchante t'a privée de ta très-délicate raison! Tenez pour un moment cette terre encore écartée, jusqu'à ce que je l'aie saisie une dernière fois dans mes bras. (*Il s'élance dans la fosse.*) Et maintenant entassez votre poussière sur le vivant et sur le mort, jusqu'à ce que vous ayez fait de cette plaine une montagne qui dépasse le vieux Pélion ou le front céleste de l'Olympe bleu!

HAMLET, *avançant*.—Quel est l'homme dont la douleur comporte une pareille hauteur d'accent, et dont les plaintes vont, comme une conjuration magique, atteindre les astres errants et les arrêter, tels que des auditeurs frappés d'une mortelle surprise? Je suis cet homme, moi, Hamlet le Danois!

(Il s'élance dans la fosse.)

LAERTES, *le saisissant*.—Que le démon prenne ton âme!

HAMLET.—Tu ne pries pas bien. Allons, ôte tes doigts de ma gorge; car bien que je ne sois ni bilieux ni brusque, j'ai cependant au-dedans de moi quelque chose

---

[1] De même Perse, Sat. 1., v. 39:

    Nunc non e tumulo fortunataque favilla
    Nascentur violæ?

de dangereux et que devra redouter ta prudence. Écarte ta main.

LE ROI.—Séparez-les.

LA REINE.—Hamlet! Hamlet!

TOUS.—Messieurs!

HORATIO.—Mon bon seigneur, calmez-vous.

(On les sépare et ils sortent de la fosse.)

HAMLET.—Or çà, je combattrai avec lui pour cette cause, jusqu'à ce que mes paupières refusent de se mouvoir.

LA REINE.—O mon fils, pour quelle cause?

HAMLET. — J'aimais Ophélia. Quarante mille frères ne pourraient pas, avec toute leur somme d'amour, monter au même total que moi... Que veux-tu faire pour elle?

LE ROI.—O Laërtes, il est fou.

LA REINE.—Pour l'amour de Dieu, laissez-le!

HAMLET.—Morbleu! montre-moi ce que tu veux faire. Veux-tu pleurer? veux-tu combattre? veux-tu t'affamer? veux-tu te mettre en pièces? veux-tu t'abreuver de vinaigre[1]? veux-tu manger un crocodile?... Je ferai tout cela... Ne viens-tu ici que pour gémir? pour me braver en t'élançant dans son tombeau? Fais-toi enterrer vivant avec elle; j'en ferai autant. Et puisque tu bavardes à

---

[1] Les galants, au temps de Shakspeare, avaient pour mode de prouver leur passion à leurs maîtresses par les plus extravagantes épreuves; une des moins folles, mais non la moins sotte, consistait à avaler quelque breuvage déplaisant. Il est donc inutile de supposer, comme quelques commentateurs, que Hamlet propose à Laërtes de boire une rivière telle que l'Yssel ou la Vistule. Le texte porte :

Woo't drink up esile?

et dans ce dernier mot on reconnaît aisément *eisell*, qui désignait alors tantôt le vinaigre, tantôt l'absinthe, et jouait souvent un rôle en ces défis de courage amoureux.—On le trouve ainsi mentionné dans les œuvres de sir Th. Moor (1557) : « Si tu affliges ton goût par un breuvage amer, souviens-toi que, pour toi, Jésus-Christ a goûté le vinaigre et le fiel; » et dans son 111e sonnet Shakspeare a dit lui-même : « Malade docile, je boirai des potions d'absinthe pour combattre le poison violent qui m'envahit. »

propos de montagnes, qu'on jette sur nous des millions d'arpents de terre, jusqu'à ce que notre sol aille aux sphères brûlantes heurter et roussir sa tête et fasse ressembler le mont Ossa à une verrue !... Sur mon honneur ! si tu déclames, je crierai aussi bien que toi.

LA REINE.—Ceci est de la folie toute pure ! et son accès va le travailler ainsi pendant quelque temps ; mais bientôt vous le verrez, aussi patiemment que la colombe quand ses jumeaux au duvet doré viennent d'éclore [1], couver un silence languissant.

HAMLET. — Entendez-vous, monsieur ? Quelle raison avez-vous pour en user ainsi avec moi ? Je vous ai toujours aimé.... mais n'importe ! Hercule lui-même aurait beau faire : le chat miaulera... et le chien aura son tour.
(Il sort.)

LE ROI.—Je te prie, cher Horatio, ne le quitte pas. (*Horatio sort.*)—*A Laërtes.* Que votre patience s'affermisse sur notre entretien d'hier soir. Nous allons mettre cette affaire en train.—Chère Gertrude, ordonnez quelque surveillance autour de votre fils... Il faut à cette tombe un monument vivant ; nous verrons ainsi venir l'heure du repos ; d'ici là, usons de patience dans nos entreprises.
(Ils sortent.)

SCÈNE II

Une salle dans le château.

HAMLET et HORATIO *entrent.*

HAMLET.—Assez sur ce sujet, monsieur ; maintenant passons à l'autre. Vous vous souvenez bien de toutes les circonstances ?

HORATIO.—Si je m'en souviens, mon seigneur ?

HAMLET.—Monsieur, il y avait en mon cœur une sorte de combat qui ne me laissait point dormir. J'étais, à ce

---

[1] On sait que la colombe n'a jamais que deux œufs à la fois, et que, ses petits étant sortis de l'œuf, elle ne laisse plus le mâle couver à sa place, et demeure trois jours immobile dans son nid.

qui me semblait, couché plus mal à l'aise que les matelots mutins dans leurs entraves [1]. Brusquement.... et bénie soit cette brusquerie! car notre irréflexion, sachons-le bien, nous profite parfois tandis que nos projets les plus profonds avortent, et cela devrait nous enseigner qu'il y a une divinité qui façonne nos destinées, quelle que soit notre volonté de les ébaucher...

HORATIO.—Cela est bien certain.

HAMLET.—Brusquement donc, je sors de ma cabine, mon manteau de marin roulé autour de moi, et dans l'obscurité, à tâtons, je les cherche, j'arrive à souhait, empoigne leur paquet, et enfin me retire vers ma chambre, où je rentre, et là, mes craintes mettant les convenances en oubli, je prends l'audace de décacheter leur auguste commission, où je découvre, Horatio, ô royale scélératesse! un ordre formel, lardé de toutes sortes de raisons, au nom de la prospérité du Danemark, et de l'Angleterre aussi— ha! ha! et avec quelle évocation d'épouvantails et de loups-garous, si je restais en vie!— un ordre à vue, sans délai permis, non! sans prendre même le temps d'aiguiser la hache,—l'ordre de me couper le cou.

HORATIO.—Est-ce possible?

HAMLET.—Voici la commission; lis-la plus à loisir. Mais veux-tu entendre ce que je fis?

HORATIO.—Oui, je vous en prie.

HAMLET.—Ainsi enlacé de toutes parts par des bandits, — je n'avais pas eu le temps de faire dans ma tête un prologue que déjà ils avaient commencé la pièce, —je m'assieds, et je compose une nouvelle commission. Je l'écris de ma plus belle main. Autrefois j'estimais, comme nos hommes d'État, qu'il y avait de la bassesse à avoir une belle écriture, et j'ai beaucoup travaillé à perdre ce talent; mais, monsieur, il me fit alors un bon et loyal

---

[1] On montre encore à la Tour de Londres, parmi les trophées de la grande Armada, des barres de fer munies de chaînes (*bilboes*), qui servaient alors à enchaîner l'un à l'autre les marins indisciplinés, et dont les Anglais avaient emprunté le nom comme le modèle à la ville espagnole de Bilbao, célèbre par ses aciers. Le moindre mouvement d'un des malheureux ainsi entravés devait réveiller tous les autres.

service. Veux-tu savoir l'objet de ce que j'écrivis?

HORATIO.—Oui, mon bon seigneur.

HAMLET.—Une pressante mise en demeure, de par le roi, — considérant que l'Angleterre était sa tributaire fidèle; désirant que l'amitié pût entre eux fleurir comme un palmier; désirant que la Paix continuât à porter sa guirlande d'épis et à s'élever sur leurs frontières en signe de leurs bons sentiments,—et beaucoup de phrases semblables de quoi faire amplement la charge d'un âne, —à seule fin que, le contenu de ce pli aussitôt vu et connu, sans autre délibération longue ou brève, il fît mettre à mort tout soudainement les porteurs desdites dépêches, sans même leur donner le temps de se recommander à Dieu.

HORATIO.—Mais comment cela fut-il scellé?

HAMLET.—Ah! c'est à quoi le Ciel avait encore mis ordre; j'avais dans ma bourse le cachet de mon père, qui était la copie du grand sceau danois. Je ployai l'écrit dans la forme de l'autre; je le suscrivis; je mis l'empreinte et le déposai sans encombre; on ne s'est jamais douté de la substitution. Puis, le lendemain, advint notre combat naval, et ce qui s'en suivit, tu le sais déjà.

HORATIO. — Ainsi Guildenstern et Rosencrantz s'en vont là?

HAMLET.—Eh bien! ô homme? N'ont-ils pas amoureusement courtisé cette ambassade? Ah! je suis loin de les avoir sur la conscience. Leur perte provient de leur propre désir de s'insinuer; c'est chose dangereuse, aux gens de basse espèce, que d'intervenir dans les escrimes et entre les épées brûlantes de rage de deux adversaires puissants.

HORATIO. — Ah! quel roi nous avons là!

HAMLET.—Maintenant, ne suis-je pas mis en demeure? qu'en penses-tu? Celui qui a tué mon roi et débauché ma mère, celui qui s'est glissé entre l'élection et mes espérances, celui qui a jeté son hameçon pour prendre ma propre vie, et avec une telle perfidie, n'est-ce pas vraiment faire acte de bonne conscience que de le payer avec la main que voici, et n'est-ce pas de quoi se faire damner que de laisser aller à plus de ravages cette gangrène de notre vie?

HORATIO. — Il aura bientôt appris d'Angleterre quelle issue l'affaire a eue là-bas.

HAMLET. — Ce sera court, l'intervalle est à moi, et la vie d'un homme ne tient pas le temps de compter jusqu'à deux. Mais je suis très-affligé, cher Horatio, de m'être oublié envers Laërtes, car dans le tableau de ma cause je vois une image de la sienne; je rechercherai ses bonnes grâces. C'est assurément la jactance de sa plainte qui m'a poussé à ce comble de vertigineuse fureur.

HORATIO. — Silence! qui vient ici?

(Osrick entre.)

OSRICK. — J'offre à Votre Seigneurie mes meilleurs compliments de bienvenue sur son retour en Danemark [1].

HAMLET. — Je vous remercie humblement, monsieur... Connais-tu ce moucheron?

HORATIO. — Non, mon bon seigneur.

HAMLET. — Tu es d'autant mieux en état de grâce, car il y a du vice à le connaître. Il possède beaucoup de terres, et qui sont très-fertiles. Que le seigneur des animaux soit lui-même un animal, et celui-ci sera sûr d'avoir sa mangeoire mise à la table du roi. C'est un vrai perroquet; mais, comme je te le dis, il peut aller loin sur les boues qui sont à lui.

OSRICK. — Mon gracieux seigneur, si Votre Seigneurie était de loisir, j'aurais quelque chose à lui transmettre de la part de Sa Majesté.

HAMLET. — J'y ferai accueil, monsieur, en toute dili-

---

[1] Cette scène est une satire des sottises de l'euphuïsme, des fausses délicatesses qui étaient à la mode, au temps de Shakspeare, dans le langage des courtisans. Osrick est, à vrai dire, un précieux ridicule, et c'est dans le langage de nos précieux du XVIIe siècle que nous avons cherché la traduction de cette scène. Il faut, sans doute, que les sots de tous les temps aient, comme les beaux esprits, le privilége de se rencontrer, car nous avons trouvé, dans les archives du jargon raillé par Molière, non-seulement de quoi imiter l'allure générale du jargon raillé par Shakspeare, mais souvent même de quoi en traduire à la lettre les plus singulières recherches.

gence d'esprit…. Mettez donc votre chapeau à sa vraie place ; il est fait pour la tête.

OSRICK.—Je remercie Votre Seigneurie ; il fait grand chaud.

HAMLET.—Non, croyez-moi, il fait grand froid. Le vent est du nord.

OSRICK.—Vraiment oui, mon seigneur, il fait passablement froid.

HAMLET.—Et pourtant, ce me semble, il fait tout à fait étouffant, tout à fait chaud ; ou, peut-être, ma complexion….

OSRICK. — Furieusement, mon seigneur ! Tout à fait étouffant,… comme si… je ne saurais dire à quel point [1]. Mon seigneur, Sa Majesté m'a donné ordre de vous mander qu'Elle a fondé sur votre tête une grande gageure. Voici, monsieur, de quoi il s'agit…..

HAMLET, *le pressant de mettre son chapeau.* — Je vous supplie, n'oubliez pas que…..

OSRICK. — Non, mon bon seigneur ; pour ma propre commodité, je vous jure…. Monsieur, l'on a vu, depuis peu, arriver à la cour Laërtes, un galant homme des plus accomplis, croyez-moi ; il a cent perfections qui le tirent merveilleusement du commun ; il est d'une grande douceur de commerce et fait grande figure dans le monde. En vérité, pour parler de lui selon les sentiments qui lui sont dus, il est la Carte et l'Almanach de la Galanterie [2], car vous trouverez en lui l'extrait de tous les

---

[1] On dirait le Grec de Juvénal : « Si, au temps de la brume, tu demandes un peu de feu, il endosse son manteau ; si tu dis : j'étouffe, il sue. »

[2] Osrick parle ici de Laërtes presque comme Ophélia parlait de Hamlet (acte III, sc. I, vers la fin). Comparez les deux passages. Le langage d'Ophélia est à peine moins subtil, à peine moins singulier ; mais quelle différence d'accent ! Là, il y a passion et poésie ; ici, il n'y a que politesse d'étiquette et laborieux raffinement d'une exagération banale. On sent bien qu'Ophélia ne parlerait ainsi de personne autre ; Osrick parlerait ainsi de tout le monde. En disant que Laërtes est la Carte et l'Almanach de la Galanterie, pour dire qu'il est le modèle des *courtisans,* Osrick fait allusion à ces manuels des belles manières et du beau

mérites ¹ qu'un galant homme aime à contempler.

HAMLET.—Monsieur, son portrait ne souffre point indigence d'éloges à être tracé par vous. Ce n'est pas que je ne sache bien que, si l'on se piquait de faire l'anatomie et tout l'inventaire de ce gentilhomme, s'il est permis de s'exprimer ainsi, on ne laisserait pas de stupéficier l'arithmétique de la mémoire, encore que l'on ne fît que voguer derrière lui et chercher le vent çà et là, au prix de son rapide sillage². Mais sans mentir ni le pousser trop avant dans le rang favori de notre pensée, je le tiens pour une âme du premier ordre, et le concert de ses qualités a tant d'étrange et d'inouï que, pour donner dans le vrai de la chose, il n'a son pareil que dans son miroir, et tout autre qui voudrait lui ressembler n'irait qu'à doubler son ombre, rien de plus.

OSRICK.—Votre Seigneurie parle de lui à coup sûr.

HAMLET.—Mais quelles affaires, monsieur? Pourquoi encapuçinons-nous ce galant homme dans la rudesse indue de nos paroles?

OSRICK.—Monsieur?

HORATIO.—N'est-il pas possible de s'entendre en par-

---

style, où se complurent les euphuïstes comme les précieuses. De même, dans la comédie de Somaize, les *Véritables Précieuses* (sc. IV), Isabelle dit : « Voyez qu'il a bien sucé tout ce que la la Carte de Coquetterie lui a pu dogmatiser de tendresse! » et Somaize encore, dans le *Dictionnaire des Précieuses*, cite l'Almanach d'Amour comme faisant assez voir que l'auteur aime et réussit bien à la galanterie.

¹ Somaize, *Dictionnaire des Précieuses* : « Mademoiselle une telle a beaucoup d'esprit; *mademoiselle une telle est un extrait de l'esprit humain.* » Nous pourrions à chaque ligne indiquer un renvoi, pour les tournures de phrases comme pour les mots; mais le lecteur s'en fatiguerait vite, et avec raison.

² Là est le seul euphuïsme de cette scène que nous n'ayons pas retrouvé dans la langue des précieux ; mais qui s'étonnerait de voir les Anglais plus maritimes que nous, même dans l'ancien patois de leurs gens de cour? Le mot du texte est technique, *to yaw*; en français : *donner des embardées*, c'est-à-dire des mouvements alternatifs de rotation, de droite à gauche et de gauche à droite, que le vent ou un courant considérable imprime à l'avant d'un navire.

lant une autre langue? Vous le pouvez, monsieur, j'en suis sûr.

HAMLET. — A quoi tend la citation de ce gentilhomme?

OSRICK. — De Laërtes?

HORATIO. — Sa bourse est déjà vide : il a dépensé toutes ses paroles dorées.

HAMLET. — Oui, monsieur, de lui.

OSRICK. — Je sais que vous n'êtes pas ignorant....

HAMLET. — Vous savez cela, monsieur? Je le voudrais. Et par ma foi! cependant, si vous le saviez, cela ne prouverait pas grand'chose en ma faveur. Eh bien! monsieur?

OSRICK. — Vous n'êtes pas ignorant du grand mérite que montre Laërtes....

HAMLET. — Je n'ose convenir de cela, de peur d'entrer en comparaison avec lui sur ce grand mérite; car on ne sait bien d'un homme que ce qu'on sait de soi-même.

OSRICK. — Je parle seulement, monsieur, du mérite qu'il montre pour son arme; mais d'après l'estime qu'on fait de lui, il n'a pas son égal en son genre.

HAMLET. — Quelle est son arme?

OSRICK. — La rapière et la dague.

HAMLET. — Ce sont deux de ses armes; mais à la bonne heure!

OSRICK. — Le roi, monsieur, a gagé contre lui six chevaux barbes; et lui, il a mis pour enjeu, à ce que j'ai cru comprendre, six rapières et poignards de France, avec toute leur garniture, savoir: ceinturons, pendants, et le reste. Trois de ces équipages sont, en honneur, très-précieux pour le goût, admirablement accommodés aux poignées; des équipages de la dernière délicatesse et du travail le plus ingénieux!

HAMLET. — Qu'appelez-vous équipages?

HORATIO. — Je pensais bien qu'il vous faudrait quelque glose à la marge avant d'être au bout.

OSRICK. — Les équipages, monsieur, ce sont les pendants.

HAMLET. — Le mot serait plus cousin germain de la chose, si nous étions équipés d'un canon au côté [1]; je

[1] Montaigne dit aussi: « La naïveté n'est-elle pas, selon nous,

voudrais bien que les pendants, d'ici là, restassent des pendants. Mais continuons : six chevaux barbes contre six épées françaises, leurs garnitures, et trois équipages ingénieusement travaillés, voilà le pari français contre le danois. Mais pourquoi a-t-on mis cet enjeu, comme vous l'appelez ?

osrick.—Le roi, monsieur, a parié que Laërtes, sur douze passes entre vous et lui, ne vous gagnera pas de trois bottes; Laërtes a parié pour neuf sur douze et l'épreuve sera faite sur-le-champ, si Votre Seigneurie veut me favoriser d'une réponse.

hamlet.—Comment! même si je réponds non?

osrick.—Je veux dire, mon seigneur, si vous consentez à jouer en personne un rôle dans cette épreuve.

hamlet.—Monsieur, je me promènerai ici, dans cette salle; s'il plaît à Sa Majesté, comme c'est pour moi l'heure de la récréation, faites qu'on apporte des fleurets, que ce gentilhomme soit de bonne volonté, que le roi tienne à son projet, et je lui gagnerai son pari, si je puis. Sinon, je n'y gagnerai que de la honte et de fâcheuses bottes.

osrick.—Vous ferai-je parler ainsi?

hamlet.—En ce sens, oui, monsieur; mais avec telles fioritures que votre talent vous dictera.

osrick.—Je recommande mes services à Votre Seigneurie.

(Il sort.)

hamlet.—Tout à vous, tout à vous. Il fait bien de se recommander lui-même; il n'y a pas d'autre bouche qui voulût s'en charger.

horatio.—Il s'en va courant, l'étourneau, encore coiffé de sa coquille.

hamlet.—Lui? il a complimenté le sein de sa nourrice, avant de se mettre à teter. Voilà comme ils sont, lui et

---

germaine à la sottise? » au lieu de *voisine, semblable.* Quant à l'*équipage* du canon, c'était le mot consacré au temps de Rabelais, puisqu'il est dit (liv. IV, chap. xxx) que Quaresme-Prenant avait les pensées comme un vol d'étourneaux et la repentance comme l'équipage d'un double canon.

beaucoup d'autres de la même volée, dont je vois raffoler ce siècle pétillant et mousseux. Ils ont pris seulement le ton du jour et les dehors de la courtoisie à la mode : c'est comme une collection de petites rubriques écumées çà et là, qui les mettent en vogue à tort et à travers, de par les jugements les plus évaporés et les plus éventés; mais soufflez dessus seulement, en manière d'épreuve, et tout de suite ces bulles ont crevé.

(Un seigneur entre.)

LE SEIGNEUR.—Mon seigneur, Sa Majesté s'est recommandée à vous par le jeune Osrick, qui lui a rapporté que vous l'attendiez dans cette salle. Il envoie savoir s'il vous plaît toujours de faire assaut avec Laërtes, ou si vous voulez prendre plus de délai.

HAMLET.—Je suis constant dans mes résolutions; elles suivent le bon plaisir du roi : ses convenances n'ont qu'à parler, les miennes sont prêtes à la réplique. Maintenant, ou dans un autre instant, pourvu que je sois aussi dispos qu'à présent.

LE SEIGNEUR.—Le roi, la reine, tous vont venir.

HAMLET.—Et ils seront les bienvenus.

LE SEIGNEUR.—La reine désire de vous quelque compliment aimable pour Laërtes, avant de tomber en garde.

HAMLET.—Elle me donne un bon conseil.

(Le seigneur sort.)

HORATIO.—Vous perdrez ce pari, mon seigneur.

HAMLET.—Je ne crois pas. Depuis qu'il est parti pour la France, je me suis continuellement exercé; avec l'avantage qu'il me fait, je gagnerai..... Tu ne saurais croire combien tout va mal là, du côté de mon cœur. Mais, n'importe!

HORATIO.—Pourtant, mon bon seigneur...

HAMLET.—C'est pure sottise, mais c'est une sorte de pressentiment qui troublerait peut-être une femme.

HORATIO.—Si votre âme éprouve quelque répugnance, obéissez-lui; je préviendrai leur arrivée ici, et leur dirai que vous n'êtes pas bien disposé.

HAMLET. — N'en fais rien; nous bravons les augures

Il y a une providence spéciale pour la chute d'un passereau [1]. Si l'heure est venue, il n'y a plus à l'attendre ; s'il n'y a plus à attendre, il n'y a rien à y faire. Si elle n'est pas encore venue, elle n'en viendra pas moins un jour ou l'autre. Le tout est d'être prêt. Puisque aucun homme ne sait ce qu'il quitte, qu'importe de quitter plus tôt [2] !

(Entrent le roi, la reine, Laërtes, les seigneurs de la cour, Osrick, des serviteurs portant les fleurets.)

LE ROI.—Venez, Hamlet, venez, et que je place cette main dans la vôtre.

(Le roi met la main de Laërtes dans celle de Hamlet.)

HAMLET.—Pardonnez-moi, monsieur. Je vous ai offensé ; mais pardonnez-moi comme un gentilhomme que vous êtes. Ceux qui sont ici présents savent, et vous avez nécessairement entendu dire, comment j'ai été affligé d'un cruel désordre d'esprit. Tout ce que j'ai fait, par quoi votre cœur, votre honneur, votre sévérité ont pu être mis rudement en éveil, je proclame ici que c'était de la folie. Est-ce Hamlet qui a offensé Laërtes ? Hamlet ? non, jamais. Si Hamlet est enlevé à lui-même, si, lorsqu'il n'est plus lui-même, il fait offense à Laërtes, alors ce n'est pas Hamlet qui la fait ; Hamlet la désavoue. Qui donc fait l'offense ? Sa folie ; et s'il en est ainsi, Hamlet est du parti offensé ; l'ennemi du pauvre Hamlet, c'est sa folie même. Monsieur, devant cette assistance, souffrez que mon désaveu de toute intention mauvaise m'absolve dans votre âme généreuse, comme si, lançant ma flèche par-dessus la maison, j'avais blessé mon frère.

LAERTES.—J'ai pleine satisfaction pour mon cœur, dont les griefs en cette affaire devraient me pousser le plus fortement à la vengeance. Mais sur le terrain de l'honneur, je me tiens dans la réserve et ne veux point de réconciliation, jusqu'à ce que j'aie, de quelques arbitres d'un honneur connu, la sentence et les précédents de paix qui doivent garder mon nom de toute tache ; mais

---

[1] V. *Évangile* selon saint Math, x, 29.

[2] C'est-à-dire : Qu'importe de mourir jeunes, puisque nous ignorons ce qui nous arriverait si nous vivions davantage !

en attendant je reçois l'amitié que vous m'offrez comme une amitié vraie, et je ne lui ferai pas défaut.

HAMLET.—J'embrasse volontiers cette assurance, et je vais disputer loyalement cette gageure fraternelle.... Donnez-nous les fleurets. Allons.

LAERTES.—Allons..... Un pour moi.

HAMLET.—Oui, Laërtes, un fleuret, et moi, je serai votre plastron [1]; enchâssée en ma maladresse, votre habileté, comme une étoile dans la nuit la plus obscure, va ressortir avec tout son feu.

LAERTES.—Vous me raillez, monsieur.

HAMLET.—Non, j'en jure par ma main droite.

LE ROI.—Jeune Osrick, donnez-leur les fleurets.—Cousin Hamlet, vous connaissez la gageure?

HAMLET.—Très-bien, mon seigneur. Votre Grâce a placé le plus gros enjeu du côté le plus faible.

LE ROI.—Je ne crains rien : je vous ai vus tous deux à l'œuvre. Mais comme il a fait des progrès, nous avons pris un avantage.

LAERTES.—Celui-ci est trop lourd; voyons-en un autre.

HAMLET.—Celui-ci me va; sont-ils tous de longueur?

(Ils se disposent à l'assaut.)

OSRICK.—Oui, mon bon seigneur.

LE ROI.—Mettez-moi les flacons de vin sur cette table. Si Hamlet porte la première ou la seconde botte, s'il riposte à la troisième, que toutes les batteries fassent feu : le roi boira à Hamlet, lui souhaitant de moins perdre haleine, et il jettera dans la coupe la perle de sa bague d'alliance [1], une perle plus riche que celles de la couronne

---

[1] Le mot du texte *foil*, signifie *fleuret* ou *feuille de métal*, *monture d'une pierre précieuse*, tout ce qui encadre ou fait ressortir, tout ce qui fait contraste; d'où le jeu de mots de Hamlet et l'image qui suit.

[2] En souvenir de Cléopâtre, c'était une prodigalité à la mode, que de jeter une perle dans la coupe avant de porter une santé. « Voilà, » dit un personnage de comédie, « seize mille livres ster-« ling qui s'en vont d'une seule gorgée, en place de sucre. Gres-« ham boit cette perle à la reine sa maîtresse. » On prétendait aussi que les perles donnaient une saveur cordiale à la liqueur où elles se dissolvaient; et c'est ce double prétexte que le roi saisit pour empoisonner la coupe destinée à Hamlet. Quelques mots ont été ajoutés ici au texte; on en verra la raison page 280, note 1.

de Danemark depuis quatre règnes. Donnez-moi les coupes, et que les timbales disent aux trompettes, les trompettes aux canonniers du dehors, les canons au ciel et le ciel à la terre : « Maintenant le roi boit à Hamlet. » Allons, commencez.— Et vous, juges, ayez l'œil attentif.

HAMLET.—Allons, monsieur.

LAERTES.—Allons, mon seigneur.

(Ils commencent l'assaut.)

HAMLET.—Une.

LAERTES.—Non.

HAMLET.—Qu'on en juge.

OSRICK.—Une botte, une botte très-visible.

LAERTES.—Soit : recommençons.

LE ROI.—Attendez, qu'on me donne à boire. Hamlet, cette perle est à toi ; à ta santé ! Donnez-lui la coupe.

(Les trompettes sonnent, le canon tire.)

HAMLET.—Je veux achever cette passe auparavant : mettez la coupe de côté. Allons. *(Ils recommencent.)* Encore une : qu'en dites-vous ?

LAERTES.—Touché, touché, je l'avoue.

LE ROI.—Notre fils gagnera.

LA REINE.—Il est gros et court d'haleine[1]. Viens, Hamlet ; prends mon mouchoir, essuie ton front. La reine boit à ton succès, Hamlet.

HAMLET.—Chère madame....

LE ROI.—Gertrude, ne bois pas.

LA REINE.—Je boirai, mon seigneur. Excusez-moi, je vous prie.

LE ROI, *à part*. — C'est la coupe empoisonnée ; il est trop tard.

HAMLET.—Je n'ose pas boire encore, madame. Tout à l'heure.

---

[1] On croit que ces mots font allusion à l'obésité de l'acteur Burbage, fameux dans le rôle de Hamlet. L'épitaphe de Burbage dit, en effet : « On ne verra plus en lui le jeune Hamlet, quoique « court d'haleine, crier vengeance pour la mort de son père bien-« aimé ! » Ainsi dans, l'*Avare* (acte I, sc. IV), Molière fait dire par Harpagon : « Voilà un pendard de valet qui m'incommode fort, « et je ne me plais point à voir ce chien de boiteux-là, » parce que Béjart le jeune, chargé du rôle de La Flèche, était boiteux.

LA REINE.—Viens ; laisse-moi t'essuyer le visage.

LAERTES.—Mon seigneur, maintenant je vais le toucher.

LE ROI.—Je ne crois pas.

LAERTES, *à part.*—Et pourtant c'est presque contre ma conscience.

HAMLET.—Allons, à la troisième, Laërtes. Vous ne faites que jouer. Je vous prie, poussez du meilleur de vos forces ; je crains que vous ne me traitiez en petit garçon.
(Ils recommencent.)

LAERTES.—Le croyez-vous ? Allons !

OSRICK.—Rien de part ni d'autre.

LAERTES.—A vous, maintenant.
(Laërtes blesse Hamlet, mais dans ce conflit ils changent
de fleuret, et Hamlet blesse Laërtes.)

LE ROI.—Séparez-les ; ils sont enflammés.

HAMLET.—Non ; recommençons.
(La reine s'évanouit.)

OSRICK.—Voyez donc la reine ! Oh !

HORATIO.—Ils sont tous deux en sang. Comment vous trouvez-vous, mon seigneur ?

OSRICK.—Comment êtes-vous, Laërtes ?

LAERTES.—Eh bien ! Osrick, comme une bécasse prise à son propre piége. Je péris justement par ma propre trahison.

HAMLET.—Comment est la reine ?

LE ROI.—Elle s'est évanouie en les voyant en sang.

LA REINE.—Non, non ; la coupe, la coupe ! O mon cher Hamlet ! la coupe, la coupe ; je suis empoisonnée !
(Elle meurt.)

HAMLET.—O scélératesse ! Holà ! qu'on ferme la porte. Trahison ! Qu'on découvre la trahison !
(Laërtes tombe.)

LAERTES.—La voici, Hamlet. Hamlet, tu es mort ; point de remède au monde qui puisse te faire du bien ; tu n'as plus en toi une demi-heure de vie ; le perfide instrument est, dans ta main, affilé et envenimé. L'infâme artifice s'est retourné contre moi ; voici, je suis ici gisant pour ne me relever jamais. Ta mère est empoisonnée. Je n'en puis plus. Le roi, le roi est coupable !

HAMLET. — La pointe envenimée aussi ! Alors, venin, fais ton œuvre !

(Il frappe le roi.)

OSRICK ET LES SEIGNEURS. — Trahison ! trahison !

LE ROI. — Oh ! défendez-moi encore, amis, je ne suis que blessé.

HAMLET. — Tiens, toi, incestueux, assassin, damnable roi, achève ce breuvage ! Est-elle là dedans, ta belle alliance ? Eh bien ! va rejoindre ma mère [1].

(Le roi meurt.)

LAERTES. — Il est servi selon ses mérites ! C'est un poison préparé par lui-même... Échange le pardon avec moi, noble Hamlet ; que ma mort et celle de mon père ne tombent pas sur toi, ni la tienne sur moi !

(Il meurt.)

HAMLET. — Que le ciel t'en absolve ! je te suis. Je suis mort, Horatio. Reine misérable, adieu... ! Vous, que je vois pâlir et trembler à ce coup, vous qui n'êtes, au milieu d'un tel spectacle, que des muets ou un public, si seulement j'avais le temps !... car c'est un huissier féroce que la mort, et strict à signifier ses arrêts... Oh ! je vous dirais... mais, laissons cela... Horatio, je suis mort, tu vis ; redresse Hamlet et sa cause, aux yeux des mécontents.

HORATIO. — N'y comptez pas ; je tiens plus de l'ancien Romain que du Danois. Il reste ici un peu de liqueur.

---

[1] Le texte porte :
Drink of this potion. Is thy union here?
Follow my mother.

On appelait *union* toute perle de beauté rare et qu'on pouvait croire ou prétendre unique en son genre. Mais ici, très-probablement, par un dernier sarcasme tout à fait conforme à ses habitudes de langage, Hamlet équivoque sur l'autre sens d'*union;* ce qu'il nous semble sous-entendre pourrait se développer ainsi: « Est-ce là qu'est ta perle, le gage empoisonné de ta feinte union « avec moi ? Eh bien ! qu'il te réunisse à ta femme maintenant ! » Notre mot français *alliance,* avec son second sens familier *bague de mariage,* se prête à un sous-entendu équivalent qui nous a seulement causé une très-légère addition, plus haut (v. p. 277, note 2); en l'avouant et en l'expliquant, le traducteur a cru pouvoir se la permettre.

HAMLET.—Si tu es un homme, donne-moi la coupe. Lâche-la, par le ciel! je l'aurai... O Dieu! Horatio, quel nom meurtri va me survivre, si les choses demeurent ainsi ignorées! Si tu m'as jamais porté dans ton cœur, absente-toi quelque temps encore de la suprême félicité; reste dans ce monde cruel à respirer un air douloureux, pour raconter mon histoire. (*Une marche sonne au loin; coups de canon derrière la scène.*) Quel est ce bruit guerrier?

OSRICK.—Le jeune Fortinbras, revenu de Pologne en conquérant, envoie aux ambassadeurs d'Angleterre cette salve guerrière.

HAMLET.— Ah! je meurs, Horatio! le poison puissant abat tout à fait mes esprits; je ne pourrai vivre assez pour savoir les nouvelles d'Angleterre. Mais je prédis que l'élection se fixera sur Fortinbras: il a ma voix mourante; dis-lui cela, avec les circonstances, grandes ou petites, qui ont provoqué... le reste appartient au silence.

(Il meurt.)

HORATIO.—Ainsi se brise un noble cœur. Dors bien, cher prince; et que des essaims d'anges chantent pour te porter au repos! (*Une marche derrière la scène.*) Mais pourquoi le tambour vient-il ici?

(Entrent Fortinbras, les ambassadeurs d'Angleterre et autres.)

FORTINBRAS.—Où est ce spectacle?

HORATIO.—Qu'est-ce que vous voulez voir? Si c'est du malheur ou de la stupeur, ne cherchez pas plus loin.

FORTINBRAS.—Voilà une curée qui crie: point de quartier! O mort orgueilleuse, quel est donc le banquet qui se prépare dans ta caverne éternelle, pour que tu aies frappé tant de princes d'un seul coup si sanglant!

PREMIER AMBASSADEUR.—La vue en est horrible, et notre mission arrive trop tard d'Angleterre; elle est maintenant insensible, l'oreille qui devait nous donner audience pour apprendre de nous que ses ordres sont remplis, et que Rosencrantz et Guildenstern ont péri. D'où nous viendront les remerciements qui nous sont dus?

HORATIO.—Ce ne serait pas de sa bouche, si même il avait encore le pouvoir de la vie pour vous remercier: il n'a jamais donné l'ordre de leur mort. Mais puisque vous vous rencontrez si juste à point à ce sanglant aspect, vous, venus des guerres de Pologne, vous, venus d'Angleterre, donnez ordre que ces corps soient exposés aux regards sur une haute estrade, et laissez-moi raconter, au monde qui l'ignore, comment les choses en sont venues là ; alors vous entendrez parler d'actions impudiques, sanguinaires et dénaturées, de jugements rendus par le hasard, de meurtres fortuits, de morts accomplies par la fourbe ou par une force majeure, et, quant à ce dernier acte, de projets qui, par méprise, sont retombés sur la tête de leurs auteurs. C'est là ce que je puis fidèlement raconter.

FORTINBRAS.—Hâtons-nous de l'entendre, et convoquons l'élite de la noblesse à cette assemblée ; pour moi, c'est avec douleur que j'accepte ma fortune : j'ai sur ce royaume des droits dont on se souvient et que mon intérêt m'invite maintenant à réclamer.

HORATIO.—J'ai aussi mission de parler sur ce point, et de la part d'une bouche dont la voix en entraînera d'autres ; mais accomplissons sur-le-champ ce projet, pendant que les esprits sont encore agités, de peur que, par complots ou par méprises, il n'arrive de nouveaux malheurs.

FORTINBRAS.—Que quatre de mes capitaines portent Hamlet, comme un soldat, vers l'estrade, car il donnait à croire que s'il était monté sur le trône, il se serait montré vraiment roi ; que, sur son passage, la musique militaire et tous les honneurs de la guerre parlent hautement de lui. Emportez ces corps ; un tel spectacle convient aux champs de bataille, mais il fait mal ici. Allez, et ordonnez aux soldats de faire feu.

(Marche funèbre.—Ils sortent, portant les corps ; puis l'on entend une décharge d'artillerie.)

FIN DU CINQUIÈME ET DERNIER ACTE.

NOTE

SUR LA DATE DE HAMLET.

La préface qui précède cette traduction de *Hamlet* contient une assertion qui doit être rectifiée. Nous voulons parler de la conjecture, citée comme presque certaine, qui attribue à Thomas Kyd une tragédie écrite, dit-on, six ou sept ans avant celle de Shakspeare, sur le sujet de *Hamlet*. Voici l'origine de cette conjecture.

Jusqu'en 1825, la plus ancienne édition qu'on eût conservée du *Hamlet* de Shakspeare était un in-4°, daté de 1604, dont le titre donnait la pièce comme « imprimée de nouveau et augmentée presque « du double, suivant le texte véritable et parfait. » On croyait que l'édition antérieure, indiquée par ce titre même, devait être de 1602, parce qu'on trouvait la pièce inscrite sur les registres de la librairie au 26 juillet 1602, au nom de l'imprimeur James Roberts. On croyait aussi que la pièce avait été écrite en 1600, à cause du passage du second acte (scène II), où il est dit que l'empêchement des comédiens, c'est-à-dire la nécessité où ils se sont vus de faire une troupe ambulante, vient de la récente innovation ; or, cette innovation ne peut pas être l'ordonnance rendue par le conseil privé, le 22 juin 1600, pour réduire à deux le nombre des salles de théâtre, car cette ordonnance favorisait la troupe de Shakspeare au lieu de lui nuire ; et d'ailleurs elle ne fut jamais exécutée, quoique renouvelée en termes encore plus forts l'année suivante. Le fait auquel se rapporte le passage ci-dessus indiqué est donc au contraire la permission rendue, en 1600, aux enfants de la chapelle de Saint-Paul, qui reprirent alors avec une vogue nouvelle leurs représentations interrompues depuis 1591.

Ainsi, 1604, date de la plus ancienne édition conservée ; 1602, date probable de la première édition ; 1600, date évidente de la composition de la pièce ; telle était, en 1825, la chronologie du *Hamlet* de Shakspeare. Et cependant, plusieurs documents antérieurs à l'an 1600 parlaient d'une tragédie de *Hamlet*. Thomas Lodge, en 1596, pour donner l'idée d'une extrême pâleur, disait : « pâle comme

« le masque de ce spectre qui criait si misérablement, au théâtre :
« Hamlet, venge-moi ! » Une troupe d'acteurs avait, en 1594, joué un
Hamlet à Newington. Thomas Nash, en 1589, dans une épître qui
sert de préface à l'*Arcadie* de Greene, écrivait ce qui suit : « Il y a
« aujourd'hui une espèce de compagnons vagabonds qui traversent
« tous les métiers sans faire leur chemin par aucun, et qui, aban-
« donnant le commerce du droit pour lequel ils étaient nés, s'adon-
« nent aux tentatives de l'art, eux qui sauraient à peine mettre un
« vers en latin, s'ils en avaient besoin ; mais le Sénèque traduit en
« anglais, lu à la lueur d'une chandelle, fournit un bon nombre de
« bonnes sentences, comme : *le sang est un mendiant*, et ainsi de
« suite ; et si vous l'implorez bien, par une froide matinée, il vous
« donnera de pleins *Hamlets*, je veux dire de pleines poignées de
« discours tragiques. »

Entre ces deux séries de faits, dont les uns fixaient à l'an 1600 la composition du *Hamlet* de Shakspeare, tandis que les autres montraient un *Hamlet* joué et critiqué dès 1589, quelle conciliation trouver ? La seule qui dût sembler possible était cette conjecture même par laquelle Malone supposa un *Hamlet* antérieur à celui de Shakspeare ; et s'il l'attribua à Thomas Kyd, ce fut peut-être à cause des ressemblances que nous avons signalées plus haut entre *Hamlet* et la *Tragédie espagnole* (voir page 206, note); peut-être pensait-il que Kyd, étant connu pour avoir fait quelques pas vers la conception de *Hamlet*, avait plus de titres qu'aucun autre à l'honneur supposé de s'en être approché tout à fait et d'avoir fourni à Shakspeare, non plus quelques traits seulement d'un caractère et le hardi modèle d'une seule scène, mais la donnée et le plan de la pièce entière.

La conjecture de Malone perdit tout à coup tout crédit, quand on eut retrouvé, en 1825, un exemplaire du *Hamlet* de Shakspeare, différent, par la date comme par le texte, du *Hamlet* jusqu'alors connu. La date n'était que d'un an antérieure à celle de l'édition d'abord considérée comme la plus ancienne. Mais si la date ne faisait remonter qu'à 1603, le texte faisait remonter au moins à 1591 : en effet, dans la seconde scène du second acte, dans le passage déjà mentionné tout à l'heure où il s'agit des comédiens ambulants, on pouvait noter une différence importante : dans le texte de 1604, l'allusion porte sur la réouverture du théâtre des Enfants de Saint-Paul, qui eut lieu en l'an 1600 ; dans le texte de 1603, l'allusion porte sur la première période des représentations de cette troupe enfantine, qui avaient commencé en 1584 et furent interdites en 1591. Voilà donc le *Hamlet* de Shakspeare composé tout au moins en 1591, c'est-à-dire neuf ans plus tôt qu'on ne croyait. Et comme il semble, d'ailleurs, que les plaisanteries citées plus haut de Thomas Nash s'appliquent fort exactement à Shakspeare; comme Nash était, avec Marlowe, l'auteur de cette tragédie de *Didon* qui est parodiée dans *Hamlet*, et avait par conséquent quelque rancune à satisfaire contre Shakspeare; comme il est certain que Shakspeare n'avait pas appris beaucoup de latin dans sa jeunesse; comme il paraît au contraire avoir été singulièrement versé dans la connaissance du droit, dont il emploie très-souvent les termes les plus subtils, il faut fixer la date du *Hamlet* de Shakspeare d'après la date des moqueries de Nash, c'est-à-dire en 1589 au plus tard.

On sait, du reste, par un document officiel trouvé dans les archives de lord Ellesmere, que Shakspeare, au mois de novembre 1589, était un des associés du théâtre de Blackfriars et avait part aux bénéfices; *Hamlet*, ne fût-ce qu'à l'état d'ébauche, pouvait bien lui valoir ces avantages; et que Shakspeare ait dû, en effet, au premier *Hamlet*, sa première admission parmi les associés du théâtre, c'est une hypothèse assez probable. Voyez, dans le *Hamlet* revu et développé, au troisième acte, à la seconde scène, après la représentation intercalée dans le drame, ce que le héros dit à son ami : « Ne croyez-vous pas qu'un coup « de théâtre comme celui-ci pourrait me faire recevoir compagnon dans « une troupe de comédiens? — A demi-part, répond Horatio. — A « part entière, vous dis-je, reprend Hamlet. » Le premier *Hamlet* ne contient rien de ce passage, et n'est-on pas naturellement amené à croire que Shakspeare, en ajoutant ce fragment de dialogue, pensait à lui-même, qu'il voulait constater par-devant le public la valeur dramatique d'une péripétie si fortement exploitée, et que, par la bouche de son héros, au nom du succès de son œuvre, il réclamait, dans les bénéfices de ses compagnons, la part entière dont une moitié seulement lui aurait été accordée pour le premier *Hamlet*? Il est remarquable, en effet, que, d'après le document trouvé chez lord Ellesmere, Shakspeare, en 1589, n'était encore rangé que l'un des derniers parmi les associés de Blackfriars, tandis que nous le trouvons nommé le second dans la licence royale octroyée à sa troupe en 1603.

Mais quand même l'in-quarto découvert en 1825 ne nous aurait pas rendu ce premier *Hamlet* qui commença la fortune de Shakspeare, quand même ni Lodge ni Nash n'en auraient fait soupçonner l'existence, il y a, parmi les curiosités du vieux théâtre anglais, une pièce qui aurait dû suffire, selon nous, à faire croire que le *Hamlet* de Shakspeare, au moins à l'état d'ébauche, était joué et connu en 1589.

C'est un drame intitulé : *Avis aux belles femmes*, dont l'intrigue roule sur le meurtre d'un négociant de Londres, commis en 1573 par sa femme et par l'amant de sa femme. Il est prouvé, par le texte même du drame, qu'il fut écrit en 1589. Notons, en passant, que, vers la fin de la pièce, un des personnages raconte, pour démontrer l'utilité du théâtre, cette même histoire à laquelle Hamlet fait allusion dans son dernier monologue du second acte et que nous avons rapportée en note à cet endroit (p. 191); mais qu'on attache ou non quelque valeur à cette coïncidence peut-être fortuite, voici un autre passage, bien plus important à nos yeux, de ce vieux drame; c'est un prologue où sont personnifiées la tragédie, la comédie et l'histoire, qui se disputent la supériorité et le droit d'occuper le théâtre, et voici le tableau des spectacles tragiques tel que la Comédie le retrace : « Un tyran damné, pour obtenir la couronne, empoisonne, « poignarde, coupe des gorges; un vilain spectre pleurard, enve- « loppé dans une sale toile ou dans un manteau de cuir, entre en « geignant comme un porc à demi-égorgé, et crie *vindicta!* ven- « geance, vengeance ! Et quand il apparaît, on voit flamber un peu « de résine, comme un peu de fumée sortirait d'une pipe, ou comme « le pétard d'un enfant. Et à la fin, ils sont deux ou trois qui se « percent l'un l'autre, avec des aiguilles à passer le lacet. N'est-ce « pas là un bel étalage, un majestueux spectacle? » N'est-ce pas là, manifestement, dirons-nous à notre tour, la caricature grotesque d'une représentation de *Hamlet* et de la mesquine mise en scène qui en déparait les scènes les plus surnaturelles ou les plus meurtrières? Quand on voit dans une indication du premier *Hamlet*, au troisième acte, le spectre apparaître, sauf votre respect, en chemise de nuit, au moment même où son fils le contemple et le décrit avec la plus respectueuse terreur, on s'imagine sans peine que ce pauvre fantôme pouvait bien n'avoir, au premier acte, sur la plate-forme d'Elseneur, qu'un manteau de cuir pour figurer sa fameuse armure connue des Polonais et qu'une torche de résine pour jouer quelque reflet de « ces flammes sulfureuses et torturantes » où il va être obligé de rentrer. On comprend aussi que les morts accumulées du dénoûment aient donné à rire aux rieurs; la comédie a toujours reproché à la tragédie son arsenal d'armes sans pointes et son cortége de faux cadavres. Ou nous sommes bien trompés, ou tous les traits que nous avons cités de ce prologue du vieux drame anglais sont autant de traces du *Hamlet* de Shakspeare, et contribuent à lui assigner pour date l'année 1589.

Shakspeare était né en 1564 ; ce serait donc à vingt-cinq ans qu'il aurait écrit son premier *Hamlet*. Une telle œuvre, conçue par un si jeune homme, n'est-ce pas déjà le plus singulier exemple de la précocité du génie? Tous les admirateurs de Shakspeare ne se tiennent cependant pas pour satisfaits, et il en est qui voudraient fixer à 1584 la date du premier *Hamlet*. Deux arguments les y décident. Il est dit, dans le premier *Hamlet*, que les comédiens nomades se sont faits nomades parce que « la nouveauté l'emporte, » et que la majeure partie du public qui venait chez eux s'est tournée vers les théâtres privés « et vers les divertissements des enfants; » or, c'est en 1584 que les enfants de chœur de la chapelle Saint-Paul commencèrent à jouer, et que leurs divertissements furent, dit-on, une nouveauté. On a, de plus, remarqué que Shakspeare eut, en 1584, deux enfants jumeaux, une fille nommée Judith et un fils nommé Hamlet; or, ce dernier nom a semblé permettre de supposer que Shakspeare avait déjà en tête son grand drame danois, et que peut-être même, se sentant en proie à la misère et à la fatalité, il avait voulu pour ainsi dire se baptiser par avance un tragique vengeur en la personne de son fils nouveau-né. On peut répondre à ces arguments par plus d'une objection.

Examinons d'abord la phrase relative aux comédiens nomades. Elle prouve, comme nous l'avons dit plus haut, que le premier *Hamlet* ne peut pas être postérieur à 1591; voilà ce qu'elle prouve, et rien de plus; elle indique une période dont on sait la limite, non un fait précis dont on sache la date spéciale. Ce n'est pas aux débuts des enfants de Saint-Paul, mais à leur succès déjà décidé que cette phrase fait allusion; pour que l'ancienne troupe renonçât à son séjour accoutumé, il n'a pas suffi qu'une nouveauté se produisît près d'elle : il a fallu que la nouveauté l'emportât sur elle et lui enlevât la majeure partie du public.—Mais en 1589, dira-t-on, les représentations des enfants de Saint-Paul duraient déjà depuis cinq ans, et leur succès même ne pouvait plus passer pour la vogue d'une nouveauté.—Aux yeux du public, non, peut-être; mais aux yeux de l'ancienne troupe, assurément oui. Combien longtemps, pour quiconque a réussi, ceux qui réussissent après lui ne restent-ils pas des intrus! Combien longtemps, en France et dans notre siècle, n'a-t-on pas continué à appeler « poëtes de la nouvelle école » ceux qui étaient déjà passés au rang de modèles! *Hernani*, pendant bien des années, quoique faisant loi pour les uns, n'était encore pour beaucoup d'autres qu'une nouveauté à la mode. Mais pour en revenir au premier *Hamlet* et à la phrase qui nous occupe, il est singulier qu'on y cherche une allusion précise aux débuts des enfants de Saint-Paul, si l'on remarque que Shakspeare parle en même temps des théâtres privés. Quand les enfants de Saint-Paul commencèrent leurs représentations, il y avait déjà nombre d'années que les riches seigneurs de la cour avaient pris l'habitude d'enrôler parmi leurs serviteurs des troupes de comédiens ; Élizabeth était depuis peu sur le trône, lorsque lord Leicester donna l'exemple, et avant 1584 il avait déjà eu dix imitateurs. C'est à l'ensemble de ces concurrences gênantes que Shakspeare, dans le premier *Hamlet*, attribue les défections du public ; il n'y a point de chronologie exacte à tirer d'une phrase où sont rapprochés des faits qui s'espacent sur plus de dix années ; la troupe où Shakspeare était engagé datait de 1575, et c'est à cause de son existence ancienne et non interrompue que cette troupe, par l'organe de son poëte, traitait de nouveaux venus tous ses rivaux. Ainsi, soit que l'on considère en elle-même cette phrase du premier *Hamlet*, soit qu'on la compare au passage correspondant du second *Hamlet*, tout ce qu'on en peut conclure, c'est que le second *Hamlet* a été écrit après 1600, et le premier avant 1591 ; mais elle ne prouve aucunement que le premier *Hamlet* date de 1584.

Mais Shakspeare, en 1584, donnait à son fils le nom de Hamlet ! Oui, ou du moins celui de Hamnet ; ainsi le mentionne le registre de l'état civil de Stratford-sur-Avon. Mais Hamlet ou Hamnet, peu importe : on voit, dans divers actes, les deux noms couramment confondus ; seulement, comment voir dans cet acte de baptême la moindre trace d'intentions sombres ou de préoccupations poétiques ? L'enfant reçut son nom tout simplement de son parrain, M. Hamnet ou Hamlet Sadler, comme sa sœur jumelle recevait le sien de Mme Judith Sadler, sa marraine ; et si Amleth, le héros de la légende danoise et des histoires de Belleforest, a quelque chose à voir en tout ceci, ce n'est pas qu'il ait servi de patron au fils de Shakspeare : très-évidemment, au contraire, le prince de Danemark ne naquit pour la scène et ne s'appela Hamlet qu'après l'enfant obscur de Stratford-sur-Avon, à qui il emprunta l'orthographe anglaise du nom sous lequel il est à jamais connu. D'ailleurs, le lecteur trouvera à la fin de ce volume un *Appendice* consacré à la comparaison des différents textes de *Hamlet*, et cette étude plus générale lui fournira, nous l'espérons, quelques raisons encore de conclure comme nous sur le point du débat spécial auquel nous avons dû nous borner ici.

LA TEMPÊTE

TRAGÉDIE

NOTICE SUR LA TEMPÊTE

« Je ne saurais jurer que cela soit ou ne ne soit pas réel, » dit, à la fin de *la Tempête*, le vieux Gonzalo tout étourdi des prestiges qui l'ont environné depuis son arrivée dans l'île. Il semble que, par la bouche de l'honnête homme de la pièce, Shakspeare ait voulu exprimer l'effet général de ce charmant et singulier ouvrage. Brillant, léger, diaphane comme les apparitions dont il est rempli, à peine se laisse-t-il saisir à la réflexion; à peine, à travers ces traits mobiles et transparents, se peut-on tenir pour certain d'apercevoir un sujet, une contexture de pièce, des aventures, des sentiments, des personnages réels. Cependant tout y est, tout s'y révèle; et, dans une succession rapide, chaque objet à son tour émeut l'imagination, occupe l'attention et disparaît, laissant pour unique trace la confuse émotion du plaisir et une impression de vérité à laquelle on n'ose refuser ni accorder sa croyance.

« C'est ici surtout, dit Warburton, que la sublime et merveilleuse
« imagination de Shakspeare s'élève au-dessus de la nature sans
« abandonner la raison, ou plutôt entraîne avec elle la nature par
« delà ses limites convenues. » Tout est à la fois, dans ce tableau, fantastique et vrai. Comme s'il était le créateur de l'ouvrage, comme s'il était le véritable enchanteur entouré des illusions de son art, Prospero, en s'y montrant à nous, semble le seul corps opaque et solide au milieu d'un peuple de légers fantômes revêtus des formes de la vie, mais dépourvus des apparences de la durée. Quelques minutes s'écouleront à peine que l'aimable Ariel, plus léger encore que lorsqu'il arrive avec la pensée, va échapper au contact même de la baguette magique, et, libre des formes qu'on lui prescrit, libre de

toute forme sensible, va se dissoudre dans le vague de l'air, où s'évanouira pour nous son existence individuelle. N'est-ce pas un prestige de la magie que cette demi-intelligence qui paraît luire dans le grossier Caliban? et ne semble-t-il pas qu'en mettant le pied hors de l'île désenchantée où il va être laissé à lui-même, nous allons le voir retomber dans son état naturel de masse inerte, s'assimilant par degrés à la terre dont il est à peine distinct? Que deviendront, loin de notre vue, cet Antonio, ce Sébastien, si prompts à concevoir le dessein du crime, cet Alonzo, si facilement et légèrement accessible à tous les sentiments? Que deviendront ces jeunes amants, sitôt et si complétement épris, et qui, pour nous, semblent n'avoir eu d'autre existence que d'aimer, d'autre destination que de faire passer devant nos yeux les ravissantes images de l'amour et de l'innocence? Chacun de ces personnages ne nous révèle que la portion de son caractère qui convient à sa situation présente; aucun d'eux ne nous dévoile en lui-même ces abîmes de la nature, ces profondes sources de la pensée où descend si souvent et si avant Shakspeare; mais ils en déploient sous nos yeux tous les effets extérieurs : nous ne savons d'où ils viennent, mais nous reconnaissons parfaitement ce qu'ils semblent être; véritables visions dont nous ne sentons ni la chair ni les os, mais dont les formes nous sont distinctes et familières.

Aussi, par la souplesse et la légèreté de leur nature, ces créatures singulières se prêtent-elles à une rapidité d'action, à une variété de mouvements dont peut-être aucune autre pièce de Shakspeare ne fournit d'exemple; il n'en est pas de plus amusante, de plus animée, où une gaieté vive et même bouffonne se marie plus naturellement à des intérêts sérieux, à des sentiments tristes et à de touchantes affections : c'est une féerie dans toute la force du terme, dans toute la vivacité des impressions qu'on en peut recevoir.

Le style de *la Tempête* participe de cette espèce de magie. Figuré, vaporeux, portant à l'esprit une foule d'images et d'impressions vagues et fugitives comme ces formes incertaines que dessinent les nuages, il émeut l'imagination sans la fixer, et la tient dans cet état d'excitation indécise qui la rend accessible à tous les prestiges dont voudra l'amuser l'enchanteur. Il est de tradition en Angleterre que le célèbre lord Falkland [1], M. Selden et lord C. J. Vaughan, regar-

---

[1] L'homme le plus vertueux, le plus aimable et le plus instruit de l'Angleterre sous Charles Iᵉʳ, de qui lord Clarendon a dit : « Qu'il faudrait haïr la révolution, ne fût-ce que pour avoir causé la mort d'un tel homme. » Après avoir énergiquement défendu

daient le style du rôle de Caliban, dans *la Tempête*, comme tout à fait particulier à ce personnage, et comme une création de Shakspeare. Johnson est d'un avis opposé ; mais, en admettant que la tradition soit fondée, l'autorité de Johnson ne suffirait pas pour infirmer celle de lord Falkland, esprit éminemment élégant et remarquable, à ce qu'il paraît, par une finesse de tact qui, du moins dans la critique, a souvent manqué au docteur. D'ailleurs lord Falkland, presque contemporain de Shakspeare puisqu'il était né plusieurs années avant sa mort, aurait droit d'en être cru de préférence sur des nuances de langage qui, cent cinquante ans plus tard, devaient se perdre pour Johnson sous une couleur générale de vétusté. Si donc l'on avait quelque titre pour décider entre eux, on serait plutôt tenté d'ajouter foi à l'opinion de lord Falkland, et même d'appliquer à l'ouvrage entier ce qu'il a dit du seul rôle de Caliban. Du moins peut-on remarquer que le style de *la Tempête* paraît, plus qu'aucun autre ouvrage de Shakspeare, s'éloigner de ce type général d'expression de la pensée qui se retrouve et se conserve plus ou moins partout, à travers la différence des idiomes. Il faut probablement attribuer en partie ce fait à la singularité de la situation et à la nécessité de mettre en harmonie tant de conditions, de sentiments, d'intérêts divers, enveloppés pour quelques heures dans un sort commun et dans une même atmosphère surnaturelle. Dans aucune de ses pièces, d'ailleurs, Shakspeare ne s'est montré aussi sobre de jeux de mots.

Il serait assez difficile de déterminer précisément à quel ordre de merveilleux appartient celui qu'il a employé dans *la Tempête*. Ariel est un véritable sylphe ; mais les esprits que lui soumet Prospero, fées, lutins, farfadets appartiennent aux superstitions populaires du Nord. Caliban tient à la fois du gnome et du démon ; son existence de brute n'est animée que par une malice infernale ; et le *O ho! o ho!* par lequel il répond à Prospero lorsque celui-ci lui reproche d'avoir voulu déshonorer sa fille, était l'exclamation, probablement l'espèce de rire attribué en Angleterre au diable dans les anciens mystères où il jouait un rôle. *Setebos*, qu'invoque le monstre comme le dieu et peut-être le mari de sa mère, passait pour être le diable ou

---

dans le parlement, contre Charles Ier, les libertés de son pays, il se rallia à la cause de ce prince lorsqu'elle devint celle de la justice ; et ministre de Charles Ier, il se fit tuer à la bataille de Newbury, de désespoir des malheurs qu'il prévoyait : il avait alors trente-trois ans.

le dieu des Patagons qui le représentaient, disait-on, avec des cornes à la tête. On ne saurait trop se figurer de quelle manière doit être fait ce Caliban qu'on prend si souvent pour un poisson ; il paraît qu'on le représente avec les bras et les jambes couverts d'écailles ; il me semble qu'une tête de poisson, ou quelque chose de pareil, serait assez nécessaire pour donner de la vraisemblance aux méprises dont il est l'objet. Mais Shakspeare peut fort bien n'y avoir pas regardé de si près, et s'être peu embarrassé de se rendre à lui-même un compte exact de la figure qui convenait à son monstre. Il s'est joué avec son sujet, et l'a laissé couler de sa brillante imagination revêtu des teintes poétiques qu'il y recevait en passant. La légèreté de son travail se fait assez connaître par les différentes inadvertances qui lui sont échappées; comme par exemple lorsqu'il fait dire à Ferdinand que le duc de Milan et *son brave fils* ont péri dans la tempête, quoiqu'il ne soit pas question de ce fils dans tout le reste de la pièce, et que rien ne puisse faire supposer qu'il existe dans l'île, bien qu'Ariel qui assure d'ailleurs à Prospero que personne n'a péri, n'ait renfermé sous les écoutilles que les gens de l'équipage.

La Tempête est une pièce assez régulière quant aux unités, puisque l'orage qui submerge le vaisseau dans la première scène se passe en vue de l'île, et que toute l'action n'embrasse pas un intervalle de plus de trois heures. Quelques commentateurs ont pensé que Shakspeare pouvait avoir eu pour objet de répondre, par cet échantillon de ce qu'il pouvait faire, aux continuelles critiques de Ben Johnson sur l'irrégularité de ses ouvrages. Le docteur Johnson pense autrement, et regarde cette circonstance comme un effet du hasard et le résultat naturel du sujet ; mais ce qui pourrait donner lieu de croire que du moins Shakspeare a voulu se prévaloir de cet avantage, c'est le soin avec lequel les différents personnages, jusqu'au bosseman qui a dormi pendant toute la durée de l'action, marquent le temps qui s'est écoulé depuis le commencement. Il y a plus; lorsqu'Ariel avertit Prospero qu'ils approchent de la sixième heure, celle où son maître lui a promis que finiraient leurs travaux : « Je l'ai annoncé, dit Prospero, au moment où j'ai soulevé la tempête. » Ce mot paraîtrait même indiquer une intention que le poëte a voulu faire sentir.

On ignore où Shakspeare a puisé le sujet de *la Tempête* ; il paraît cependant assez certain qu'il l'a emprunté à quelque nouvelle italienne que jusqu'à présent on n'a pu parvenir à retrouver.

La chronologie de M. Malone place en 1612 la composition de *la Tempête*, ce qui s'accorde difficilement cependant avec une autre conjecture assez vraisemblable. En lisant *le Masque*, représenté devant

Ferdinand et Miranda, il est impossible de n'être pas frappé de l'idée que *la Tempête* a été faite d'abord pour être représentée à quelque fête de mariage; et la légèreté du sujet, la brillante incurie qui se fait remarquer dans la composition, confirment tout à fait cette conjecture. M. Holt, l'un des commentateurs de Shakspeare, a pensé que le mariage sur lequel le poëte verse tant de bénédictions, par la bouche de Junon et de Cérès, pourrait bien être celui du comte d'Essex, qui épousa en 1611 lady Frances Howard, ou plutôt termina en cette année son mariage, contracté dès l'année 1606, mais dont les voyages du comte, et probablement la jeunesse des contractants, avaient jusqu'alors retardé la consommation. Cette dernière circonstance paraît même assez clairement indiquée dans la scène où l'on insiste principalement sur la continence qu'ont promis de garder les jeunes époux jusqu'au parfait accomplissement de toutes les cérémonies nécessaires. Ne serait-il pas possible de supposer que, composée en 1611 pour le mariage du comte d'Essex, cette pièce ne fut représentée à Londres que l'année suivante ?

LA TEMPÊTE

TRAGÉDIE

PERSONNAGES

ALONZO, roi de Naples.
SÉBASTIEN, frère d'Alonzo.
PROSPERO, duc légitime de Milan.
ANTONIO, son frère, usurpateur du duché de Milan.
FERDINAND, fils du roi de Naples.
GONZALO, vieux et fidèle conseiller du roi de Naples.
ADRIAN, \
FRANCISCO, / seigneurs napolitains.
CALIBAN, sauvage abject et difforme.
TRINCULO, bouffon.
STEPHANO, sommelier ivre.
LE MAITRE du vaisseau, LE BOSSEMAN' et des MATELOTS.
MIRANDA, fille de Prospero.
ARIEL, génie aérien.
IRIS, \
CÉRÈS, |
JUNON, > génies employés dans le ballet.
NYMPHES, |
MOISSONNEURS, /
AUTRES génies soumis à Prospero.

La scène représente d'abord la mer et un vaisseau, puis une île inhabitée.

ACTE PREMIER

SCÈNE I

Sur un vaisseau en mer. Une tempête mêlée de tonnerre et d'éclairs.

(Entrent le maître et le bosseman.)

LE MAITRE.—Bosseman?

LE BOSSEMAN.—Me voici, maître. Où en sommes-nous?

LE MAITRE.—Bon, parlez aux matelots.—Manœuvrez rondement, ou nous courons à terre. De l'entrain! de l'entrain!

LE BOSSEMAN.—Allons, mes enfants! courage, courage, mes enfants! vivement, vivement, vivement! Ferlez le hunier.—Attention au sifflet du maître.—Souffle, tempête, jusqu'à en crever si tu peux.

(Entrent Alonzo, Sébastien, Antonio, Ferdinand, Gonzalo et plusieurs autres.)

ALONZO.—Cher bosseman, je vous en prie, ne négligez rien. Où est le maître? Montrez-vous des hommes.

LE BOSSEMAN.—Restez en bas, je vous prie.

ANTONIO.—Bosseman, où est le maître?

LE BOSSEMAN.—Ne l'entendez-vous pas? Vous troublez la manœuvre. Restez dans vos cabines, vous aidez la tempête.

GONZALO.—Voyons, mon cher, un peu de patience.

LE BOSSEMAN.—Quand la mer en aura. Hors d'ici!—Les vagues se soucient bien de la qualité de roi. En bas! Silence! laissez-nous tranquilles.

GONZALO.—Fort bien! cependant n'oublie pas qui tu as à bord.

LE BOSSEMAN.—Personne qui me soit plus cher que moi-même. Vous êtes un conseiller : si vous pouvez imposer silence à ces éléments, et rétablir le calme à l'instant, nous ne remuerons plus un seul cordage; usez de votre autorité. Si vous ne le pouvez, rendez grâces d'avoir vécu si longtemps, et allez dans votre cabine. vous préparer aux mauvaises chances du moment, s'il faut en passer par là.—Courage, mes enfants!—Hors de mon chemin, vous dis-je.

GONZALO.—Ce drôle me rassure singulièrement. Il n'a rien d'un homme destiné à se noyer; tout son air est celui d'un gibier de potence. Bon Destin, tiens ferme pour la potence, et que la corde qui lui est réservée nous serve de câble, car le nôtre ne nous est pas bon à grand' chose. S'il n'est pas né pour être pendu, notre sort est pitoyable.

(Ils sortent.)

(Rentre le bosseman.)

LE BOSSEMAN.—Amenez le mât de hune. Allons, plus bas, plus bas. Mettez à la cape sous la grande voile risée. (*Un cri se fait entendre dans le corps du vaisseau.*) Maudits soient leurs hurlements! Leur voix domine la tempête et la manœuvre. (*Entrent Sébastien, Antonio et Gonzalo.*)—Encore! que faites-vous ici? Faut-il tout laisser là et se noyer? Avez-vous envie de couler bas?

SÉBASTIEN.—La peste soit de tes poumons, braillard, blasphémateur, mauvais chien!

ACTE I, SCÈNE I.

LE BOSSEMAN.—Manœuvrez donc vous-même.

ANTONIO. — Puisses-tu être pendu, maudit roquet! Puisses-tu être pendu, vilain drôle, insolent criard! Nous avons moins peur d'être noyés que toi.

GONZALO.—Je garantis qu'il ne sera pas noyé, le vaisseau fût-il mince comme une coquille de noix, et ouvert comme la porte d'une dévergondée[1].

LE BOSSEMAN.—Serrez le vent! serrez le vent! Prenons deux basses voiles et élevons-nous en mer. Au large!

(Entrent des matelots mouillés.)

LES MATELOTS. — Tout est perdu. — En prières! en prières! Tout est perdu.

(Ils sortent.)

LE BOSSEMAN.—Quoi! faut-il que nos bouches soient glacées par la mort?

GONZALO.—Le roi et le prince en prières! Imitons-les, car leur sort est le nôtre.

SÉBASTIEN.—Ma patience est à bout.

ANTONIO.—Nous périssons par la trahison de ces ivrognes. Ce bandit au gosier énorme, je voudrais le voir noyé et roulé par dix marées.

GONZALO.—Il n'en sera pas moins pendu, quoique chaque goutte d'eau jure le contraire et bâille de toute sa largeur pour l'avaler.

(Bruit confus au dedans du navire.)

DES VOIX.—Miséricorde! nous sombrons, nous sombrons..... Adieu, ma femme et mes enfants. Mon frère, adieu. Nous sombrons, nous sombrons, nous sombrons.

ANTONIO.—Allons tous périr avec le roi.

(Il sort.)

SÉBASTIEN.—Allons prendre congé de lui.

(Il sort.)

GONZALO.—Que je donnerais de bon cœur en ce moment mille lieues de mer pour un acre de terre aride, ajoncs

---

[1] *As leaky as an unstaunched wench.* Le sens de ce passage, tel qu'il me paraît probable, est impossible à rendre en français. J'ai cherché seulement à en approcher autant qu'il se pouvait sans trop de grossièreté.

ou bruyère, n'importe.—Les décrets d'en haut soient accomplis! Mais, au vrai, j'aurais mieux aimé mourir à sec.

(Il sort.)

SCÈNE II

(La partie de l'île qui est devant la grotte de Prospero.)

PROSPERO ET **MIRANDA** *entrent.*

MIRANDA.—Si c'est vous, mon bien-aimé père, qui par votre art faites mugir ainsi les eaux en tumulte, apaisez-les. Il semble que le ciel serait prêt à verser de la poix emflammée, si la mer, s'élançant à la face du firmament, n'allait en éteindre les feux. Oh! j'ai souffert avec ceux que je voyais souffrir! Un brave vaisseau, qui sans doute renfermait de nobles créatures, brisé tout en pièces! Oh! leur cri a frappé mon cœur. Pauvres gens! ils ont péri. Si j'avais été quelque puissant dieu, j'aurais voulu précipiter la mer dans les gouffres de la terre, avant qu'elle eût ainsi englouti ce beau vaisseau et tous ceux qui le montaient.

PROSPERO.—Recueillez vos sens, calmez votre effroi; dites à votre cœur compatissant qu'il n'est arrivé aucun mal.

MIRANDA.—O jour de malheur!

PROSPERO.—Il n'y a point eu de mal. Je n'ai rien fait que pour toi (toi que je chéris, toi ma fille) qui ne sais pas encore qui tu es, et ignores d'où je suis issu, et si je suis quelque chose de plus que Prospero, le maître de la plus pauvre caverne, ton père et rien de plus.

MIRANDA.—Jamais l'envie d'en savoir davantage n'entra dans mes pensées.

PROSPERO.—Il est temps que je t'apprenne quelque chose de plus. Viens m'aider; ôte-moi mon manteau magique.—Bon. (*Il quitte son manteau.*) Couche là, mon art.—Toi, essuie tes yeux, console-toi. Ce naufrage, dont l'affreux spectacle a remué en toi toutes les vertus de la compassion, a été, par la prévoyance de mon art, disposé avec tant de précaution qu'il n'y a pas une âme de perdue, que pas un seul cheveu n'est tombé de la tête d'aucune créature sur ce vaisseau dont tu as entendu le cri, et que tu as vu sombrer. Assieds-toi, car il faut maintenant que tu en saches davantage.

MIRANDA. — Vous avez souvent commencé à m'apprendre qui je suis ; mais vous vous êtes toujours arrêté me laissant à des conjectures sans terme, et finissant par ces mots : *Restons-en là, pas encore.*

PROSPERO.—L'heure est venue maintenant; voici l'instant précis où tu dois ouvrir ton oreille : obéis et sois attentive. Peux-tu te souvenir d'une époque de ta vie où nous n'étions pas encore venus dans cette caverne? Je ne crois pas que tu le puisses, car tu n'avais pas alors plus de trois ans.

MIRANDA.—Certainement, seigneur, je peux m'en souvenir.

PROSPERO. — De quoi te souviens-tu? d'une autre demeure ou de quelque autre personne ? Dis-moi quelle est l'image qui est restée gravée dans ton souvenir?

MIRANDA.—Tout cela est bien loin, et plutôt comme un songe que comme une certitude que ma mémoire puisse me garantir. N'avais-je pas jadis quatre ou cinq femmes qui prenaient soin de moi?

PROSPERO.—Tu les avais, Miranda ; tu en avais même davantage. Mais comment se peut-il que ce souvenir vive encore dans ta mémoire? que vois-tu encore dans cet obscur passé, dans cet abîme du temps? Si tu te rappelles quelque chose de ce qui a précédé ton arrivée dans cette île, tu dois aussi te rappeler comment tu y es venue.

MIRANDA.—Cependant je ne m'en souviens pas.

PROSPERO.—Il y a douze ans, ma fille, il y a douze ans, ton père était duc de Milan et un puissant prince.

MIRANDA.—Seigneur, n'êtes-vous pas mon père?

PROSPERO.—Ta mère était un modèle de vertu, et elle m'a dit que tu étais ma fille. Ton père était duc de Milan, et son unique héritière était une princesse, pas moins que je ne te le dis.

MIRANDA.—O ciel ! faut-il avoir joué de malheur pour

être venus ici! Ou bien, est-ce pour nous un bonheur qu'il en soit arrivé ainsi?

PROSPERO.—L'un et l'autre, mon enfant, l'un et l'autre. On m'a cruellement joué, comme tu le dis[1], et c'est ainsi que nous avons été chassés de là ; mais c'est par un grand bonheur que nous sommes arrivés ici.

MIRANDA.—Oh! le cœur me saigne en songeant aux peines dont je renouvelle en vous l'idée, et qui sont sorties de ma mémoire. Je vous en prie, continuez.

PROSPERO.—Mon frère,— ton oncle, appelé Antonio,— et, je t'en prie, remarque bien ceci : qu'un frère ait pu être si perfide ;—lui que dans le monde entier je chérissais le plus après toi, lui à qui j'avais confié le gouvernement de mon État! et alors, de toutes les principautés, mon État était le premier, Prospero était le premier parmi les ducs, le premier en dignité, et, dans les arts libéraux, sans égal. Ces arts faisant toute mon étude, je me déchargeai du gouvernement sur mon frère, et, transporté, ravi dans mes secrètes occupations, je devins étranger à mon État. Ton perfide oncle... M'écoutes-tu?

MIRANDA.—Avec la plus grande attention, seigneur.

PROSPERO.—Dès qu'il se fut perfectionné dans l'art d'accorder les grâces ou de les refuser, de connaître ceux qu'il faut avancer et ceux qu'il faut abattre pour s'être trop élevés, il créa de nouveau mes créatures ; —je veux dire qu'il les changea ou qu'il les transforma. Alors, ayant la clef des emplois et des employés, il monta tous les cœurs au ton qui plaisait à son oreille ; et bientôt il fut le lierre qui enveloppa mon arbre princier et

---

[1] MIR. *What foul play had we*, etc. PRO. *By foul play, as thou say'st were we*, etc.

Foul play, dans la question de Miranda, signifie *mauvaise chance*; dans la réponse de Prospero, il signifie *artifices coupables*. Prospero joue ici sur le mot d'une manière que la différence des langues ne permet pas de rendre avec une entière exactitude, à moins de défigurer le naturel du dialogue, ce qui serait, ce me semble, une inexactitude encore plus grande.

épuisa le suc de ma verdure.—Tu ne me suis pas.—Je t'en prie, écoute-moi.

MIRANDA.—Mon cher seigneur, j'écoute.

PROSPERO.—Ainsi, négligeant tous les intérêts de ce monde, dévoué tout entier à la retraite et au soin d'enrichir mon esprit de biens qui, s'ils n'étaient pas si secrets, seraient mis au-dessus de tout ce qu'estime le vulgaire, j'éveillai dans mon perfide frère un mauvais naturel : ma confiance, comme un bon père, engendra en lui une perfidie égale non moins que contraire à ma confiance, et en vérité elle n'avait point de limites; c'était une confiance sans réserve. Ainsi, devenu maître non-seulement de ce que me rendaient mes revenus, mais encore de ce que mon pouvoir était en état d'exiger, comme un homme qui, à force de se répéter, a rendu sa mémoire si coupable envers la vérité qu'il finit par croire à son propre mensonge, il crut qu'il était en effet le duc, parce qu'il se voyait substitué à mon pouvoir, parce qu'il exécutait les actes extérieurs de la souveraineté, et qu'il jouissait de ses prérogatives. De là son ambition croissante... M'écoutes-tu?

MIRANDA.—Seigneur, votre récit guérirait la surdité.

PROSPERO.—Pour supprimer toute distance entre ce rôle qu'il joue et celui dont il joue le rôle, il faut qu'il devienne réellement duc de Milan. Pour moi, pauvre homme, ma bibliothèque était un assez grand duché. Il me juge désormais inhabile à toute royauté temporelle : il se ligue avec le roi de Naples, et (tant il était altéré du pouvoir!) il consent à lui payer un tribut annuel, à lui faire hommage, à soumettre sa couronne ducale à la couronne royale; et mon duché (hélas! pauvre Milan), qui jusque-là n'avait jamais courbé la tête, il le condamne au plus honteux abaissement.

MIRANDA.—O ciel!

PROSPERO.—Remarque bien les conditions du traité et l'événement qui suivit, et dis-moi s'il est possible que ce soit là un frère.

MIRANDA.—Ce serait pour moi un péché de former sur ma grand'mère quelque pensée déshonorante : un sein vertueux a plus d'une fois produit de mauvais fils.

PROSPERO.—Voici les conditions de leur pacte. Ce roi de Naples, mon ennemi invétéré, écoute la requête de mon frère, c'est-à-dire qu'en retour des offres que je t'ai dites d'un hommage et d'un tribut dont j'ignore la valeur, il devait m'exclure à l'instant, moi et les miens, de mon duché, et faire passer à mon frère mon beau Milan avec tous ses honneurs. En conséquence, ils levèrent une armée de traîtres, et, un soir, à l'heure de minuit marquée pour l'exécution de leur projet, Antonio ouvrit les portes de Milan. Au plus profond de l'obscurité, des hommes apostés me chassèrent de la ville, moi et toi qui pleurais.

MIRANDA.—Hélas! quelle pitié! moi qui ne me souviens plus comment je pleurai alors, je suis prête à pleurer : je sens des larmes prêtes à couler de mes yeux.

PROSPERO. — Écoute un moment encore, et je vais t'amener à l'affaire qui nous presse aujourd'hui, et sans laquelle toute cette narration serait la plus ridicule du monde.

MIRANDA.—Mais d'où vient qu'alors ils ne nous tuèrent pas sur-le-champ?

PROSPERO —Bien demandé, jeune fille ; mon récit amenait naturellement la question. Mon enfant, ils n'osèrent pas, tant était grande l'affection que me portait mon peuple ; ils n'osèrent pas non plus marquer cette affaire d'un signe aussi sanglant ; mais ils peignirent de belles couleurs leurs criminels desseins : en un mot, ils nous traînèrent rapidement à bord d'une barque, et nous menèrent à quelques lieues en mer : là, ils avaient préparé la carcasse d'un bateau pourri, sans agrès, sans cordages, sans mâts ni voiles ; les rats mêmes, avertis par l'instinct, l'avaient quitté. Ce fut là qu'ils nous hissèrent, et nous envoyèrent adresser nos gémissements à la mer qui mugissait contre nous, et soupirer aux vents qui, nous rendant avec pitié nos soupirs, ne nous firent du mal qu'avec de tendres ménagements.

MIRANDA.—Hélas! quel embarras je dus être alors pour vous!

ACTE I, SCÈNE II.

PROSPERO.—Oh! tu étais un chérubin qui me sauva. Quand je mêlais à la mer mes larmes amères, quand je gémissais sous mon fardeau, tu souris, remplie d'une force qui venait du ciel, et je sentis naître en moi assez de courage pour supporter tout ce qui pourrait arriver.

MIRANDA.—Comment pûmes-nous aborder à un rivage?

PROSPERO.—Par une providence toute divine. Nous avions quelque nourriture et un peu d'eau fraîche qu'un noble Napolitain, Gonzalo, chargé en chef de l'exécution de ce dessein, nous avait données par pitié; il nous donna de plus de riches vêtements, du linge, des étoffes, et autres meubles nécessaires qui depuis nous ont bien servi; et de même, sachant que j'aimais mes livres, sa bonté me pourvut d'un certain nombre de volumes tirés de ma bibliothèque, et qui me sont plus précieux que mon duché.

MIRANDA. —Je voudrais bien voir quelque jour cet homme.

PROSPERO.—Maintenant je me lève; demeure encore assise, et écoute comment finirent nos tribulations maritimes. Nous arrivâmes dans cette île où nous sommes ici; devenu ton instituteur, je t'ai fait faire plus de progrès que n'en peuvent faire d'autres princesses qui ont plus de temps à dépenser en loisirs inutiles, et des maîtres moins vigilants.

MIRANDA.—Que le ciel vous en récompense! A présent, seigneur, dites-moi, je vous prie, car cela agite toujours mon esprit, quel a été votre motif pour soulever cette tempête?

PROSPERO.—Apprends encore cela. Par un hasard des plus étranges, la fortune bienfaisante, aujourd'hui ma compagne chérie, m'amène mes ennemis sur ce rivage, et ma science de l'avenir me découvre qu'une étoile propice domine à mon zénith, et que si, au lieu de soigner son influence, je la néglige, mon sort deviendra toujours moins favorable. Cesse ici tes questions; tu es disposée à t'endormir; c'est un favorable assoupissement; cède à sa puissance; je sais que tu n'es pas maîtresse d'y résister.

(*Miranda s'endort.*)—Viens, mon serviteur, viens, me voilà prêt. Approche, mon Ariel; viens.

(Entre Ariel.)

ARIEL.— Profond salut, mon noble maître; sage seigneur, salut! Je suis là pour attendre ton bon plaisir: soit qu'il faille voler, ou nager, ou plonger dans les flammes, ou voyager sur les nuages onduleux, soumets à tes ordres puissants Ariel et toutes ses facultés.

PROSPERO.—Esprit, as-tu exécuté de point en point la tempête que je t'ai commandée?

ARIEL.—Jusqu'au plus petit détail. J'ai abordé le vaisseau du roi, et tour à tour sur la proue, dans les flancs, sur le tillac, dans les cabines, partout j'ai allumé l'épouvante. Tantôt, je me divisais et je brûlais en plusieurs endroits à la fois, tantôt je flambais séparément sur le grand mât, le mât de beaupré, les vergues; puis je rapprochais et unissais toutes ces flammes : les éclairs de Jupiter, précurseurs des terribles éclats du tonnerre, n'étaient pas plus passagers, n'échappaient pas plus rapidement à la vue; le feu, les craquements du soufre mugissant, semblaient assiéger le tout-puissant Neptune, faire trembler ses vagues audacieuses, et secouer jusqu'à son trident redouté.

PROSPERO.—Mon brave esprit, s'est-il trouvé quelqu'un d'assez ferme, d'assez constant pour que ce bouleversement n'atteignît pas sa raison?

ARIEL.—Pas une âme qui n'ait senti la fièvre de la folie, qui n'ait donné quelque signe de désespoir. Tous, hors les matelots, se sont jetés dans les flots écumants; tous ont abandonné le navire que je faisais en ce moment flamber de toutes parts. Le fils du roi, Ferdinand, les cheveux dressés sur la tête, semblables alors non à des cheveux, mais à des roseaux, s'est lancé le premier en criant : « L'enfer est vide, tous ses démons sont ici! »

PROSPERO.—Vraiment c'est bien, mon esprit. Mais n'était-on pas près du rivage?

ARIEL.—Tout près, mon maître.

PROSPERO.—Mais, Ariel, sont-ils sauvés?

ARIEL.—Pas un cheveu n'a péri; pas une tache sur

leurs vêtements, qui les soutenaient sur l'onde, et qui sont plus frais qu'auparavant. Ensuite, comme tu me l'as ordonné, je les ai dispersés en troupes par toute l'île. J'ai mis à terre le fils du roi séparé des autres; je l'ai laissé dans un coin sauvage de l'île, rafraîchissant l'air de ses soupirs, assis, les bras tristement croisés de cette manière.

PROSPERO.—Et les matelots des vaisseaux du roi, dis, qu'en as-tu fait? Et le reste de la flotte?

ARIEL.—Le vaisseau du roi est en sûreté dans cette baie profonde où tu m'appelas une fois à minuit pour t'aller recueillir de la rosée sur les Bermudes, toujours tourmentées par la tempête : c'est là qu'il est caché. Les matelots sont couchés épars sous les écoutilles : joignant la puissance d'un charme à la fatigue qu'ils avaient endurée, je les ai laissés tous endormis. Quant au reste des vaisseaux que j'avais dispersés, ils se sont ralliés tous; et maintenant ils voguent sur les flots de la Méditerranée, faisant voile tristement vers Naples, persuadés qu'ils ont vu s'abîmer le vaisseau du roi, et périr sa personne auguste.

PROSPERO.—Ariel, tu as rempli ton devoir avec exactitude; mais tu as encore à travailler. A quel moment du jour sommes-nous?

ARIEL.—Passé l'époque du milieu.

PROSPERO.—De deux sables au moins. Il nous faut employer précieusement le temps qui nous reste entre ce moment et la sixième heure.

ARIEL.—Encore du travail! Puisque tu me donnes tant de fatigue, permets-moi de te rappeler ce que tu m'as promis et n'as pas encore accompli.

PROSPERO.—Qu'est-ce que c'est, mutin? que peux-tu me demander?

ARIEL.—Ma liberté.

PROSPERO.—Avant que le temps soit expiré? Ne m'en parle plus.

ARIEL.—Je te prie, souviens-toi que je t'ai bien servi, que je ne t'ai jamais dit de mensonge, que je n'ai jamais fait de bévue, que je t'ai obéi sans humeur ni murmure. Tu m'avais promis de me rabattre une année de mon temps.

PROSPERO.—Oublies-tu donc de quels tourments je t'ai délivré?

ARIEL.—Non.

PROSPERO.—Tu l'oublies, et tu comptes pour beaucoup de fouler la vase des abîmes salés, de courir sur le vent aigu du nord, de travailler pour moi dans les veines de la terre quand elle est durcie par la gelée.

ARIEL.—Il n'en est point ainsi, seigneur.

PROSPERO.—Tu mens, maligne créature. As-tu donc oublié l'affreuse sorcière Sycorax, que la vieillesse et l'envie avaient courbée en cerceau? l'as-tu oubliée?

ARIEL.—Non, seigneur.

PROSPERO.—Tu l'as oubliée. Où était-elle née? Parle, dis-le moi.

ARIEL.—Dans Alger, seigneur.

PROSPERO.—Oui vraiment? Je suis obligé de te rappeler une fois par mois ce que tu as été et ce que tu oublies. Sycorax, cette sorcière maudite, fut, tu le sais, bannie d'Alger pour un grand nombre de maléfices et pour des sortiléges que l'homme s'épouvanterait d'entendre. Mais pour une seule chose qu'elle avait faite, on ne voulut pas lui ôter la vie. Cela n'est-il pas vrai?

ARIEL.—Oui, seigneur.

PROSPERO.—Cette furie aux yeux bleus fut conduite ici grosse, et laissée par les matelots. Toi, mon esclave, tu la servais alors, ainsi que tu me l'as raconté toi-même : mais étant un esprit trop délicat pour exécuter ses volontés terrestres et abhorrées, comme tu te refusas à ses grandes conjurations, aidée de serviteurs plus puissants, et possédée d'une rage implacable, elle t'enferma dans un pin éclaté, dans la fente duquel tu demeuras cruellement emprisonné pendant douze ans. Dans cet intervalle, la sorcière mourut, te laissant dans cette prison, où tu poussais des gémissements aussi fréquents que les coups que frappe la roue du moulin. Excepté le fils qu'elle avait mis bas ici, animal bigarré, race de sorcière, cette île n'était alors honorée d'aucune figure humaine.

ARIEL.—Oui, Caliban, son fils.

PROSPERO.—C'est ce que je dis, imbécile; c'est lui, ce Caliban que je tiens maintenant à mon service. Tu sais mieux que personne dans quels tourments je te trouvai : tes gémissements faisaient hurler les loups, et pénétraient les entrailles des ours toujours furieux. C'était un supplice destiné aux damnés, et que Sycorax ne pouvait plus faire cesser. Ce fut mon art, lorsque j'arrivai dans ces lieux et que je t'entendis, qui força le pin de s'ouvrir et de te laisser échapper.

ARIEL.—Je te remercie, mon maître.

PROSPERO.—Si tu murmures encore, je fendrai un chêne, je te chevillerai dans ses noueuses entrailles, et t'y laisserai hurler douze hivers.

ARIEL. — Pardon, maître; je me conformerai à tes volontés, et je ferai de bonne grâce mon service d'esprit.

PROSPERO.—Tiens parole, et dans deux jours je t'affranchis.

ARIEL.—Voilà qui est dit, mon noble maître. Que dois-je faire? quoi? Dis-le moi, que dois-je faire?

PROSPERO.—Va, métamorphose-toi en nymphe de la mer; ne sois soumis qu'à ma vue et à la tienne, invisible pour tous les autres yeux. Va prendre cette forme et reviens; pars et sois prompt. *(Ariel disparaît).* — Réveille-toi, ma chère enfant, réveille-toi; tu as bien dormi. Éveille-toi.

MIRANDA.—C'est votre étrange histoire qui m'a plongée dans cet assoupissement.

PROSPERO.—Secoue ces vapeurs, lève-toi, viens. Allons voir Caliban, mon esclave, qui jamais ne nous fit une réponse obligeante.

MIRANDA.—C'est un misérable, seigneur; je n'aime pas à le regarder.

PROSPERO.—Mais, tel qu'il est, nous ne pouvons nous en passer. C'est lui qui fait notre feu, qui nous porte du bois : il nous rend des services utiles.—Holà, ho! esclave! Caliban, masse de terre, entends-tu! parle.

CALIBAN, *en dedans.*—Il y a assez de bois ici.

PROSPERO.—Sors, te dis-je. Tu as autre chose à faire. Allons, viens, tortue; viendras-tu! (*Entre Ariel sous la figure d'une nymphe des eaux*). — Jolie apparition, mon gracieux Ariel, écoute un mot à l'oreille. (*Il lui parle bas.*)

ARIEL.—Mon maître, cela sera fait.

(Il sort.)

PROSPERO.—Toi, esclave venimeux, que le démon lui-même a engendré à ta mère maudite, viens ici.

(Entre Caliban.)

CALIBAN.—Tombe sur vous deux le serein le plus maudit, que ma mère ait jamais ramassé avec la plume d'un corbeau sur un marais pestilentiel! Que le vent du sud-ouest souffle sur vous et vous couvre d'ampoules!

PROSPERO. — Ce souhait te vaudra cette nuit des crampes, des élancements dans les flancs qui te couperont la respiration; les lutins, pendant tout ce temps de nuit profonde où il leur est permis d'agir, s'exerceront sur toi. Tu seras pincé aussi serré que le sont les cellules de la ruche, et chaque pincement sera aussi piquant que l'abeille qui les a faites.

CALIBAN.—Il faut que je mange mon dîner. Cette île que tu me voles m'appartient par ma mère Sycorax. Lorsque tu y vins, tu me caressas d'abord et fis grand cas de moi. Tu me donnais de l'eau où tu avais mis à infuser des baies, et tu m'appris à nommer la grande et la petite lumière qui brûlent le jour et la nuit. Je t'aimais alors: aussi je te montrai toutes les qualités de l'île, les sources fraîches, les puits salés, les lieux arides et les endroits fertiles. Que je sois maudit pour l'avoir fait! Que tous les maléfices de Sycorax, crapauds, hannetons, chauves-souris, fondent sur vous! Car je suis à moi seul tous vos sujets, moi qui étais mon propre roi; et vous me donnez pour chenil ce dur rocher, tandis que vous m'enlevez le reste de mon île.

PROSPERO.—O toi le plus menteur des esclaves, toi qui n'es sensible qu'aux coups et point aux bienfaits, je t'ai traité avec les soins de l'humanité, fange que tu es, te logeant dans ma propre caverne jusqu'au jour où

ACTE I, SCÈNE II.

tu entrepris d'attenter à l'honneur de mon enfant.

CALIBAN.—O ho! ô ho! je voudrais en être venu à bout. Tu m'en empêchas : sans cela j'aurais peuplé cette île de Calibans.

PROSPERO.—Esclave abhorré, qui ne peux recevoir aucune empreinte de bonté, en même temps que tu es capable de tout mal, j'eus pitié de toi : je me donnai de la peine pour te faire parler ; à toute heure je t'enseignais tantôt une chose, tantôt une autre. Sauvage, lorsque tu ne savais pas te rendre compte de ta propre pensée et ne t'exprimais que par des cris confus, comme la plus vile brute, je fournis à tes idées des mots qui les firent connaître. Mais, bien que capable d'apprendre, tu avais dans ta vile espèce des instincts qui éloignaient de toi toutes les bonnes natures. Tu fus donc avec justice confiné dans ce rocher, toi qui méritais pis qu'une prison.

CALIBAN.—Vous m'avez appris un langage, et le profit que j'en retire c'est de savoir maudire. Que l'érésipèle vous ronge, pour m'avoir appris votre langage!

PROSPERO.—Hors d'ici, race de sorcière ; apporte-nous là-dedans du bois pour le feu ; et crois-moi, sois diligent à remplir tes autres devoirs. Tu regimbes, mauvaise bête? Si tu négliges ou fais de mauvaise grâce ce que je t'ordonne, je te torturerai de crampes invétérées, je remplirai tous tes os de douleurs, je te ferai mugir de telle sorte que les animaux trembleront au bruit de ton hurlement.

CALIBAN.—Non, je t'en prie. (*A part.*) Il faut que j'obéisse ; son art est si fort qu'il pourrait tenir tête à Sétébos, le dieu de ma mère, et en faire son sujet.

PROSPERO.—Allons, esclave, sors d'ici.

(Caliban s'en va.)

Ariel rentre invisible, chantant et jouant d'un instrument ; Ferdinand le suit.)

ARIEL *chante.*

Venez sur ces sables jaunes,
Et prenez-vous par les mains ;
Quand vous vous serez salués et baisés
(Les vagues turbulentes se taisent),

Pressez-les çà et là de vos pieds légers ;
Et que de doux esprits répètent le refrain.
Ecoutez, écoutez.

REFRAIN. (*Le son se fait entendre de différents endroits.*)

Ouauk, ouauk.

ARIEL.

Les chiens de garde aboient.

LE MÊME REFRAIN.

Ouauk, ouauk.

ARIEL.

Écoutez, écoutez ; j'entends
La voix claire du coq crêté
Qui crie : Cocorico.

FERDINAND.—Où cette musique peut-elle être ? Dans l'air ou sur la terre ? Je ne l'entends plus : sans doute elle suit les pas de quelque divinité de l'île. Assis sur un rocher où je pleurais encore le naufrage du roi mon père, cette musique a glissé vers moi sur les eaux ; ses doux sons calmaient à la fois la fureur des flots et ma douleur : je l'ai suivie depuis ce lieu, ou plutôt elle m'a entraîné.—Mais elle est partie. Non, elle recommence.

ARIEL *chante*.

A cinq brasses sous les eaux ton père est gisant,
Ses os sont changés en corail ;
Ses yeux sont devenus deux perles ;
Rien de lui ne s'est flétri.
Mais tout a subi dans la mer un changement
En quelque chose de riche et de rare.
D'heure en heure les nymphes de la mer tintent son glas.
Écoutez, je les entends : ding dong, glas.

REFRAIN.

Ding dong.

FERDINAND.—Ce couplet est en mémoire de mon père noyé. Ce n'est point là l'ouvrage des mortels, ni un son que puisse rendre la terre. Je l'entends maintenant au-dessus de ma tête.

PROSPERO, *à Miranda*.— Relève les rideaux frangés de tes yeux; et, dis-moi, qu'aperçois-tu là-bas?

MIRANDA.—Qu'est-ce que c'est? Un esprit? Bon Dieu, comme il regarde autour de lui! Croyez-moi, seigneur, il a une forme bien noble. Mais c'est un esprit.

PROSPERO.—Non, jeune fille; il mange, il dort, il a des sens comme nous, les mêmes que nous. Ce beau jeune homme que tu vois s'est trouvé dans le naufrage, et s'il n'était un peu flétri par la douleur (ce poison de la beauté), tu pourrais le nommer une charmante créature. Il a perdu ses compagnons, et il erre dans l'île pour les trouver.

MIRANDA.—Je pourrais bien le nommer un objet divin, car jamais je n'ai rien vu de si noble dans la nature.

PROSPERO, *à part*. Les choses vont au gré de ma volonté. Esprit, charmant esprit, je te délivrerai dans deux jours pour ta récompense.

FERDINAND.—Oh! sûrement voici la déesse que suivent ces chants! — Souffrez que ma prière obtienne de vous de savoir si vous habitez cette île et si vous consentirez à me donner quelque utile instruction sur la manière dont je dois m'y conduire. Ma première requête, quoique je la prononce la dernière, c'est que vous m'appreniez, ô vous merveille, si vous êtes ou non une fille de la terre [1].

MIRANDA.—Je ne suis point une merveille, seigneur. Mais pour fille, bien certainement je le suis.

FERDINAND.—Ma langue! ô ciel! Je serais le premier de ceux qui parlent cette langue si je me trouvais là où elle se parle.

---

[1] *If you be made or no.* (Si vous êtes ou non un être créé.)
Miranda répond :
Not wonder, sir;
But certainly a maid. (Pas une merveille, Seigneur ; mais certainement une fille.)
Il y a ici équivoque entre *made* et *maid*, qui se prononcent de même. Mais ce n'est point un pur jeu de mots, c'est une véritable erreur de Miranda, et qui convient à la naïveté de son caractère : on a été obligé, pour en conserver l'effet, de s'écarter un peu du sens littéral de la question de Ferdinand.

PROSPERO. — Comment? le premier? Eh! que serais-tu si le roi de Naples t'entendait?

FERDINAND. — Ce que je suis maintenant, un être isolé qui s'étonne de t'entendre parler du roi de Naples. Hélas! il m'entend et c'est parce qu'il m'entend que je pleure. C'est moi qui suis le roi de Naples, moi qui de mes yeux, dont le flux de larmes ne s'est point arrêté depuis cet instant, ai vu le roi mon père englouti dans les flots.

MIRANDA. — Hélas! miséricorde!

FERDINAND. — Oui, et avec lui tous ses seigneurs, et le duc de Milan et son brave fils tous deux ensemble.

PROSPERO. — Le duc de Milan et sa plus noble fille pourraient te démentir s'il était à propos de le faire en ce moment. — (*A part.*) Dès la première vue ils ont échangé leurs regards. Gentil Ariel, ceci te vaudra ta liberté. — (*Haut.*) Un mot, mon seigneur : je crains que vous ne vous soyez un peu compromis. Un mot.

MIRANDA. — Pourquoi mon père parle-t-il si rudement? C'est là le troisième homme que j'aie jamais vu; c'est le premier pour qui j'aie soupiré. Puisse la pitié disposer mon père à pencher du même côté que moi!

FERDINAND. — Oh! si vous êtes une vierge, et que votre cœur soit encore libre, je vous ferai reine de Naples.

PROSPERO. — Doucement, jeune homme : un mot encore. (*A part.*) Les voilà au pouvoir l'un de l'autre. Mais il faut que je rende difficile cette affaire si prompte, de peur que si les fatigues de la conquête sont trop légères, le prix n'en paraisse léger. — Un mot de plus. Je t'ordonne de me suivre : tu usurpes ici un nom qui ne t'appartient pas. Tu t'es introduit dans cette île comme un espion pour m'en dépouiller, moi qui en suis le maître.

FERDINAND. — Non, comme il est vrai que je suis un homme.

MIRANDA. — Rien de méchant ne peut habiter dans un semblable temple. Si le mauvais esprit a une si belle demeure, les gens de bien s'efforceront de demeurer avec lui.

PROSPERO, *à Ferdinand.*—Suis-moi.—Vous, ne me parlez pas pour lui; c'est un traître,—Viens, j'attacherai d'une même chaîne tes pieds et ton cou : tu boiras l'eau de la mer, et tu auras pour ta nourriture les coquillages des eaux vives, les racines desséchées, et les cosses où a été renfermé le gland. Suis-moi.

FERDINAND. —Non, jusqu'à ce que mon ennemi soit plus puissant que moi, je résisterai à un pareil traitement.
(Il tire son épée.)

MIRANDA. —O mon bien-aimé père, ne le tentez pas avec trop d'imprudence. Il est doux et non pas craintif.

PROSPERO. — Eh! dites donc, mon pied voudrait me servir de gouverneur!—Lève donc ce fer, traître qui dégaînes et qui n'oses frapper, tant ta conscience est préoccupée de ton crime! Cesse de te tenir en garde, car je pourrais te désarmer avec cette baguette, et faire tomber ton épée.

MIRANDA. — Mon père, je vous conjure.

PROSPERO. —Loin de moi. Ne te suspens pas ainsi à mes vêtemens.

MIRANDA. — Seigneur, ayez pitié.... Je serai sa caution.

PROSPERO. —Tais-toi, un mot de plus m'obligera à te réprimander, si ce n'est même à te haïr. Comment! prendre la défense d'un imposteur!—Paix. —Tu t'imagines qu'il n'y a pas au monde de figures pareilles à la sienne; tu n'as vu que Caliban et lui. Petite sotte, c'est un Caliban auprès de la plupart des hommes, ils sont des anges auprès de lui.

MIRANDA. —Mes affections sont donc des plus humbles : je n'ai point l'ambition de voir un homme plus parfait que lui.

PROSPERO, à Ferdinand.—Allons, obéis. Tes nerfs sont retombés dans leur enfance; ils ne possèdent aucune vigueur.

FERDINAND. —En effet; mes forces sont toutes enchaînées comme dans un songe. La perte de mon père, cette faiblesse que je sens, le naufrage de tous mes amis, et les menaces de cet homme par qui je me vois subjugué, me seraient des peines légères, si, seulement une fois par jour, je pouvais au travers de ma prison voir cette jeune fille. Que la liberté fasse usage de toutes les autres parties de la terre; il y aura assez d'espace pour moi dans une telle prison.

PROSPERO. — L'ouvrage marche. — Avance. — Tu as bien travaillé, mon joli Ariel. (*A Ferdinand et à Miranda.*) Suivez-moi. (*A Ariel.*) Écoute ce qu'il faut que tu me fasses encore.

MIRANDA. — Prenez courage. Mon père, seigneur, est d'un meilleur naturel qu'il ne le paraît à ce langage : le traitement que vous venez d'en recevoir est quelque chose d'inaccoutumé.

PROSPERO. — Tu seras libre comme le vent des montagnes, mais exécute de point en point mes ordres.

ARIEL. — A la lettre.

PROSPERO. — Allons, suivez-moi. — Ne me parle pas pour lui.

(Ils sortent.)

FIN DU PREMIER ACTE.

DEUXIÈME ACTE

SCÈNE I

(Une autre partie de l'île.)

Entrent ALONZO, SÉBASTIEN, ANTONIO, GONZALO, ADRIAN, FRANCISCO ET PLUSIEURS AUTRES.

GONZALO. — Seigneur, je vous en conjure, de la gaieté. Vous avez, nous avons tous un sujet de joie, car ce que nous avons sauvé est bien au delà de ce que nous avons perdu ; ce qui fait notre tristesse est une chose commune : tous les jours la femme de quelque marin, le patron de quelque navire marchand, et le négociant lui-même, ont de semblables motifs de chagrin. Mais sur des millions d'individus, il y en a bien peu qui aient comme nous à raconter un miracle : c'en est un que de nous voir sauvés. Ainsi, mon bon seigneur, mettez sagement en balance nos chagrins et nos motifs de consolation.

ALONZO. — Je t'en prie, laisse-moi en paix.

SÉBASTIEN. — Il prend goût à la consolation comme à une soupe froide.

ANTONIO. — Il ne sera pas si aisément débarrassé du consolateur.

SÉBASTIEN. — Tenez, le voilà qui monte l'horloge de son esprit ; elle va sonner tout à l'heure.

GONZALO. — Seigneur.

SÉBASTIEN. — Une.... Parlez donc.

GONZALO. — Lorsqu'on se plaît à nourrir quelque chagrin, tout ce qui se présente apporte à celui qui le nourrit....

SÉBASTIEN. — Un dollar.

GONZALO. — Tout lui apporte une douleur[1], en effet. Vous avez parlé plus juste que vous ne croyez.

SÉBASTIEN. — Et vous l'avez pris plus raisonnablement, que je ne l'espérais.

GONZALO. — Donc, mon seigneur....

ANTONIO. — Fi! qu'il est prodigue de sa langue!

ALONZO. — Je t'en prie, laisse-moi.

GONZALO. — Bien, j'ai fini ; mais cependant....

SÉBASTIEN. — Cependant il continuera de parler.

ANTONIO. — Parions qui de lui ou d'Adrian chantera le premier.

SÉBASTIEN. — Va pour le vieux coq.

ANTONIO. — Pour le jeune coq.

SÉBASTIEN. — C'est dit. L'enjeu?

ANTONIO. — Un éclat de rire.

SÉBASTIEN. — Tope !

ADRIAN. — Quoique cette île semble déserte....

SÉBASTIEN. — Ah ! ah ! ah !

ANTONIO. — Allons, vous avez payé [2].

ADRIAN. — Inhabitable et presque inaccessible....

SÉBASTIEN. — Cependant....

ADRIAN. — Cependant....

ANTONIO. — Cela ne pouvait pas manquer.

ADRIAN. — Il faut qu'elle jouisse d'une température [3] subtile, moelleuse et délicate.

ANTONIO. — La tempérance était une délicate donzelle.

SÉBASTIEN. — Oui, et subtile, comme il l'a dit très-savamment.

---

[1] *Dollar, dolour*, ont, en anglais, à peu près la même prononciation.

[2] *You've paid* : Dans l'ancienne édition, *You're paid*, corrigé, ce me semble avec raison, par M. Steevens. M. Malone paraît assez embarrassé du sens de ce passage, qui cependant ne peut, je crois, laisser aucun doute. On a parié *un éclat de rire*; Sébastien, qui a perdu, éclate de rire ; Antonio le prend sur le fait et lui dit : *Vous avez payé*. Cela est d'un genre de plaisanterie tout à fait conforme au reste de l'entretien de ces deux personnages.

[3] Dans l'anglais, *temperance*. Il a été impossible, dans la traduction, de conserver le jeu de mots qui paraît de plus faire allusion à quelque allégorie de la tempérance.

ADRIAN.—L'air souffle sur nous le plus doucement du monde.

SÉBASTIEN.—Oui, comme s'il avait des poumons, et des poumons gâtés.

ANTONIO.—Ou s'il était parfumé par un marais.

GONZALO.—Tout ici semble favorable à la vie.

ANTONIO.—Oui, sauf les moyens de vivre.

SÉBASTIEN.—Il n'y en a pas, ou il n'y en a guère.

GONZALO.—Comme l'herbe ici paraît abondante et forte! comme elle est verte!

ANTONIO.—Le vrai, c'est que ces prairies sont jaunes.

SÉBASTIEN.—Avec un soupçon de vert.

ANTONIO.—Il ne se trompe pas de beaucoup.

SÉBASTIEN.—Non, seulement du tout au tout.

GONZALO.—Mais la merveille de tout ceci, c'est que, et cela est presque hors de toute croyance....

SÉBASTIEN. — Comme beaucoup de merveilles attestées.

GONZALO.—C'est que nos vêtemens, trempés comme ils l'ont été dans la mer, aient cependant conservé leur fraîcheur et leur éclat; ils ont été plutôt reteints que tachés par l'eau salée.

ANTONIO.—Si une de ses poches pouvait parler, ne dirait-elle pas qu'il ment?

SÉBASTIEN.—Oui, ou bien elle empocherait très-faussement son récit.

GONZALO.—Je crois que nos vêtements sont aussi frais maintenant que quand nous les portâmes pour la première fois en Afrique, au mariage de la fille du roi, la belle Claribel, avec le roi de Tunis.

SÉBASTIEN.—C'était un beau mariage, et le retour nous a bien réussi.

ADRIAN.—Jamais Tunis ne fut ornée d'une si incomparable reine.

GONZALO.—Non, depuis le temps de la veuve Didon.

ANTONIO.—La veuve! le diable l'emporte! à quel propos cette veuve? la veuve Didon!

SÉBASTIEN.—Eh bien! quand il aurait dit aussi le veuf Énée? comme vous prenez cela, bon Dieu!

ADRIAN.—La veuve Didon, avez-vous dit? Vous m'avez fait apprendre cela : elle était de Carthage et non de Tunis.

GONZALO.—Cette Tunis, seigneur, était autrefois Carthage.

ADRIAN.—Carthage?

GONZALO.—Je vous l'assure, Carthage.

ANTONIO.—Ses paroles sont plus puissantes que la harpe miraculeuse.

SÉBASTIEN.—Il a élevé non-seulement les murailles, mais les maisons.

ANTONIO.—Qu'y aura-t-il d'impossible qui ne lui devienne aisé maintenant?

SÉBASTIEN.—Je suis persuadé qu'il emportera cette île chez lui dans sa poche, et la donnera à son fils comme une pomme.

ANTONIO.—Dont il sèmera les pepins dans la mer et fera pousser d'autres îles.

GONZALO.—Oui?

ANTONIO.—Pourquoi pas, avec le temps?

GONZALO.—Seigneur, nous parlions de nos vêtements qui semblent aussi frais que lorsque nous étions à Tunis au mariage de votre fille, la reine actuelle.

ANTONIO.—Et la plus merveilleuse qu'on y ait jamais vue.

SÉBASTIEN.—Exceptez-en, je vous prie, la veuve Didon.

GONZALO.—N'est-ce pas, seigneur, que mon habit est aussi frais que la première fois que je l'ai porté? J'entends, en quelque sorte....

ANTONIO.—Il a longtemps cherché pour pêcher ce *en quelque sorte*.

GONZALO.—Quand je l'ai porté au mariage de votre fille.

ALONZO.—Vous rassasiez mon oreille de ces mots, malgré la révolte de mon âme. Plût au ciel que je n'eusse jamais marié ma fille dans ce pays! car, maintenant que j'en reviens, mon fils est perdu, et selon moi ma fille l'est aussi; éloignée comme elle l'est de l'Italie, je ne la reverrai jamais. O toi l'héritier de mes États de Naples et de Milan, quel horrible poisson aura fait de toi son repas?

FRANCISCO. — Seigneur, il se peut que votre fils soit vivant. Je l'ai vu frapper sous lui les vagues et avancer sur leur dos : il faisait route à travers les eaux, rejetant des deux côtés les ondes en furie, et opposant sa poitrine aux vagues gonflées qui venaient à sa rencontre; il élevait sa tête audacieuse au-dessus des flots en tumulte, et de ses bras robustes ramait à coups vigoureux vers le rivage, qui, courbé sur sa base minée par les eaux, semblait s'incliner pour lui porter secours. Je ne doute point qu'il ne soit arrivé vivant à terre.

ALONZO.—Non, non, il a quitté ce monde.

SÉBASTIEN.—Seigneur, c'est vous-même que vous devez remercier de cette grande perte, vous qui n'avez pas voulu faire de votre fille le bonheur de notre Europe, mais qui avez mieux aimé la sacrifier à un Africain, et l'avez ainsi pour le moins bannie de vos yeux, qui ont bien sujet de mouiller de larmes un tel regret.

ALONZO.—Je t'en prie, laisse-moi en paix.

SÉBASTIEN.—Nous nous sommes tous mis à vos genoux, nous vous avons importuné de toutes les manières; et cette fille charmante elle-même balança entre son aversion et l'obéissance, après quoi elle finit par plier la tête au joug. Nous avons, je le crains bien, perdu votre fils pour toujours : Naples et Milan vont avoir, par suite de cette affaire, plus de veuves que nous ne ramenons d'hommes pour les consoler : la faute en est à vous seul.

ALONZO.—Et aussi la perte la plus chère.

GONZALO.—Mon seigneur Sébastien, ces vérités manquent un peu de douceur et d'un temps propre à les dire. Vous écorchez la plaie, lorsque vous devriez y mettre un emplâtre.

SÉBASTIEN.—Fort bien dit.

ANTONIO.—Et de la manière la plus chirurgicale.

GONZALO, *au roi*.—Mon bon seigneur, il fait mauvais temps pour nous dès que votre front se couvre de nuages.

sébastien.—Mauvais temps?

antonio.—Très-mauvais.

gonzalo.—Si j'étais chargé de planter cette île, mon seigneur....

antonio.—Il y sèmerait des orties.

sébastien.—Avec des ronces et des mauves.

gonzalo.—Et si j'en étais le roi, savez-vous ce que je ferais?

sébastien.—Vous seriez sûr de ne pas vous enivrer, faute de vin.

gonzalo.—Je voudrais que dans ma république tout se fît à l'inverse du train ordinaire des choses. Il n'y aurait aucune espèce de trafic; on n'y entendrait point parler de magistrats; les procès, l'écriture, n'y seraient point connus; les serviteurs, les richesses, la pauvreté, y seraient des choses hors d'usage; point de contrats, d'héritages, de limites, de labourage; je n'y voudrais ni métal, ni blé, ni vin, ni huile; nul travail; tous les hommes seraient oisifs et les femmes aussi, mais elles seraient innocentes et pures; point de souveraineté....

sébastien.—Et cependant il voudrait en être le roi.

antonio.—La fin de sa république en a oublié le commencement.

gonzalo.—La nature y produirait tout en commun, sans peine ni labeur. Je voudrais qu'il n'y eût ni trahison ni félonie, ni épée, ni pique, ni couteau, ni mousquet, ni aucun besoin de torture. Mais la nature, d'elle-même, par sa propre force, produirait tout à foison, tout en abondance, pour nourrir mon peuple innocent.

sébastien.—Pas de mariage parmi ses sujets?

antonio.—Non, mon cher, tous fainéants : des coquines et des fripons.

gonzalo.—Je voudrais gouverner dans une telle perfection, seigneur, que mon règne surpassât l'âge d'or.

sébastien.—Dieu conserve Sa Majesté!

antonio.—Longue vie à Gonzalo!

gonzalo.—Eh bien! m'écoutez-vous, seigneur?

ALONZO.—Finis, je t'en prie; tes paroles ne me disent rien.

GONZALO.—Je crois sans peine Votre Altesse : ce que j'en ai fait n'était que pour mettre en train ces deux nobles cavaliers qui ont les poumons si sensibles et si agiles, que leur habitude constante est de rire de rien.

ANTONIO.—C'est de vous que nous avons ri.

GONZALO.—De moi qui ne suis rien auprès de vous dans ce genre de bouffonneries? Ainsi vous pouvez continuer, et ce sera toujours rire de rien.

ANTONIO.—Quel coup il nous a porté là !

SÉBASTIEN.—S'il n'était pas tombé tout à plat.

GONZALO.—Oh! vous êtes des personnages d'une bonne trempe; vous seriez capables d'enlever la lune de sa sphère, si elle y demeurait cinq semaines sans changer.

(Ariel, invisible, entre en exécutant une musique grave et lente.)

SÉBASTIEN.—Oui certainement, et alors nous ferions la chasse aux chauves-souris.

ANTONIO.—Allons, mon bon seigneur, ne vous fâchez pas.

GONZALO.—Non, sur ma parole, je ne compromets pas si légèrement ma prudence. Voulez-vous plaisanter assez pour m'endormir? car déjà je me sens appesanti.

ANTONIO.—Allons, dormez et écoutez-nous.

(Tous s'endorment, excepté Alonzo, Sébastien et Antonio.)

ALONZO.—Quoi! déjà tous endormis! Je voudrais que mes yeux pussent, en se fermant, emprisonner mes pensées : je les sens disposés au sommeil.

SÉBASTIEN.—Seigneur, s'il s'offre pesamment à vous, ne le repoussez pas. Rarement il visite le chagrin; quand il le fait, c'est un consolateur.

ANTONIO.—Tous deux, seigneur, nous allons faire la garde auprès de votre personne tandis que vous prendrez du repos, et nous veillerons à votre sûreté.

ALONZO.—Je vous remercie. Je suis étrangement assoupi.

(Il s'endort.—Ariel sort)

sébastien.—Quelle bizarre léthargie s'est emparée d'eux tous?

antonio.—C'est une propriété du climat.

sébastien.—Pourquoi n'a-t-elle pas forcé nos yeux à se fermer? Je ne me sens point disposé au sommeil.

antonio.—Ni moi; mes esprits sont en mouvement.—Ils sont tous tombés comme d'un commun accord; ils ont été abattus comme par un même coup de tonnerre.—Quel pouvoir est en nos mains, digne Sébastien! oh quel pouvoir! Je n'en dis pas davantage, et cependant il me semble que je vois sur ton visage ce que tu pourrais être. L'occasion te parle, et, dans la vivacité de mon imagination, je vois une couronne tomber sur ta tête.

sébastien.—Quoi! es-tu éveillé?

antonio.—Ne m'entendez-vous pas parler?

sébastien.—Je t'entends, et sûrement ce sont les paroles d'un homme endormi; c'est le sommeil qui te fait parler. Que me disais-tu? C'est un étrange sommeil que de dormir les yeux tout grands ouverts, debout, parlant, marchant, et cependant si profondément endormi.

antonio.—Noble Sébastien, tu laisses ta fortune dormir, ou plutôt mourir : tu fermes les yeux, toi, tout éveillé.

sébastien.—Tu ronfles distinctement; tes ronflements ont un sens.

antonio.—Je suis plus sérieux que je n'ai coutume de l'être : vous devez l'être aussi si vous faites attention à ce que je vous dis; y faire attention; c'est vous tripler vous-même.

sébastien.—A la bonne heure! mais je suis une eau stagnante.

antonio.—Je vous apprendrai à monter comme le flux.

sébastien.—Charge-toi de le faire, car une indolence héréditaire me dispose au reflux.

antonio.—O si vous saviez seulement combien ce projet vous est cher au moment même où vous vous en moquez! combien vous y entrez de plus en plus, en le rejetant! Les hommes de reflux sont si souvent entraînés tout près du fond par leur crainte et leur indolence même.

sébastien.—Je t'en prie, poursuis : la fermeté fixe de ton regard, de tes traits, annonce quelque chose qui veut sortir de toi, et un enfantement qui te presse et te travaille.

antonio.—Voilà ce qui en est, seigneur. Quoique ce gentilhomme au faible souvenir, et qui une fois enterré sera d'aussi petite mémoire, ait presque persuadé au roi (car il est possédé d'un esprit de persuasion) que son fils est vivant, il est aussi impossible que ce fils ne soit pas noyé, qu'il l'est que celui qui dort ici puisse nager.

sébastien.—Moi, je n'ai pas d'espoir qu'il ne soit pas noyé.

antonio.—O que de ce défaut d'espoir il sort pour vous une grande espérance ! Point d'espérance de ce côté, c'est de l'autre une espérance si haute, que l'œil de l'ambition elle-même ne peut percer au delà, et doute plutôt de ce qu'il y découvre. Voulez-vous demeurer d'accord avec moi que Ferdinand est noyé ?

sébastien.—Il n'est plus de ce monde.

antonio.—Maintenant, dites-moi, quel est l'héritier le plus proche du royaume de Naples?

sébastien. — Claribel.

antonio.—Qui? la reine de Tunis ? elle qui habite à dix lieues par delà la vie de l'homme? elle qui ne peut pas avoir de nouvelles de Naples, à moins que le soleil ne fasse office de poste (car l'homme de la lune est trop lent), avant que les mentons nouveau-nés ne soient durcis et devenus propres au rasoir? elle, à cause de qui nous avons été tous engloutis par la mer, bien qu'elle en ait rejeté quelques-uns, et que nous soyons par là destinés à exécuter une action dont ce qui vient d'arriver n'est que le prologue? Pour ce qui doit suivre, vous et moi en sommes chargés.

sébastien.—Quelles balivernes me contez-vous là? Que voulez-vous dire? Il est vrai que la fille de mon frère est reine de Tunis, et qu'elle est aussi l'héritière de Naples : entre ces deux régions il y a quelque distance.

antonio.—Une distance dont chaque coudée semble

s'écrier : « Comment cette Claribel nous franchira-t-elle jamais pour retourner à Naples? » Garde Claribel, Tunis, et laisse Sébastien se réveiller! Dites, si ce qui vient de les saisir était la mort, eh bien! ils n'en seraient pas plus mal qu'ils ne sont en ce moment. Il y a des gens capables de gouverner Naples aussi bien que celui-ci qui dort; des courtisans qui sauront bavarder aussi longuement, aussi inutilement que ce Gonzalo; moi-même je pourrais faire un choucas aussi profondément babillard. Oh! si vous portiez en vous l'esprit qui est en moi, quel sommeil serait celui-ci pour votre élévation! Me comprenez-vous?

SÉBASTIEN.—Je crois vous comprendre.

ANTONIO.—Et comment la joie de votre cœur accueille-t-elle votre bonne fortune?

SÉBASTIEN.—Je me rappelle que vous avez supplanté votre frère Prospero.

ANTONIO.—Oui, et voyez comme je suis bien dans mes habits, et de bien meilleur air qu'auparavant. Les serviteurs de mon frère étaient mes compagnons alors; ce sont mes gens maintenant.

SÉBASTIEN.—Mais votre conscience?

ANTONIO.—Vraiment, seigneur, où cela loge-t-il? Si c'était une engelure à mon talon, elle me forcerait à garder mes pantoufles; mais je ne sens point cette déité dans mon sein. Vingt consciences fussent-elles entre moi et le trône de Milan, elles peuvent se candir et se fondre avant de me gêner. Voilà votre frère couché là, et s'il était ce qu'il paraît être en ce moment, c'est-à-dire mort, il ne vaudrait pas mieux que la terre sur laquelle il est couché. Moi, avec cette épée obéissante, rien que trois pouces de lame, je le mets au lit pour jamais; tandis que vous, de la même manière, vous faites cligner l'œil pour l'éternité à ce vieux rogaton, ce sire Prudence qu'ainsi nous n'aurons plus pour censurer notre conduite. Quant aux autres, ils prendront ce que nous voudrons leur inspirer comme un chat lappe du lait : quelle que soit l'entreprise pour laquelle nous aurons fixé un certain moment, ils se chargeront de nous dire l'heure.

ACTE II, SCÈNE I.

SÉBASTIEN. — Ta destinée, cher ami, me servira d'exemple : comme tu gagnas Milan, je veux gagner Naples. Tire ton épée : un seul coup va t'affranchir du tribut que tu payes, et te donner pour roi moi qui t'aimerai.

ANTONIO. — Tirons ensemble nos épées ; et quand je lèverai mon bras en arrière, faites-en autant pour frapper aussitôt Gonzalo.

SÉBASTIEN. — Oh ! un mot encore.

(Ils se parlent bas.)

(Musique. — Ariel rentre invisible.)

ARIEL. — Mon maître prévoit par son art le danger que courent ces hommes dont il est l'ami. Il m'envoie pour leur sauver la vie, car autrement son projet est mort.

(Il chante à l'oreille de Gonzalo.)

> Tandis que vous dormez ici en ronflant,
> La conspiration à l'œil ouvert
> Choisit son moment.
> Si vous attachez quelque prix à la vie,
> Secouez le sommeil et prenez garde.
> Réveillez-vous, réveillez-vous.

ANTONIO. — Maintenant frappons tous deux à la fois.

GONZALO *s'éveille et s'écrie*. — A nous, anges gardiens, sauvez le roi !

(Ils s'éveillent.)

ALONZO. — Quoi ! qu'est-ce que c'est ? Oh ! vous êtes réveillés ! pourquoi vos épées nues ? pourquoi ces regards effroyables ?

GONZALO. — De quoi s'agit-il ?

SÉBASTIEN. — Tandis que nous veillions ici à la sûreté de votre sommeil, nous avons entendu tout à coup un bruit sourd de rugissements comme de taureaux, ou plutôt de lions. Ne vous a-t-il pas réveillés ? il a frappé mon oreille de la manière la plus terrible.

ALONZO. — Je n'ai rien entendu.

ANTONIO. — Oh ! c'était un bruit capable d'effrayer l'oreille d'un monstre, de faire trembler la terre : sûrement c'étaient les rugissements d'un troupeau de lions.

ALONZO.—L'avez-vous entendu, Gonzalo?

GONZALO.—Sur mon honneur, seigneur, j'ai ouï un murmure, un étrange murmure qui m'a réveillé. Je vous ai poussé, seigneur, et j'ai crié. Quand mes yeux se sont ouverts, j'ai vu leurs épées nues. Un bruit s'est fait entendre, c'est la vérité : il sera bon de nous tenir sur nos gardes; ou plutôt quittons ce lieu; tirons nos épées.

ALONZO.—Partons d'ici, et continuons à chercher mon pauvre fils.

GONZALO.—Que le ciel le garde de ces monstres, car sûrement il est dans cette île !

ALONZO.—Partons.

ARIEL, *à part*.—Prospero, mon maître, saura ce que je viens de faire : maintenant, roi, tu peux aller sans danger à la recherche de ton fils.

(Ils sortent.)

SCÈNE II

Une autre partie de l'île. On entend le bruit du tonnerre.)

CALIBAN *entre avec une charge de bois.*

CALIBAN.—Que tous les venins que le soleil pompe des eaux croupies, des marais et des fondrières retombent sur Prospero, et ne laissent pas sans souffrance un pouce de son corps! Ses esprits m'entendent, et pourtant il faut que je le maudisse. D'ailleurs ils ne viendront pas sans son ordre me pincer, m'effrayer de leurs figures de lutins, me tremper dans la mare, ou, luisants comme des brandons de feu, m'égarer la nuit loin de ma route : mais pour chaque vétille il les lâche sur moi; tantôt en forme de singes qui me font la moue, me grincent des dents, et me mordent ensuite; tantôt ce sont des hérissons qui viennent se rouler sur le chemin où je marche pieds nus, et dressent leurs piquants au moment où je pose mon pied. Quelquefois je me sens enlacé par des serpents qui de leur langue fourchue sifflent sur moi jusqu'à me rendre fou.—(*Trinculo paraît.*) Ah oui..... oh!—Voici un de ses esprits ; il vient me tourmenter parce que je suis trop lent à porter ce bois. Je vais me jeter contre terre ; peut-être qu'il ne prendra pas garde à moi.

TRINCULO.—Point de buisson, pas le moindre arbrisseau pour se mettre à l'abri des injures du temps, et voilà un nouvel orage qui s'assemble : je l'entends siffler dans les vents. Ce nuage noir là-bas, ce gros nuage ressemble à un vilain tonneau qui va répandre sa liqueur. S'il tonne comme il a fait tantôt, je ne sais où cacher ma tête. Ce nuage ne peut manquer de tomber à pleins seaux.— Qu'avons-nous ici? Un homme ou un poisson? mort ou vif?—Un poisson ; il sent le poisson, une odeur de vieux poisson.—Quelque chose comme cela, et pas du plus frais, un cabillaud. — Un étrange poisson ! Si j'étais en Angleterre maintenant, comme j'y ai été une fois, et que j'eusse seulement ce poisson en peinture, il n'y aurait pas de badaud endimanché qui ne donnât une pièce d'argent pour le voir. C'est là que ce monstre ferait un homme riche : chaque bête singulière y fait un homme riche ; tandis qu'ils refuseront une obole pour assister un mendiant boiteux, ils vous en jetteront dix pour voir un Indien mort.—Hé ! il a des jambes comme un homme, et ses nageoires ressemblent à des bras ! sur ma foi, il est chaud encore. Je laisse là ma première idée maintenant, elle ne tient plus. Ce n'est pas là un poisson, mais un insulaire que tantôt le tonnerre aura frappé.—(*Il tonne.*) Hélas ! voilà la tempête revenue. Mon meilleur parti est de me blottir sous son manteau ; je ne vois point d'autre abri autour de moi. Le malheur fait trouver à l'homme d'étranges compagnons de lit.— Allons, je veux me gîter ici jusqu'à ce que la queue de l'orage soit passée.

(Entre Stephano chantant, et tenant une bouteille à la main.)

STEPHANO.

Je n'irai plus à la mer, à la mer.
Je veux mourir ici à terre.

C'est une piètre chanson à chanter aux funérailles d'un homme. Bien, bien, voici qui me réconforte.

(Il boit.)

Le maître, le balayeur, le bosseman et moi,
Le canonnier et son compagnon,
Nous aimions Mall, Meg, et Marion et Marguerite ;
Mais aucun de nous ne se souciait de Kate,
Car elle avait un aiguillon à la langue,
Et criait au marinier : *Va te faire pendre !*
Elle n'aimait pas l'odeur de la poix ni du goudron :
Cependant un tailleur pouvait la gratter où il lui démangeait.
Allons à la mer, enfants, et qu'elle aille se faire pendre !

C'est aussi une piètre chanson. Mais voici qui me réconforte.

(Il boit.)

CALIBAN. — Ne me tourmente point. Oh !

STEPHANO. — Qu'est ceci ? avons-nous des diables dans ce pays ? Vous accoutrez-vous en sauvages et en hommes de l'Inde pour nous faire niche ? Je ne suis pas réchappé de l'eau pour avoir peur ici de vos quatre jambes ? car il a été dit : L'homme le plus homme qui ait jamais cheminé sur quatre pieds ne le ferait pas reculer, et on le dira ainsi tant que l'air entrera par les narines de Stephano.

CALIBAN. — L'esprit me tourmente. Oh !

STEPHANO. — C'est là quelque monstre de l'île, avec quatre jambes. Celui-là, je m'imagine, aura gagné la fièvre. Où diable peut-il avoir appris notre langue ? Ne fût-ce que pour cela, je veux lui donner quelque secours. Si je puis le guérir et l'apprivoiser, et lui faire gagner Naples avec moi, c'est un présent digne de quelque empereur que ce soit qui ait jamais marché sur cuir de bœuf.

CALIBAN. — Ne me tourmente pas, je t'en prie ; je porterai mon bois plus vite à la maison.

STEPHANO. — Le voilà dans son accès maintenant ! il n'est pas des plus sensés dans ce qu'il dit. Il tâtera de ma bouteille : s'il n'a jamais encore goûté de vin, il ne s'en faudra guère que cela ne guérisse son accès. Si je parviens à le guérir et à l'apprivoiser, je n'en demanderai jamais trop cher : il défrayera le maître qui l'aura, et comme il faut.

CALIBAN.—Tu ne me fais pas encore grand mal, mais cela viendra bientôt; je le sens à ton tremblement. Dans ce moment Prospero agit sur toi.

STEPHANO, *à Caliban.* — Allons, venez ; voici qui vous donnera la parole, chat[1]. Ouvrez la bouche ; je peux dire que cela secouera votre tremblement, et comme il faut. (*Caliban boit avec plaisir.*) Vous ne connaissez pas celui qui est ici votre ami. Allons, ouvrez encore vos mâchoires.

TRINCULO.—Je crois reconnaître cette voix. Ce pourrait être.... Mais il est noyé. Ce sont des diables. O défendez-moi !

STEPHANO.—Quatre jambes et deux voix ! un monstre tout à fait mignon ; sa voix de devant est sans doute pour dire du bien de son ami, sa voix de derrière pour tenir de mauvais discours et dénigrer. Si tout le vin de mon broc suffit pour le rétablir, je veux médicamenter sa fièvre. Allons, ainsi soit-il ! Je vais en verser un peu dans ton autre bouche.

TRINCULO.—Stephano ?

STEPHANO.—Comment, ton autre voix m'appelle ?—Miséricorde ! Miséricorde ! ce n'est pas un monstre, c'est un diable. Laissons-le là, je n'ai pas une longue cuiller, moi[2].

TRINCULO.—Stephano ? si tu es Stephano, touche-moi, parle-moi. Je suis Trinculo ;—ne sois pas effrayé,—ton bon ami Trinculo.

STEPHANO.—Si tu es Trinculo, sors de là, je vais te tirer par les jambes les plus courtes. S'il y a ici des jambes à Trinculo, ce sont celles-là. En effet, tu es Trinculo lui-même : comment es-tu devenu le siége de ce veau de 'une[3] ? Rend-il des Trinculos ?

---

[1] Allusion au vieux dicton anglais : *Ce vin est si bon qu'il ferait parler un chat.*

[2] Allusion au proverbe écossais : *Qui fait manger le diable a besoin d'une longue cuiller.*

[3] Toute génération informe et monstrueuse était attribuée à l'influence de la lune.

TRINCULO.—Je l'ai cru tué d'un coup de tonnerre. Mais n'es-tu donc pas noyé, Stephano ? Je commence à espérer que tu n'es pas noyé. L'orage a-t-il crevé tout à fait? Moi, dans la peur de l'orage, je me suis caché sous le manteau de ce veau de la lune mort.—Es-tu bien vivant, Stephano ? O Stephano ? deux Napolitains de réchappés!

STEPHANO.—Je te prie, ne tourne pas autour de moi; mon estomac n'est pas bien ferme.

CALIBAN.—Ce sont là deux beaux objets, si ce ne sont pas des lutins. Celui-ci est un brave dieu qui porte avec lui une liqueur céleste : je veux me mettre à genoux devant lui.

STEPHANO. — Comment t'es-tu sauvé? Comment es-tu arrivé ici? dis-le moi par serment sur ma bouteille, comment es-tu venu ici? Moi, je me suis sauvé sur un tonneau de vin de Canarie que les matelots avaient roulé à grand' peine hors du navire. J'en jure par cette bouteille que j'ai faite de mes propres mains, avec l'écorce d'un arbre, depuis que j'ai été jeté sur le rivage.

CALIBAN.—Je veux jurer sur cette bouteille d'être ton fidèle sujet, car ta liqueur ne vient pas de la terre.

STEPHANO.—Allons, jure : comment t'es-tu sauvé ?

TRINCULO. — J'ai nagé jusqu'au rivage, mon ami, comme un canard. Je nage comme un canard; j'en jurerai.

STEPHANO.—Tiens, baise le livre.—Cependant tu ne peux nager comme un canard, car tu es fait comme une oie.

TRINCULO.—O Stephano, as-tu encore de ceci ?

STEPHANO.—La futaille entière, mon ami ; mon cellier est dans un rocher au bord de la mer : c'est là que j'ai caché mon vin.—Eh bien! maintenant, veau de lune, comment va ta fièvre?

CALIBAN.—N'es-tu pas tombé du ciel ?

STEPHANO.—Oui vraiment, de la lune. J'étais de mon temps l'homme qu'on voyait dans la lune.

CALIBAN.—Je t'y ai vu, et je t'adore. Ma maîtresse t'a montré à moi, toi, ton chien et ton buisson.

STEPHANO.—Allons, jure-le, baise le livre ; tout à l'heure je le remplirai de nouveau. Jure.

TRINCULO. — Par cette bonne lumière, voilà un sot monstre! moi, avoir peur de lui! un imbécile de monstre! l'homme de la lune! un pauvre monstre bien crédule! — C'est boire net, monstre, sur ma parole.

CALIBAN, *à Stephano.*—Je veux te montrer dans l'île chaque pouce de terre fertile, et je veux baiser ton pied. Je t'en prie, sois mon dieu.

TRINCULO.—Par cette clarté, le plus perfide et le plus ivrogne des monstres!—Quand son dieu sera endormi, il lui volera sa bouteille.

CALIBAN.—Je baiserai ton pied; je jurerai d'être ton sujet.

STHEPHANO.—Eh bien! approche; à terre, et jure.

TRINCULO.—J'en mourrai à force de rire de ce monstre à tête de chien. Un monstre dégoûtant! je me sentirais en goût de le battre....

STEPHANO.—Allons, baise.

TRINCULO.— ....Si ce n'était que ce pauvre monstre est ivre. C'est un abominable monstre!

CALIBAN.—Je te conduirai aux meilleures sources, je te cueillerai des baies. Je veux pêcher pour toi et t'apporter du bois à ta suffisance. La peste étreigne le tyran que je sers! je ne lui porterai plus de fagots; mais c'est toi que je servirai, homme merveilleux.

TRINCULO. — Un monstre bien ridicule, de faire une merveille d'un pauvre ivrogne!

CALIBAN.—Je t'en prie, laisse-moi te mener à l'endroit où croissent les pommes sauvages : de mes longs ongles je déterrerai des truffes; je te montrerai un nid de geais, et je t'enseignerai à prendre au piége le singe agile; je te conduirai à l'endroit où sont les bosquets de noisettes, et quelquefois je t'apporterai du rocher de jeunes pingouins. Veux-tu venir avec moi?

STÉPHANO.—J'y consens ; marche devant nous sans babiller davantage. — Trinculo, le roi et tout le reste de la compagnie étant noyés, nous héritons de tout ici. — (*A Caliban.*) Viens, porte ma bouteille. — Camarade Trinculo, nous allons tout à l'heure la remplir de nouveau.

CALIBAN *chante comme un ivrogne.*

Adieu, mon maître; adieu, adieu.

TRINCULO.—Monstre hurlant! ivrogne de monstre!

CALIBAN.

Je ne ferai plus de viviers pour le poisson ;
Je n'apporterai plus à ton commandement de quoi faire le feu.
Je ne gratterai plus la table et ne laverai plus les plats.
Ban, ban, Ca.... Caliban
A un autre maître, devient un autre homme.

Liberté! vive la joie! vive la joie! liberté! liberté!
vive la joie! liberté!

STEPHANO.—Le brave monstre! Allons, conduis-nous.

(Ils sortent.)

TROISIÈME ACTE

SCÈNE I

(Le devant de la caverne de Prospero.)

FERDINAND *paraît chargé d'un morceau de bois.*

Il y a des jeux mêlés de travail, mais le plaisir qu'ils donnent fait oublier la fatigue. Il est telle sorte d'abaissement qu'on peut supporter avec noblesse; les plus misérables travaux peuvent avoir un but magnifique. Cette tâche ignoble qu'on m'impose serait pour moi aussi accablante qu'elle m'est odieuse; mais la maîtresse que je sers ranime ce qui est mort et change mes travaux en plaisir. Oh! elle est dix fois plus aimable que son père n'est rude, et il est tout composé de dureté. Un ordre menaçant m'oblige à transporter quelques milliers de ces morceaux de bois et à les mettre en tas. Ma douce maîtresse pleure quand elle me voit travailler, et dit que jamais si basse besogne ne fut faite par de telles mains. Je m'oublie; mais ces douces pensées me rafraîchissent même durant mon travail; je m'en sens moins surchargé.

(Entrent Miranda, et Prospero à quelque distance.)

MIRANDA.—Hélas! je vous en prie, ne travaillez pas si fort : je voudrais que la foudre eût brûlé tout ce bois qu'il vous faut entasser. De grâce, mettez-le à terre, et reposez-vous : quand il brûlera, il pleurera de vous avoir fatigué. Mon père est dans le fort de l'étude : reposez-vous, je vous en prie ; nous n'avons pas à craindre qu'il vienne avant trois heures d'ici.

FERDINAND.—O ma chère maîtresse, le soleil sera couché avant que j'aie fini la tâche que je dois m'efforcer de remplir.

miranda.—Si vous voulez vous asseoir, moi pendant ce temps je vais porter ce bois. Je vous en prie, donnez-moi cela, je le porterai au tas.

ferdinand.—Non, précieuse créature, j'aimerais mieux rompre mes muscles, briser mes reins, que de vous voir ainsi vous abaisser, tandis que je resterais là oisif.

miranda.—Cela me conviendrait tout aussi bien qu'à vous, et je le ferais avec bien moins de fatigue, car mon cœur serait à l'ouvrage, et le vôtre y répugne.

prospero.—Pauvre vermisseau, tu as pris le poison, cette visite en est la preuve.

miranda.—Vous avez l'air fatigué.

ferdinand.—Non, ma noble maîtresse : quand vous êtes près de moi, l'obscurité devient pour moi un brillant matin. Je vous en conjure, et c'est surtout pour le placer dans mes prières, quel est votre nom?

miranda.—Miranda. O mon père, en le disant, je viens de désobéir à vos ordres.

ferdinand.—Charmante Miranda! objet en effet de la plus haute admiration, digne de ce qu'il y a de plus précieux au monde! j'ai regardé beaucoup de femmes du regard le plus favorable; plus d'une fois la mélodie de leur voix a captivé mon oreille trop prompte à les écouter. Diverses femmes m'ont plu par des qualités diverses, mais jamais je n'en aimai aucune sans que quelque défaut vînt s'opposer à l'effet de la plus noble grâce et la faire disparaître. Mais vous, vous si parfaite, si supérieure à toutes, vous avez été créée de ce qu'il y a de meilleur dans chaque créature.

miranda. — Je ne connais personne de mon sexe : je ne me rappelle aucun visage de femme, si ce n'est le mien reflété dans mon miroir, et je n'ai vu de ce que je puis appeler des hommes que vous, mon doux ami, et mon cher père. Je ne sais pas comment sont les traits hors de cette île; mais sur ma pudeur, qui est le joyau de ma dot, je ne pourrais souhaiter dans le monde d'autre compagnon que vous, et l'imagination ne saurait rêver d'autre forme à aimer que la vôtre. Mais je babille un peu trop follement, et j'oublie en le faisant les leçons de mon père.

FERDINAND.—Je suis prince par ma condition, Miranda ; je crois même être roi (je voudrais qu'il n'en fût pas ainsi), et je ne suis pas plus disposé à demeurer esclave sous ce bois, qu'à endurer sur ma bouche les piqûres de la grosse mouche à viande. Écoutez parler mon âme : à l'instant où je vous ai vue, mon cœur a volé à votre service ; voilà ce qui m'enchaîne, et c'est pour l'amour de vous que je suis ce bûcheron si patient.

MIRANDA.—M'aimez-vous ?

FERDINAND.—O ciel ! O terre ! rendez témoignage de cette parole, et si je parle sincèrement, couronnez de succès ce que je déclare ; si mes discours sont trompeurs, convertissez en revers tout ce qui m'est présagé de bonheur. Je vous aime, vous prise, vous honore bien au delà de tout ce qui dans le monde n'est pas vous.

MIRANDA.—Je suis une folle de pleurer de ce qui me donne de la joie.

PROSPERO. — Belle rencontre de deux affections des plus rares ! Ciel, verse tes faveurs sur le sentiment qui naît entre eux !

FERDINAND.—Pourquoi pleurez-vous ?

MIRANDA. — A cause de mon peu de mérite, qui n'ose offrir ce que je désire donner, et qui ose encore moins accepter ce dont la privation me ferait mourir. Mais ce sont là des niaiseries ; et plus mon amour cherche à se cacher, plus il s'accroît et devient apparent. Loin de moi, timides artifices ; inspire-moi, franche et sainte innocence : je suis votre femme si vous voulez m'épouser ; sinon je mourrai fille et le cœur à vous. Vous pouvez me refuser pour compagne ; mais, que vous le vouliez ou non, je serai votre servante.

FERDINAND.—Ma maîtresse, ma bien-aimée ; et moi toujours ainsi à vos pieds.

MIRANDA.—Vous serez donc mon mari ?

FERDINAND.—Oui, et d'un cœur aussi désireux que l'esclave l'est de la liberté. Voilà ma main.

MIRANDA.—Et voilà la mienne, et dedans est mon cœur. Maintenant adieu, pour une demi-heure.

FERDINAND.—Dites mille ! mille !

(Ferdinand et Miranda sortent.)

PROSPERO.—Je ne puis être heureux de ce qui se passe autant qu'eux qui sont surpris du même coup; mais il n'est rien qui pût me donner plus de joie. Je retourne à mon livre, car il faut qu'avant l'heure du souper j'aie fait encore bien des choses pour l'accomplissement de ceci.

(Il sort.)

SCÈNE II

(Une autre partie de l'île.)

STEPHANO, TRINCULO, CALIBAN *les suit tenant une bouteille.*

STEPHANO.—Ne m'en parle plus. Quand la futaille sera à sec, nous boirons de l'eau ; pas une goutte auparavant. Ainsi, ferme et à l'abordage! Mon laquais de monstre, bois à ma santé.

TRINCULO.—Son laquais de monstre ! la folie de cette île les tient! On dit que l'île n'a en tout que cinq habitants : des cinq nous en voilà trois ; si les deux autres ont le cerveau timbré comme nous, l'État chancelle.

STEPHANO.—Bois donc, laquais de monstre, quand je te l'ordonne. Tu as tout à fait les yeux dans la tête.

TRINCULO.—Où voudrais-tu qu'il les eût? Ce serait un monstre bien bâti s'il les avait dans la queue.

STEPHANO.—Mon serviteur le monstre a noyé sa langue dans le vin. Pour moi, la mer ne peut me noyer. J'ai nagé trente-cinq lieues nord et sud avant de pouvoir gagner terre, vrai comme il fait jour. Tu seras mon lieutenant, monstre, ou mon enseigne.

TRINCULO. — Votre lieutenant, si vous m'en croyez ; il n'est pas bon à montrer comme enseigne [1].

---

[1] TRINCULO.—*Your lieutenant, if you list; he's no standard.* Standard signifie *enseigne, modèle*: il signifie aussi un arbre fruitier qui se

ACTE III, SCÈNE II.

STEPHANO.—Nous ne nous enfuirons pas, monsieur le monstre [1].

TRINCULO.—Vous n'avancerez pas non plus, mais vous demeurerez couchés comme des chiens, sans rien dire ni l'un ni l'autre.

STEPHANO.—Veau de lune, parle une fois en ta vie, si tu es un honnête veau de lune.

CALIBAN.—Comment se porte ta Grandeur? Permets-moi de baiser ton pied.—Je ne veux pas le servir lui, il n'est pas brave.

TRINCULO.—Tu mens, le plus ignorant des monstres : je suis dans le cas de colleter un constable. Parle, toi, poisson débauché, a-t-on jamais fait passer pour un poltron un homme qui a bu autant de vin que j'en ai bu aujourd'hui? Iras-tu me faire un monstrueux mensonge, toi qui n'es que la moitié d'un poisson et la moitié d'un monstre?

CALIBAN.—Là! comme il se moque de moi! Le laisseras-tu dire, mon seigneur?

TRINCULO. — Mon seigneur, dit-il? — Qu'un monstre puisse être si niais!

CALIBAN.—Là! là! encore! Je t'en prie, mords-le à mourir.

STEPHANO.—Trinculo, tâche d'avoir dans ta tête une bonne langue. Si tu t'avisais de te mutiner, le premier arbre..... Ce pauvre monstre est mon sujet, et je ne souffrirai pas qu'on l'insulte.

CALIBAN.—Je remercie mon noble maître. Te plaît-il d'ouïr encore la prière que je t'ai faite?

---

soutient sans tuteur. M. Steevens croit que la plaisanterie de Trinculo porte sur ce dernier sens du mot *standard*, et qu'il répond à Stephano que Caliban, trop ivre pour se tenir sur ses pieds, ne peut être pris pour un *standard, une chose qui se tient debout (stands).* On peut supposer aussi que Trinculo fait allusion à la difformité de Caliban, et dit qu'il ne peut être pris pour un *modèle.* Quel que soit celui des deux sens qu'a voulu présenter Shakspeare (et peut-être a-t-il songé à tous les deux), l'un et l'autre étaient impossibles à exprimer en français sans rendre la réponse de Trinculo tout à fait inintelligible : on s'est approché autant qu'on l'a pu du dernier.

[1] Dans l'original, *Monsieur Monster.*

STEPHANO.—Oui-da, j'y consens. A genoux, et répète-la. Je resterai debout, et Trinculo aussi.
(Entre Ariel invisible.)

CALIBAN.—Comme je te l'ai dit tantôt, je suis sujet d'un tyran, d'un sorcier qui par ses fraudes m'a volé cette île.

ARIEL.— Tu mens.

CALIBAN. — Tu mens toi-même, malicieux singe. Je voudrais bien qu'il plût à mon vaillant maître de t'exterminer. Je ne mens point.

STEPHANO.—Trinculo, si vous le troublez encore dans son récit, par cette main, je ferai sauter quelqu'une de vos dents.

TRINCULO.—Quoi! je n'ai rien dit.

STEPHANO.—Tu peux murmurer tout bas, pas davantage. (*A Caliban*.) Poursuis.

CALIBAN.—Je dis que par sortilège il a pris cette île; il l'a prise sur moi. S'il plait à ta Grandeur de me venger de lui, car je sais bien que tu es courageux, mais celui-là ne l'est pas....

STEPHANO.—Cela est très-certain.

CALIBAN.—Tu seras le seigneur de l'île, et moi je te servirai.

STEPHANO.—Mais comment en venir à bout? Peux-tu me conduire à l'ennemi?

CALIBAN.—Oui, oui, mon seigneur; je promets de te le livrer endormi, de manière à ce que tu puisses lui enfoncer un clou dans la tête.

ARIEL.—Tu mens, tu ne le peux pas.

CALIBAN.—Quel fou bigarré est-ce là? Vilain pleutre! Je conjure ta Grandeur de lui donner des coups, et de lui reprendre cette bouteille : quand il ne l'aura plus, il faudra qu'il boive de l'eau de mare, car je ne lui montrerai pas où sont les sources vives.

STEPHANO.—Crois-moi, Trinculo, ne t'expose pas davantage au danger. Interromps encore le monstre d'un seul mot, et je mets ma clémence à la porte, et je fais de toi un hareng sec.

TRINCULO.—Eh quoi! que fais-je? Je n'ai rien fait; je vais m'éloigner de vous.

STEPHANO.—N'as-tu pas dit qu'il mentait?
ARIEL.—Tu mens.
STEPHANO.—Oui? (*Il le bat.*) Prends ceci pour toi. Si cela vous plaît, donnez-moi un démenti une autre fois.
TRINCULO.—Je ne vous ai point donné de démenti. Quoi! avez-vous perdu la raison et l'ouïe aussi? La peste soit de votre bouteille! Voilà ce qu'opèrent l'ivresse et le vin! La peste soit de votre monstre, et que le diable vous emporte les doigts!
CALIBAN.—Ha, ha, ha!
STEPHANO.—Maintenant continuez votre histoire.—Je t'en prie, va-t'en plus loin.
CALIBAN.—Bats-le bien. Après quoi je le battrai aussi, moi.
STEPHANO.—Tiens-toi plus loin.—Allons, toi, poursuis.
CALIBAN.—Eh bien! comme je te l'ai dit, c'est sa coutume à lui de dormir dans l'après-midi. Alors tu peux lui faire sauter la cervelle après avoir d'abord saisi ses livres, ou avec une bûche lui briser le crâne, ou l'éventrer avec un pieu, ou lui couper la gorge avec un couteau. Mais souviens-toi de t'emparer d'abord de ses livres, car sans eux il n'est qu'un sot comme moi et n'a pas un seul esprit à ses ordres : ils le haïssent tous aussi radicalement que moi. Ne brûle que ses livres. Il a de beaux ustensiles, c'est ainsi qu'il les nomme, dont il ornera sa maison quand il en aura une : et surtout, ce qui mérite d'être sérieusement considéré, c'est la beauté de sa fille; lui-même il l'appelle incomparable. Jamais je n'ai vu de femme que ma mère Sycorax et elle; mais elle l'emporte autant sur Sycorax que le plus grand sur le plus petit.
STEPHANO.—Est-ce donc un si beau brin de fille?
CALIBAN.—Oui, mon prince : je te réponds qu'elle convient à ton lit, et qu'elle te produira une belle lignée.
STEPHANO.—Monstre, je tuerai cet homme. Sa fille et moi, nous serons roi et reine. Dieu conserve nos excellences! et Trinculo et toi, vous serez nos vice-rois. Goûtes-tu le projet, Trinculo?
TRINCULO.—Excellent.
STEPHANO.—Donne-moi ta main. Je suis fâché de

t'avoir battu; mais, tant que tu vivras, tâche ne n'avoir dans ta tête qu'une bonne langue.

CALIBAN.—Dans moins d'une demi-heure il sera endormi : veux-tu l'exterminer alors?

STEPHANO.—Oui, sur mon honneur!

ARIEL.—Je dirai cela à mon maître.

CALIBAN.—Tu me rends gai; je suis plein d'allégresse. Allons, soyons joyeux; voulez-vous chanter le canon [1] que vous m'avez appris tout à l'heure?

STEPHANO.—Je veux faire raison à ta requête, monstre; oui, toujours raison. Allons, Trinculo, chantons.

(Stephano chante.)

Moquons-nous d'eux; observons-les, observons-les, et moquons-nous d'eux;
La pensée est libre.

CALIBAN.—Ce n'est pas l'air.

(Ariel joue l'air sur un pipeau et s'accompagne d'un tambourin.)

STEPHANO.—Qu'est-ce que c'est que cette répétition?

TRINCULO.—C'est l'air de notre canon joué par la figure de personne [2].

STEPHANO.—Si tu es homme, montre-toi sous ta propre figure; si tu es le diable, prends celle que tu voudras.

TRINCULO.—Oh! pardonnez-moi mes péchés.

STEPHANO.—Qui meurt a payé toutes ses dettes.—Je te défie... merci de nous!

CALIBAN.—As-tu peur?

[1] *Troll the catch.* L'un des commentateurs de Shakspeare, M. Steevens, paraît embarrassé du sens de cette expression. Mais il me semble que les deux mots dont elle se compose s'expliquent l'un l'autre. *Troll* signifie *mouvoir circulairement, rouler, tourner,* etc., *catch,* un chant successif (*sung in succession*); c'est là la définition du canon, sorte de figure que l'Académie appelle *perpétuelle,* et qu'on pourrait aussi appeler circulaire, puisqu'elle consiste dans le retour perpétuel des mêmes passages successivement répétés par un certain nombre de personnes. Ce qui confirme cette explication, c'est que Stephano, accédant au désir de Caliban, appelle Trinculo pour chanter avec lui, puis commence seul (*sings*), parce qu'en effet un canon, toujours chanté par plusieurs voix, est nécessairement commencé par une seule.

[2] La figure de *no-body* (de personne) est une figure ridicule, représentée quelquefois en Angleterre sur les enseignes.

STEPHANO. — Moi, monstre ? Non.

CALIBAN.—N'aie pas peur : l'île est remplie de bruits, de sons et de doux airs qui donnent du plaisir sans jamais faire de mal. Quelquefois des milliers d'instruments tintent confusément autour de mes oreilles ; quelquefois ce sont des voix telles que, si je m'éveillais alors après un long sommeil, elles me feraient dormir encore; et quelquefois en rêvant, il m'a semblé voir les nuées s'ouvrir et me montrer des richesses prêtes à pleuvoir sur moi; en sorte que lorsque je m'éveillais, je pleurais d'envie de rêver encore.

STEPHANO.—Cela me fera un beau royaume où j'aurai ma musique pour rien.

CALIBAN.—Quand Prospero sera tué.

STEPHANO. — C'est ce qui arrivera tout à l'heure : je n'ai pas oublié ce que tu m'as conté.

TRINCULO. — Le son s'éloigne. Suivons-le, et après faisons notre besogne.

STEPHANO.—Guide-nous, monstre; nous te suivons.—Je serais bien aise de voir ce tambourineur : il va bon train.

TRINCULO. — Viens-tu ?— Je te suivrai, Stephano.

(Ils sortent.)

SCÈNE III

(Une autre partie de l'île.)

Entrent ALONZO, SÉBASTIEN, ANTONIO, GONZALO, ADRIAN, FRANCISCO et autres.

GONZALO. — Par Notre-Dame, je ne puis aller plus loin, seigneur. Mes vieux os me font mal; c'est un vrai labyrinthe que nous avons parcouru là par tant de sentier, droits ou tortueux. J'en jure par votre patience, j'ai besoin de me reposer.

ALONZO.—Mon vieux seigneur, je ne peux te blâmer ; je sens moi-même la lassitude tenir mes esprits dans l'engourdissement. Asseyez-vous et reposez-vous ; et moi je veux laisser ici mon espoir, et ne pas plus longtemps lui permettre de me flatter. Il est noyé, celui après lequel nous errons ainsi, et la mer se rit de ces vaines recherches que nous avons faites sur la terre. Soit, qu'il repose en paix !

ANTONIO, *bas à Sébastien*.—Je suis bien aise qu'il soit ainsi tout à fait sans espérance.—N'allez pas pour un contre-temps renoncer au projet que vous étiez résolu d'exécuter.

SÉBASTIEN.—Nous l'accomplirons à la première occasion favorable.

ANTONIO.—Cette nuit donc ; car, épuisés comme ils le sont par cette marche, ils ne voudront ni ne pourront exercer la même vigilance que lorsqu'ils sont frais et dispos.

SÉBASTIEN. —Oui, cette nuit ; n'en parlons plus.

(On entend une musique solennelle et singulière. Prospero est invisible dans les airs. Entrent plusieurs fantômes sous des formes bizarres, qui apportent une table servie pour un festin. Ils forment autour de la table une danse mêlée de saluts et de signes engageants, invitant le roi et ceux de sa suite à manger. Ils disparaissent ensuite.)

ALONZO. —Quelle est cette harmonie? mes bons amis, écoutons !

GONZALO.—Une musique d'une douceur merveilleuse.

ALONZO.—Ciel ! ne nous livrez qu'à des puissances favorables. Quels étaient ces gens-là ?

SÉBASTIEN.— Des marionnettes vivantes. Maintenant je croirai qu'il existe des licornes, qu'il est dans l'Arabie un arbre servant de trône au phénix, et qu'un phénix y règne encore aujourd'hui.

ANTONIO. — Je crois à tout cela ; et, si l'on refuse d'ajouter foi à quelque autre chose, je jurerai qu'elle est vraie. Jamais les voyageurs n'ont menti, quoique dans leurs pays les idiots les condamnent.

GONZALO. —Voudrait-on me croire si je racontais ceci à Naples? Si je leur disais que j'ai vu des insulaires ainsi faits, car certainement c'est là le peuple de cette île ; et, qu'avec des formes monstrueuses, ils ont, remarquez bien ceci, des mœurs plus douces que vous n'en trouveriez chez beaucoup d'hommes de notre temps, je dirais presque chez aucun ?

ACTE III, SCÈNE III.

PROSPERO, *à part.*—Honnête seigneur, tu as dit le mot; car quelques-uns de vous ici présents êtes pires que des démons.

ALONZO.—Je ne me lasse point de songer à leurs formes étranges, à leurs gestes, à ces sons qui, bien qu'il y manque l'assistance de la parole, expriment pourtant dans leur langage muet d'excellentes choses.

PROSPERO, *à part.*—Ne louez pas avant le départ.

FRANCISCO.—Ils se sont étrangement évanouis.

SÉBASTIEN.—Qu'importe! puisqu'ils ont laissé les munitions, car nous avons faim.—Vous plairait-il de goûter de ceci?

ALONZO.—Non pas moi.

GONZALO.—Ma foi, seigneur, vous n'avez rien à craindre. Quand nous étions enfants, qui aurait voulu croire qu'il existât des montagnards portant des fanons comme les taureaux, et ayant à leur cou des masses de chair pendantes; et qu'il y eût des hommes dont la tête fût placée au milieu de leur poitrine? Et cependant nous ne voyons pas aujourd'hui d'emprunteur de fonds à cinq pour un[1] qui ne nous rapporte ces faits dûment attestés.

ALONZO.—Je m'approcherai de cette table et je mangerai, dût ce repas être pour moi le dernier. Eh! qu'importe! puisque le meilleur de ma vie est passé. Mon frère, seigneur duc, approchez-vous et faites comme nous.

(Des éclairs et du tonnerre. Ariel, sous la forme d'une harpie, fond sur la table, secoue ses ailes sur les plats, et par un tour subtil le banquet disparaît.)

ARIEL.—Vous êtes trois hommes de crime que la destinée (qui se sert comme instrument de ce bas monde et de tout ce qu'il renferme) a fait vomir par la mer insatiable dans cette île où n'habite point l'homme, parce que vous n'êtes point faits pour vivre parmi les hommes. Je vous ai rendus fous. (*Voyant Alonzo, Sébastien et les autres tirer leurs épées.*)

[1] Allusion à la coutume où l'on était alors, quand on partait pour un voyage long et périlleux, de placer une somme d'argent dont on ne devait recevoir l'intérêt qu'à son retour; mais le placement se faisait alors à un taux très-élevé.

C'est avec un courage de cette espèce que des hommes se pendent et se noient. Insensés que vous êtes, mes compagnons et moi nous sommes les ministres du Destin : les éléments dont se compose la trempe de vos épées peuvent aussi aisément blesser les vents bruyants ou, par de ridicules estocades, percer à mort l'eau qui se referme à l'instant, que raccourcir un seul brin de mes plumes. Mes compagnons sont invulnérables comme moi ; et puissiez-vous nous blesser avec vos armes, elles sont maintenant trop pesantes pour vos forces : elles ne se laisseront plus soulever. Mais souvenez-vous, car tel est ici l'objet de mon message, que vous trois vous avez expulsé de son duché de Milan le vertueux Prospero ; que vous l'avez exposé sur la mer (qui depuis vous en a payé le salaire), lui et sa fille innocente. C'est pour cette action odieuse que des destins qui tardent, mais qui n'oublient pas, ont irrité les mers et les rivages, et mêmes toutes les créatures contre votre repos. Toi, Alonzo, ils t'ont privé de ton fils. Ils vous annoncent par ma voix qu'une destruction prolongée (pire qu'une mort subite) va vous suivre pas à pas et dans toutes vos actions. Pour vous préserver des vengeances (qui autrement vont éclater sur vos têtes dans cette île désolée), il ne vous reste plus que le remords du cœur, et ensuite une vie sans reproche.

(Ariel s'évapore au milieu d'un coup de tonnerre. Ensuite, au son d'une musique agréable, les fantômes rentrent et dansent en faisant des grimaces moqueuses, et emportent la table.)

PROSPERO, *à part, à Ariel.*—Tu as très-bien joué ce rôle de harpie, mon Ariel : elle avait de la grâce en dévorant. Dans tout ce que tu as dit, tu n'as rien omis de l'instruction que je t'avais donnée. Mes esprits secondaires ont aussi rendu d'après nature et avec une vérité bizarre leurs différentes espèces de personnages. Mes charmes puissants opèrent, et ces hommes qui sont mes ennemis sont tout éperdus. Les voilà en mon pouvoir : je veux les laisser dans ces accès de frénésie, tandis que je vais revoir le jeune Ferdinand qu'ils croient noyé, et sa chère, ma chère bien-aimée.

GONZALO.—Au nom de ce qui est saint, seigneur, pourquoi restez-vous ainsi, le regard fixe et effrayé?

ALONZO.—O c'est horrible! horrible! il m'a semblé que les vagues avaient une voix et m'en parlaient. Les vents le chantaient autour de moi; et le tonnerre, ce profond et terrible tuyau d'orgue, prononçait le nom de Prospero, et de sa voix de basse récitait mon injustice. Mon fils est donc couché dans le limon de la mer! J'irai le chercher plus avant que jamais n'a pénétré la sonde, et je reposerai avec lui dans la vase.
(Il sort.)

SÉBASTIEN.—Un seul démon à la fois, et je vaincrai leurs légions.

ANTONIO.—Je serai ton second.
(Ils sortent.)

GONZALO.—Ils sont tous trois désespérés. Leur crime odieux, comme un poison qui ne doit opérer qu'après un long espace de temps, commence à ronger leurs âmes. Je vous en conjure, vous dont les muscles sont plus souples que les miens, suivez-les rapidement, et sauvez-les des actions où peut les entraîner le désordre de leurs sens.

ADRIAN.—Suivez-nous, je vous prie.
(Ils sortent.)

FIN DU TROISIÈME ACTE.

ACTE QUATRIÈME

SCÈNE I

(Le devant de la grotte de Prospero.)

Entrent PROSPERO, FERDINAND ET MIRANDA.

PROSPERO, *à Ferdinand*.—Si je vous ai puni trop sévèrement, tout est réparé par la compensation que je vous offre, car je vous ai donné ici un fil de ma propre vie, ou plutôt celle pour qui je vis. Je la remets encore une fois dans tes mains. Tous tes ennuis n'ont été que les épreuves que je voulais faire subir à ton amour, et tu les as merveilleusement soutenus. Ici, à la face du ciel, je ratifie ce don précieux que je t'ai fait. O Ferdinand, ne souris point de moi si je la vante; car tu reconnaîtras qu'elle surpasse toute louange, et la laisse bien loin derrière elle.

FERDINAND.—Je le croirais, un oracle m'eût-il dit le contraire.

PROSPERO.—Reçois donc ma fille comme un don de ma main, et aussi comme un bien qui t'appartient pour l'avoir dignement acquis. Mais si tu romps le nœud virginal avant que toutes les saintes cérémonies aient été accomplies dans la plénitude de leurs rites pieux, jamais le ciel ne répandra sur cette union les douces influences capables de la faire prospérer; la haine stérile, le dédain au regard amer, et la discorde, sèmeront votre lit nuptial de tant de ronces rebutantes, que vous le prendrez tous deux en haine. Ainsi, au nom de la lampe d'hymen qui doit vous éclairer, prenez garde à vous.

FERDINAND.—Comme il est vrai que j'espère des jours paisibles, une belle lignée, une longue vie accompagnée d'un amour pareil à celui d'aujourd'hui, l'antre le plus sombre, le lieu le plus propice, les plus fortes suggestions de notre plus mauvais génie, rien ne pourra amollir mon honneur jusqu'à des désirs impurs; rien ne me fera consentir à dépouiller de son vif aiguillon ce jour de la célébration, que je passerai à imaginer que les coursiers de Phœbus se sont fourbus, ou que la nuit demeure là-bas enchaînée.

PROSPERO.—Noblement parlé. Assieds-toi donc, et cause rvec elle; elle est à toi.—Allons, Ariel, mon ingénieux serviteur, mon Ariel!

(Entre Ariel.)

ARIEL.—Que désire mon puissant maître? me voici.

PROSPERO.—Toi et les esprits que tu commandes, vous avez tous dignement rempli votre dernier emploi. J'ai besoin de vous encore pour un autre artifice du même genre. Pars, et amène ici, dans ce lieu, tout ce menu peuple des esprits sur lesquels je t'ai donné pouvoir. Anime-les à de rapides mouvements, car il faut que je fasse voir à ce jeune couple quelques-uns des prestiges de mon art. C'est ma promesse, et ils l'attendent de moi.

ARIEL.—Immédiatement?

PROSPERO.—Oui, dans un clin d'œil.

ARIEL.—Vous n'aurez pas dit *va et reviens*, et respiré deux fois et crié *allons*, *allons*, que chacun, accourant à pas légers sur la pointe du pied, sera devant vous avec sa moue et ses grimaces. M'aimez-vous, mon maître? non?

PROSPERO.—Tendrement, mon joli Ariel. N'approche pas que tu ne m'entendes appeler.

ARIEL.—Oui, je comprends.

(Il sort.)

PROSPERO, *à Ferdinand*.—Songe à tenir ta parole; ne donne pas trop de liberté à tes caresses : lorsque le sang est enflammé, les serments les plus forts ne sont plus que de la paille. Sois plus retenu, ou autrement bonsoir à votre promesse.

FERDINAND.—Je la garantis, seigneur. Le froid virginal

de la blanche neige qui repose sur mon cœur amortit l'ardeur de mes sens [1].

PROSPERO.—Bien. (*A Ariel.*) Allons, mon Ariel, viens maintenant; amène un supplément plutôt que de manquer d'un seul esprit. Parais-ici, et vivement.... (*A Ferdinand.*) Point de langue; tout yeux; du silence.

(Une musique douce.)

MASQUE [2].

(Entre Iris.)

IRIS. — Cérès, bienfaisante déesse, laisse tes riches plaines de froment, de seigle, d'orge, de vesce, d'avoine et de pois; tes montagnes herbues où vivent les broutantes brebis, et tes plates prairies où elles sont tenues à couvert sous le chaume; tes sillons aux bords bien creusés et fouillés qu'Avril, gonflé d'humidité, embellit à ta voix, pour former de chastes couronnes aux froides nymphes; et tes bois de genêts qu'aime le jeune homme délaissé par la jeune fille qu'il aime; et tes vignobles ceints de palissades; et tes grèves stériles hérissées de rocs où tu vas respirer le grand air : la reine du firmament, dont je suis l'humide arc-en-ciel et la messagère, te le demande, et te prie de venir ici sur ce gazon partager les jeux de sa souveraine grandeur; ses paons volent vite : approche, riche Cérès, pour la recevoir.

(Entre Cérès.)

CÉRÈS. — Salut, messagère aux diverses couleurs, toi qui ne désobéis jamais à l'épouse de Jupiter; toi qui de tes ailes de safran verses sur mes fleurs des rosées de miel et de fines pluies rafraîchissantes, et qui des deux bouts de ton arc bleu couronnes mes espaces boisés et mes plaines sans arbrisseaux; toi qui fais une riche écharpe à ma noble terre : pourquoi ta reine m'appelle-t-elle ici sur la verdure de cette herbe menue?

IRIS. — Pour célébrer une alliance de vrai amour, et pour doter généreusement ces bienheureux amants.

---

[1] *Of my liver*, de mes reins.

[2] Le *masque* était une représentation allégorique qu'on donnait aux mariages des princes et aux fêtes des cours.

ACTE IV, SCÈNE I.

cérès. — Dis-moi, arc céleste, sais-tu si Vénus ou son fils accompagnent la reine? Depuis qu'ils ont tramé le complot qui livra ma fille au ténébreux Pluton, j'ai fait serment d'éviter la honteuse société de la mère et de son aveugle fils.

iris. — Ne crains point sa présence ici. Je viens de rencontrer sa divinité fendant les nues vers Paphos, et son fils avec elle traîné par ses colombes. Ils croyaient avoir jeté quelque charme lascif sur cet homme et cette jeune fille, qui ont fait serment qu'aucun des mystères du lit nuptial ne serait accompli avant que l'hymen n'eût allumé son flambeau; mais en vain : l'amoureuse concubine de Mars s'en est retournée; sa mauvaise tête de fils a brisé ses flèches; il jure de n'en plus lancer, et désormais, jouant avec les passereaux, de n'être plus qu'un enfant.

cérès. — La plus majestueuse des reines, l'auguste Junon s'avance : je la reconnais à sa démarche.

(Entre Junon.)

junon. — Comment se porte ma bienfaisante sœur? Venez avec moi bénir ce couple, afin que leur vie soit prospère, et qu'ils se voient honorés dans leurs enfants.

(Elle chante.)

Honneur, richesses, bénédictions du mariage;
Longue continuation et accroissement de bonheur;
Joie de toutes les heures soit et demeure sur vous.
Junon chante sur vous sa bénédiction.

cérès.

Produits du sol, surabondance,
Granges et greniers toujours remplis;
Vignes couvertes de grappes pressées;
Plantes courbées sous leurs riches fardeaux;
Le printemps revenant pour vous au plus tard
A la fin de la récolte;
La disette et le besoin toujours loin de vous;
Telle est pour vous la bénédiction de Cérès.

ferdinand. — Voilà la vision la plus majestueuse, les

chants les plus harmonieux !... Y a-t-il de la hardiesse à croire que ce soient là des esprits ?

PROSPERO. — Ce sont des esprits que par mon art j'ai appelés des lieux où ils sont retenus, pour exécuter ces jeux de mon imagination.

FERDINAND. — O que je vive toujours ici ! Un père, une épouse, si rares, si merveilleux, font de ce lieu un paradis.

(Junon et Cérès se parlent bas, et envoient Iris faire un message.)

PROSPERO. — Silence, mon fils : Junon et Cérès s'entretiennent sérieusement tout bas. Il reste quelque autre chose à faire. Chut ! pas une syllabe, ou notre charme est rompu.

IRIS. — Vous qu'on appelle naïades, nymphes des ruisseaux sinueux, avec vos couronnes de jonc et vos regards toujours innocents, quittez l'onde ridée, et venez sur ce gazon vert obéir au signal qui vous appelle : Junon l'ordonne. Hâtez-vous, chastes nymphes ; aidez-nous à célébrer une alliance de vrai amour : ne vous faites pas attendre.

(Entrent des nymphes.)

Et vous, moissonneurs armés de faucilles, brûlés du soleil et fatigués d'août, quittez vos sillons, et livrez-vous à la joie. Chômez ce jour de fête ; couvrez-vous de vos chapeaux de paille de seigle, et que chacun de vous se joigne à l'une de ces fraîches nymphes dans une danse rustique.

(Entrent des moissonneurs dans le costume de leur état ; ils se joignent aux nymphes et forment une danse gracieuse vers la fin de laquelle Prospero tressaille tout à coup et prononce les mots suivants ; après quoi les esprits disparaissent lentement avec un bruit étrange, sourd et confus.)

PROSPERO. — J'avais oublié l'odieuse conspiration de cette brute de Caliban et de ses complices contre mes jours : l'instant où ils doivent exécuter leur complot est presque arrivé. (*Aux esprits.*) Fort bien.... Éloignez-vous. Rien de plus.

FERDINAND. — Voilà qui est étrange ! Votre père est agité par quelque passion qui travaille violemment son âme.

ACTE IV, SCÈNE I.

MIRANDA.—Jamais jusqu'à ce jour je ne l'ai vu troublé d'une si violente colère.

PROSPERO.—Vous avez l'air ému, mon fils, comme si vous étiez rempli d'effroi. Soyez tranquille. Maintenant voilà nos divertissements finis ; nos acteurs, comme je vous l'ai dit d'avance, étaient tous des esprits ; ils se sont fondus en air, en air subtil ; et, pareils à l'édifice sans base de cette vision, se dissoudront aussi les tours qui se perdent dans les nues, les palais somptueux, les temples solennels, notre vaste globe, oui, notre globe lui-même, et tout ce qu'il reçoit de la succession des temps ; et comme s'est évanoui cet appareil mensonger, ils se dissoudront, sans même laisser derrière eux la trace que laisse le nuage emporté par le vent. Nous sommes faits de la vaine substance dont se forment les songes, et notre chétive vie est environnée d'un sommeil. — Seigneur, j'éprouve quelque chagrin : supportez ma faiblesse ; ma vieille tête est troublée ; ne vous tourmentez point de mon infirmité. Veuillez rentrer dans ma caverne et vous y reposer. Je vais faire un tour ou deux pour calmer mon esprit agité.

FERDINAND ET MIRANDA.—Nous vous souhaitons la paix.

PROSPERO, *à Ariel*.—Arrive rapide comme ma pensée.— (*A Ferdinand et Miranda.*) Je vous remercie.—Viens, Ariel.

ARIEL.—Je suis uni à tes pensées. Que désires-tu ?

PROSPERO.—Esprit, il faut nous préparer à faire face à Caliban.

ARIEL.—Oui, mon maître. Lorsque je fis paraître Cérès, j'avais eu l'idée de t'en parler ; mais j'ai craint d'éveiller ta colère.

PROSPERO.—Redis-moi où tu as laissé ces misérables.

ARIEL.—Je vous l'ai dit, seigneur : ils étaient enflammés de boisson, si remplis de bravoure qu'ils châtiaient l'air pour leur avoir soufflé dans le visage, et frappaient la terre pour avoir baisé leurs pieds ; mais toujours suivant leur projet. Alors j'ai battu mon tambour : à ce bruit, comme des poulains indomptés, ils ont dressé les oreilles, porté en avant leurs paupières, et levé le nez du côté où ils flairaient la musique. J'ai tellement charmé leurs oreilles, que, comme des veaux, appelés par le mugissement de la vache, ils ont suivi mes sons au milieu des ronces dentées, des bruyères, des buissons hérissés, des épines qui pénétraient la peau mince de leurs jambes. A la fin, je les ai laissés dans l'étang au manteau de boue qui est au delà de ta grotte, s'agitant de tout le corps pour retirer leurs pieds enfoncés dans la fange noire et puante du lac.

PROSPERO.—Tu as très-bien fait, mon oiseau. Garde encore ta forme invisible. Va, apporte ici tout ce qu'il y a d'oripeaux dans ma demeure : c'est l'appât où je prendrai ces voleurs.

ARIEL.—J'y vais, j'y vais.

(Il sort.)

PROSPERO.—Un démon, un démon incarné dont la nature ne peut jamais offrir aucune prise à l'éducation, sur qui j'ai perdu, entièrement perdu toutes les peines que je me suis données par humanité! et comme son corps devient plus difforme avec les années, son âme se gangrène encore..... Je veux qu'ils souffrent tous jusqu'à en rugir. — (*Rentre Ariel chargé d'habillements brillants et autres choses du même genre.*) — Viens, range-les sur cette corde.

(*Prospero et Ariel demeurent invisibles.*)
(*Entrent Caliban, Stephano et Trinculo tout mouillés.*)

CALIBAN.—Je t'en prie, va d'un pas si doux que la taupe aveugle ne puisse ouïr ton pied se poser. Nous voilà tout près de sa caverne.

STEPHANO.—Eh bien! monstre, votre lutin, que vous disiez un lutin sans malice, ne nous a guère mieux traités que le Follet des champs [1].

TRINCULO.—Monstre, je sens partout le pissat de cheval, ce dont mon nez est en grande indignation.

STEPHANO.—Le mien aussi, entendez-vous, monstre? Si j'allais prendre de l'humeur contre vous, voyez-vous....

TRINCULO.—Tu serais un monstre perdu.

CALIBAN.—Mon bon prince, conserve-moi toujours tes

---

[1] Le mot anglais est *Jack*. On l'appelle aussi *Jack a lantern* (Jacques à la lanterne.)

bonnes grâces. Aie patience, car le butin auquel je te conduis couvrira bien cette mésaventure : ainsi, parle tout bas. Tout est coi ici, comme s'il était encore minuit.

TRINCULO.—Oui, mais avoir perdu nos bouteilles dans la mare !

STEPHANO.—Il n'y a pas à cela seulement de la honte, du déshonneur, monstre, mais une perte immense.

TRINCULO.—Cela m'est encore plus sensible que de m'être mouillé.—C'est cependant votre lutin sans malice, monstre....

STEPHANO.—Je veux aller rechercher ma bouteille, dussé-je, pour ma peine, en avoir jusque par-dessus les oreilles.

CALIBAN.—Je t'en prie, mon prince, ne souffle pas.—Vois-tu bien ? voici la bouche de la caverne : point de bruit ; entre. Fais-nous ce bon méfait qui pour toujours te met, toi, en possession de cette île ; et moi, ton Caliban à tes pieds, pour les lécher éternellement.

STEPHANO.—Donne-moi ta main. Je commence à avoir des idées sanguinaires.

TRINCULO.—O roi Stephano [1] ! Ô mon gentilhomme ! Ô digne Stephano ! regarde ; vois quelle garde-robe il y a ici pour toi !

CALIBAN.—Laisse tout cela, imbécile ; ce n'est que de la drogue.

TRINCULO.—Oh ! oh ! monstre, nous nous connaissons en friperie.—O roi Stephano !

STEPHANO.—Lâche cette robe, Trinculo. Par ma main ! je prétends avoir cette robe.

TRINCULO.—Ta Grandeur l'aura.

CALIBAN.—Que l'hydropisie étouffe cet imbécile ! A quoi pensez-vous de vous amuser à ce bagage ? Avançons, et faisons le meurtre d'abord. S'il se réveille, depuis la plante des pieds jusqu'au crâne, notre peau ne sera plus que pincements ; oh ! il nous accoutrera d'une étrange manière !

[1] Allusion à une ancienne ballade *King Stephens was a worthy peer* (*le roi Étienne était un digne gentilhomme*), où l'on célèbre l'économie de ce prince relativement à sa garde-robe. Il y a dans *Othello* deux couplets de cette ballade.

STEPHANO. — Paix, monstre! — Madame la corde, ce pourpoint n'est-il pas pour moi? — Voilà le pourpoint hors de ligne. — A présent, pourpoint, vous êtes sous la ligne; vous courez risque de perdre vos crins et de devenir un faucon chauve [1].

TRINCULO. — Faites, faites. N'en déplaise à votre Grandeur, nous volons à la ligne et au cordeau.

STEPHANO. — Je te remercie de ce bon mot. Tiens, voilà un habit pour la peine. Tant que je serai roi de ce pays, l'esprit n'ira point sans récompense. « Voler à la ligne et au cordeau! » c'est un excellent trait d'estoc. Tiens, encore un habit pour la peine.

TRINCULO. — Allons, monstre, un peu de glu à vos doigts, et puis emportez-nous le reste.

CALIBAN. — Je n'en veux pas. Nous perdrons là notre temps, et nous serons tous changés en oies de mer [2], ou en singes avec des fronts horriblement bas.

STEPHANO. — Monstre, étendez vos doigts. Aidez-nous à transporter tout cela à l'endroit où j'ai mis mon tonneau de vin, ou je vous chasse de mon royaume. Vite, emportez ceci.

---

[1] *Mistress line, is not this my jerkin? Now is the jerkin under the line: now jerkin, you are like to lose your hair and prove a bald jerkin.* Line est pris ici dans le sens de *corde tendue* au premier abord, puis, et en même temps dans celui de *ligne équatoriale. Jerkin,* d'un autre côté, signifie *pourpoint* et *faucon*. Le pourpoint a probablement été tiré avec quelque difficulté de dessous la corde (*line*), et sous la ligne (*line*), l'équateur, certaines maladies font tomber les cheveux, et les cordes où l'on tend les habits sont faites de crin (*hair*, crins et cheveux). Ainsi, le pourpoint (*jerkin*) tiré de la corde, ou sous la ligne, comme on voudra, perd ses crins ou ses cheveux, et devient un *bald jerkin* (faucon chauve), espèce d'oiseau connu sous le nom de *choucas*.
Mais c'en est assez et plus qu'il ne faut sur cette bizarre plaisanterie.

[2] *Barnacles,* gros oiseau qui, autrefois en Écosse, était supposé sortir d'une espèce de coquillage qui s'attachait à la quille des vaisseaux, et porte aussi le nom de *barnacle*. Dans le nord de l'Écosse, on croyait de plus que les coquillages d'où sortaient les barnacles croissaient sur les arbres. Dans le Lancashire on les appelait *tree geese,* oies d'arbre.

TRINCULO.—Et ceci.

STEPHANO.—Oui, et ceci encore.

(On entend un bruit de chasseurs. Divers esprits accourent sous la forme de chiens de chasse, et poursuivent dans tous les sens Stephano, Trinculo et Caliban. Prospero et Ariel animent la meute.)

PROSPERO.—Oh! *la Montagne!* oh!

ARIEL.—*Argent,* ici la voie, *Argent!*

PROSPERO.—*Furie, Furie,* là! *Tyran,* là! — Écoute, écoute! (*Caliban, Trinculo et Stephano sont pourchassés hors de la scène.*) Va, ordonne à mes lutins de moudre leurs jointures par de dures convulsions; que leurs nerfs se retirent dans des crampes racornies; qu'ils soient pincés jusqu'à en être couverts de plus de taches qu'il n'y en a sur la peau du léopard ou du chat de montagne.

ARIEL.—Écoute comme ils rugissent.

PROSPERO.—Qu'il leur soit fait une chasse vigoureuse. A l'heure qu'il est, tous mes ennemis sont à ma merci. Dans peu tous mes travaux vont finir; et toi, tu vas retrouver toute la liberté des airs. Suis-moi encore un instant, et rends-moi obéissance.

(Ils sortent.)

FIN DU QUATRIÈME ACTE.

ACTE CINQUIÈME

SCÈNE I

(Le devant de la grotte de Prospero.)

Entrent PROSPERO *vêtu de sa robe magique,* ET ARIEL.

PROSPERO.—Maintenant mon projet commence à se développer dans son ensemble; mes charmes n'ont pas été rompus. Mes esprits m'obéissent; et le Temps marche tête levée, chargé de ce qu'il apporte..... Où en est le jour?

ARIEL.—Près de la sixième heure, de l'heure où vous avez dit, mon maître, que notre travail devait finir.

PROSPERO.—Je l'ai annoncé au moment où j'ai soulevé la tempête. Dis-moi, mon génie, en quel état sont le roi et toute sa suite.

ARIEL.—Renfermés ensemble, et précisément dans l'état où vous me les avez remis, seigneur. Toujours prisonniers comme vous les avez laissés dans le bocage de citronniers qui abrite votre grotte, ils ne peuvent faire un pas que vous ne les ayez déliés. Le roi, son frère, et le vôtre, sont encore tous les trois dans l'égarement; et le reste, comblé de douleur et d'effroi, gémit sur eux; mais plus que tous les autres celui que je vous ai entendu nommer le bon vieux seigneur Gonzalo : ses larmes descendent le long de sa barbe, comme les gouttes de la pluie d'hiver coulent de la tige creuse des roseaux. Vos charmes les travaillent avec tant de violence que, si vous les voyiez maintenant, votre âme en serait attendrie.

PROSPERO.—Le penses-tu, esprit?

ARIEL.—La mienne le serait, seigneur, si j'étais un homme.

PROSPERO.—La mienne aussi s'attendrira. Comment, toi qui n'es formé que d'air, tu aurais éprouvé une impression, une émotion à la vue de leurs peines ; et moi, créature de leur espèce, qui ressens aussi vivement qu'eux et les passions et les douleurs, je n'en serais pas plus tendrement ému que toi ! Quoique, par de grands torts, ils m'aient blessé au vif, je me range contre mon courroux, du parti de ma raison plus noble que lui ; il y a plus de gloire à la vertu qu'à la vengeance. Qu'ils se repentent, la fin dernière de mes desseins ne va pas au delà ; ils n'auront même pas à essuyer un regard sévère. Va les élargir, Ariel. Je veux lever mes charmes, rétablir leurs facultés, et ils vont être rendus à eux-mêmes.

ARIEL.—Je vais les amener, seigneur.

(Ariel sort.)

PROSPERO.—Vous, fées des collines et des ruisseaux, des lacs tranquilles et des bocages ; et vous qui, sur les sables où votre pied ne laisse point d'empreinte, poursuivez Neptune lorsqu'il retire ses flots, et fuyez devant lui à son retour ; vous, petites marionnettes, qui tracez au clair de la lune ces ronds [1] d'herbe amère que la brebis refuse de brouter ; et vous dont le passe-temps est de faire naître à minuit les mousserons, et que réjouit le son solennel du couvre-feu ; secondé par vous, j'ai pu, quelque faible que soit votre empire, obscurcir le soleil dans la splendeur de son midi, appeler les vents mutins, et soulever entre les vertes mers et la voûte azurée des cieux une guerre mugissante ; le tonnerre aux éclats terribles a reçu de moi des feux ; j'ai brisé le chêne orgueilleux de Jupiter avec le trait de sa foudre ; par moi le promontoire a tremblé sur ses massifs fondements ; le

---

[1] Ces ronds ou petits cercles tracés sur les prairies sont fort communs dans les dunes de l'Angleterre : on remarque qu'ils sont plus élevés et d'une herbe plus épaisse et plus amère que l'herbe qui croît alentour, et les brebis n'y veulent pas paître. Le peuple les appelle *fairy circles*, cercles des fées, et les croit formés par les danses nocturnes des lutins. On en voit de pareils dans la Bourgogne. Partout où se trouvent ces ronds, on est sûr de trouver des mousserons.

pin et le cèdre, saisis par leurs éperons, ont été arrachés de la terre ; à mon ordre, les tombeaux ont réveillé leurs habitants endormis ; ils se sont ouverts et les ont laissés fuir, tant mon art a de puissance ! Mais j'abjure ici cette rude magie ; et quand je vous aurai demandé, comme je le fais en ce moment, quelques airs d'une musique céleste pour produire sur leurs sens l'effet que je médite et que doit accomplir ce prodige aérien, aussitôt je brise ma baguette ; je l'ensevelis à plusieurs toises dans la terre, et plus avant que n'est jamais descendue la sonde je noierai sous les eaux mon livre magique.

(A l'instant une musique solennelle commence.)
(Entre Ariel. Après lui s'avance Alonzo, faisant des gestes frénétiques ; Gonzalo l'accompagne. Viennent ensuite Sébastien et Antonio dans le même état, accompagnés d'Adrian et de Francisco. Tous entrent dans le cercle tracé par Prospero. Ils y restent sous le charme.)

PROSPERO, *les observant.* — Qu'une musique solennelle, que les sons les plus propres à calmer une imagination en désordre guérissent ton cerveau, maintenant inutile et bouillonnant au-dedans de ton crâne. Demeurez là, car un charme vous enchaîne.—Pieux Gonzalo, homme honorable, mes yeux, touchés de sympathie à la seule vue des tiens, laissent couler des larmes compagnes de tes larmes.—Le charme se dissout par degrés ; et comme on voit l'aurore s'insinuer aux lieux où règne la nuit, fondant les ténèbres, de même leur intelligence chasse en s'élevant les vapeurs imbéciles qui enveloppaient les clartés de leur raison. O mon vertueux Gonzalo, mon véritable sauveur, sujet loyal du prince que tu sers, je veux dans ma patrie payer tes bienfaits en paroles et en actions.—Toi, Alonzo, tu nous as traités bien cruellement, ma fille et moi. Ton frère t'excita à cette action ; — tu en pâtis, maintenant, Sébastien.—Vous, mon sang, vous formé de la même chair que moi, mon frère, qui, vous laissant séduire à l'ambition, avez chassé le remords et la nature ; vous qui avec Sébastien (dont les déchirements intérieurs redoublent pour ce crime) vouliez ici assassiner votre roi ; tout dénaturé que vous êtes, je vous pardonne.—Déjà se gonfle le flot de leur entendement; il s'approche et couvrira bientôt la plage de la raison, maintenant encore encombrée d'un limon impur. Jusqu'ici aucun d'eux ne me regarde ou ne pourrait me reconnaître.—Ariel, va me chercher dans ma grotte mon chaperon et mon épée : je veux quitter ces vêtements, et me montrer à eux tel que je fus quelquefois lorsque je régnais à Milan. Vite, esprit; avant bien peu de temps tu seras libre.

ARIEL *chante, en aidant Prospero à s'habiller.*

Je suce la fleur que suce l'abeille ;
J'habite le calice d'une primevère ;
Et là je me repose quand les hiboux crient.
Monté sur le dos de la chauve-souris, je vole
Gaiement après l'été.
Gaiement, gaiement, je vivrai désormais
Sous la fleur qui pend à la branche.

PROSPERO.—Oui, mon gentil petit Ariel, il en sera ainsi. Je sentirai que tu me manques; mais tu n'en auras pas moins ta liberté. Allons, allons, allons ! vite au vaisseau du roi, invisible comme tu l'es : tu trouveras les matelots endormis sous les écoutilles. Réveille le maître et le bosseman; force-les à te suivre en ce lieu. Dans l'instant, je t'en prie.

ARIEL.—Je bois l'air devant moi, et je reviens avant que votre pouls ait battu deux fois.

(Il sort.)

GONZALO.—Tout ce qui trouble, étonne, tourmente, confond, habite en ce lieu. Oh! que quelque pouvoir céleste daigne nous guider hors de cette île redoutable !

PROSPERO.—Seigneur roi, reconnais le duc outragé de Milan, Prospero. Pour te mieux convaincre que c'est un prince vivant qui te parle, je te presse dans mes bras, et je te souhaite cordialement la bienvenue à toi et à ceux qui t'accompagnent.

ALONZO.—Es-tu Prospero ? ne l'es-tu pas ? N'es-tu qu'un vain enchantement dont je doive être abusé comme je l'ai été tout à l'heure? Je n'en sais rien. Ton pouls bat comme celui d'un corps de chair et de sang ; et depuis que je te vois, je sens s'adoucir l'affliction de mon esprit, qui, je le crains, a été accompagnée de démence.—Tout cela (si tout cela existe réellement) doit nous faire aspirer après d'étranges récits. Je te remets ton duché et te conjure de me pardonner mes injustices. Mais comment Prospero pourrait-il être vivant et se trouver ici?

PROSPERO, *à Gonzalo*.—D'abord, généreux ami, permets que j'embrasse ta vieillesse, que tu as honorée au delà de toute mesure et de toute limite.

GONZALO.—Je ne saurais jurer que cela soit ou ne soit pas réel.

PROSPERO.—Vous vous ressentez encore de quelques-unes des illusions que présente cette île ; elles ne vous permettent plus de croire même aux choses certaines. Soyez tous les bienvenus, mes amis. Mais vous (*à part, à Antonio et Sébastien*), digne paire de seigneurs, si j'en avais l'envie, je pourrais ici recueillir pour vous de Sa Majesté quelques regards irrités, et démasquer en vous deux traîtres. En ce moment je ne veux point faire de mauvais rapports.

SÉBASTIEN, *à part*.—Le démon parle par sa voix.

PROSPERO.—Non.—Pour toi, le plus pervers des hommes, que je ne pourrais, sans souiller ma bouche, nommer mon frère, je te pardonne tes plus noirs attentats ; je te les pardonne tous, mais je te redemande mon duché, qu'aujourd'hui, je le sais bien, tu es forcé de me rendre.

ALONZO.—Si tu es en effet Prospero, raconte-nous quels événements ont sauvé tes jours. Dis-nous comment tu nous rencontres ici, nous qui depuis trois heures à peine avons fait naufrage sur ces bords où j'ai perdu (quel trait aigu porte avec lui ce souvenir!) où j'ai perdu mon cher fils Ferdinand.

PROSPERO.—J'en suis affligé, seigneur.

ALONZO.—Irréparable est ma perte, et la patience me dit qu'il est au delà de son pouvoir de m'en guérir.

PROSPERO.—Je croirais plutôt que vous n'avez pas réclamé son assistance. Pour une perte semblable, sa douce faveur m'accorde ses tout-puissants secours, et je repose satisfait.

ALONZO.—Vous, une perte semblable?

PROSPERO.—Aussi grande pour moi, aussi récente ; et pour supporter la perte d'un bien si cher, je n'ai autour de moi que des consolations bien plus faibles que celles que vous pouvez appeler à votre aide. J'ai perdu ma fille.

ALONZO.—Une fille! vous? O ciel! que ne sont-ils tous deux vivants dans Naples! que n'y sont-ils roi et reine! Pour qu'ils y fussent, je demanderais à être enseveli dans la bourbe de ce lit fangeux où est étendu mon fils! Quand avez-vous perdu votre fille?

PROSPERO.—Dans cette dernière tempête. — Ma rencontre ici, je le vois, a frappé ces seigneurs d'un tel étonnement qu'ils dévorent leur raison, croient à peine que leurs yeux les servent fidèlement, et que leurs paroles soient les sons naturels de leur voix. Mais, par quelques secousses que vous ayez été jetés hors de vos sens, tenez pour certain que je suis ce Prospero, ce même duc que la violence arracha de Milan, et qu'une étrange destinée a fait débarquer ici pour être le souverain de cette île où vous avez trouvé le naufrage.—Mais n'allons pas plus loin pour le moment : c'est une chronique à faire jour par jour, non un récit qui puisse figurer à un déjeuner, ou convenir à cette première entrevue. Vous êtes le bienvenu, seigneur. Cette grotte est ma cour : là j'ai peu de suivants ; et de sujets au dehors, aucun. Je vous prie, jetez les yeux dans cet intérieur : puisque vous m'avez rendu mon duché, je veux m'acquitter envers vous par quelque chose d'aussi précieux ; du moins je veux vous faire voir une merveille dont vous serez aussi satisfait que je peux l'être de mon duché.

(La grotte s'ouvre, et l'on voit dans le fond Ferdinand et Miranda assis et jouant ensemble aux échecs.)

MIRANDA.—Mon doux seigneur, vous me trichez.

FERDINAND.—Non, mon très-cher amour ; je ne le voudrais pas pour le monde entier.

MIRANDA.—Oui, et quand même vous voudriez disputer pour une vingtaine de royaumes, je dirais que c'est de franc jeu.

ALONZO.—Si c'est là une vision de cette île, il me faudra perdre deux fois un fils chéri.

SÉBASTIEN.—Voici le plus grand des miracles!

FERDINAND.—Si les mers menacent, elles font grâce aussi. Je les ai maudites sans sujet.

(Il se met à genoux devant son père.)

ALONZO.—Maintenant, que toutes les bénédictions d'un père rempli de joie t'environnent de toutes parts! Lève-toi; dis, comment es-tu venu ici?

MIRANDA.—O merveille! combien d'excellentes créatures sont ici et là encore! Que le genre humain est beau! O glorieux nouveau monde, qui contient de pareils habitants!

PROSPERO.—Il est nouveau pour toi.

ALONZO.— Quelle est cette jeune fille avec laquelle tu étais au jeu? Votre plus ancienne connaissance ne peut dater de trois heures... Est-elle la déesse qui nous a séparés, et qui nous réunit ainsi?

FERDINAND.—C'est une mortelle; mais, grâce à l'immortelle Providence, elle est à moi : j'en ai fait choix dans un temps où je ne pouvais consulter mon père, où je ne croyais plus que j'eusse encore un père. Elle est la fille de ce fameux duc de Milan dont le renom a si souvent frappé mes oreilles, mais que je n'avais jamais vu jusqu'à ce jour. C'est de lui que j'ai reçu une seconde vie, et cette jeune dame me donne en lui un second père.

ALONZO.— Je suis le sien. Mais, oh! de quel œil verra-t-on qu'il me faille demander pardon à mon enfant?

PROSPERO. — Arrêtez, seigneur : ne chargeons point notre mémoire du poids d'un mal qui nous a quittés.

GONZALO.—Je pleurais au fond de mon âme, sans quoi j'aurais déjà parlé. Abaissez vos regards, ô dieux, et faites descendre sur ce couple une couronne de bénédiction; car vous seuls avez tracé la route qui nous a conduits ici.

ALONZO.—Je te dis *amen*, Gonzalo.

GONZALO.—Le duc de Milan fut donc chassé de Milan pour que sa race un jour donnât des rois à Naples. Oh!

réjouissez-vous d'une joie plus qu'ordinaire; que ceci soit inscrit en or sur des colonnes impérissables! Dans le même voyage, Claribel a trouvé un époux à Tunis, Ferdinand, son frère, une épouse sur une terre où il était perdu, et Prospero son duché dans une île misérable; et nous tous sommes rendus à nous-mêmes, après avoir cessé de nous appartenir.

ALONZO, *à Ferdinand et à Miranda.*—Donnez-moi vos mains. Que les chagrins, que la tristesse étreignent à jamais le cœur qui ne bénit pas votre union!

GONZALO.—Ainsi soit-il. *Amen.*

(Ariel reparaît avec le maître et le bosseman qui le suivent ébahis.)

GONZALO.—Seigneur, seigneur, voyez, voyez : voici encore des nôtres. Je l'avais prédit que tant qu'il y aurait un gibet sur la terre, ce gaillard-là ne serait pas noyé. —Eh bien! bouche à blasphèmes, dont les imprécations chassent de ton bord la miséricorde du ciel, quoi! pas un jurement sur le rivage! n'as-tu donc plus de langue à terre! Quelles nouvelles?

LE BOSSEMAN.—La meilleure de toutes, c'est que nous retrouvons ici notre roi et sa compagnie. Voici la seconde : notre navire, qui était tout ouvert, il y a trois heures, et que nous regardions comme perdu, est radoubé, debout, et aussi lestement gréé que lorsque nous avons mis à la mer pour la première fois.

ARIEL, *à part.*—Maître, tout cet ouvrage, je l'ai fait depuis que tu ne m'as vu.

PROSPERO, *à part.*—L'adroit petit lutin!

ALONZO.—Ce ne sont point là des événements naturels : l'extraordinaire va croissant et s'ajoutant à l'extraordinaire. Dites, comment êtes-vous venus ici?

LE BOSSEMAN.—Si je croyais être bien éveillé, seigneur, je tâcherais de vous le dire. Nous étions endormis, morts, et (comment? nous n'en savons rien) tous jetés sous les écoutilles. Là, il n'y a qu'un moment, des sons étranges et divers, des rugissements, des cris, des hurlements, des cliquetis de chaînes qui s'entre-choquaient, et beaucoup d'autres bruits tous horribles, nous ont réveillés. Nous ne faisons qu'un saut hors delà, et nous revoyons dans son assiette¹ et remis à neuf notre royal, notre bon et brave navire : notre maître bondit de joie en le regardant. En un clin d'œil, pas davantage, s'il vous plaît, nous avons été séparés des autres, et, encore tout assoupis, amenés ici comme dans un songe.

ARIEL, *à part.*—Ai-je bien fait mon devoir?

PROSPERO, *à part.*—A ravir! La diligence en personne! Tu vas être libre.

ALONZO.—Voilà le plus surprenant dédale où jamais aient-erré les hommes! Il y a dans tout ceci quelque chose au delà de ce qu'a jamais opéré la nature. Il faut qu'un oracle nous instruise de ce que nous en devons penser.

PROSPERO.—Seigneur, mon suzerain, ne fatiguez point votre esprit à agiter en lui-même la singularité de ces événements : nous choisirons, et dans peu, un instant de loisir où je vous donnerai à vous seul (et vous le trouverez raisonnable) l'explication de tout ce qui est arrivé ici; jusque-là soyez tranquille, et croyez que tout est bien.—Approche, esprit; délivre Caliban et ses compagnons, lève le charme. (*Ariel sort.*)—Eh bien! comment se trouve mon gracieux seigneur? Il vous manque encore de votre suite quelques malotrus que vous oubliez.

(Rentre Ariel, chassant devant lui Caliban, Stephano et Trinculo, vêtus des habits qu'ils ont volés.)

STEPHANO.—Que chacun s'évertue pour le bien de tous les autres, et que personne ne s'inquiète de soi, car tout n'est que hasard dans la vie.—*Corraggio!* monstre fier-à-bras, *corraggio!*

TRINCULO, *à la vue du roi.*—Si ces deux espions que je porte en tête ne me trompent pas, voilà une bienheureuse apparition!

CALIBAN.—O Sétébos, que voilà des esprits de bonne

---

¹ On dit qu'un vaisseau est *en assiette* quand il a toutes ses qualités, et qu'il est dans la meilleure situation possible.

maître! que mon maître est beau! j'ai bien peur qu'il ne me châtie.

SÉBASTIEN. — Ah! ah! qu'est-ce que c'est que ces animaux-là, seigneur Antonio? les aurait-on pour de l'argent!

ANTONIO. — Probablement : l'un d'eux est un vrai poisson, et sans doute à vendre.

PROSPERO. — Seigneurs, considérez seulement ce que vous indique l'aspect de ces hommes, et décidez s'ils sont honnêtes gens. Cet esclave difforme eut pour mère une sorcière, et si puissante[1] qu'elle pouvait tenir tête à la lune, enfler ou abaisser les marées, et agir en son nom sans son aveu. Tous les trois m'ont volé : ce demi-démon, car c'est un démon bâtard, avait fait avec les deux autres le complot de m'ôter la vie. Des trois en voilà deux que vous devez connaître et réclamer. Quant à ce fruit des ténèbres, je déclare qu'il m'appartient.

CALIBAN. — Je serai pincé à mort.

ALONZO. — N'est-ce pas là Stephano, mon ivrogne de sommelier?

SÉBASTIEN. — Il est encore ivre. Où a-t-il eu du vin?

ALONZO. — Et Trinculo est aussi tout branlant. Où ont-ils trouvé le grand élixir qui les a ainsi dorés[2]? Comment donc t'es-tu accommodé de cette sorte[3]?

TRINCULO. — J'ai été accommodé dans une telle saumure depuis que je ne vous ai vu, que je crains bien qu'elle ne sorte plus de mes os. Je n'aurai plus peur des mouches.

SÉBASTIEN. — Comment, qu'as-tu donc, Stephano?

---

[1] *One so strong*. Dans toutes les anciennes accusations de sorcellerie en Angleterre, on trouve constamment l'épithète de *strong* (forte, puissante), associée au mot *witch* (sorcière), comme une qualification spéciale et augmentative. Les tribunaux furent obligés de décider, contre l'opinion populaire, que le mot *strong* n'ajoutait rien à l'accusation, et ne pouvait être un motif de poursuivre.

[2] Allusion à l'élixir des alchimistes.

[3] *How cam'st thou in this pickle?* Et Trinculo répond : *I have been in such a pickle*, etc. *Pickle* signifie *saumure*, les choses à conserver dans la saumure; et par extension et en plaisanterie, l'état, la condition où l'on se trouve, où l'on se conserve.

stephano.—Oh! ne me touchez pas : je ne suis plus Stephano; Stephano n'est plus que crampes.

prospero.—Monsieur le drôle, vous vouliez être le roi de cette île.

stephano.—J'aurais donc été un cancre de roi.

alonzo, *montrant Caliban.*—Voilà l'objet le plus étrange que mes yeux aient jamais vu.

prospero.—Il est aussi monstrueux dans ses mœurs qu'il l'est dans sa forme.—Entrez dans la grotte, coquin. Prenez avec vous vos compagnons : si vous avez envie d'obtenir mon pardon, décorez-la soigneusement.

caliban.—Vraiment je n'y manquerai pas : je deviendrai sage, et je tâcherai d'obtenir ma grâce. Trois fois double âne que j'étais de prendre cet ivrogne pour un dieu, et d'adorer un si sot imbécile!

prospero.—Fais ce que je te dis; va-t'en.

alonzo.—Hors d'ici! Allez remettre tout cet équipage où vous l'avez trouvé.

sébastien.—Où ils l'ont volé plutôt.

prospero.—Seigneur, j'invite Votre Altesse et sa suite à entrer dans ma pauvre grotte : vous vous y reposerez cette seule nuit. J'en emploierai une partie à des entretiens qui, je n'en doute point, vous la feront passer rapidement. Je vous raconterai l'histoire de ma vie et des hasards divers qui se sont succédé depuis mon arrivée dans cette île; et dès l'aurore je vous conduirai à votre vaisseau, et de suite à Naples, où j'espère voir célébrer les noces de nos chers bien-aimés. De là je me retire à Milan, où désormais le tombeau va devenir ma troisième pensée.

alonzo.—Je languis d'entendre l'histoire de votre vie; elle doit intéresser étrangement l'oreille qui l'écoute

prospero.—Je n'omettrai rien ; et je vous promets des mers calmes, des vents propices, et un navire si agile qu'il devancera de bien loin votre royale flotte. —(*A part.*) Mon Ariel, mon oiseau, c'est toi que j'en charge. Libre ensuite, rends-toi aux éléments et vis joyeux.—Venez, de grâce.

(Ils sortent.)

ÉPILOGUE

PRONONCÉ PAR PROSPERO.

Maintenant tous mes charmes sont détruits;
Je n'ai plus d'autre force que la mienne.
Elle est bien faible; et en ce moment, c'est la vérité,
Il dépend de vous de me confiner en ce lieu
Ou de m'envoyer à Naples. Puisque j'ai recouvré mon duché,
Et que j'ai pardonné aux traîtres, que vos enchantements
Ne me fassent pas demeurer dans cette île;
Affranchissez-moi de mes liens,
Par le secours de vos mains bienfaisantes.
Il faut que votre souffle favorable
Enfle mes voiles, ou mon projet échoue :
Il était de vous plaire. Maintenant je n'ai plus
Ni génies pour me seconder, ni magie pour enchanter,
Et je finirai dans le désespoir,
Si je ne suis pas secouru par la prière [1],
Qui pénètre si loin qu'elle va assiéger
La miséricorde elle-même, et délie toutes les fautes.
Si vous voulez que vos offenses vous soient pardonnées,
Que votre indulgence me renvoie absous.

[1] Allusion aux vieilles histoires sur le désespoir des nécromanciens dans leurs derniers moments, et l'efficacité des prières que leurs amis faisaient pour eux.

FIN DU CINQUIÈME ET DERNIER ACTE.

CORIOLAN
TRAGÉDIE

NOTICE SUR CORIOLAN

Coriolan, comme l'observe La Harpe, est un des plus beaux rôles qu'il soit possible de mettre sur la scène. C'est un de ces caractères éminemment poétiques qui plaisent à notre imagination qu'ils élèvent, un de ces personnages dans le genre de l'Achille d'Homère qui font le sort d'un État, et semblent mener avec eux la fortune et la gloire; une de ces âmes nobles et ardentes qui ne peuvent pardonner à l'injustice, parce qu'elles ne la conçoivent pas, et qui se plaisent à punir les ingrats et les méchants, comme on aime à écraser les bêtes rampantes et venimeuses.

Mais ce qui plaît surtout dans ce caractère si fier et si indomptable, c'est cet amour filial auquel se rapportent toutes les vertus de Coriolan, et qui fait seul plier son orgueil offensé. « Et comme aux autres « la fin qui leur faisoit aimer la vertu estoit la gloire; aussi à luy, la « fin qui lui faisoit aimer la gloire estoit la joye qu'il voyoit que sa « mère en recevoit; car il estimoit n'y avoir rien qui le rendit plus « heureux, ne plus honoré, que de faire que sa mère l'ouist priser e « louer de tout le monde, et le veist retourner tousjours couronné, « et qu'elle l'embrassast à son retour, ayant les larmes aux yeux « espraintes de joye. »—(PLUTARQUE, *trad. d'Amyot.*)

Il n'est pas étonnant que Coriolan ait été souvent reproduit sur le théâtre par les poëtes de toutes les nations. Leone Allaci fait mention de deux tragédies italiennes de ce nom. Il y a encore un opéra de Coriolan, que Graun a mis en musique.

En Angleterre, on compte le *Coriolan* de Jean Dennis, aujourd'hui presque oublié; celui de Thomas Sheridan, imprimé à Londres en

1755; et surtout celui de Thomson, l'auteur des *Saisons*, dont le talent descriptif est le véritable titre au rang distingué qu'il occupe dans la littérature anglaise.

Nous connaissons en France neuf tragédies sur Coriolan. La première est de Hardy, avec des chœurs, jouée dès l'an 1607, et imprimée en 1626; la seconde, sous le titre de *Véritable Coriolan*, est de Chapoton, et fut représentée en 1638; la troisième, de Chevreau, dans la même année; la quatrième, de l'abbé Abeille, de 1676; la cinquième, de Chaligny Des Plaines, 1722; la sixième, de Mauger, 1748; la septième, de Richer, imprimée la même année; la huitième, de Gudin, mise au théâtre en 1776. La dernière enfin, du rhéteur La Harpe, représentée en 1784, est la seule qui soit restée au théâtre.

La Harpe se défend d'avoir emprunté son troisième acte à Shakspeare. Sa tragédie, en effet, ressemble fort peu en général à celle de l'Eschyle anglais. Il fallait un grand maître dans l'art dramatique comme Shakspeare pour répandre sur cinq actes tant de vie et de variété. Seul il a su reproduire les héros de l'ancienne Rome avec la vérité de l'histoire, et égaler Plutarque dans l'art de les peindre dans toutes les situations de la vie.

Selon Malone, Coriolan aurait été écrit en 1609. Les événements comprennent une période de quatre années, depuis la retraite du peuple au Mont-Sacré, l'an de Rome 262, jusqu'à la mort de Coriolan.

L'histoire est exactement suivie par le poëte, et quelques-uns des principaux discours sont tirés de la *Vie de Coriolan* par Plutarque, que Shakspeare pouvait lire dans l'ancienne traduction anglaise de Thomas Worth, faite sur celle d'Amyot en 1576. Nous renvoyons les lecteurs à la *Vie des hommes illustres*, pour voir tout ce que le poëte doit à l'historien.

La tragédie de *Coriolan* est une des plus intéressantes productions de Shakspeare. L'humeur joviale du vieillard dans Ménénius, la dignité de la noble Romaine dans Volumnie, la modestie conjugale dans Virgilie, la hauteur du patricien et du guerrier dans Coriolan, la maligne jalousie des plébéiens et l'insolence tribunitienne dans Brutus et Sicinius, forment les constrastes les plus variés et les plus heureux. Une curiosité inquiète suit le héros dans les vicissitudes de sa fortune, et l'intérêt se soutient depuis le commencement jusqu'à la fin. M. Schlegel, admirateur passionné de Shakspeare, observe avec raison, au sujet de cette tragédie, que ce grand génie se laisse toujours aller à la gaieté lorsqu'il peint la multitude et ses aveugles mouvements; il semble craindre, dit M. Schlegel, qu'on ne s'aperçoive pas de toute la sottise qu'il donne aux plébéiens dans cette pièce, et il l'a fait encore ressortir par le rôle satirique et original du vieux Ménénius. Il résulte de là des scènes plaisantes d'un genre tout à fait particulier, et qui ne peuvent avoir lieu que dans des drames politiques de cette espèce; et M. Schlegel cite la scène où Coriolan, pour parvenir au consulat, doit briguer les voix des citoyens de la basse classe; comme il les a trouvés lâches à la guerre, il les méprise de tout son cœur; et, ne pouvant pas se résoudre à montrer l'humilité d'usage, il finit par arracher leurs suffrages en les défiant.

CORIOLAN

TRAGÉDIE

PERSONNAGES

CAIUS MARCIUS CORIOLAN, Romain de l'ordre des patriciens.
TITUS LARTIUS, | généraux de Rome
COMINIUS, | dans la guerre contre les Volsques, et amis de Coriolan.
MÉNÉNIUS AGRIPPA, ami de Coriolan.
SICINIUS VELUTUS, | tribuns du
JUNIUS BRUTUS, | peuple et ennemis de Coriolan.
LE JEUNE MARCIUS, fils de Coriolan.
UN HÉRAUT ROMAIN.
TULLUS AUFIDIUS, général des Volsques.

UN LIEUTENANT D'AUFIDIUS.
VOLUMNIE, mère de Coriolan.
VIRGILIE, femme de Coriolan.
VALÉRIE, amie de Virgilie.
UN CITOYEN D'ANTIUM.
DEUX SENTINELLES VOLSQUES.
DAMES ROMAINES.
CONSPIRATEURS VOLSQUES, ligués avec Aufidius.
SÉNATEURS ROMAINS, SÉNATEURS VOLSQUES, ÉDILES, LICTEURS, SOLDATS, FOULE DE PLÉBÉIENS, ESCLAVES D'AUFIDIUS, ETC.

La scène est tantôt dans Rome, tantôt dans le territoire des Volsques et des Antiates.

ACTE PREMIER

SCÈNE I

La scène est dans une rue de Rome.

(Une troupe de plébéiens mutinés paraît armée de bâtons, de massues et autres armes.)

PREMIER CITOYEN.—Avant d'aller plus loin, laissez-moi vous parler.

PLUSIEURS CITOYENS *parlant à la fois.*—Parlez, parlez.

PREMIER CITOYEN.—Êtes-vous tous bien résolus à mourir, plutôt que de souffrir la faim?

TOUS.—Nous y sommes résolus, nous y sommes résolus.

PREMIER CITOYEN.—Eh bien! vous savez que Caïus Marcius est le grand ennemi du peuple?

TOUS.—Nous le savons, nous le savons.

PREMIER CITOYEN.—Tuons-le, et nous aurons le blé au prix que nous voulons. Est-ce une chose arrêtée?

tous.—Oui, n'en parlons plus : c'est une affaire faite ; courons, courons.

second citoyen.—Un mot, bons citoyens.

premier citoyen. — Nous sommes rangés parmi les *pauvres citoyens*[1], les patriciens parmi les *bons*. Ce qui fait regorger les autorités nous soulagerait : s'ils nous cédaient à temps ce qu'ils ont de trop, nous pourrions faire honneur de ce secours à leur humanité. Mais ils nous trouvent trop chers. La maigreur qui nous défigure, le tableau de notre misère, sont comme un inventaire qui détaille leur abondance. Notre souffrance est un gain pour eux. Vengeons-nous avec nos piques avant que nous soyons devenus des squelettes, car les dieux savent que ce qui me fait parler ainsi, c'est la faim du pain et non la soif de la vengeance.

second citoyen. — Voulez-vous agir surtout contre Caïus Marcius?

les citoyens.—Contre lui d'abord, c'est un vrai chien pour le peuple.

second citoyen.—Mais songez-vous aux services qu'il a rendus à son pays?

premier citoyen. — Parfaitement, et nous aurions du plaisir à lui en tenir bon compte, s'il ne se payait lui-même en orgueil.

tous.—Allons, parlez sans fiel.

premier citoyen.—Je vous dis que tout ce qu'il a fait de glorieux, il l'a fait dans ce but. Il plaît à de bonnes âmes de dire qu'il a tout fait pour la patrie : je dis, moi, qu'il l'a fait d'abord pour plaire à sa mère, et puis pour avoir le droit d'être orgueilleux outre mesure. Son orgueil est monté au niveau de sa valeur.

second citoyen.—Ce qu'il ne peut changer dans sa nature, vous le mettez à son compte comme un vice ; vous ne l'accuserez pas du moins de cupidité?

---

[1] second citoyen.—*One word, good citizens.*
premier citoyen. — *We are accounted poor citizens;*
  The patricians good.
Good signifie à la fois bon et solvable.

ACTE I. SCÈNE I.

premier citoyen.—Et quand je ne le pourrais pas, je ne serais pas stérile en accusations : il a tant de défauts que je me fatiguerais à les énumérer. (*Des cris se font entendre dans l'intérieur.*) Que veulent dire ces cris? L'autre partie de la ville se soulève; et nous, nous nous amusons ici à bavarder. Au Capitole!

tous.—Allons, allons.

premier citoyen.—Doucement!—Qui s'avance vers nous?

(Survient Ménénius Agrippa.)

second citoyen. — Le digne Ménénius Agrippa, un homme qui a toujours aimé le peuple

premier citoyen.—Oui, oui, il est assez brave homme! Plût aux dieux que tout le reste fût comme lui!

ménénius.—Quel projet avez-vous donc en tête, mes concitoyens? Où allez-vous avec ces bâtons et ces massues?—De quoi s'agit-il, dites, je vous prie?

second citoyen.—Nos projets ne sont pas inconnus au sénat; depuis quinze jours il a vent de ce que nous voulons : il va le voir aujourd'hui par nos actes. Il dit que les pauvres solliciteurs ont de bons poumons : il verra que nous avons de bons bras aussi.

ménénius.—Quoi! mes bons amis, mes honnêtes voisins, voulez-vous donc vous perdre vous-mêmes?

second citoyen.—Nous ne le pouvons pas, nous sommes déjà perdus.

ménénius.—Mes amis, je vous déclare que les patriciens ont pour vous les soins les plus charitables.—Le besoin vous presse; vous souffrez dans cette disette : mais vous feriez aussi bien de menacer le ciel de vos bâtons, que de les lever contre le sénat de Rome dont les destins suivront leur cours, et briseraient devant eux dix mille chaînes plus fortes que celles dont vous pourrez jamais l'enlacer. Quant à cette disette, ce ne sont pas les patriciens, ce sont les dieux qui en sont les auteurs : ce sont vos prières, et non vos armes qui peuvent vous secourir. Hélas! vos malheurs vous entraînent à des malheurs plus grands. Vous insultez ceux qui tiennent le gouvernail de l'État, ceux qui ont pour vous des soins paternels, tandis que vous les maudissez comme vos ennemis !

SECOND CITOYEN. —Des soins paternels? Oui, vraiment! Jamais ils n'ont pris de nous aucun soin. Nous laisser mourir de faim, tandis que leurs magasins regorgent de blé ; faire des édits sur l'usure pour soutenir les usuriers ; abroger chaque jour quelqu'une des lois salutaires établies contre les riches, et chaque jour porter de plus cruels décrets pour enchaîner, pour assujettir le pauvre! Si la guerre ne nous dévore pas, ce sera le sénat : voilà l'amour qu'il a pour nous!

MÉNÉNIUS.—Votre malice est extrême : il faut que vous en conveniez, ou bien souffrez qu'on vous taxe de folie. —Je veux vous raconter un joli conte. Peut-être l'aurez-vous déjà entendu ; mais n'importe, il sert à mon but, et je vais le répéter pour vous le faire mieux comprendre.

SECOND CITOYEN.—Je vous écouterai volontiers, noble Ménénius ; mais n'espérez pas tromper nos maux par le récit d'une fable ; cependant, si cela vous fait plaisir, voyons, dites.

MÉNÉNIUS.— « Un jour tous les membres du corps
« humain se révoltèrent contre l'estomac. Voici leurs
« plaintes contre lui ; ils disaient que, comme un
« gouffre, il se tenait au centre du corps, oisif et in-
« actif, engloutissant tranquillement la nourriture, sans
« jamais partager le travail des autres organes qui se
« fatiguaient à voir, à entendre, à parler, à instruire, à
« marcher, à sentir, ayant tous leurs fonctions mu-
« tuelles, et servant, en ministres laborieux, les désirs
« et les vœux communs du corps entier. L'estomac ré-
« pondit... »

SECOND CITOYEN.—Ah! voyons, seigneur, ce que l'estomac répondit.

MÉNÉNIUS.—Je vais vous le dire. « Il répondit, avec une
« sorte de sourire, qui ne venait pas des poumons (car
« si je fais parler l'estomac, je peux bien aussi le faire
« sourire), il répondit donc, avec dédain, aux membres
« mutinés et mécontents qui, le voyant tout recevoir,

« lui portaient une envie aussi raisonnable que celle
« qui vous anime contre nos sénateurs, parce qu'ils
« ne sont pas comme vous.....

SECOND CITOYEN.—La réponse de votre estomac! quelle fut sa réponse?—Ah! si la tête majestueuse et faite pour la couronne; si l'œil, sentinelle vigilante; si le cœur, notre conseiller; le bras, notre soldat; la jambe, notre coursier; la langue, notre trompette; si tous les autres membres, et cette foule de menus organes qui soutiennent et conservent notre machine; si tous...

MÉNÉNIUS.—Quoi donc! il me coupe la parole, cet homme-là! Eh bien! quoi? Voyons.

SECOND CITOYEN. — Si tous voyaient ce cormoran d'estomac, le gouffre du corps humain, prétendre leur faire la loi...

MÉNÉNIUS.—Eh bien! après?

SECOND CITOYEN.— Si les principaux agents se plaignaient de l'estomac, qu'aurait-il à répondre?

MÉNÉNIUS.—Je vous le dirai, si vous pouvez m'accorder un peu de ce qui est si rare chez vous, un peu de patience; vous la saurez, la réponse de l'estomac.

SECOND CITOYEN.— Vous nous la faites bien attendre.

MÉNÉNIUS. — Remarquez bien ceci, mon ami. Notre grave estomac était réfléchi, et nullement inconsidéré comme ses accusateurs. Voici sa réponse : « Il est vrai,
« mes amis, vous qui faites partie du corps, dit-il, que je
« reçois d'abord toute la nourriture qui vous fait vivre,
« et cela est juste, car je suis l'entrepôt et le magasin du
« corps entier. Mais si vous y réfléchissez, je renvoie
« tout par les fleuves de votre sang jusqu'au cœur qui est
« la cour de l'âme, et jusqu'à la résidence du cerveau :
« car les canaux qui serpentent dans l'homme, les nerfs
« les plus forts, les veines les plus petites, reçoivent de
« moi cette nourriture suffisante qui entretient leur vie,
« et quoique vous tous à la fois, mes bons amis » (c'est l'estomac qui parle, écoutez-moi)...

SECOND CITOYEN.—Oui, oui. Bien! bien!

MÉNÉNIUS.—« Quoique vous ne puissiez pas voir tout
« de suite ce que je distribue à chacun en particulier, je

« peux bien, pour résultat du compte que je vous rends,
« conclure que vous recevez de moi la farine la plus
« pure, et qu'il ne me reste à moi que le son. » Eh bien!
qu'en dites-vous!

SECOND CITOYEN.—C'était une réponse. Mais quelle application en ferez-vous?

MÉNÉNIUS.—Les sénateurs de Rome sont ce bon estomac, et vous, vous êtes les membres mutinés. Examinez leurs conseils et leurs soins ; pesez bien toute chose dans l'intérêt de l'État, vous verrez que tout le bien public, auquel vous avez part, vous vient du sénat, et jamais de vous-mêmes.—Qu'en penses-tu, toi que je vois tenir dans cette assemblée la place du gros orteil dans le corps humain?

SECOND CITOYEN.—Du gros orteil, moi! comment cela?

MÉNÉNIUS.—Parce qu'étant un des plus bas, des plus lâches et des plus pauvres partisans de cette belle révolte, tu vas le premier en avant. Misérable, toi qui es du sang le plus vil, tu es le premier à faire courir les autres là où tu as quelque chose à gagner. — Allons, préparez vos bâtons et vos massues. Rome et ses rats sont à la veille de se battre : il y aura du mal pour un des deux partis. (*Caïus Marcus arrive.*)— Noble Marcius, salut!

MARCIUS.—Je vous remercie.—De quoi s'agit-il, coquins de factieux, qui, en grattant la gale de vos prétentions, n'avez fait qu'une croûte de vous-mêmes?

SECOND CITOYEN. — Nous avons toujours vos douces paroles.

MARCIUS.—Celui qui t'adresserait de douces paroles serait un flatteur qui m'inspirerait un sentiment au-dessous de l'horreur.—Que demandez-vous, chiens hargneux, qui n'aimez ni la paix ni la guerre! La guerre vous fait peur, la paix vous rend orgueilleux. Celui qui se fie à vous, au lieu de trouver des lions, ne trouve que des lièvres; au lieu de trouver des renards, ne trouve que des oies. Vous n'êtes pas plus sûrs que le charbon sur la glace, ou que la grêle au soleil. Votre vertu consiste à ériger en homme vertueux celui que ses crimes soumettent aux lois, et à blasphémer contre la justice qu'on lui rend. Quiconque mérite la grandeur, mérite votre haine. Vos affections ressemblent au goût d'un malade, dont les désirs se portent sur tout ce qui peut augmenter son mal. S'appuyer sur votre faveur, c'est nager avec des nageoires de plomb, c'est vouloir trancher le chêne avec des roseaux. Allez vous faire pendre ! Qu'on se fie à vous ! Chaque minute vous voit changer de résolution, appeler grand l'homme qui naguère était l'objet de votre haine, et donner le nom d'infâme à celui que vous nommiez *votre couronne!*—Quelle est donc la cause qui vous fait élever, des différents quartiers de la ville, ces clameurs séditieuses contre l'auguste sénat? Lui seul, sous les auspices des dieux, vous tient en respect : sans lui, vous vous dévoreriez les uns les autres.—Que cherchent-ils ?

MÉNÉNIUS.—Du blé taxé à leur prix, et ils disent que les magasins de Rome sont pleins !

MARCIUS.—Qu'ils aillent se faire pendre! *Ils disent!* Quoi! ils se tiendront assis au coin de leur feu, et prétendront savoir ce qui se fait au Capitole ! juger quel est celui qui peut s'élever, celui qui prospère et celui qui décline, soutenir les factions, arranger des mariages imaginaires, dire que tel parti est fort, et mettre sous leurs souliers de savetier ceux qui ne sont pas à leur gré ! Ils disent que le blé ne manque pas !...... Si la noblesse mettait un terme à sa pitié, et si elle laissait agir mon épée, je ferais une carrière pour enterrer des milliers de ces esclaves, et leurs cadavres s'entasseraient jusqu'à la hauteur de ma lance.

MÉNÉNIUS.—Mais les voilà, je crois, à peu près persuadés; car bien qu'ils manquent abondamment de discrétion, ils se retirent lâchement.—Que dit, je vous prie, l'autre troupe?

MARCIUS.—Elle est dispersée. Qu'ils aillent se faire pendre ! ils disaient que la faim les pressait, et nous étourdissaient de proverbes : *La faim brise les pierres ; il faut nourrir son chien ; la viande est faite pour être mangée; les dieux ne font pas croître le blé seulement pour les riches.*

Tels étaient les lambeaux de phrases par lesquels ils exhalaient leurs plaintes. On a daigné leur répondre. On leur a accordé leur demande, une demande étrange qui suffirait à briser le cœur de la générosité, et à faire pâlir un pouvoir hardi ! ils ont jeté leurs bonnets en l'air comme s'ils eussent voulu les accrocher aux cornes de la lune, et ils ont poussé des cris de jalouse allégresse.

ménénius.—Que leur a-t-on accordé ?

marcius.—D'avoir cinq tribuns de leur choix pour soutenir leur vulgaire sagesse. Ils ont nommé Junius Brutus ; Sicinius Vélutus en est un autre : le reste... m'est inconnu.—Par la mort ! la canaille aurait démoli tous les toits de Rome, plutôt que d'obtenir de moi cette victoire. Avec le temps, elle gagnera encore sur le pouvoir, et trouvera de nouveaux prétextes de révolte.

ménénius.—Étrange événement !

marcius, *au peuple*.—Allez vous cacher dans vos maisons, vils restes de la sédition.

le messager.—Où est Caïus Marcius ?

marcius.—Me voici. Que viens-tu m'annoncer ?

le messager.—Les Volsques ont pris les armes, seigneur.

marcius.—J'en suis content ; nous allons nous purger de notre superflu moisi.—Voyez, voilà les plus respectables de nos sénateurs !

(On voit entrer Cominius, Titus Lartius, d'autres sénateurs, Junius Brutus et Sicinius Vélutus.)

premier sénateur.—Ce que vous nous avez annoncé dernièrement était la vérité, Marcius : les Volsques ont pris les armes.

marcius.—Ils ont un général, Tullus Aufidius, qui vous embarrassera. J'avoue ma faiblesse, je suis jaloux de sa gloire ; et si je n'étais pas ce que je suis, je ne voudrais être que Tullus.

cominius.—Vous avez combattu ensemble.

marcius.—Si la moitié de l'univers était en guerre avec l'autre, et qu'il fût de mon parti, je me révolterais pour n'avoir à combattre que lui : c'est un lion que je suis fier de pouvoir chasser.

PREMIER SÉNATEUR.—Brave Marcius, suivez donc Cominius à cette guerre.

COMINIUS.—C'est votre promesse.

MARCIUS.—Je m'en souviens, et je suis constant. Oui, Titus Lartius, vous me verrez encore frapper à la face de Tullus.—Quoi ! l'âge vous a-t-il glacé ? Resterez-vous ici ?

TITUS.—Non, Marcius : appuyé sur une béquille, je combattrais avec l'autre, plutôt que de rester spectateur oisif de cette guerre.

MÉNÉNIUS.—O vrai fils de ta race !

PREMIER SÉNATEUR.—Accompagnez-nous au Capitole, où je sais que nos meilleurs amis nous attendent.

TITUS.—Marchez à notre tête : suivez, Cominius, et nous marcherons après vous. Vous méritez le premier rang.

COMINIUS.—Noble Marcius !

PREMIER SÉNATEUR, *au peuple*.—Allez-vous-en ! retournez chez vous. Retirez-vous.

MARCIUS.—Non, laissez-les nous suivre : les Volsques ont du blé en abondance. Conduisons ces rats pour ronger leurs greniers.—Respectables mutins, votre bravoure se montre à propos : je vous en prie, suivez-nous.

(Les sénateurs sortent ; le peuple se disperse et disparaît.)

SICINIUS.—Fut-il jamais homme aussi orgueilleux que ce Marcius ?

BRUTUS.—Il n'a point d'égal.

SICINIUS.—Quand le peuple nous a choisis pour ses tribuns...

BRUTUS.—Avez-vous remarqué ses lèvres et ses yeux ?

SICINIUS.—Non, mais ses railleries.

BRUTUS.—Dans sa colère, il insulterait les dieux mêmes.

SICINIUS.—Il raillerait la lune modeste.

BRUTUS.—Que cette guerre le dévore ! Il est si orgueilleux qu'il ne mériterait pas d'être si vaillant.

SICINIUS.—Un homme de ce caractère, enflé par les succès, nous dédaigne comme l'ombre sur laquelle il marche en plein midi. Mais je m'étonne que son arrogance puisse se plier à servir sous les ordres de Cominius.

BRUTUS.—La gloire est tout ce qu'il ambitionne, et il en est déjà couvert. Or, pour la conserver ou l'accroître encore, le poste le plus sûr est le second rang. Les événements malheureux seront attribués au général ; lors même qu'il ferait tout ce qui est au pouvoir d'un mortel, la censure irréfléchie s'écrierait, en parlant de Marcius : « Oh ! s'il avait conduit cette entreprise ! »

SICINIUS.—Et si nos armes prospèrent, la prévention publique, qui est entêtée de Marcius, en ravira tout le mérite à Cominius.

BRUTUS.—Allez ; la moitié des honneurs de Cominius seront pour Marcius, quand bien même Marcius ne les aurait pas gagnés ; et toutes ses fautes deviendront des honneurs pour Marcius, quand bien même il ne les mériterait nullement.

SICINIUS.—Partons, allons savoir comment la commission sera rédigée et de quelle façon Marcius partira pour cette expédition, plus grand que s'il était seul à commander.

BRUTUS.—Allons.

(Ils sortent.)

SCÈNE II

La ville de Corioles. Le sénat.

TULLUS AUFIDIUS *et le sénat de Corioles assemblé.*

PREMIER SÉNATEUR.—Vous pensez donc, Aufidius, que les Romains ont pénétré nos conseils, et qu'ils sont instruits de nos plans ?

AUFIDIUS.—Ne le pensez-vous pas comme moi ? A-t-on jamais projeté dans cet État un acte qui ait pu s'accomplir avant que Rome en eût avis ? J'ai eu des nouvelles de Rome il n'y a pas quatre jours ; voici ce qu'on disait : Je crois l'avoir ici, cette lettre. Oui, la voilà. (*Il lit*) « Ils ont une armée toute prête : mais on ignore

« si elle sera dirigée vers l'Orient, ou vers l'Occident ;
« la disette est grande, le peuple mutin. On dit que
« Cominius, Marcius, votre ancien ennemi, mais plus
« haï dans Rome qu'il ne l'est de vous, et Titus Lartius,
« un des plus vaillants Romains, sont tous trois chargés
« de conduire cette armée à sa destination, quelle qu'elle
« soit ; il est vraisemblable que c'est contre vous. Tenez-
« vous sur vos gardes. »

PREMIER SÉNATEUR.—Notre armée est en campagne. Nous n'avons jamais douté que Rome ne fût prête à nous répondre.

AUFIDIUS.—Mais vous avez jugé prudent de tenir secrets vos grands desseins, jusqu'au jour qui devait nécessairement les dévoiler. A peine conçus, ils sont connus à Rome.—Nos projets ainsi découverts n'atteindront plus leur but, qui était de prendre plusieurs villes avant même que Rome sût que nous étions sur pied.

SECOND SÉNATEUR.—Noble Aufidius, recevez votre commission et volez à vos troupes. Laissez-nous seuls garder Corioles : si les Romains viennent camper sous ses murs, ramenez votre armée pour faire lever le siége ; mais vous verrez, je crois, que ces grands préparatifs n'ont pas été faits contre nous.

AUFIDIUS.—Ne doutez pas de ce que je vous dis : je ne parle que d'après des informations certaines. Je dirai plus, déjà plusieurs corps de l'armée romaine sont en campagne, et marchent droit sur nous. Je laisse vos seigneuries. Si nous venons à nous rencontrer, Marcius et moi, nous avons juré de combattre jusqu'à ce que l'un de nous deux fût hors d'état de continuer.

TOUS LES SÉNATEURS.—Que les dieux vous secondent !

AUFIDIUS.—Qu'ils veillent sur vos seigneuries !

PREMIER SÉNATEUR.—Adieu !

SECOND SÉNATEUR.—Adieu !

TOUS ENSEMBLE.—Adieu !

(Ils sortent.)

SCÈNE III

Rome. Appartement de la maison de Marcius.

VOLUMNIE ET **VIRGILIE** *entrent; elles s'assoient sur deux tabourets.*

VOLUMNIE.—Je vous prie, ma fille, chantez, ou du moins exprimez-vous d'une manière moins décourageante. Si mon fils était mon époux, je serais plus joyeuse de cette absence qui va lui rapporter de la gloire, que des marques les plus tendres de son amour sur la couche nuptiale.— Alors qu'il était encore un enfant délicat et l'unique fils de mes entrailles, alors que les grâces de son âge lui attiraient tous les regards, alors qu'une autre mère n'aurait pas voulu se priver une heure du plaisir de le contempler, quand même un roi l'aurait suppliée un jour entier, moi je pensais combien la gloire lui siérait bien ; je me disais qu'il ne vaudrait guère mieux qu'un portrait à pendre à un mur si la soif de la renommée ne le mettait en mouvement, et mon plaisir fut de l'envoyer chercher le danger partout où il pourrait trouver l'honneur : je l'envoyai à une guerre sanglante. Il en revint le front ceint de la couronne de chêne. Je vous le dis, ma fille, non, je ne tressaillis pas plus joyeusement à sa naissance lorsqu'on me dit que j'avais un fils, que le jour où pour la première fois il prouva qu'il était un homme.

VIRGILIE. — Et s'il eût été tué dans cette guerre, madame?...

VOLUMNIE.—Alors son grand renom serait devenu mon fils, et m'aurait tenu lieu de postérité. — Laissez-moi vous parler sincèrement. Si j'avais eu douze fils, tous également chéris, tous aussi passionnément aimés que votre Marcius, que mon Marcius, j'aurais mieux aimé en voir onze mourir généreusement pour leur pays, qu'un seul se rassasier de volupté loin des batailles.

(Une suivante se présente.)

ACTE I, SCÈNE III.

LA SUIVANTE.—Madame, la noble Valérie vient vous faire une visite.

VIRGILIE.—Permettez-moi de me retirer ; je vous en conjure.

VOLUMNIE.—Non, ma fille, je ne vous le permettrai point.—Je crois entendre le tambour de votre époux : je le vois traîner Aufidius par les cheveux, et les Volsques fuir effrayés comme des enfants poursuivis par un ours ; je le vois frapper ainsi du pied ;—je l'entends s'écrier : « En avant, lâches ! quoi ! nés dans le sein de « Rome, vous fûtes engendrés dans la peur ? » Essuyant de ses mains couvertes de fer son front ensanglanté, il marche en avant comme un moissonneur qui s'est engagé, ou à tout faucher ou à perdre son salaire.

VIRGILIE.—Son front ensanglanté ? ô Jupiter, point de sang !

VOLUMNIE.—Taisez-vous, folle, le sang sur le front d'un guerrier sied mieux que l'or sur les trophées ! Le sein d'Hécube, allaitant Hector, n'était pas plus charmant que le front d'Hector ensanglanté par les épées des Grecs luttant contre lui. Dites à Valérie que nous sommes prêtes à la recevoir.

(La suivante sort.)

VIRGILIE.—Le ciel protége mon seigneur contre le féroce Aufidius !

VOLUMNIE.—Il abattra sous son genou la tête d'Aufidius, et foulera aux pieds son cou.

(La suivante rentre avec Valérie et l'esclave qui l'accompagne.)

VALÉRIE.—Mesdames, je vous donne le bonjour à toutes deux.

VOLUMNIE.—Aimable personne !

VIRGILIE.—Je suis bien heureuse de vous voir, madame.

VALÉRIE.—Comment vous portez-vous, toutes deux ?—Mais vous êtes d'excellentes ménagères : quel ouvrage faites-vous là ? Une belle broderie, en vérité ! Et comment va votre petit garçon ?

VIRGILIE.—Je vous remercie, madame, il est bien.

VOLUMNIE.—Il aimerait bien mieux voir des épées, et entendre un tambour, que de regarder son maître.

VALÉRIE.—Oh! sur ma parole, il est en tout le fils de son père! je jure que c'est un joli enfant.—En vérité, mercredi dernier je pris plaisir à le regarder une demi-heure entière.—Il a une physionomie si décidée!—Je m'amusais à le voir poursuivre un papillon aux ailes dorées : il le prit, le lâcha, le reprit, et le voilà de nouveau parti, allant, venant, sautant, le rattrapant; puis, soit qu'il fût tombé et que sa chute l'eût enragé, soit je ne sais pourquoi, il le mit entre ses dents et le déchira : il fallait voir comme il le mit en pièces!

VOLUMNIE.—C'est une des manières de son père.

VALÉRIE.—En vérité, c'est un noble enfant.

VIRGILIE.—Un petit fou, madame.

VALÉRIE.—Allons, quittez votre aiguille, il faut absolument que vous veniez avec moi faire la paresseuse cet après-midi.

VIRGILIE.—Non, madame, je ne sortirai pas.

VALÉRIE.—Vous ne sortirez pas?

VOLUMNIE.—Elle sortira, elle sortira.

VIRGILIE.—Non, en vérité, si vous le permettez, je ne passerai pas le seuil, jusqu'à ce que mon seigneur soit revenu de la guerre.

VALÉRIE.—Fi donc! vous vous renfermez sans aucune raison.—Allons, venez faire une visite à cette dame qui est en couche.

VIRGILIE.—Je lui souhaite le prompt retour de ses forces, et je la visiterai dans mes prières; mais je ne puis aller la voir.

VALÉRIE.—Et pourquoi, je vous prie?

VIRGILIE.—Ce n'est de ma part ni paresse, ni indifférence pour elle.

VALÉRIE.—Vous voulez donc être une autre Pénélope? Mais on dit que toute la laine qu'elle fila pendant l'absence d'Ulysse ne servit qu'à mettre la teigne dans Ithaque. Venez donc. Je voudrais que votre toile fût sensible comme votre doigt : par pitié, vous vous lasseseriez de la piquer. Venez donc avec nous.

VIRGILIE.—Non, ma chère dame, excusez-moi; en vérité, je ne sortirai pas.

VALÉRIE.—En vérité, vous viendrez avec moi : je vous apprendrai d'heureuses nouvelles de votre époux.

VIRGILIE.—Oh! madame, vous ne pouvez pas encore en avoir.

VALÉRIE.—Je ne plaisante pas : on en a reçu hier au soir.

VIRGILIE.—Est-il bien vrai, madame?

VALÉRIE.—Sérieusement : je ne vous trompe pas. Ce que je sais, je le tiens d'un sénateur : voici la nouvelle. Les Volsques ont une armée en campagne ; le général Cominius est allé l'attaquer avec une partie de nos forces. Votre époux et Titus Lartius sont campés sous les murs de Corioles : ils ne doutent pas du succès de ce siége, qui terminera bientôt la guerre. Je vous dis la vérité, sur mon honneur.—Venez donc avec nous, je vous en conjure.

VIRGILIE.—Excusez-moi pour aujourd'hui, madame, et dans la suite je ne vous refuserai jamais rien.

VOLUMNIE.—Laissez-la seule, madame : de l'humeur qu'elle est, elle ne ferait que troubler notre gaieté.

VALÉRIE.—Je commence à le croire : adieu donc!— Ah! plutôt venez, aimable et chère amie ; venez avec nous, Virgilie : mettez votre gravité à la porte, et suivez-nous.

VIRGILIE.—Non, madame ; non, en un mot. Je ne dois pas sortir.—Je vous souhaite beaucoup de plaisir.

VALÉRIE.—Eh bien donc!... Adieu.

(Elles sortent.)

SCÈNE IV

La scène se passe devant Corioles.

MARCIUS, TITUS LARTIUS *entrent suivis d'officiers et de soldats, au son des tambours et avec bannières déployées. Un messager vient à eux.*

MARCIUS.—Voici des nouvelles : je gage qu'ils en sont venus aux mains.

LARTIUS.—Je parie que non, mon cheval contre le vôtre.

MARCIUS.—J'accepte la gageure.

LARTIUS.—Je la tiendrai.

MARCIUS, *au messager*.—Dis-moi, notre général a-t-il joint l'ennemi?

LE MESSAGER.—Les deux armées sont en présence : mais elles ne se sont encore rien dit.

LARTIUS.—Ainsi votre superbe cheval est à moi.

MARCIUS.—Je vous l'achèterai.

LARTIUS.—Moi, je ne veux ni le vendre, ni le donner, mais je vous le prête pour cinquante ans.—Sommez la ville.

MARCIUS.—A quelle distance de nous sont les deux armées?

LE MESSAGER.—A un mille et demi.

MARCIUS.—Nous pourrons donc entendre leur alarme et eux la nôtre? — C'est dans ce moment, ô Mars, que je te conjure de hâter ici notre ouvrage, afin que nous puissions, avec nos épées fumantes, voler au secours de nos amis.—Allons, sonne de ta trompette!

(Le son de la trompette appelle les ennemis à une conférence. — Quelques sénateurs volsques paraissent sur les murs au milieu des soldats.)

MARCIUS.—Tullus Aufidius est-il dans vos murs?

PREMIER SÉNATEUR.—Non, ni lui, ni aucun homme qui vous craigne moins que lui, c'est-à-dire, moins que peu. Écoutez : nos tambours rassemblent notre jeunesse ! (*Alarme dans le lointain.*) Nous renverserons nos murs, plutôt que de nous y laisser emprisonner : nos portes, qui vous semblent fermées, n'ont pour loquets que des roseaux; elles vont s'ouvrir d'elles-mêmes. Entendez-vous dans le lointain (*Nouvelle alarme.*) C'est Aufidius. Écoutez quel ravage il fait dans votre armée en déroute.

MARCIUS.—Oh! ils sont aux prises.

LARTIUS —Que leurs cris nous servent de leçon : vite, des échelles.

(Les Volsques font une sortie.)

MARCIUS.—Ils ne nous craignent pas! Ils osent sortir de leur ville!—Allons, soldats, serrez vos boucliers contre votre cœur, et combattez avec des cœurs qui soient encore plus à l'épreuve du fer que vos boucliers. Avancez, vaillant Titus. Ils nous dédaignent fort au delà de ce que nous pensions. J'en sue de rage.—Venez, braves compagnons. Celui de vous qui reculera, je le traiterai comme un Volsque. Il périra sous mon glaive.

(Le signal est donné, les Romains et les Volsques se rencontrent.—Les Romains sont battus et repoussés jusque dans leurs tranchées.)

MARCIUS.—Que toute la contagion du sud descende sur vous, vous la honte de Rome!...vous troupeau de...—Que les clous et la peste vous couvrent de plaies, afin que vous soyez abhorrés avant d'être vus et que vous vous infestiez les uns les autres à un mille de distance. Ames d'oies qui portez des figures humaines, comment avez-vous pu fuir devant des esclaves que battraient des singes? Par Pluton et l'enfer! ils sont tous frappés par derrière, le dos rougi de leur sang et le front blême, fuyant et transis de peur.—Réparez votre faute, chargez de nouveau, ou, par les feux du ciel, je laisse là l'ennemi, et je tourne mes armes contre vous; prenez-y garde. En avant! Si vous voulez tenir ferme, nous allons les repousser jusque dans les bras de leurs femmes, comme ils nous ont poursuivis jusque dans nos tranchées.—

(Les clameurs guerrières recommencent : Marcius charge les Volsques et les poursuit jusqu'aux portes de la ville.

—Voilà les portes qui s'ouvrent.—Maintenant secondez-moi en braves. C'est pour les vainqueurs que la fortune élargit l'entrée de la ville, et non pour les fuyards : regardez-moi, imitez-moi.

(Il passe les portes et elles se ferment sur lui.)

UN PREMIER SOLDAT.—Audace de fou! Ce ne sera pas moi !

UN SECOND SOLDAT.—Ni moi.

TROISIÈME SOLDAT.—Vois, les portes se ferment sur lui.

(Les cris continuent.)

TOUS.—Le voilà pris, je le garantis.

TITUS LARTIUS *paraît*.—Marcius! qu'est-il devenu?

TOUS.—Il est mort, seigneur; il n'en faut pas douter.

PREMIER SOLDAT.—Il était sur les talons des fuyards et il est entré dans la ville avec eux. Aussitôt les portes se sont refermées; et il est dans Corioles, seul contre tous ses habitants.

LARTIUS.—O mon brave compagnon! plus brave que l'insensible acier de son épée; quand elle plie, il tient bon. Il n'ont pas osé te suivre, Marcius!—Un diamant de ta grosseur serait moins précieux que toi. Tu étais un guerrier accompli, égal aux vœux de Caton même. Terrible et redoutable, non-seulement dans les coups que tu portais; mais ton farouche regard et le son foudroyant de ta voix faisaient frissonner les ennemis comme si l'univers agité par la fièvre eût tremblé.

(Marcius paraît sanglant, et poursuivi par l'ennemi.)

PREMIER SOLDAT.—Voyez, seigneur.

LARTIUS.—Oh! c'est Marcius : courons le sauver ou périr tous avec lui.

(Ils combattent et entrent tous dans la ville.)

SCÈNE V

L'intérieur de la ville.

(Quelques Romains chargés de butin.)

PREMIER ROMAIN.—Je porterai ces dépouilles à Rome.

SECOND ROMAIN.—Et moi, celles-ci.

TROISIÈME ROMAIN.—Peste soit de ce vil métal! je l'avais pris pour de l'argent.

(On entend toujours dans l'éloignement les cris des combattants. — Marcius et Titus Lartius s'avancent, précédés d'un héraut.)

MARCIUS.—Voyez ces maraudeurs! qui estiment leur temps au prix d'une mauvaise drachme! coussins, cuillers de plomb, morceaux de fers d'un liard, pourpoints que des bourreaux enterreraient avec ceux qui les ont portés; voilà ce que ramassent ces lâches esclaves, avant que le combat soit fini. — Tombons sur eux. — Mais écoutez, quel fracas autour du général ennemi?—Volons à lui!—C'est là qu'est l'homme que mon cœur hait; c'est Aufidius qui massacre nos Romains.

Allons, vaillant Titus, prenez un nombre de soldats suffisant pour garder la ville, tandis que moi, avec ceux qui ont du cœur, je vole au secours de Cominius.

LARTIUS.—Digne seigneur, ton sang coule ; tu es trop épuisé par ce premier exercice pour entreprendre un second combat.

MARCIUS.—Seigneur, ne me louez point, l'ouvrage que j'ai fait ne m'a pas encore échauffé. Adieu. Ce sang que je perds me soulage, au lieu de m'affaiblir. C'est dans cet état que je veux paraître devant Aufidius, et le combattre.

LARTIUS.—Que la belle déesse de la fortune t'accorde son amour; et que ses charmes puissants détournent l'épée de tes ennemis, vaillant Marcius ; que la prospérité te suive comme un page.

MARCIUS.—Ton ami n'est pas au-dessous de ceux qu'elle a placés au plus haut rang. Adieu !

LARTIUS.—Intrépide Marcius ! Toi, va sonner ta trompette dans la place publique, et rassemble tous les officiers de la ville : c'est là que je leur ferai connaître mes intentions. Partez.

(Ils sortent.)

SCÈNE VI

Les environs du camp de Cominius.

COMINIUS *faisant retraite avec un nombre de soldats.*

COMINIUS.—Respirez, mes amis ; bien combattu ! Nous quittons le champ de bataille en vrais Romains, sans folle témérité dans notre résistance, sans lâcheté dans notre retraite.—Croyez-moi, mes amis, nous serons encore attaqués.—Dans la chaleur de l'action, nous avons entendu par intervalles les charges de nos amis apportées par le vent. Dieux de Rome, accordez-leur le succès que nous désirons pour nous-mêmes ! Faites que nos deux armées se rejoignent, le front souriant, et puissent vous offrir ensemble un sacrifice d'actions de grâces ! (*Un messager paraît.*) — Quelles nouvelles ?

LE MESSAGER.—Les habitants de Corioles ont fait une sortie et livré bataille à Lartius et Marcius. J'ai vu nos troupes repoussées jusque dans les tranchées et aussitôt je suis parti.

COMINIUS.—Quoique tu dises la vérité, je crois, tu ne parles pas bien. Combien y a-t-il que tu es parti?

LE MESSAGER.—Plus d'une heure, seigneur.

COMINIUS.—Quoi! il n'y a pas un mille de distance. A l'instant nous entendions encore leur tambour. Comment as-tu pu mettre une heure à parcourir un mille, et m'apporter des nouvelles si tardives?

LE MESSAGER.—Les espions des Volsques m'ont donné la chasse, et j'ai été forcé de faire un détour de trois ou quatre milles : sans quoi, seigneur, je vous aurais apporté cette nouvelle une demie-heure plus tôt.

(Marcius arrive.)

COMINIUS.—Quel est ce guerrier là-bas, qui a l'air d'avoir été écorché tout vif. O Dieu! il a bien le port de Marcius; ce n'est pas la première fois que je l'ai vu dans cet état!

MARCIUS.—Suis-je venu trop tard?

COMINIUS.—Le berger ne distingue pas mieux le tonnerre du son d'un tambourin, que moi la voix de Marcius de celle de tout homme.

MARCIUS.—Suis-je venu trop tard?

COMINIUS.—Oui, si vous ne revenez pas couvert du sang des ennemis, mais baigné dans votre propre sang.

MARCIUS.—Oh! laissez-moi vous embrasser avec des bras aussi robustes que lorsque je faisais la cour à ma femme, et avec un cœur aussi joyeux qu'à la fin de mes noces, lorsque les flambeaux de l'hymen me guidèrent à la couche nuptiale.

COMINIUS.—Fleur des guerriers, que fait Titus Lartius?

MARCIUS.—Il est occupé à porter des décrets : il condamne les uns à mort, les autres à l'exil; rançonne celui-ci, fait grâce à celui-là ou le menace : il régit Corioles au nom de Rome, et la gouverne comme un docile lévrier caressant la main qui le tient en lesse.

COMINIUS.—Où est ce malheureux qui est venu m'annoncer que les Volsques vous avaient repoussés jusque dans vos tranchées ? Où est-il ? Qu'on le fasse venir.

MARCIUS. — Laissez-le en paix ; il vous a dit la vérité. Mais quant à nos seigneurs les plébéiens..... (Peste soit des coquins.... des tribuns, voilà tout ce qu'ils méritent), la souris n'a jamais fui le chat comme ils fuyaient devant une canaille encore plus méprisable qu'eux.

COMINIUS. — Mais comment avez-vous pu triompher?

MARCIUS. — Ce temps est-il fait pour l'employer en récits ? Je ne crois pas.... Où est l'ennemi ? Êtes-vous maîtres du champ de bataille ? Si vous ne l'êtes pas, pourquoi rester dans l'inaction avant que vous le soyez devenus ?

COMINIUS. — Marcius, nous avons combattu avec désavantage ; et nous nous sommes repliés, pour assurer l'exécution de nos desseins.

MARCIUS. — Quel est leur ordre de bataille ? Savez-vous de quel côté sont placées leurs troupes d'élite ?

COMINIUS. — Suivant mes conjectures, leur avant-garde est formée des Antiates, qui sont leurs meilleurs soldats : à leur tête est Aufidius, le centre de toutes leurs espérances.

MARCIUS. — Je vous conjure, au nom de toutes les batailles où nous avons combattu et de tout le sang que nous avons versé ensemble, au nom des serments que nous avons faits de rester toujours amis, envoyez-moi sur-le-champ contre Aufidius et ses Antiates, et ne perdons pas l'occasion. Remplissons l'air de traits et d'épées nues : tentons la fortune à cette heure même....

COMINIUS. — J'aimerais mieux vous voir conduire à un bain salutaire, et panser vos blessures : mais jamais je n'ose vous refuser ce que vous demandez. Choisissez vous-même parmi ces soldats ceux qui peuvent le mieux seconder votre entreprise.

MARCIUS. — Je choisis ceux qui voudront me suivre. S'il y a parmi vous quelqu'un (et ce serait un crime d'en douter) qui aime sur son visage le fard dont il voit le mien coloré, qui craigne moins pour ses jours que pour son honneur, qui pense qu'une belle mort est préférable à une vie honteuse, et qui chérisse plus sa patrie que lui-même ; qu'il vienne, seul ou suivi de ceux qui pensent de même : qu'il étende comme moi la main (*il lève la main*) en témoignage de ses dispositions, et qu'il suive Marcius.—

(Tous ensemble poussent un cri, agitent leurs épées, élèvent Marcius sur leurs bras, et font voler leurs bonnets en l'air.)

—Oh ! laissez-moi ! Voulez-vous faire de moi un glaive ? Si ces démonstrations ne sont pas une vaine apparence, qui de vous ne vaut pas quatre Volsques ? Pas un de vous qui ne puisse opposer au vaillant Aufidius un bouclier aussi ferme que le sien. Je vous rends grâces à tous ; mais je n'en dois choisir qu'un certain nombre. Les autres réserveront leur courage pour quelque autre combat que l'occasion amènera. Allons marchons. Quatre des plus braves recevront immédiatement mes ordres.

COMINIUS.—Marchez, mes amis : tenez ce que promet cette démonstration ; et vous partagerez avec nous tous les fruits de la guerre.

(Ils sortent et suivent Coriolan.)

SCÈNE VII

Les portes de Corioles.

TITUS LARTIUS, *ayant laissé une garnison dans Corioles, marche, avec un tambour et un trompette, vers* COMINIUS ET MARCIUS. UN LIEUTENANT, DES SOLDATS, UN ESPION.

LARTIUS.—Veillez à la garde des portes : suivez les ordres que je vous ai donnés. A mon premier avis, envoyez ces centuries à notre secours : le reste pourra tenir quelque temps ; si nous perdons la bataille, nous ne pouvons pas garder la ville.

LE LIEUTENANT.—Reposez-vous sur nos soins, seigneur.

LARTIUS. — Rentrez et fermez vos portes sur nous. Guide, marche ; conduis-nous au camp des Romains.

(Ils sortent.)

SCÈNE VIII

L'autre camp des Romains.

On entend des cris de bataille; MARCIUS ET AUFIDIUS *entrent par différentes portes et se rencontrent.*

MARCIUS.—Je ne veux combattre que toi : je te hais plus que l'homme qui viole sa parole.

AUFIDIUS.—Ma haine égale la tienne, et l'Afrique n'a point de serpent que j'abhorre plus que ta gloire, objet de ma jalousie. Affermis ton pied.

MARCIUS.—Que le premier qui reculera meure l'esclave de l'autre, et que les dieux le punissent encore dans l'autre vie !

AUFIDIUS.—Si tu me vois fuir, Marcius, poursuis-moi de tes clameurs comme un lièvre.

MARCIUS. — Tullus, pendant trois heures entières, je viens de combattre seul dans les murs de Corioles, et j'y ai fait tout ce que j'ai voulu. Ce sang dont tu vois mon visage masqué, n'est pas le mien ; pour te venger, appelle et déploie toutes tes forces.

AUFIDIUS.—Fusses-tu cet Hector, ce foudre de vos fanfarons d'ancêtres, tu ne m'échapperais pas ici.

(Ils combattent sur place : quelques Volsques viennent au secours d'Aufidius : Marcius combat contre eux; jusqu'à ce qu'ils se retirent hors d'haleine.)

AUFIDIUS, *en se retirant, aux Volsques.*—Plus officieux que braves, vous m'avez déshonoré par votre sotte assistance.

(Ils fuient poussés par Marcius.)

SCÈNE IX

Acclamations, cris de guerre. On donne le signal de la retraite. Cominius entre par une porte avec les Romains; Marcius entre par l'autre, un bras en écharpe.)

COMINIUS.—Si je te racontais en détail tout ce que tu as fait aujourd'hui, tu ne croirais pas toi-même à tes propres actions. Mais je garde ce récit pour un autre lieu : c'est là que les sénateurs mêleront des larmes à leurs sourires ; que nos illustres patriciens écouteront, hausseront les épaules, et finiront par admirer ; que nos dames romaines trembleront d'effroi et de plaisir ; que ces tribuns imbéciles, qui, ligués avec les vils plébéiens, détestent ta gloire, seront forcés de s'écrier, en dépit de leurs cœurs : « Nous remercions les dieux d'avoir accordé à Rome un tel guerrier. » Et pourtant, avant le banquet de cette journée dont tu es venu encore prendre ta part, tu étais déjà rassasié.

(Titus Lartius ramène ses troupes victorieuses, et lasses de poursuivre l'ennemi.)

LARTIUS.—O mon général ! (*Montrant Marcius.*) Voilà le coursier, nous n'en sommes que le caparaçon. — Avez-vous vu ?....

MARCIUS. — De grâce, épargnez-moi : ma mère, qui a le privilége de vanter son sang, m'afflige quand elle me donne des louanges. J'ai fait comme vous tout ce que j'ai pu, par le même motif qui vous anime, l'amour de ma patrie. Quiconque a pu accomplir ce qu'il souhaitait a fait plus que moi.

COMINIUS. — Vous ne serez point le tombeau de votre mérite : il faut que Rome connaisse tout le prix d'un de ses enfants. Dérober à sa connaissance vos actions, ce serait un crime plus grand qu'un vol, ce serait une trahison. On peut les célébrer, les élever au comble de la louange, sans passer les bornes de la modération. Ainsi, je vous en conjure, écoutez-moi en présence de toute l'armée, je veux dire ce que vous êtes, et non récompenser ce que vous avez fait.

MARCIUS.—J'ai sur mon corps quelques blessures, qui deviennent plus cuisantes quand j'en entends parler.

COMINIUS.—N'en pas parler serait une ingratitude qui pourrait les envenimer et les rendre mortelles.—De tous les chevaux dont nous avons pris un bon nombre, de tous les trésors que nous avons amassés dans Corioles et sur le champ de bataille, nous vous offrons la dîme : levez à votre choix ce tribut sur tout le butin, avant le partage général.

MARCIUS.—Je vous remercie, général ; mais je ne puis amener mon cœur à accepter aucun salaire pour ce qu'a fait mon épée ; je refuse votre offre, et ne veux qu'une part égale à ceux qui ont assisté à l'action.—

(Fanfares ; acclamations redoublées : tous s'écrient *Marcius, vive Marcius !* en jetant leurs bonnets en l'air et agitant leurs lances. Cominius et Lartius ôtent leur casques, et restent la tête découverte devant toute l'armée.)

—Puissent ces mêmes instruments que vous profanez perdre à jamais leurs sons, si les tambours et les trompettes doivent se changer en organes de la flatterie sur le champ de bataille ! Laissez aux cours et aux cités le privilége de n'offrir que les dehors perfides de l'adulation et de rendre l'acier aussi doux que la soie du parasite. Qu'on les réserve pour donner le signal des combats. C'est assez, vous dis-je. Parce que vous voyez sur mon nez quelques traces de sang que je n'ai pas encore eu le temps de laver,—parce que j'ai terrassé quelques faibles ennemis, exploits qu'ont faits comme moi une foule d'autres soldats qui sont ici, et qu'on ne remarque pas, vous me recevez avec des acclamations hyperboliques, comme si j'aimais que mon faible mérite fût alimenté par des louanges assaisonnées de mensonge !

COMINIUS.—Vous avez trop de modestie, vous êtes plus ennemi de votre gloire que reconnaissant envers nous, qui vous rendons un hommage sincère. Si vous vous irritez ainsi contre vous-même, vous nous permettrez de vous enchaîner comme un furieux qui cherche à se détruire de ses mains ; afin de pouvoir vous parler raison en sûreté. Que toute la terre sache donc comme nous, que c'est Caïus Marcius qui remporte la palme de cette guerre : je lui en donne pour gage mon superbe coursier, connu de tout le camp, avec tous ses ornements ; et dès ce moment, en récompense de ce qu'il a fait devant Corioles, je le proclame, au milieu des cris et des applaudissements de toute l'armée, *Caïus Marcius Coriolanus.*—Portez toujours noblement ce surnom,

(Acclamations.—Musique guerrière.)

(Toute l'armée répète : *Caïus Marcius Coriolanus !*)

marcius.—Je vais laver mon visage; et alors vous verrez s'il est vrai que je rougisse ou non. — N'importe! je vous rends grâces. Je veux monter votre coursier, et dans tous les temps je ferai tous mes efforts pour soutenir le beau surnom que vous me décernez.

cominius.—Allons, entrons dans notre tente; avant de nous livrer au repos, il nous faut instruire Rome de nos succès. Vous, Titus Lartius, retournez à Corioles; et envoyez-nous à Rome les citoyens les plus considérables, afin que nous puissions conférer avec eux, dans leur intérêt comme dans le nôtre.

lartius.—Je vais le faire, seigneur.

marcius. — Les dieux commencent à se jouer de moi : moi, qui viens tout à l'heure de refuser les plus magnifiques présents, je me vois obligé de demander une grâce à mon général.

cominius.—Elle vous est accordée. Quelle est-elle?

marcius. — J'ai passé quelque temps ici à Corioles, chez un pauvre citoyen qui m'a traité en ami. Il a poussé dans le combat un cri vers moi : je l'ai vu faire prisonnier. Mais alors Aufidius a paru devant moi, et la fureur a étouffé ma pitié. Je vous demande la liberté de mon malheureux hôte.

cominius.—O noble demande! Fût-il le bourreau de mon fils, il sera libre comme l'air. Rendez-lui la liberté, Titus!

lartius.—Son nom, Marcius?

marcius.—Par Jupiter! je l'ai oublié.—Je suis fatigué, et ma mémoire en est troublée : n'avez-vous point de vin ici?

cominius. — Entrons dans nos tentes : le sang se fige sur votre visage; il est temps que vous preniez soin de vos blessures : allons.

(Ils sortent.)

SCÈNE X

Le camp des Volsques.

Bruit d'instruments militaires : TULLUS AUFIDIUS *paraît tout sanglant avec deux ou trois officiers.*

AUFIDIUS.—La ville est prise.

UN OFFICIER.—Elle sera rendue à de bonnes conditions.

AUFIDIUS.—Des conditions ! Je voudrais être Romain.... car étant Volsque, je ne puis me montrer tel que je suis. Des conditions ! Eh ! y a-t-il de bonnes conditions dans un traité pour le parti qui est à la merci du vainqueur ?—Marcius, cinq fois j'ai combattu contre toi, et cinq fois tu m'a vaincu ; et tu me vaincrais toujours, je crois, quand nos combats se renouvelleraient aussi souvent que nos repas ! Mais, j'en jure par les éléments, si je me rencontre encore une fois avec lui face à face, il sera à moi ou je serai à lui. Mon émulation renonce à l'honneur dont elle s'est piquée jusqu'ici ; et au lieu d'espérer, comme je l'ai fait, de le terrasser, en luttant en brave et fer contre fer, je lui tendrai quelque piége : il faut qu'il succombe ou sous ma fureur, ou sous mon adresse.

L'OFFICIER.—C'est le démon !

AUFIDIUS.—Il a plus d'audace, mais moins de ruse. Ma valeur est empoisonnée par les affronts qu'elle a reçus de lui ; elle change de nature. Ni le sommeil, ni le sanctuaire, ni la nudité, ni la maladie, ni le temple, ni le Capitole, ni les prières des prêtres, ni l'heure du sacrifice, aucune de ces barrières qui s'opposent à la fureur, ne pourront élever leurs priviléges traditionnels et pourris contre la haine que je porte à Marcius. Partout où je le trouverai, dans mes propres foyers, sous la garde de mon frère, là, violant les lois de l'hospitalité, je laverai dans son sang ma cruelle main.—Vous, allez à la ville ; voyez comment les Romains la gardent, quels sont les otages qu'ils ont demandés pour Rome.

L'OFFICIER.—N'y viendrez-vous pas vous-même?

AUFIDIUS.—On m'attend au bosquet de cyprès, au sud des moulins de la ville. Je vous prie, revenez m'apprendre en ce lieu quel cours suit la fortune afin que je règle ma marche sur celle des événements.

L'OFFICIER.—J'exécuterai vos ordres, seigneur.

(Ils sortent.)

FIN DU PREMIER ACTE.

ACTE DEUXIÈME

SCÈNE I

La ville de Rome. Place publique.

MÉNÉNIUS, SICINIUS ET BRUTUS.

MÉNÉNIUS.—L'augure m'a dit que nous aurions des nouvelles ce soir.

BRUTUS.—Bonnes ou mauvaises?

MÉNÉNIUS.—Peu favorables aux vœux du peuple ; car il n'aime pas Marcius.

SICINIUS.—La nature enseigne aux animaux à distinguer leurs amis.

MÉNÉNIUS.—Quel est, je vous prie, l'animal que le loup aime ?

SICINIUS.—L'agneau.

MÉNÉNIUS.—Oui, pour le dévorer comme vos plébéiens, toujours affamés, voudraient dévorer le noble Marcius.

BRUTUS.—C'est un agneau, qui bêle comme un ours.

MÉNÉNIUS.—Un ours? soit : mais qui vit comme un agneau. Vous êtes vieux tous les deux ; répondez à une question.

TOUS DEUX.—Voyons cette question.

MÉNÉNIUS.—Quel est le vice manquant à Marcius que vous n'ayez vous deux en abondance?

BRUTUS.—Il ne lui manque aucun défaut ; il est richement pourvu.

SICINIUS.—D'orgueil en particulier.

BRUTUS.—Et par-dessus tout de jactance.

MÉNÉNIUS.—Voilà qui est étrange ! Et vous deux, savez-vous le blâme dont vous êtes l'objet dans la ville? Je veux dire de la part des gens de notre ordre ? le savez-vous ?

les deux tribuns.—Comment, de quel blâme pouvons-nous être l'objet?

ménénius.—Puisque vous parlez d'orgueil, m'écouterez-vous sans humeur?

les deux tribuns.—Oui : allons, voyons.

ménénius.—Après tout, qu'importe! car il n'est pas nécessaire de voler beaucoup les occasions pour vous dérober beaucoup de votre patience.—Suivez sans frein votre penchant naturel ; et prenez de l'humeur tant qu'il vous plaira, si du moins c'est un plaisir pour vous que de vous fâcher. Vous reprochez à Marcius de l'orgueil !

brutus.—Nous ne sommes pas seuls à lui faire ce reproche.

ménénius.—Oh! je sais que vous faites très-peu de choses à vous tout seuls. Vous avez abondance de secours : sans quoi vos actions seraient merveilleusement rares. Vos talents sont trop enfantins pour faire beaucoup à vous seuls.—Vous parlez d'orgueil? Ah! si vous pouviez tourner les yeux et voir la nuque de vos cous, si vous pouviez faire une revue intérieure de vos bonnes personnes, si vous le pouviez.....

brutus.—Eh bien! qu'arriverait-il?

ménénius.—Eh bien! vous verriez une paire de magistrats sans mérite, orgueilleux, violents, entêtés, en d'autres termes, aussi sots qu'on en ait jamais vu dans Rome.

sicinius.—Ménénius, on vous connaît bien aussi.

ménénius.—On me connaît pour un patricien d'humeur joviale, qui ne hait pas une coupe de vin généreux, pur de tout mélange avec une seule goutte du Tibre ; qui a, dit-on, le défaut d'accueillir trop favorablement les plaintes du premier venu, d'être trop prompt, et de prendre feu comme de l'amadou pour le plus léger motif. On peut dire encore qu'il m'arrive plus souvent de converser avec la croupe noire de la nuit qu'avec le front riant de l'aurore. Mais tout ce que je pense, je le dis, et toute ma malice s'exhale en paroles. Lorsque je rencontre deux politiques tels que vous, il m'est impossible de les appeler des Lycurgues. Si la liqueur que vous me versez m'affecte désagréablement le palais, je fais la grimace. Je ne saurais dire que vos Honneurs ont bien parlé, quand je trouve des âneries dans la majeure partie de vos syllabes, et quoique je me résigne à supporter ceux qui disent que vous êtes de graves personnages dignes de nos respects, cependant ceux qui disent que vous avez de bonnes figures mentent effrontément. Si c'est là ce que vous voyez dans la carte de mon microcosme [1], s'ensuit-il qu'on me connaisse bien aussi? Voyons, quels défauts votre aveugle perspicacité découvrira-t-elle dans mon caractère, si moi aussi je suis bien connu?

BRUTUS.—Allez, allez! nous vous connaissons de reste.

MÉNÉNIUS.—Non, vous ne connaissez ni moi, ni vous-mêmes, ni quoi que ce soit. Vous recherchez les coups de chapeau et les courbettes des pauvres malheureux; vous perdez la plus précieuse partie du jour à entendre le plaidoyer d'une marchande de citrons contre un marchand de robinets, et vous remettez à une seconde audience la décision de ce procès de trois sous. Quand vous êtes sur votre tribunal, juges entre deux parties, si par malheur vous avez la colique, vous faites des grimaces comme de vrais masques, vous dressez l'étendard rouge contre toute patience, et, demandant un pot de chambre à grands cris, vous renvoyez les deux parties plus acharnées l'une contre l'autre, et la cause plus embrouillée; tout l'accord que vous mettez entre eux, c'est de les traiter tous deux de fripons. Vous êtes un étrange couple!

BRUTUS.—Allez, allez! on sait que vous dites plus de bons mots à table, que vous ne siégez utilement au Capitole.

MÉNÉNIUS.—Nos prêtres eux-mêmes perdraient leur gravité devant des objets aussi ridicules que vous; votre

---

[1] Microcosme (ou petit monde). Ce nom a été donné à l'homme par beaucoup de médecins et de philosophes anciens, qui ont considéré notre corps comme l'abrégé de l'univers.

meilleur raisonnement ne vaut pas un poil de votre barbe, qui tout entière ne mérite pas l'honneur d'être enterrée dans le coussin d'une ravaudeuse, ou dans le bât d'un âne ; et vous osez dire que Marcius a de l'orgueil ! Marcius, qui, évalué au plus bas, vaut tous vos ancêtres ensemble depuis Deucalion, quoique peut-être quelques-uns des plus illustres fussent des bourreaux héréditaires. Bonsoir à vos Seigneuries ; une plus longue conversation avec vous infecterait mon cerveau. Pasteurs des animaux de plébéiens, vous me permettrez de prendre congé de vous.

(Brutus et Sicinius se retirent à l'écart.)
(Surviennent Volumnie, Virgilie et Valérie.)

MÉNÉNIUS.—Qu'est-ce donc, belles et nobles dames ? La lune, descendue sur la terre, n'y brillerait pas de plus de majesté que vous. Et que cherchent vos regards empressés ?

VOLUMNIE.—Honorable Ménénius, mon fils Marcius approche : pour l'amour de Junon, ne nous retardez pas.

MÉNÉNIUS.—Ah ! Marcius revient à Rome ?

VOLUMNIE.—Oui, noble Ménénius, et avec la gloire la plus éclatante.

MÉNÉNIUS.—Voilà mon bonnet, ô Jupiter, et reçois mes remerciements. Oh ! Marcius revient à Rome !

VOLUMNIE ET VIRGILIE.—Oui, rien de plus vrai.

VOLUMNIE.—Voyez : cette lettre est de sa main. Le sénat en a reçu une autre, sa femme une autre, et il y en a une pour vous, je crois, à la maison.

MÉNÉNIUS.—Oh ! je vais donner ce soir des fêtes à ébranler les voûtes : une lettre pour moi !

VIRGILIE.—Oui, sûrement, il y a une lettre pour vous : je l'ai vue.

MÉNÉNIUS.—Une lettre pour moi ! elle m'assure sept ans de santé. Pendant sept ans je ferai la nique au médecin. La plus fameuse ordonnance de Galien n'est que drogue d'empirique, et ne vaut pas mieux qu'une médecine de cheval, en comparaison de ce préservatif. N'est-il point blessé ? Il n'a pas coutume de revenir sans blessures.

VIRGILIE.—Oh ! non, non, non !

VOLUMNIE.—Oh! il est blessé : j'en rends grâce aux dieux.

MÉNÉNIUS.—Et moi aussi, pourvu qu'il ne le soit pas trop. Les blessures lui vont bien. Apporte-t-il dans sa poche une victoire ?

VOLUMNIE.—Elle couronne son front. Voilà la troisième fois, Ménénius, que mon fils revient avec la guirlande de chêne.

MÉNÉNIUS.—A-t-il frotté Aufidius comme il faut ?

VOLUMNIE.—Titus Lartius écrit qu'ils ont combattu l'un contre l'autre ; mais qu'Aufidius a pris la fuite.

MÉNÉNIUS.—Oh ! il était temps, je le lui garantis : s'il eût résisté encore, je n'aurais pas voulu être traité comme lui pour tous les trésors de Corioles.—Le sénat est-il informé de cette nouvelle ?

VOLUMNIE.—Allons, mesdames.—Oui, oui, le sénat a reçu des lettres du général, qui donne à mon fils la gloire de cette guerre. Il a, dans cette action, deux fois surpassé l'honneur de ses premiers exploits.

VALÉRIE.—Il est vrai qu'on raconte de lui des choses merveilleuses.

MÉNÉNIUS.—Merveilleuses ! oui, je vous le garantis ; et bien achetées par lui.

VIRGILIE.—Que les dieux nous en confirment la vérité !

VOLUMNIE.—La vérité ? Ah ! par exemple !

MÉNÉNIUS.—La vérité ? je vous le jure, moi ; tout cela est vrai.—Où est-il blessé ?—(*Aux tribuns.*) Que les dieux conservent vos bonnes Seigneuries. Marcius revient à Rome. Il a de nouveaux sujets d'avoir de l'orgueil.—Où est-il blessé ?

VOLUMNIE.—A l'épaule et au bras gauche.—Là resteront de larges cicatrices qu'il pourra montrer au peuple, quand il demandera la place qui lui est due.—Lorsqu'il repoussa Tarquin, il reçut sept blessures.

MÉNÉNIUS.—Il en a une sur le cou, et deux dans la cuisse : je lui en connais neuf.

VOLUMNIE.—Avant cette dernière expédition, il avait déjà reçu vingt-cinq blessures.

MÉNÉNIUS.—Il en a donc maintenant vingt-sept, et

chaque blessure fut le tombeau d'un ennemi. Entendez-vous les trompettes?

(Acclamations et fanfares.)

volumnie. —Voilà les avant-coureurs de Marcius : il fait marcher devant lui le bruit de la victoire, et derrière lui il laisse des pleurs. La mort, ce sombre fantôme, est assise sur son bras vigoureux : ce bras se lève, retombe, et alors les hommes meurent.

(Les trompettes sonnent. On voit paraître Cominius et Titus Lartius; Coriolan est au milieu d'eux, le front ceint d'une couronne de chêne; les chefs de l'armée et les soldats le suivent : un héraut le précède.)

le héraut. —Apprends, ô Rome, que Marcius a combattu seul dans les murs de Corioles, où il a gagné avec gloire un nom qui s'ajoute au nom de Caïus Marcius. *Coriolan* est son glorieux surnom. Soyez le bienvenu à Rome, illustre Coriolan !

(Fanfares.)

tous ensemble. —Soyez le bienvenu à Rome, illustre Coriolan !

coriolan. —Assez ! cela blesse mon cœur ; je vous prie, cessez.

cominius. —Voyez votre mère.

coriolan. —Oh ! je le sais, vous avez imploré tous les dieux pour ma prospérité.

(Il fléchit le genou.)

volumnie. —Non, mon brave soldat, lève-toi ; lève-toi, mon cher Marcius, mon noble Caïus, et encore un surnom nouveau qui comble l'honneur de tes exploits ! Oui, *Coriolan :* n'est-ce pas le nom qu'il faut que je te donne? Mais voilà ta femme...

coriolan. —Salut, mon gracieux silence ! Quoi ! aurais-tu donc ri si tu m'avais vu rapporté dans un cercueil, toi qui pleures à mon triomphe ? Ah ! ma chère, ce sont les veuves de Corioles, et les mères qui ont perdu leurs enfants qui pleurent ainsi...

ménénius. —Que les dieux te couronnent !

coriolan. —Ah ! vous vivez encore ? (*A Valérie.*) Aimable dame, pardonnez.

ACTE II, SCÈNE I.

VOLUMNIE.—Je ne sais de quel côté me tourner.—O mon fils ! sois le bienvenu dans ta patrie ; et vous aussi, général, soyez tous les bienvenus.

MÉNÉNIUS.—Sois mille et mille fois le bienvenu ! Je suis prêt à pleurer et à rire. Mon cœur est tout à la fois triste et gai.—Sois le bienvenu ! Qu'une malédiction dévore le cœur de celui qui n'est pas joyeux de te voir ! Vous êtes trois que Rome doit adorer : mais j'en atteste tous les yeux, nous avons ici quelques vieux troncs ingrats sur lesquels on ne peut greffer la moindre affection pour vous. N'importe : soyez les bienvenus, ô guerriers ! Une ortie ne sera jamais qu'une ortie, et les travers des fous seront toujours folie.

COMINIUS.—Il a toujours raison.

CORIOLAN.—Toujours Ménénius, toujours le même.

LE HÉRAUT.—Faites place : avancez.

CORIOLAN, *à sa mère et à sa femme.*—Donnez-moi votre main, et vous la vôtre. Avant que je puisse abriter ma tête sous notre propre toit, mon devoir m'oblige à visiter nos bons patriciens, de qui j'ai reçu mille félicitations, accompagnées d'une foule d'honneurs.

VOLUMNIE.—J'ai assez vécu pour voir mes vœux accomplis, et réaliser les songes de mon imagination. Une seule chose te manque, et je ne doute pas que Rome ne te l'accorde.

CORIOLAN.—Sachez, ô tendre mère, que j'aime mieux les servir à mon gré, que de leur commander selon leur goût.

COMINIUS.—Allons au Capitole.

(Fanfares : ils sortent en pompe comme ils sont entrés ; les tribuns restent.)

BRUTUS.—Toutes les langues parlent de lui ; les yeux affaiblis de la vieillesse empruntent le secours des lunettes pour le voir : la nourrice babillarde, toute occupée de jaser de lui, n'entend plus les cris de son nourrisson ; le dernier souillon de cuisine songe à sa parure, arrange son plus beau mouchoir sur sa gorge enfumée, et court gravir sur les murs pour le regarder. On se presse sur les échoppes, dans les boutiques, aux fenêtres; les plombs sont couverts de peuple ; on voit les figures les plus diverses à cheval sur les toits, tous empressés de le voir. Les prêtres, qui se montrent si rarement, se confondent avec la multitude, et se pressent pour arriver tout essoufflés à une place vulgaire. Les dames exposent les lis et les roses de leurs joues délicates, et livrent nus les charmes de leur visage aux brûlants baisers de Phœbus. C'est un bruit, un tumulte autour de lui ! on dirait qu'un dieu est recelé dans sa personne mortelle, et lui donne un aspect plein de grâce.

SICINIUS.—Je vous le garantis consul dans l'instant même.

BRUTUS.—Notre charge, en ce cas, tant que durera son autorité, peut se reposer à loisir.

SICINIUS.—Il ne connaîtra jamais, dans les honneurs, cette modération qui sait le terme d'où il faut partir, et celui où il faut s'arrêter : il perdra tout ce qu'il a gagné.

BRUTUS.—C'est là l'espérance qui nous console.

SICINIUS. — N'en doutez pas. Le peuple, dont nous sommes l'appui, conservera son ancienne aversion pour lui, et oubliera, à la plus légère occasion, tous les nouveaux honneurs qu'on lui rend aujourd'hui; et, lui-même, il les rejettera, je n'en doute pas, car il s'en fera gloire.

BRUTUS.—Je l'ai entendu jurer que, s'il briguait le consulat, jamais il ne consentirait à paraître sur la place publique revêtu du vêtement râpé de l'humilité ; qu'il dédaignerait l'usage de montrer aux plébéiens ses blessures, pour mendier (disait-il) leurs voix empestées.

SICINIUS.—C'est la vérité.

BRUTUS.—Ce sont ses propres termes. Oh ! il renoncera plutôt à cette dignité, que de ne la pas devoir uniquement aux suffrages des chevaliers, et aux vœux des nobles.

SICINIUS.—Qu'il persiste dans cette résolution ! qu'il l'exécute! et je n'en désire pas davantage.

BRUTUS.—Il est vraisemblable qu'il le fera.

SICINIUS.—Alors ce sera, comme nous le voulons, sa ruine certaine.

brutus.—Il faut le perdre, ou nous perdons notre autorité. Pour arriver à nos fins, ne nous lassons pas de représenter aux plébéiens quelle haine Marcius a toujours nourrie contre eux; comment il a fait tous ses efforts pour en faire des bêtes de somme, imposer silence à leurs défenseurs, et les dépouiller de leurs plus chers priviléges; comment il les regarde, sous le rapport des facultés, de la capacité, de la grandeur d'âme, et de l'aptitude à la vie du monde, comme des chameaux employés à la guerre, qui ne reçoivent leur nourriture que pour porter des fardeaux, et qui sont accablés de coups, quand ils succombent sous le poids.

sicinius.—Ces idées suggérées, comme vous dites, dans une occasion favorable, lorsque sa prodigieuse insolence offensera le peuple, enflammeront le courroux de la multitude comme une étincelle embrase le chaume desséché, et allumeront un incendie qui obscurcira pour jamais Marcius. L'occasion ne nous manquera pas, pourvu qu'on l'irrite : c'est une chose aussi aisée que de lancer des chiens contre les moutons.

(Un messager paraît.)

brutus.—Que venez-vous nous apprendre?

le messager.—On désire votre présence au Capitole. On croit que Marcius sera consul. J'ai vu les muets se presser en foule pour le voir, et les aveugles attentifs à ses paroles. Les matrones jetaient leurs gants sur son passage. Les jeunes filles faisaient voler vers lui leurs écharpes, leurs gants et leurs mouchoirs; les nobles s'inclinaient comme devant la statue de Jupiter, les plébéiens faisaient une grêle de leurs bonnets; leurs acclamations étaient comme la voix du tonnerre. Jamais je n'ai rien vu de semblable.

brutus. — Allons au Capitole; portons-y pour le moment des yeux et des oreilles : mais tenons nos cœurs prêts pour l'événement.

sicinius.—Allons.

(Ils sortent.)

SCÈNE II

La scène est toujours à Rome. Le Capitole.
Deux officiers viennent placer des coussins.

PREMIER OFFICIER.—Allons, allons, ils sont ici tout à l'heure.—Combien y a-t-il de candidats pour le consulat?

SECOND OFFICIER.—Trois, dit-on, mais tout le monde croit que Coriolan l'emportera.

PREMIER OFFICIER.—C'est un brave soldat, mais il a un orgueil qui crie vengeance et il n'aime pas le petit peuple.

SECOND OFFICIER.—Certes, nous avons eu plusieurs grands hommes qui ont flatté le peuple, et qui n'ont pu s'en faire aimer; et il y en a beaucoup que le peuple aime sans savoir pourquoi. Si le peuple aime sans motif, il hait aussi sans fondement. Ainsi l'indifférence de Coriolan pour la haine du peuple et pour son amour est la preuve de la connaissance qu'il a de son vrai caractère; sa noble insouciance ne lui permet pas de dissimuler ses sentiments.

PREMIER OFFICIER.—S'il lui était égal d'être aimé, ou non, il serait resté dans son indifférence, et n'eût fait au peuple ni bien ni mal; mais il cherche la haine des plébéiens avec plus de zèle qu'ils n'en peuvent avoir à la lui prouver, et il n'oublie rien pour se faire connaître en tout comme leur ennemi déclaré. Or, s'étudier ainsi à s'attirer la haine et la disgrâce du peuple, c'est une conduite aussi blâmable que de le flatter pour s'en faire aimer, politique qu'il dédaigne.

SECOND OFFICIER.—Il a bien mérité de son pays, et il ne s'est point élevé par des degrés aussi faciles que ceux qui, souples et courtois devant la multitude, lui prodiguent leurs saluts, sans avoir d'autre titre à son estime et à ses louanges. Mais Coriolan a tellement mis sa gloire devant tous les yeux et ses actions dans tous les cœurs, qu'un silence qui en refuserait l'aveu serait une énorme ingratitude; un récit infidèle serait une calomnie qui se démentirait elle-même, et recueillerait partout le reproche et le mépris.

ACTE II, SCÈNE II.

PRÉMIER OFFICIER.—N'en parlons plus. C'est un digne homme.—Retirons-nous ; les voilà.

> (Entrent Coriolan; Ménénius; le consul Cominius, précédé de ses licteurs; plusieurs autres sénateurs: Sicinius et Brutus. Les sénateurs vont à leurs places ; les tribuns prennent les leurs à part.

MÉNÉNIUS.—Après avoir décidé le sort des Volsques, et arrêté que Titus Lartius sera rappelé, il nous reste pour objet principal de cette assemblée particulière à récompenser les nobles services de celui qui a si vaillamment combattu pour son pays. Qu'il plaise donc au grave et respectable sénat de Rome d'ordonner au consul ici présent, notre digne général dans cette dernière guerre si heureuse, de nous parler un peu de ces grandes choses qu'a accomplies Caïus Marcius Coriolanus. Nous sommes assemblés ici pour le remercier et pour signaler notre reconnaissance par des honneurs dignes de lui.

PREMIER SÉNATEUR.—Parlez, noble Cominius ; ne retranchez rien de peur d'être trop long, et faites nous penser que notre ordre manque de moyens de récompenser, plutôt que nous de bon vouloir à le faire. Chefs du peuple, nous vous demandons une attention favorable et ensuite votre bienveillante intervention auprès du peuple pour lui faire approuver ce qui se passe ici.

SICINIUS. — Nous sommes rassemblés pour un objet agréable, et nos cœurs sont disposés à respecter et à seconder les desseins de cette assemblée.

BRUTUS.—Et nous nous trouverons encore plus heureux de le faire, si Coriolan veut se souvenir de témoigner au peuple une plus tendre estime qu'il n'a fait jusqu'à présent.

MÉNÉNIUS.—Il n'est pas question de cela ; il n'en est pas question. J'aimerais mieux que vous vous fussiez tu. Voulez-vous bien écouter Cominius parler ?

BRUTUS. — Très-volontiers : mais pourtant mon avis était plus raisonnable que votre refus d'y faire attention.

MÉNÉNIUS.—Il aime vos plébéiens : mais n'exigez pas qu'il se fasse leur camarade de lit. Digne Cominius, parlez. (*A Coriolan, qui se lève et veut sortir*.) Non, demeurez à votre place.

PREMIER SÉNATEUR.—Asseyez-vous, Coriolan, et n'ayez pas honte d'écouter le récit de ce que vous avez fait de glorieux.

CORIOLAN.—J'en demande pardon à vos Honneurs : j'aimerais mieux avoir à guérir encore mes blessures que d'entendre répéter comment je les ai reçues.

BRUTUS, *à Coriolan*.—Je me flatte que ce n'est pas ce que j'ai dit qui vous fait quitter votre siége?

CORIOLAN.—Non : cependant j'ai souvent fui dans une guerre de mots, moi qui ai toujours été au-devant des coups. Ne m'ayant point flatté, vous ne m'offensez pas : Quant à vos plébéiens, je les aime comme ils le méritent.

MÉNÉNIUS.—Je vous prie, encore une fois, asseyez-vous.

CORIOLAN.—Autant j'aimerais me laisser gratter la tête au soleil pendant qu'on sonne l'alarme, que d'être tranquillement assis à entendre faire des monstres de mes riens.

(Il sort.)

MÉNÉNIUS.—Chefs du peuple, comment ce héros pourrait-il flatter votre multitude toujours croissante, où l'on ne trouve pas un homme de bien sur mille, lui qui aimerait mieux risquer tous ses membres pour la gloire, qu'une seule de ses oreilles pour s'entendre louer.— Commencez Cominius.

COMINIUS.—Je manquerai d'haleine; et ce n'est pas d'une voix faible que l'on doit annoncer les exploits de Coriolan. On convient que la valeur est la première des vertus, et la plus honorable pour celui qui la possède. Le monde n'a donc point d'homme qui puisse balancer à lui seul l'homme dont je parle. A seize ans, lorsque Tarquin rassembla une armée contre Rome, Marcius surpassa tous les Romains. Notre dictateur d'alors, qui est assis là, et que je signale à vos éloges, le vit combattre, lorsqu'avec son menton d'amazone, il chassa devant lui les moustaches hérissées. Debout, au-dessus d'un Romain terrassé qu'il couvrait de son corps, il immola, à la vue du consul, trois adversaires acharnés contre lui. Il attaqua Tarquin lui-même, et le coup qu'il

lui porta lui fit fléchir le genou. Dans les exploits de
cette journée, à un âge où il eût pu faire le rôle d'une
femme sur la scène, il se montra le premier des
hommes sur le champ de bataille ; en récompense, il
reçut la couronne de chêne. Ainsi, entrant en homme
dans la carrière de l'adolescence, il crut comme l'Océan ;
et dans le choc de dix-sept batailles successives, son épée
ravit aux autres tous les lauriers. Mais ce qu'il a fait
dans cette guerre, devant les murs de Corioles et dans
l'enceinte de la ville, permettez-moi de le dire ; je ne
puis en parler comme il le faudrait : il a arrêté les
fuyards, et son exemple unique a appris aux lâches à
se jouer avec la peur. Comme les herbes marines devant un vaisseau voguant à pleines voiles, ainsi les
hommes cédaient et tombaient sous sa proue. Son glaive,
imprimait le sceau de la mort partout où il frappait : de
la tête aux pieds il était tout en sang, et chacun de ses
mouvements était marqué par les cris des mourants.
Seul, il franchit les portes meurtrières de la cité, en
les marquant d'une destinée inévitable ; seul et sans
être secouru, il les repasse ; puis, enlevant les renforts
qui lui arrivent, il tombe sur Corioles comme une planète ; enfin tout lui est soumis. Mais le bruit lointain de nos armes vient frapper son oreille attentive ;
aussitôt son courage redouble et ranime son corps
épuisé : il arrive sur le lieu du combat ; là il s'élance,
moissonnant des vies humaines, comme si le carnage
devait être éternel, et tant que nous ne sommes point
maîtres du champ de bataille et de la ville, il ne s'arrête
pas, même pour reprendre haleine.

MÉNÉNIUS.—Digne homme !

PREMIER SÉNATEUR.—Il ne sera pas au-dessous des honneurs suprêmes que nous lui préparons.

COMINIUS.—Il a dédaigné les dépouilles des Volsques ;
il a regardé les objets les plus précieux comme la fange
de la terre : il désire moins que ne donnerait l'avarice
même ; il trouve dans ses actions sa récompense : heureux d'employer son temps à l'abréger.

MÉNÉNIUS. — Il est vraiment noble : qu'il soit rappelé.

UN SÉNATEUR.—Qu'on appelle Coriolan.
UN OFFICIER.—Le voici.

(Coriolan entre.)

MÉNÉNIUS.—Coriolan, tout le sénat est charmé de vous faire consul.

CORIOLAN.—Je lui dois pour toujours mes services et ma vie.

MÉNÉNIUS.—Il ne reste plus qu'à parler au peuple.

CORIOLAN. — Permettez-moi, je vous en conjure, de m'affranchir de cet usage : je ne puis revêtir la robe, me présenter la tête nue devant le peuple, et le conjurer, au nom de mes blessures, de m'accorder ses suffrages. Que j'en sois dispensé !

SICINIUS.—Le peuple doit avoir sa voix ; il ne rabattra rien, absolument rien de la cérémonie.

MÉNÉNIUS.—Ne lui montez pas la tête.—Et vous, accommodez-vous à la coutume, et, arrivez aux honneurs comme ceux qui vous ont précédé, dans les formes prescrites.

CORIOLAN.—C'est un rôle que je ne pourrai jouer sans rougir ; et l'on pourrait bien priver le peuple de ce spectacle.

BRUTUS.—Remarquez-vous ce qu'il dit là ?

CORIOLAN.—Me vanter devant eux ! Dire : J'ai fait ceci et cela ; leur montrer des cicatrices dont je ne souffre pas et que je voudrais tenir cachées : comme si je n'avais reçu tant de blessures que pour recevoir le salaire de leurs voix.

MÉNÉNIUS.—Ne vous obstinez pas à cela.—Tribuns du peuple, nous vous recommandons nos projets, et nous souhaitons tous joie et honneur à notre illustre consul.

LES SÉNATEURS.—Joie et honneur à Coriolan.

(Acclamations.)
(Tous sortent, excepté Sicinius et Brutus.)

BRUTUS.—Vous voyez comme il veut en agir avec le peuple.

SICINIUS. — Puissent-ils pénétrer ses pensées ! Il leur demandera leurs voix, d'un ton à leur faire sentir qu'il méprise le pouvoir qu'ils ont de lui accorder ce qu'il sollicite.

BRUTUS.—Venez, nous allons les instruire de notre conduite ici : venez à la place publique, où je sais qu'ils nous attendent.

(Ils sortent.)

SCÈNE III

Rome. — Le Forum.

PLUSIEURS CITOYENS *paraissent*.

PREMIER CITOYEN.—En un mot, s'il demande nos voix, nous ne devons pas les lui refuser.

SECOND CIYOYEN. — Nous le pouvons si nous voulons.

TROISIÈME CITOYEN.—Sans doute, nous avons bien ce pouvoir en nous-mêmes : mais c'est un pouvoir que nous n'avons pas le pouvoir d'exercer; car s'il nous montre ses blessures et nous raconte ses exploits, nous serons forcés de prêter à ses cicatrices une voix qui parlera pour elles. Oui, s'il nous raconte tous ses nobles exploits, nous serons bien forcés de parler aussi de notre noble reconnaissance. L'ingratitude est un vice monstrueux; et si le peuple était ingrat, il deviendrait monstrueux. Nous sommes les membres du peuple; nous deviendrions des membres monstrueux!

PREMIER CITOYEN.—Mais pour donner de nous-mêmes cette idée, il ne nous manque pas grand'chose; car lorsque nous nous sommes soulevés pour le prix du blé, il n'hésita pas à nommer le peuple la multitude aux cent têtes.

TROISIÈME CITOYEN.—Il n'est pas le seul qui nous ait appelés ainsi ; non parce que les uns ont la chevelure brune, les autres noire, ou parce que ceux-ci ont une tête chevelue, et ceux-là une tête chauve : mais à cause de cette grande variété d'esprits de toutes couleurs qui nous distingue. Et en effet, si tous nos esprits sortaient à la fois de nos cerveaux, on les verrait voler en même temps à l'est, à l'ouest, au nord et au sud. En partant du même centre, ils arriveraient en ligne droite à tous les points de la circonférence.

SECOND CITOYEN.—Vous le croyez? Quelle route prendrait mon esprit, à votre avis?

TROISIÈME CITOYEN.—Oh! votre esprit ne délogerait pas aussi promptement qu'un autre, tant il est enfoncé dans votre tête dure : mais si une fois il pouvait s'en dégager, sûrement il irait droit au sud.

SECOND CITOYEN.—Pourquoi de ce côté-là?

TROISIÈME CITOYEN.—Pour se perdre dans un brouillard, où, après s'être fondu jusqu'aux trois quarts dans une rosée corrompue, le reste reviendrait charitablement vous aider à trouver femme.

SECOND CITOYEN.—Vous avez toujours le mot pour rire : à votre aise, à votre aise.

TROISIÈME CITOYEN.—Êtes-vous tous résolus à donner votre voix? Mais peu importe que tous la donnent; la pluralité décide : pour moi je dis que si Coriolan était mieux disposé pour le peuple, jamais il n'aurait eu son égal en mérite. (*Entrent Coriolan et Ménénius.*) — Le voici vêtu de la robe de l'humilité; observons sa conduite. Ne nous tenons pas ainsi tous ensemble; mais approchons de l'endroit où il se tient debout, un à un, deux à deux, ou trois à trois : il faut qu'il nous présente sa requête à chacun en particulier, afin que chacun de nous reçoive un honneur personnel, en lui donnant notre voix de notre propre bouche. Suivez-moi donc, et je vous montrerai comment nous devons l'approcher.

TOUS ENSEMBLE.—C'est cela, c'est cela.

(Ils sortent.)

MÉNÉNIUS.—Ah! Coriolan, vous avez tort : ne savez-vous pas que les plus illustres Romains ont fait ce que vous faites?

CORIOLAN.—Que faut-il que je dise? Aidez-moi, je vous prie, Ménénius. La peste de cet usage! Je ne pourrai mettre ma langue au pas. Voyez mes blessures; je les ai reçues au service de ma patrie; tandis que certains de vos frères rugissaient de peur, et prenaient la fuite au bruit de nos propres tambours.

MÉNÉNIUS.—Oh! dieux : ne parlez pas de cela. Il faut les prier de se souvenir de vous.

CORIOLAN.—Eux se souvenir de moi! Que l'enfer les engloutisse! Je désire qu'ils m'oublient, comme ils oublient les vertus que nos prêtres leur recommandent en pure perte.

MÉNÉNIUS.—Vous gâterez tout.—Je vous laisse. Parlez-leur, je vous prie, comme il convient à votre but; encore une fois, je vous en conjure. (*Il sort.*)

(Deux citoyens approchent.)

CORIOLAN.—Dites-leur donc de se laver la figure, et de se nettoyer les dents.—Ah! j'en vois deux qui s'avancent.—Vous savez pourquoi je suis ici debout.

PREMIER CITOYEN. — Oui, nous le savons. Dites-nous pourtant ce qui vous y conduit?

CORIOLAN.—Mon mérite.

SECOND CITOYEN.—Votre mérite?

CORIOLAN.—Oui; et non pas ma volonté.

PREMIER CITOYEN.—Pourquoi pas votre volonté?

CORIOLAN.—Non, ce ne fut jamais ma volonté d'importuner le pauvre pour lui demander l'aumône.

PREMIER CITOYEN.—Vous devez penser que, si nous vous accordons quelque chose, c'est dans l'espoir de gagner avec vous.

CORIOLAN.—Fort bien. A quel prix, s'il vous plaît, voulez-vous m'accorder le consulat?

PREMIER CITOYEN.—Le prix, c'est de le demander honnêtement.

CORIOLAN.—Honnêtement?—Accordez-le moi, je vous prie. J'ai des blessures à faire voir, que je pourrais vous montrer en particulier. Eh bien! vous, donnez-moi votre bonne voix. Que me répondez-vous?

SECOND CITOYEN.—Vous l'aurez, digne Coriolan.

CORIOLAN.—J'y compte. Voilà déjà deux excellentes voix! J'ai votre aumône : adieu.

PREMIER CITOYEN. — Cette manière est un peu bizarre.

SECOND CITOYEN, *mécontent*.—Si c'était à refaire... Mais n'importe.

(Ils se retirent.)
(Deux autres citoyens s'avancent.)

CORIOLAN.—Je vous prie, s'il dépend de votre voix que je devienne consul... Vous voyez que j'ai pris le costume d'usage.

TROISIÈME CITOYEN.— Vous avez servi noblement votre patrie, et vous ne l'avez pas servie noblement.

CORIOLAN.—Le mot de cette énigme?

TROISIÈME CITOYEN.—Vous avez été le fléau de ses ennemis; et aussi la verge de ses amis. Non, vous n'avez pas aimé le commun peuple.

CORIOLAN.—Vous devriez me croire d'autant plus vertueux que j'ai été moins commun dans mes amitiés : mais je flatterai mes frères les plébéiens pour obtenir d'eux une plus tendre estime. C'est une condition qu'ils croient bien douce; et puisque, dans la sagesse de leur choix, ils préfèrent mes coups de chapeau à mon cœur, je leur ferai ces courbettes qui les séduisent et j'en serai quitte avec eux pour des grimaces; oui, je leur prodiguerai ces mines qui ont été le charme de quelques hommes populaires; je leur en donnerai tant qu'ils en désireront : Je vous conjure donc de me faire consul.

QUATRIÈME CITOYEN.—Nous espérons trouver en vous notre ami; et, dans cet espoir, nous vous donnons nos voix de bon cœur.

TROISIÈME CITOYEN.— Vous avez reçu beaucoup de blessures pour votre pays.

CORIOLAN.—Il est inutile de vous apprendre, en vous les montrant, ce que vous savez déjà. Je m'applaudis beaucoup d'avoir reçu votre suffrage, et je ne veux pas vous importuner plus longtemps.

TOUS DEUX.—Que les dieux vous comblent de joie! C'est le vœu de notre cœur.

(Ils se retirent.)

CORIOLAN.—O voix pleines de douceur! Il vaut mieux mourir, il vaut mieux mourir de faim que d'implorer le salaire que nous avons déjà mérité. Pourquoi resterais-je dans cette robe de laine à solliciter Pierre et Paul? C'est l'usage : mais si nous obéissions en tout aux caprices de l'usage, la poussière s'accumulerait sur l'antique temps, et l'erreur formerait une énorme montagne qu'il ne serait plus possible à la vérité de surmonter.— Plutôt que de faire ainsi le fou, abandonnons la première place et l'honneur suprême à qui voudra remplir ce rôle.—Mais je me vois à la moitié de ma tâche : puisque j'ai tant fait... patience, et achevons le reste. —(*Trois citoyens paraissent.*) Voici de nouvelles voix. (*Aux citoyens.*) Donnez-moi vos voix. — C'est pour vos voix que j'ai combattu et veillé dans les camps; c'est pour vous que j'ai reçu plus de vingt-quatre blessures et que je me suis trouvé en personne à dix-huit batailles. Pour vos voix, j'ai fait beaucoup de choses plus ou moins illustres. — Donnez-moi vos voix. — Je désire être consul.

CINQUIÈME CITOYEN.—Il a fait noblement tout ce qu'il a fait, et il n'est pas d'honnête homme dont il ne doive remporter le suffrage.

SIXIÈME CITOYEN.—Qu'il soit donc consul; que les dieux le comblent de joie, et le rendent l'ami du peuple!

TOUS ENSEMBLE.—Amen, amen! Que le ciel te conserve, noble consul!

(Tous se retirent.)

CORIOLAN.—O dignes suffrages!
(Ménénius reparaît avec Brutus et Sicinius.)

MÉNÉNIUS.—Vous avez rempli le temps fixé. Les tribuns vous assurent la voix du peuple. Il ne vous reste plus qu'à vous revêtir des marques de votre dignité pour retourner au sénat.

CORIOLAN, *aux tribuns*.—Tout est fini?

SICINIUS.—Vous avez satisfait à l'usage. Le peuple vous admet, et doit être convoqué de nouveau pour confirmer votre élection.

CORIOLAN.—Où? au sénat?

SICINIUS.—Là même, Coriolan.

CORIOLAN.—Puis-je changer de robe?

SICINIUS.—Vous le pouvez.

CORIOLAN.—Je vais le faire sur-le-champ, afin que je puisse me reconnaître moi-même, avant de me montrer au sénat.

MÉNÉNIUS.—Je vous accompagnerai. Venez-vous?

BRUTUS. — Nous demeurons ici pour assembler le peuple.

SICINIUS. — Salut à tous les deux !

(Coriolan sort avec Ménénius.)

SICINIUS.—Il tient le consulat maintenant ; et si j'en juge par ses yeux, il triomphe dans son cœur.

BRUTUS.—L'orgueil de son âme éclatait sous ses humbles vêtements.—Voulez-vous congédier le peuple ?

(Une foule de plébéiens.)

SICINIUS.— Eh bien ! mes amis, vous avez donc choisi cet homme ?

PREMIER CITOYEN.—Il a nos voix, seigneur.

BRUTUS. — Nous prions les dieux qu'il mérite votre amour.

SECOND CITOYEN.—Amen ; mais si j'en crois ma petite intelligence, il se moquait de nous, quand il nous a demandé nos voix.

TROISIÈME CITOYEN.—Rien n'est plus sûr : il s'est bien amusé à nos dépens.

PREMIER CITOYEN.—Non : c'est sa manière de parler. Il ne s'est pas moqué de nous.

SECOND CITOYEN.—Pas un de nous, excepté vous, qui ne dise qu'il nous a traités avec mépris. Il devait nous montrer les preuves de son mérite, les blessures qu'il a reçues pour son pays.

SICINIUS.—Il les a montrées, sans doute ?

PLUSIEURS PARLANT A LA FOIS.—Non : personne ne les a vues.

TROISIÈME CITOYEN.—Il nous disait qu'il avait des blessures, qu'il les pourrait montrer en particulier ; et puis faisant un geste dédaigneux avec son bonnet : « Oui je « veux être consul, ajoutait-il ; mais, d'après une vieille « coutume, je ne puis l'être que par votre suffrage. Don-« nez-moi donc votre voix. » Et après que nous l'avons

donnée, il était ici, je l'ai bien entendu : « Je vous remer-
« cie de votre voix, disait-il, je vous remercie de vos
« voix si douces. Maintenant que vous les ayez données;
« je n'ai plus affaire à vous. »—N'était-ce pas là se moquer?

SICINIUS.—Pourquoi donc n'avez-vous pas eu l'esprit
de vous en apercevoir? Ou, si vous vous en êtes aperçus,
pourquoi avez-vous eu, comme des enfants, la simplicité de lui accorder votre suffrage?

BRUTUS.—Ne pouviez-vous pas lui dire, comme on vous
en avait fait la leçon, qu'alors même qu'il était sans pouvoir, petit serviteur de la république, il était votre ennemi; qu'il a toujours déclamé contre vos libertés, et attaqué les priviléges que vous avez dans l'État; que si,
parvenu au souverain pouvoir dans Rome, il reste toujours l'ennemi déclaré du peuple, vos suffrages se changeront en armes contre vous-mêmes? Au moins auriez-
vous dû lui dire, que si ses grandes actions le rendaient
digne de la place qu'il demandait, son bon naturel devait
aussi lui parler en faveur de ceux qui lui accordaient
leur voix, changer sa haine contre vous en affection,
et le rendre votre zélé protecteur.

SICINIUS.—Si vous aviez parlé de la sorte, et suivi nos
conseils, vous auriez sondé son âme, et mis ses sentiments à l'épreuve ; et vous lui auriez arraché des promesses avantageuses que vous auriez pu le forcer de
tenir en temps et lieu ; ou sinon vous auriez aigri
par là ce caractère farouche qui n'endure aisément rien
de ce qui peut le lier; il serait devenu furieux, et sa rage
vous aurait servi de prétexte pour passer sans l'élire.

BRUTUS.—Avez-vous remarqué qu'il vous sollicitait
avec un mépris non déguisé alors qu'il avait besoin de
votre faveur? Et pensez-vous que ce mépris ne vous acca-
blera pas, quand il aura le pouvoir de vous écraser?
Étiez-vous donc des corps sans âmes? N'avez-vous donc
une langue que pour parler contre la rectitude de votre
jugement?

SICINIUS.—N'avez-vous pas déjà refusé votre suffrage
à plus d'un candidat qui l'a sollicité? et aujourd'hui

vous l'accordez à un homme qui, au lieu de le demander, ne fait que se moquer de vous.

TROISIÈME CITOYEN.—Notre choix n'est pas confirmé; nous pouvons le révoquer encore.

SECOND CITOYEN.—Et nous le révoquerons : j'ai cinq cents voix d'accord avec la mienne.

PREMIER CITOYEN.—Moi j'en ai mille, et des amis encore pour les soutenir.

BRUTUS.—Allez à l'instant leur dire qu'on a choisi un consul qui les dépouillera de leurs libertés, et ne leur laissera pas plus de voix qu'à des chiens qu'on bat pour avoir aboyé, tout en ne les gardant que pour cela.

SICINIUS.—Assemblez-les, et, sur un examen plus réfléchi, révoquez tous votre aveugle choix. Peignez vivement son orgueil, et n'oubliez pas de parler de sa haine contre vous, de l'air de dédain qu'il avait sous l'habit de suppliant, et des railleries qu'il a mêlées à sa requête. Dites que votre amour, ne s'attachant qu'à ses services, a distrait votre attention de son rôle actuel, dont l'indécente ironie est l'effet de sa haine invétérée contre vous.

BRUTUS.—Rejetez même cette faute sur nous, sur vos tribuns; plaignez-vous du silence de notre autorité qui n'a mis aucune opposition, et vous a comme forcés de faire tomber votre choix sur sa personne.

SICINIUS.—Dites que, dans votre choix, vous avez été plutôt guidés par notre volonté que par votre inclination; que l'esprit préoccupé d'une nécessité qui vous a paru votre devoir, vous l'avez, bien qu'à contre-cœur, nommé consul. Rejetez toute la faute sur nous.

BRUTUS.—Oui, ne nous épargnez pas. Dites que nous vous avions fait de beaux discours sur les services qu'il a rendus si jeune à sa patrie, et qu'il a continués si longtemps; sur la noblesse de sa race, sur l'illustre maison des Marcius, de laquelle sont sortis et cet Ancus Marcius, petit-fils de Numa, qui, après Hostilius, régna en ces lieux, et Publius et Quintus, à qui nous devons les aqueducs qui font arriver la meilleure eau dans Rome; et le favori du peuple, Censorinus, ainsi nommé, parce qu'il fut deux fois censeur, l'un des plus vénérables ancêtres de Coriolan.

sicinius.—Né de tels aïeux, soutenu par un mérite personnel digne des premières places, voilà l'homme que nous avons dû recommander à votre reconnaissance ; mais en mettant dans la balance sa conduite présente et sa conduite passée, vous avez trouvé en lui votre ennemi acharné, et vous révoquez vos suffrages irréfléchis.

brutus.—Dites surtout, et ne vous lassez pas de le répéter, que vous ne lui eussiez jamais accordé vos voix qu'à notre instigation. Aussitôt que vous serez en nombre, allez au Capitole.

tous ensemble.—Nous n'y manquerons pas. Presque tous se repentent de leur choix.

(Les plébéiens se retirent.)

brutus.—Laissons-les faire. Il vaut mieux hasarder cette première émeute que d'attendre une occasion plus qu'incertaine pour en exciter une plus grande. Si, conservant son caractère, il entre en fureur en voyant leur refus, observons-le tous les deux, et répondons-lui de manière à tirer avantage de son dépit.

sicinius.—Allons au Capitole : nous y serons avant la foule des plébéiens ; et ce qu'ils vont faire, aiguillonnés par nous, ne semblera, comme cela est en partie, que leur propre ouvrage.

(Ils sortent.)

FIN DU DEUXIÈME ACTE.

ACTE TROISIÈME

SCÈNE I

Une rue à Rome.

Fanfares. CORIOLAN, MÉNÉNIUS, COMINIUS, TITUS LARTIUS, *sénateurs et patriciens.*

CORIOLAN.—Tullus Aufidius a donc rassemblé une nouvelle armée !

LARTIUS.—Oui, seigneur ; et voilà ce qui a fait hâter notre traité.

CORIOLAN.—Ainsi les Volsques en sont encore au même point qu'auparavant, tout prêts à faire une incursion sur notre territoire, à la première occasion qui les tentera.

COMINIUS.—Ils sont tellement épuisés, seigneur consul, que j'ai peine à croire que nous vivions assez pour revoir flotter encore leurs bannières.

CORIOLAN.—Avez-vous vu Aufidius?

LARTIUS.—Il est venu me trouver sur la foi d'un sauf-conduit, et il a chargé les Volsques d'imprécations, pour avoir si lâchement cédé la ville : il s'est retiré à Antium.

CORIOLAN.—A-t-il parlé de moi?

LARTIUS.—Oui, seigneur.

CORIOLAN.—Oui?—Et qu'en a-t-il dit?

LARTIUS.—Il a dit combien de fois il s'était mesuré avec vous, fer contre fer;—qu'il n'était point d'objet sur la terre qui lui fût plus odieux que vous; qu'il abandonnerait sans retour toute sa fortune, pour être une fois nommé votre vainqueur.

CORIOLAN.—Et il a fixé sa demeure à Antium?

LARTIUS.—Oui, à Antium.

ACTE III, SCÈNE I.

CORIOLAN. — Mon désir serait d'avoir une occasion d'aller l'y chercher, et de m'exposer en face à sa haine.—Soyez le bienvenu! (*Sicinius et Brutus paraissent.*) Voyez : voilà les tribuns du peuple, les langues de la bouche commune. Je les méprise ; car ils se targuent de leur autorité d'une façon qui fait souffrir tous les hommes de cœur.

SICINIUS, *à Coriolan.*—N'allez pas plus loin.

CORIOLAN, *surpris.*—Comment!—Qu'est-ce donc?

BRUTUS. — Il est dangereux pour vous d'avancer.— Arrêtez.

CORIOLAN.—D'où vient ce changement?

MÉNÉNIUS.—La cause ?

COMINIUS.—N'a-t-il pas passé par les suffrages des chevaliers et du peuple ?

BRUTUS.—Non, Cominius.

CORIOLAN.—Sont-ce des enfants qui m'ont donné leurs voix ?

UN SÉNATEUR. — Tribuns, laissez-le passer : il va se rendre à la place publique.

BRUTUS.—Le peuple est irrité contre lui.

SICINIUS.—Arrêtez, ou le désordre va s'accroître.

CORIOLAN.—Voilà donc le troupeau que vous conduisez? Méritent-ils d'avoir une voix, ceux qui la donnent et la retirent l'instant d'après? A quoi bon vos offices? Vous qui êtes leur bouche, que ne réprimez-vous leurs dents? N'est-ce pas vous qui avez allumé leur fureur?

MÉNÉNIUS.—Calmez-vous, calmez-vous.

CORIOLAN.—C'est un dessein prémédité, un complot formé de brider la volonté de la noblesse. Souffrez-le, si vous le pouvez, et vivez avec une populace qui ne peut commander, et ne voudra jamais obéir.

BRUTUS.—Ne traitez pas cela de complot. Le peuple se plaint hautement que vous vous êtes moqué de lui : il se plaint que dernièrement, lorsqu'on lui a fait une distribution gratuite de blé, vous en avez marqué votre mécontentement; que vous avez injurié ceux qui plaidaient la cause du peuple; que vous les avez appelés de lâches complaisants, des flatteurs, des ennemis de la noblesse.

coriolan.—Comment? ceci était connu auparavant.
brutus.—Non pas à tous.
coriolan.—Et vous les en avez instruits depuis?
brutus.—Qui, moi, je les en ai instruits?
coriolan.—Vous êtes bien capable d'un trait pareil.
brutus.—Je suis certainement capable de réparer vos imprudences.
coriolan. — Eh! pourquoi serais-je consul? par les nuages que voilà, faites-moi démériter autant que vous, et alors prenez-moi pour votre collègue.
sicinius.—Vous laissez trop voir cette haine qui irrite le peuple. Si vous êtes jaloux d'arriver au terme où vous aspirez, il vous faut chercher à rentrer, avec des dispositions plus douces, dans la voie dont vous vous êtes écarté : ou bien, vous n'aurez jamais l'honneur d'être ni consul, ni collègue de Brutus dans le tribunat.
ménénius.—Restons calmes.
cominius.—On trompe le peuple; on l'excite.—Cette fraude est indigne de Rome, et Coriolan n'a pas mérité cet obstacle injurieux dont on veut perfidement embarrasser le chemin ouvert à son mérite.
coriolan.—Me parler aujourd'hui de blé?—Oui, ce fut mon propos, et je veux le répéter encore.
ménénius.—Pas dans ce moment, pas dans ce moment.
un sénateur.—Non, pas dans ce moment, où les esprits sont échauffés.
coriolan.—Dans ce moment même, sur ma vie, je veux le répéter. (*Aux sénateurs.*) — Vous, mes nobles amis, j'implore votre pardon. Mais pour cette ignoble et puante multitude, qu'elle me regarde pendant que je lui dis ses vérités, et qu'elle se reconnaisse. Oui, en la caressant, nous nourrissons contre le sénat l'ivraie de la révolte, de l'insolence et de la sédition : nous l'avons nous-mêmes cultivée, semée, propagée en la mêlant à notre ordre illustre, nous qui ne manquons pas de vertu, certes, ni de pouvoir, sinon de celui que nous avons donné à la canaille.
ménénius.—C'est assez, calmez-vous.
un sénateur.—Plus de paroles, nous vous en conjurons.

ACTE III, SCÈNE I.

coriolan. — Comment, plus de paroles ! — De même que j'ai versé mon sang pour mon pays, sans jamais craindre aucune force ennemie,... tant que je respirerai, ma voix ne cessera d'articuler des paroles contre cette lèpre dont nous rougirions d'être atteints, et que pourtant nous prenons tous les moyens de gagner.

brutus. — Vous parlez des masses comme si vous étiez un dieu fait pour punir, et non pas un mortel soumis aux mêmes faiblesses qu'elles.

sicinius. — Il serait à propos que le peuple en fût instruit.

ménénius. — De quoi ? de quoi ? de sa colère ?

coriolan. — De la colère ? Quand je serais aussi paisible que le sommeil de la nuit, par Jupiter, ce serait encore mon sentiment.

sicinius. — C'est un sentiment qui doit rester un poison dans le cœur qui le conçoit, et n'en point sortir ; c'est moi qui vous le dis.

coriolan. — Qui doit rester ! Entendez-vous ce Triton du fretin ? Remarquez-vous son absolu *qui doit*?

cominius. — Oui, on dirait que c'est la loi qui parle.

coriolan. — O patriciens vertueux, mais imprévoyants ; ô graves, mais imprudents sénateurs, pourquoi avez-vous donné à cette hydre le droit de se choisir un officier qui, avec son *qui doit*, lui qui n'est que la trompette et le bruit du monstre, a l'audace de dire qu'il changera le fleuve de votre puissance en un vil fossé, et s'emparera de son cours. Si c'est lui qui a le pouvoir en main, inclinez-vous devant lui dans votre ignorance ; mais s'il n'en a aucun, réveillez-vous, et renoncez à votre dangereuse douceur. Si vous êtes sages, n'agissez pas comme la foule des insensés ; si vous n'êtes pas plus sages qu'eux, permettez donc qu'ils viennent siéger auprès de vous. Vous n'êtes que des plébéiens, s'ils sont des sénateurs. Et certes ils ne sont pas moins que des sénateurs, lorsque dans le mélange de leurs suffrages et du vôtre, c'est le leur qui l'emporte.... Eux choisir leur magistrat ! Et ils choisissent un homme qui oppose son *qui doit*, son *qui doit* populaire, aux décisions d'un tribunal plus respectable que n'en vit jamais la Grèce. Par Jupiter! cette ignominie avilit les consuls; et mon âme souffre en songeant que lorsque deux autorités se combattent, sans que ni l'une ni l'autre soit souveraine, le désordre ne tarde pas à se glisser entre elles, et à les renverser bientôt l'une par l'autre.

COMINIUS.—Allons, rendons-nous à la place publique.

CORIOLAN.—Quiconque a pu donner le conseil de distribuer gratuitement le blé des magasins de l'État, comme on le pratiqua jadis quelquefois dans la Grèce....

MÉNÉNIUS.—Allons, allons, ne parlons plus de cet article.

CORIOLAN.—Quoique en Grèce le peuple eût dans ses mains un pouvoir plus absolu, je soutiens que c'est nourrir la révolte, et saper les fondements de l'État.

BRUTUS.—Quoi donc? Le peuple donnerait son suffrage à un homme qui parle de lui sur ce ton?

CORIOLAN.—Je donnerai mes raisons qui valent mieux que son suffrage. Ils savent bien que cette distribution de blé n'était pas une récompense; ils sont bien convaincus qu'ils n'ont rendu aucun service qui la méritât. Appelés à faire la guerre, dans une crise où l'État était attaqué dans les sources de sa vie, ils ne voulaient pas seulement passer les portes de la ville. Pareil service ne méritait pas une distribution gratuite de blé. Dans le camp, leurs mutineries et leurs révoltes, où leur valeur s'est surtout signalée, ne parlaient pas en leur faveur. Les accusations dénuées de toute raison qu'ils ont si fréquemment élevées contre le sénat, n'étaient pas faites pour motiver ce don si généreux. Et voyez le résultat. Comment l'estomac multiple du monstre digérera-t-il la libéralité du sénat? Que leurs actions montrent ce que seraient probablement leurs paroles : *Nous l'avons demandé; nous sommes de l'ordre le plus nombreux, et c'est par crainte qu'ils nous ont accordé notre requête.*—C'est ainsi que nous avilissons l'honneur de notre rang, et que nous enhardissons la canaille à traiter de crainte notre sollicitude pour elle; avec le temps, cette conduite brisera les barrières du sénat, et les corbeaux y viendront insulter les aigles à coups de bec.

ACTE III, SCÈNE I.

MÉNÉNIUS.—Allons, en voilà assez.

BRUTUS.—Oui, assez, et beaucoup trop.

CORIOLAN.—Non, prenez encore ceci : je ne finirai pas sans avoir dit ce qu'on peut attester au nom des puissances divines et humaines.—Là où l'autorité est ainsi partagée; là où un parti méprise l'autre avec raison, et où l'autre insulte sans motif; là où la noblesse, les titres, la sagesse ne peuvent rien accomplir que d'après le *oui* et le *non* d'une ignorante multitude, on omet mille choses d'une nécessité réelle, et l'on cède à une inconstante légèreté. De cette contradiction à tout propos, il arrive que rien ne se fait à propos. Je vous conjure donc, vous qui avez plus de zèle que de crainte, qui aimez les bases fondamentales de l'État, et qui voyez les changements qu'on y introduit; vous qui préférez une vie honorable à une longue vie, et qui êtes d'avis de secouer violemment par un remède dangereux un corps qui, sans ce remède, doit périr inévitablement; arrachez donc la langue de la multitude, qu'elle ne lèche plus les douceurs qui l'empoisonnent. Votre déshonneur est une injure faite au bon sens ; elle prive l'État de cette unité qui lui est indispensable, et lui ôte tout pouvoir de faire le bien, tant le mal est puissant.

BRUTUS.—Il en a dit assez.

SICINIUS.—Il a parlé comme un traître ; et il subira le jugement des traîtres.

CORIOLAN.—Misérable ! que le dépit t'accable ! Que ferait le peuple de ces tribuns chauves? C'est sur eux qu'il s'appuie pour manquer d'obéissance au premier corps de l'État. Ils furent choisis dans une révolte, dans une crise, où ce fut la nécessité qui fit la loi, et non la justice. Que, dans une circonstance plus heureuse, ce qui est juste soit reconnu juste, et renverse leur puissance dans la poussière.

BRUTUS.—Trahison manifeste !

SICINIUS.—Cet homme consul ? Non.

BRUTUS.—Édiles ! holà ! qu'on le saisisse.

(Les édiles paraissent.)

SICINIUS.—Allez, assemblez le peuple (*Brutus sort*), au

nom duquel je t'attaque, entends-tu, comme un traître novateur, un ennemi du bien public. Obéis, je te somme au nom du peuple; prépare-toi à répondre.

CORIOLAN.—Loin de moi, vieux bouc.

LES SÉNATEURS ET LES PATRICIENS.—Nous sommes tous sa caution.

COMINIUS, *au tribun*.—Vieillard, ôte tes mains.

CORIOLAN.—Éloigne-toi, cadavre pourri, ou je secoue tes os hors de tes vêtements!

SICINIUS.—A mon secours, citoyens!

(Brutus rentre avec les édiles et une partie de la populace.)

MÉNÉNIUS, *aux deux partis*. Des deux côtés plus de respect.

SICINIUS, *au peuple*.—Voilà l'homme qui veut vous enlever toute votre autorité.

BRUTUS.—Édiles, saisissez-le.

LA POPULACE.—Qu'on s'en empare, qu'on s'en empare!

SECOND SÉNATEUR.—Des armes, des armes, des armes! (*Tous s'attroupent autour de Coriolan.*)—Tribuns, patriciens, citoyens!—Arrêtez : qu'est-ce donc!...—Sicinius, Brutus, Coriolan, citoyens!

TOUS ENSEMBLE.—Silence, silence, arrêtez; silence.

MÉNÉNIUS.—Que va-t-il résulter de ceci?—Je suis hors d'haleine. La confusion va se mettre partout. Je n'ai pas la force de parler.—Vous, tribuns du peuple, Coriolan, patience; parlez, bon Sicinius.

SICINIUS.—Peuple, écoutez-moi.—Silence.

TOUT LE PEUPLE.—Écoutons notre tribun : silence.—Parlez, parlez.

SICINIUS.—Vous êtes sur le point de perdre vos libertés : Marcius veut vous les enlever toutes; Marcius, que vous venez de désigner pour le consulat.

MÉNÉNIUS.—Fi donc! fi donc! fi donc! c'est le moyen d'allumer l'incendie et non pas de l'éteindre.

SECOND SÉNATEUR.—Oui, c'est le moyen de renverser la cité de fond en comble.

SICINIUS.—La cité est-elle autre chose que le peuple!

LE PEUPLE.—C'est la vérité, le peuple est la cité.

BRUTUS.—C'est par le consentement de tous que nous avons été établis les magistrats du peuple.

ACTE III, SCÈNE III.

LE PEUPLE. — Et vous êtes nos magistrats.

MÉNÉNIUS. — Et vous continuerez à l'être.

COMINIUS. — Voilà le moyen de renverser Rome, de mettre le toit sous les fondements, et d'ensevelir ce qui reste d'ordre sous un amas de ruines.

SICINIUS. — Son discours mérite la mort.

BRUTUS. — Ou il faut soutenir notre autorité, ou il faut nous résoudre à la perdre. — Nous prononçons ici, de la part du peuple, dont le pouvoir nous a créés ses magistrats, que Marcius mérite la mort à l'instant même.

SICINIUS. — Saisissez-le donc. Entraînez-le à la roche Tarpéienne, et précipitez-le dans l'abîme.

BRUTUS. — Édiles saisissez-vous de sa personne.

(Marcius se défend.)

TOUS LES PLÉBÉIENS. — Cède, Marcius ; cède.

MÉNÉNIUS. — Écoutez-moi ; un seul mot.... Tribuns, je vous en conjure ; je ne veux dire qu'un mot.

LES ÉDILES. — Silence ! silence !

MÉNÉNIUS. — Soyez ce que vous paraissez, les vrais amis de votre patrie ; procédez avec calme, au lieu de vous faire ainsi violemment justice.

BRUTUS. — Ménénius, ces voies lentes et mesurées, qui paraissent des remèdes prudents, sont funestes quand le mal est violent. Emparez-vous de lui, et traînez-le au rocher.

(Coriolan tire son épée.)

CORIOLAN. — Non : je veux mourir ici. — Il en est plus d'un parmi vous qui m'a vu combattre. Allons, essayez sur vous-mêmes si je suis encore ce que vous m'avez vu devant l'ennemi.

MÉNÉNIUS. — Mettez bas cette épée : tribuns, retirez-vous un moment.

BRUTUS. — Saisissez-le.

MÉNÉNIUS. — Défendez Marcius, défendez-le, vous tous qui êtes nobles : jeunes et vieux, défendez-le. — Vous, tous, sénateurs, chevaliers, jeunes et vieux, secourez-le.

TOUT LE PEUPLE. — A bas Marcius ! à bas !

(Dans ce tumulte, les édiles, les tribuns et le peuple sont battus et repoussés : ils disparaissent.)

ménénius. — Allez regagner votre maison : partez, sortez d'ici, ou tout est perdu.

second sénateur. — Partez.

coriolan. — Tenez ferme, nous avons autant d'amis que d'ennemis.

ménénius. — Quoi ! nous en viendrions à cette extrémité !

un sénateur. — Que les dieux nous en préservent ! Mon noble ami, je t'en conjure, retire-toi dans ta maison ; laisse-nous apaiser cette affaire.

ménénius. — C'est une plaie que vous ne pouvez guérir vous-même. Partez, je vous en conjure.

cominius. — Allons, Coriolan, venez avec nous.

ménénius. — Je voudrais qu'ils fussent des barbares (ils le sont, quoique nés sur le fumier de Rome), et non des Romains (ils ne le sont pas en effet, quoiqu'ils mugissent près des portiques du Capitole).—Éloignez-vous : abstenez-vous d'exprimer votre noble courroux ; attendez un temps plus favorable.

coriolan. — En champ libre, j'en voudrais battre quarante, à moi seul.

ménénius. — Moi-même, j'en prendrais pour ma part deux des plus résolus : oui, les deux tribuns.

cominius. — Mais en ce moment tout ces calculs ne sont pas de saison ; et le courage devient folie quand il attaque un rempart qui va l'écraser de ses ruines. Voulez-vous vous éloigner, avant que la populace revienne ? Sa fureur, comme un torrent dont on interrompt le cours, renverse les digues qui la contenaient.

ménénius. — Je vous en prie, partez d'ici, j'essayerai si ma vieille sagesse sera de mise avec cette multitude qui n'en a pas beaucoup. Il faut boucher les trous, n'importe avec quelle étoffe.

cominius. — Allons ! venez.

(Coriolan et Cominius sortent.)

premier sénateur. — C'est un homme qui a pour jamais compromis sa fortune.

ménénius. — Il est d'une nature trop noble pour le monde. Il ne flatterait pas Neptune lui-même pour obtenir son trident, ni Jupiter pour disposer de sa foudre : sa bouche est son cœur. Tout ce que son sein enfante, il faut que sa langue le déclare; et lorsqu'il est irrité, il oublie jusqu'au nom de la mort. Voici un beau tumulte!

(On entend un bruit confus.)

SECOND SÉNATEUR. — Je voudrais que tous ces plébéiens fussent dans leur lit.

MÉNÉNIUS. — Et moi qu'il fussent engloutis dans le Tibre. — Diantre, pourquoi ne leur a-t-il pas parlé plus doucement?

(Brutus et Sicinius paraissent; ils reviennent suivis de la populace.)

SICINIUS. — Où est-elle cette vipère qui voudrait dépeupler Rome, et remplacer, à elle seule, tous ses habitans?

MÉNÉNIUS. — Respectables tribuns!.....

SICINIUS. — Il faut qu'il soit précipité sans pitié de la roche Tarpéienne. Il s'est révolté contre la loi; la loi ne daignera point lui accorder d'autre forme de procès que la sévérité de cette puissance populaire qu'il affecte de mépriser.

PREMIER CITOYEN. — Nous lui ferons bien voir que les nobles tribuns sont la voix du peuple, et nous les bras.

TOUT LE PEUPLE. — Il le verra, soyez-en sûr.

MÉNÉNIUS. — Citoyens!....

SICINIUS. — Taisez-vous!

MÉNÉNIUS. — Ne criez pas : tue; quand vous devriez lancer un simple mandat.

SICINIUS. — Et vous, comment arrive-t-il que vous ayez prêté la main à son évasion?

MÉNÉNIUS. — Laissez-moi parler. — Je connais toutes les qualités du consul; mais aussi je sais avouer ses fautes.

SICINIUS. — Du consul!.... Quel consul?

MÉNÉNIUS. — Le consul Coriolan.

BRUTUS. — Lui, consul!

TOUT LE PEUPLE. — Non, non, non, non.

MÉNÉNIUS. — Bons citoyens, si je puis obtenir des tribuns et de vous la faveur d'être entendu, je ne veux vous dire qu'une parole ou deux; tout le mal qui peut en résulter pour vous, c'est la perte de quelques instants.

SICINIUS. — Parlez-donc, mais promptement; car nous sommes déterminés à nous défaire de ce serpent venimeux : le chasser de Rome, ce serait un vrai danger; le souffrir dans Rome, serait notre ruine certaine : il est arrêté qu'il mourra ce soir.

MÉNÉNIUS. — Ah! que les Dieux bienfaisants ne permettent pas que notre glorieuse Rome, dont la reconnaissance pour ceux de ses enfants qui l'ont méritée est consignée dans le livre de Jupiter, s'oublie jusqu'à les dévorer elle-même, comme une mère dénaturée!

SICINIUS. — C'est un mal qu'il faut détruire.

MÉNÉNIUS. — Oh! c'est un membre qui n'est qu'un peu malade : le couper serait mortel; le guérir est facile. Qu'a-t-il donc fait à Rome qui mérite la mort? Est-ce parce qu'il a tué nos ennemis? Le sang qu'il a perdu (j'ose dire qu'il en a plus perdu qu'il n'en reste dans ses veines), il l'a versé pour sa patrie : si sa patrie répandait ce sang qui lui reste, ce serait pour nous tous, qui commettrions ou qui souffririons cette injustice, un opprobre éternel jusqu'à la fin du monde.

SICINIUS. — Ce n'est pas de cela qu'il s'agit.

BRUTUS. — C'est détourner la question : tant qu'il a aimé sa patrie, sa patrie l'a honoré.

MÉNÉNIUS. — Quand la gangrène nous prive du service d'un membre, on doit donc n'avoir aucun égard pour ce qu'il fut jadis?

BRUTUS. — Nous n'écouterons plus rien : poursuivez-le dans sa maison, arrachez-le d'ici; il est à craindre que son mal étant d'une nature contagieuse ne se répande plus loin.

MÉNÉNIUS. — Un mot encore, un mot. Cette rage impétueuse comme celle du tigre, quand elle viendra à se sentir punie de sa fougue inconsidérée, voudra, mais trop tard, s'arrêter et attacher à ses pas des entraves de plomb. Procédez lentement et par degrés, de peur que l'affection qu'on lui porte ne fasse éclater des factions qui renversent la superbe Rome par les Romains.

BRUTUS. — S'il arrivait que.....

SICINIUS.—Que dites-vous? N'avons-nous pas déjà l'échantillon de son obéissance? Nos édiles maltraités, nous-mêmes repoussés!—Allons.

MÉNÉNIUS.—Faites attention à une chose : il a toujours vécu dans les camps depuis qu'il a pu tirer l'épée, et il est mal instruit à manier un langage raffiné. Son ou farine, il mêle tout sans distinction. Si vous voulez le permettre, j'irai le trouver, et je me charge de l'amener à la place publique, où il faudra qu'il se justifie suivant les formes légales, et dans une discussion paisible, au péril de ses jours.

PREMIER SÉNATEUR. — Nobles tribuns, cette voie est la plus raisonnable : l'autre coûterait trop de sang, et on ne pourrait en prévoir le résultat définitif.

SICINIUS. — Eh bien ! noble Ménénius, soyez donc ici l'officier du peuple. Concitoyens, mettez bas vos armes.

BRUTUS.—Ne rentrez pas encore dans vos maisons.

SICINIUS, *à Ménénius*.—Venez nous trouver à la place publique : nous vous y attendrons; et si vous n'amenez pas Marcius, nous en reviendrons à notre premier projet.

MÉNÉNIUS.—Je l'amènerai devant vous. (*Aux sénateurs.*) Daignez m'accompagner : il faut qu'il vienne, ou les plus grands malheurs s'ensuivraient.

PREMIER SÉNATEUR.—Permettez-nous d'aller le trouver avec vous.

(Ils sortent.)

SCÈNE II

Appartement de la maison de Coriolan.

CORIOLAN *entre accompagné de* **PATRICIENS.**

CORIOLAN.—Quand ils renverseraient tout autour de moi, quand ils me présenteraient la mort sur la roue, ou à la queue de chevaux indomptés; quand ils entasseraient dix collines encore sur la roche Tarpéienne, afin que l'œil ne pût atteindre de la cime la profondeur du précipice, non, je ne changerais pas de conduite avec eux.
(Volumnie paraît.)

UN PATRICIEN.—Vous prenez le parti le plus noble.

CORIOLAN. — Je vois avec étonnement que ma mère commence à ne me plus approuver ; elle, qui avait coutume de les appeler des bêtes à laine, des êtres créés pour être vendus et achetés à vil prix, pour venir montrer leurs têtes nues dans les assemblées, et rester, la bouche béante, dans le silence de l'admiration, lorsqu'un homme de mon rang se levait pour discuter la paix ou la guerre! — Je parle de vous, ma mère : pourquoi me souhaiteriez-vous plus de douceur? Voudriez-vous donc que je mentisse à ma nature. Mieux vaut que je me montre tel que je suis.

VOLUMNIE. — O Coriolan, Coriolan, j'aurais voulu vous voir consolider votre pouvoir avant de le perdre à jamais.

CORIOLAN. — Qu'il devienne ce qu'il pourra.

VOLUMNIE. — Vous auriez pu être assez vous-même, tout en faisant moins d'efforts pour paraître tel. Votre caractère aurait trouvé bien moins d'obstacles, si vous aviez dissimulé jusqu'à ce qu'ils fussent hors d'état de vous contrarier.

CORIOLAN. — Qu'ils aillent se faire pendre.

VOLUMNIE. — Et que le feu les dévore.

(Ménénius arrive, accompagné d'une troupe de sénateurs.)

MÉNÉNIUS. — Allons, allons, vous avez été trop brusque, un peu trop brusque. Il faut revenir devant le peuple, et réparer cela.

LES SÉNATEURS. — Il n'y a point d'autre remède, si vous ne voulez pas voir notre belle Rome se fendre par le milieu et s'écrouler.

VOLUMNIE. — Je vous prie, mon fils, acceptez ce conseil: je porte un cœur qui n'est pas plus souple que le vôtre; mais j'ai une tête qui sait faire meilleur usage de la colère.

MÉNÉNIUS. — Bien parlé, noble dame. Moi, plutôt que de le voir s'abaisser à ce point devant la multitude, si la crise violente de ces temps ne l'exigeait pas, comme le seul remède qui puisse sauver l'État, on me verrait encore endosser mon armure, qu'à peine à présent je puis porter.

ACTE III, SCÈNE II. 441

CORIOLAN.—Que faut-il faire?
MÉNÉNIUS.—Retourner vers les tribuns.
CORIOLAN.—Et ensuite?
MÉNÉNIUS—.Rétracter ce que vous avez dit.
CORIOLAN.—Pour eux? Je ne pourrais pas le faire pour les dieux mêmes ; et il faut que je le fasse pour les tribuns?
VOLUMNIE.—Vous êtes trop absolu, quoique vous ne puissiez jamais avoir trop de cette noble fierté, sauf quand la nécessité parle..... Je vous ai ouï dire que l'honneur et la politique, comme deux amis inséparables, marchaient de compagnie à la guerre. Eh bien ! dites-moi quel tort l'un fait à l'autre dans la paix, pour qu'ils ne s'y trouvent pas également unis?
CORIOLAN.—Assez, assez.
MÉNÉNIUS.—La question est raisonnable.
VOLUMNIE.—Si l'honneur vous permet, à la guerre, de paraître ce que vous n'êtes pas (principe utile que vous adoptez pour règle de votre conduite), pourquoi serait-il moins raisonnable ou moins honnête que la politique fût, dans la paix, la compagne de l'honneur, puisque, à la guerre, ils sont également indispensables?
CORIOLAN.—Pourquoi me pressez-vous par vos raisonnements?
VOLUMNIE.—Parce qu'il s'agit de parler au peuple, non pas d'après votre opinion personnelle, ni en obéissant à la voix de votre cœur, mais avec des mots que votre langue seule assemblera, syllabes bâtardes que votre âme véridique désavouera. Non, il n'y a pas à cela plus de déshonneur pour vous qu'à prendre une ville avec de douces paroles, lorsque tout autre moyen mettrait votre fortune en péril et coûterait beaucoup de sang. Moi, je dissimulerais avec mon caractère naturel, lorsque mes intérêts et mes amis en danger exigeraient de mon honneur que je le fisse : et en cela, je pense comme pensent votre épouse, votre fils, ces sénateurs et toute cette noblesse. —Mais vous, vous aimerez mieux montrer à notre populace un front menaçant que de lui accorder une seule caresse pour gagner son amour, et prévenir des événements qui peuvent tout perdre.

MÉNÉNIUS. —Noble dame, joignez-vous à nous; continuez de parler avec cette sagesse; vous pourrez réussir non-seulement à prévenir les dangers présents, mais même à réparer les malheurs du passé.

VOLUMNIE. — Je t'en conjure, ô mon fils, va reparaître devant eux, ton bonnet à la main; et de loin salue ainsi la foule (suppose qu'elle est là devant toi); puis, mettant un genou sur les pierres (car en pareille circonstance l'action est pleine d'éloquence et les yeux des ignorants sont plus savants que leurs oreilles), fais à plusieurs reprises un geste repentant, qui corrige et démente ton cœur inflexible, devenu tout à coup humble et docile comme le fruit mûr qui cède à la main qui le touche; ou bien, dis-leur que tu es leur guerrier, et qu'ayant été élevé au milieu des combats, tu n'as pas l'usage de ces douces manières que tu devrais avoir et qu'ils pourraient exiger, lorsque tu viens demander leurs bonnes grâces; mais qu'à l'avenir tu seras leur ami autant qu'il dépendra de toi.

MÉNÉNIUS.—Faites ce qu'elle dit, et tous les cœurs sont à vous; car ils sont aussi prompts à pardonner, dès qu'on les implore, qu'ils le sont à proférer des injures sur le plus léger prétexte.

VOLUMNIE.—Je t'en conjure, va, et sois docile; quoique je sache bien que tu aimerais mieux descendre avec ton ennemi dans un gouffre enflammé que de le flatter dans un riant bosquet..... *(Comminius entre.)* Voilà Cominius.
    (Cominius entre.)

COMINIUS. — Je viens de la place publique; et il faut vous appuyer d'un parti puissant, ou chercher vous-même votre sûreté dans la plus grande modération ou dans l'absence. Tout le peuple est en fureur.

MÉNÉNIUS.—Seulement quelques paroles de conciliation.....

COMINIUS.—Je crois qu'elles les apaiseraient, si Coriolan peut y plier sa fierté.

VOLUMNIE.—Il le faut, et il le voudra. Je te prie, mon fils, dis que tu y consens, et va l'exécuter.

CORIOLAN. — Faut-il donc que j'aille leur montrer mes

cheveux en désordre? Faut-il que ma langue donne bassement à mon noble cœur un démenti qu'il lui faudra endurer? Eh bien! soit; je le ferai. Cependant, s'il n'y avait rien de plus à sacrifier que ce corps de Marcius, j'aimerais mieux qu'ils le missent en poussière, et qu'ils la jetassent aux vents. — Au forum! Vous m'avez chargé là d'un rôle que je ne remplirai jamais au naturel.

cominius.—Allons, allons; nous vous aiderons.

volumnie.—Je t'en conjure, mon cher fils. Tu as dit que mes louanges t'avaient fait guerrier : eh bien! pour obtenir encore de moi d'autres louanges, joue un rôle que tu n'as pas encore rempli.

coriolan.—Eh bien, soit!—Sors de mon sein, mon inclination naturelle, et cède la place à l'esprit d'une courtisane. Que ma voix mâle et guerrière, qui faisait chœur avec les clairons, devienne grêle comme le fausset de l'eunuque, ou comme la voix d'une jeune fille qui endort un enfant au berceau; que le sourire des fourbes sillonne mes joues, et que les pleurs d'un jeune écolier obscurcissent mes yeux; que la langue suppliante d'un mendiant se meuve entre mes lèvres, et que mes genoux, couverts de fer, qui n'ont jamais fléchi que sur mon étrier, se prosternent aussi bas que ceux du misérable qui a reçu l'aumône.—Je ne le ferai point, ou bien j'abjurerais ma fidélité à l'honneur, et, par les mouvements et les attitudes de mon corps, j'enseignerais à mon âme la plus infâme lâcheté.

volumnie.— Eh bien! à ton choix. Il est plus déshonorant pour ta mère de te supplier qu'il ne l'est pour toi de supplier le peuple. Que tout tombe en ruine : ta mère aime mieux essuyer un refus de ton orgueil que de redouter sans cesse ta dangereuse inflexibilité; car je brave la mort d'un cœur aussi fier que le tien. Fais ce qu'il te plaira. Ta valeur vient de moi, tu l'as sucée avec mon lait : mais tu ne dois ton orgueil qu'à toi-même.

coriolan. —Je vous prie, calmez-vous, ma mère : je vais aller à la place publique; ne me grondez plus. Oui, j'irai, monté sur des tréteaux, marchander leur amitié, séduire leurs cœurs par des flatteries, et je reviendrai chez vous, chéri de tous les ateliers de Rome. Vous me voyez partir : parlez de moi à ma femme. Ou je reviendrai consul, ou ne vous fiez plus désormais à mon talent dans l'art de la flatterie.

VOLUMNIE.—Fais à ta guise.

(Elle sort.)

COMINIUS.—Venez, les tribuns vous attendent. Armez-vous de modération pour répondre avec douceur ; car, d'après ce que j'ai ouï dire, ils préparent contre vous des accusations plus graves que celles dont ils vous ont déjà chargé.

CORIOLAN.—Avec douceur, avez-vous dit? Marchons, je vous prie : qu'ils m'accusent avec l'art de la fraude ; moi, je répondrai dans toute la franchise de l'honneur.

MÉNÉNIUS.—Oui, mais avec douceur.

CORIOLAN. — A la bonne heure ; avec douceur donc : allons, oui, avec douceur.

(Ils sortent.)

SCÈNE III

La place publique.

SICINIUS et BRUTUS.

BRUTUS. — Accusez-le surtout d'aspirer à la tyrannie. S'il nous échappe de ce côté, reprochez-lui sa haine contre le peuple ; ajoutez que les dépouilles conquises sur les Antiates n'ont jamais été distribuées. (*Un édile paraît.*) Eh bien! viendra-t-il?

L'ÉDILE. — Il vient.

BRUTUS. — Qui l'accompagne?

L'ÉDILE. — Le vieux Ménénius et les sénateurs qui l'ont toujours appuyé de leur crédit.

SICINIUS. — Avez-vous une liste de tous les suffrages dont nous nous sommes assurés, rangés par ordre?

L'ÉDILE.—Oui, elle est prête ; la voici.

SICINIUS. — Les avez-vous classés par tribus?

L'ÉDILE. — Je l'ai fait.

ACTE III, SCÈNE III.

SICINIUS. — A présent, assemblez le peuple sur cette place; et lorsqu'ils m'entendront dire : *Il est ainsi ordonné par les droits et l'autorité du peuple;* soit qu'il s'agisse de la mort, de l'amende ou de l'exil : si je dis, *l'amende,* qu'ils s'écrient : *l'amende;* si je dis *la mort,* qu'ils répètent : *la mort,* en insistant sur leurs anciens priviléges et sur le pouvoir qu'ils ont de décider la cause.

L'ÉDILE. — Je le leur ferai savoir.

BRUTUS. — Et dès qu'ils auront commencé leurs clameurs, qu'ils ne cessent plus, jusqu'à ce que le bruit confus de leurs voix presse l'exécution de la sentence que les circonstances nous auront fait décréter.

L'ÉDILE. — Fort bien !

SICINIUS. — Disposez-les à être bien déterminés, et prêts à nous soutenir dès que nous aurons lâché le mot.

BRUTUS. — Allez et veillez à tout cela. (*L'édile sort.* — *A Sicinius.*) Commencez par irriter sa colère : il est accoutumé à l'emporter partout, et à faire triompher son opinion sans contradiction. Une fois qu'il est courroucé, rien ne peut le ramener à la modération : alors il exhale tout ce qui est dans son cœur; et ce qui est dans son cœur est de concert avec nous pour opérer sa ruine.

(Coriolan arrive, accompagné de Ménénius, de Cominius et d'autres sénateurs.)

SICINIUS. — Bon ! le voici qui vient.

MÉNÉNIUS, *à Coriolan.* — De la modération, je vous en conjure.

CORIOLAN. — Oui, comme un hôtelier, qui, pour la plus vile pièce d'argent, se laissera traiter de fripon tant qu'on voudra. — Que les respectables dieux conservent Rome en sûreté; qu'ils placent sur les siéges de la justice des hommes de bien ; qu'ils entretiennent l'amour parmi nous ; qu'il remplissent nos vastes temples des spectacles pompeux de la paix, et non pas nos rues des horreurs de la guerre.

PREMIER SÉNATEUR. — Ainsi soit-il!

MÉNÉNIUS. — Noble souhait!

(L'édile paraît, suivi des plébéiens.)

sicinius. — Peuple, avancez, approchez.

l'édile. — Prêtez l'oreille à la voix de vos tribuns : écoutez-les; silence! vous dis-je.

coriolan. — Laissez-moi parler le premier.

les deux tribuns. — Eh bien! soit, parlez : holà! silence!

coriolan. — Est-il bien sûr qu'après ceci, je ne serai plus accusé? Tout se terminera-t-il ici?

sicinius. — Je vous demande, moi, si vous vous soumettez aux suffrages du peuple, si vous reconnaissez ses officiers, et si vous consentez à subir une légitime censure, pour toutes les fautes dont vous serez reconnu coupable.

coriolan. — J'y consens.

ménénius. — Voyez, citoyens; il dit qu'il consent. Considérez quels services militaires il a rendus; souvenez-vous des blessures dont son corps est couvert, comme un cimetière hérissé de tombeaux.

coriolan. — Quelques égratignures de buissons, quelques cicatrices pour rire.

ménénius. — Souvenez-vous encore, que s'il ne parle pas comme un habitant des cités, il se montre à vous comme un soldat. Ne prenez pas pour de la méchanceté la rudesse de son langage : elle convient à un soldat, mais il ne vous veut aucun mal.

cominius. — Fort bien! fort bien! en voilà assez.

coriolan. — Quelle est la raison pour laquelle, quand je suis nommé consul par tous les suffrages, on me fait l'affront de m'ôter le consulat l'heure d'après?

sicinius. — Répondez-nous.

coriolan. — Parlez donc : oui, vous avez raison, je dois vous répondre.

sicinius. — Nous vous accusons d'avoir travaillé sourdement à dépouiller Rome de toutes ses magistratures établies, et d'avoir marché par des voies détournées à la tyrannie ; en quoi vous êtes un traître au peuple.

coriolan. — Comment! moi, traître?

ménénius. — Allons! de la modération : votre promesse......

ACTE III, SCÈNE III.

CORIOLAN. — Que les flammes des gouffres les plus profonds de l'enfer enveloppent le peuple! M'appeler traître au peuple! Toi, insolent tribun, quand tes yeux, tes mains et ta langue pourraient lancer à la fois contre moi chacun dix mille traits, dix mille morts, je te dirais que tu mens, oui, en face, et d'une voix aussi libre, aussi sincère que lorsque je prie les dieux.

SICINIUS. — Peuple, l'entendez-vous?

TOUT LE PEUPLE. — A la roche Tarpéienne! A la roche Tarpéienne!

SICINIUS. — Silence. — Nous n'avons pas besoin d'intenter contre lui d'autres accusations : ce que vous lui avez vu faire et entendu dire, son insolence à frapper vos magistrats, à vous charger d'imprécations, à résister à vos lois par la violence, et à braver ici même l'assemblée, dont la respectable autorité doit juger son procès; tous ces attentats sont d'un genre si criminel, si capital, qu'ils méritent le dernier supplice.

BRUTUS. — Mais en considération des services utiles qu'il a rendus à Rome.....

CORIOLAN. — Que parlez-vous de services?,...

BRUTUS. — Je parle de ce que je sais.

CORIOLAN. — Vous?

MÉNÉNIUS. — Est-ce-là la promesse que vous avez faite à votre mère?

COMINIUS. — Je vous en prie souvenez-vous.....

CORIOLAN, *en fureur*. — Je ne me souviens plus de rien. Qu'ils me condamnent à mourir précipité du mont Tarpéien, ou à errer dans l'exil, ou à languir enfermé avec un grain de nourriture par jour, je n'achèterais pas leur merci au prix d'un seul mot de complaisance; je n'abaisserais pas ma fierté pour tout ce qu'ils pourraient me donner; non, quand, pour l'obtenir, il ne faudrait que leur dire bonjour.

SICINIUS. — Pour avoir en différentes occasions, et autant qu'il a été en lui, fait éclater sa haine contre le peuple, cherchant les moyens de le dépouiller de son autorité; pour avoir tout récemment outragé le tribunal auguste de la justice; et cela en frappant, en sa présence, les ministres qui la distribuent : au nom du peuple, et en vertu du pouvoir que nous avons en qualité de tribuns, nous le bannissons à l'instant même, et le condamnons à ne jamais rentrer dans les portes de Rome, sous peine d'être précipité de la roche Tarpéienne; au nom du peuple, je déclare que ce jugement sera exécuté.

TOUT LE PEUPLE. — Il le sera, il le sera. Qu'il sorte de Rome; il est banni; c'est décidé.

COMINIUS. — Daignez m'entendre, mes dignes citoyens, mes amis.

SICINIUS. — Il est jugé : il n'y a plus rien à entendre.

COMINIUS. — Laissez-moi parler. J'ai été consul, et je puis montrer sur moi les marques des blessures que j'ai reçues pour Rome de la main de ses ennemis. J'aime le bien de mon pays d'un amour plus tendre, plus respectueux et plus sacré que celui dont j'aime ma vie, l'honneur de ma femme, sa fécondité et les fruits précieux de ses entrailles et de mon sang.—Eh bien! si je vous disais que......

SICINIUS. — Nous vous voyons venir. — Que direz-vous ?

BRUTUS. — Il n'y a plus rien à dire : il est banni comme ennemi du peuple et de sa patrie; cela sera.

TOUS. — Cela sera, cela sera.

CORIOLAN. — Vile meute de chiens, dont j'abhorre le souffle comme la vapeur empestée d'un marécage, et dont j'estime les faveurs comme ces cadavres privés de sépulture qui infectent l'air, je vous bannis et vous condamne à rester dans cette enceinte en proie à votre inquiète inconstance. Qu'à chaque instant de vaines rumeurs troublent vos cœurs ! que vos ennemis, par le seul mouvement de leurs panaches, vous plongent dans le désespoir ! Conservez toujours le pouvoir de bannir vos défenseurs, jusqu'à ce qu'à la fin votre aveugle stupidité, qui ne voit les maux que lorsqu'elle les sent, vous livre, comme les captifs les plus avilis, à quelque nation qui s'empare de vous sans coup férir. — Ainsi, dédaignant, à cause de vous, ma patrie, je lui tourne le dos. Il y a un monde ailleurs.

(Coriolan sort avec Cominius et les patriciens.)

L'ÉDILE.—L'ennemi du peuple est parti, il est parti.

TOUT LE PEUPLE.—Notre ennemi est banni; il est parti. Hoé! hoé!.....

(Les gens du peuple poursuivent Coriolan de leurs huées, en jetant leurs bonnets en l'air.)

SICINIUS.—Allez, poursuivez-le jusqu'à ce qu'il soit hors des portes; suivez-le comme il vous a suivis : outragez-le, accablez-le des humiliations qu'il mérite. — Donnez-nous une escorte, qui nous accompagne dans les rues de Rome.

TOUT LE PEUPLE.—Allons, allons le voir sortir des portes de Rome. Que les dieux conservent nos dignes tribuns! Allons.

(Ils sortent.)

FIN DU TROISIÈME ACTE.

ACTE QUATRIÈME

SCÈNE I

La scène est près d'une porte de Rome.

CORIOLAN *paraît avec* VOLUMNIE, VIRGILIE, MÉNÉNIUS, COMINIUS, *et plusieurs jeunes patriciens.*

CORIOLAN.—Allons, arrêtez vos larmes : abrégeons nos adieux : le monstre aux mille têtes me pousse hors de Rome. Quoi, ma mère ! où est votre ancien courage ? Vous aviez coutume de me dire que l'adversité est l'épreuve des âmes ; que les hommes vulgaires peuvent supporter de vulgaires infortunes ; que par une mer calme, tous les pilotes paraissent maîtres dans l'art de manœuvrer ; mais que les coups de la fortune, quand elle frappe au cœur, pour être supportés avec calme, demandent une noble adresse. Vous ne vous lassiez point de nourrir mon âme de principes faits pour la rendre invincible.

VIRGILIE.—Ciel, ô Ciel !

CORIOLAN.—Femme, je te conjure.....

VOLUMNIE. — Que la peste se répande dans tous les ateliers de Rome, et que tous les artisans périssent !

CORIOLAN. — Quoi ! ils vont m'aimer dès qu'ils m'auront perdu. Allons, ma mère ; rappelez le courage qui vous inspirait lorsque vous me disiez que, si vous eussiez été l'épouse d'Hercule, vous vous seriez chargée de six de ses travaux, pour épargner à votre époux la moitié de ses fatigues.—Cominius, ne vous laissez pas abattre ; adieu.—Adieu, ma femme, adieu. Ma mère, adieu ; consolez-vous : je me tirerai d'affaire.—Toi, bon vieillard, fidèle Ménénius, tes larmes sont plus amères que celles d'un jeune homme; elles blessent tes yeux.—Toi, jadis mon général, je t'ai connu dans la guerre un visage impassible; et tu as tant vu de ces spectacles qui endurcissent le cœur! Dis à ces femmes éplorées qu'il y a autant de folie à gémir qu'à rire d'un revers inévitable.—Ma mère, vous savez bien que les hasards de ma vie ont toujours fait votre joie; croyez-moi (bien que je m'en aille seul, comme un dragon solitaire qui rend son repaire redoutable, et dont chacun parle, quoique peu d'hommes l'aient vu), votre fils ou surpassera les renommées vulgaires, ou tombera dans les piéges de la ruse et de la perfidie.

VOLUMNIE.—Mon noble fils, où veux-tu aller? Permets que le digne Cominius t'accompagne quelque temps; arrête avec lui un plan et une marche certaine, plutôt que d'aller errant t'exposer à tous les hasards qui surgiront sous tes pas.

CORIOLAN.—O dieux!

COMINIUS.—Je t'accompagnerai pendant un mois; nous raisonnerons ensemble sur le lieu où tu dois fixer ton séjour, afin que tu puisses recevoir de nos nouvelles, et nous des tiennes. Alors, si le temps amène un événement qui prépare ton rappel, nous n'aurons pas l'univers entier à parcourir pour trouver un seul homme, au risque encore de perdre l'avantage d'un moment de chaleur, que refroidit toujours l'absence de celui qui pourrait en profiter.

CORIOLAN.—Adieu. Tu es chargé d'années, et trop rassasié des travaux de la guerre, pour venir encore courir les hasards avec un homme dont toutes les forces sont entières. Accompagne-moi seulement jusqu'aux portes. — Venez, ma femme chérie; et vous, ma bonne mère, et vous, mes nobles et vrais amis : et lorsque je serai hors des murs, faites-moi vos adieux, et quittez-moi le sourire sur les lèvres. Je vous prie, venez. Tant que je serai debout sur la surface de la terre, vous entendrez toujours parler de moi, et vous n'apprendrez jamais rien qui démente ce que j'ai été jusqu'à ce jour.

MÉNÉNIUS.—Quelle oreille a jamais rien entendu de plus noble! Allons, séchons nos pleurs. —Ah! si je pouvais secouer de ces bras et de ces jambes, affaiblis par l'âge, seulement sept années, j'atteste les dieux que je te suivrais pas à pas.

CORIOLAN.—Donne-moi ta main. Partons.

(Ils sortent.)

SCÈNE II

Une rue près de la porte de Rome.

SICINIUS, BRUTUS et UN ÉDILE.

SICINIUS, *à l'édile*.—Faites-les rentrer chez eux : il est sorti de Rome, et nous n'irons pas plus loin. Ce coup vexe les nobles, qui, nous le voyons, se sont rangés de son parti.

BRUTUS. — A présent que nous avons fait sentir notre pouvoir, songeons à paraître plus humbles après le succès.

SICINIUS, *à l'édile*.— Faites retirer le peuple : dites-lui qu'il a retrouvé sa force, et que son grand adversaire est parti.

BRUTUS. — Oui, congédiez-les. J'aperçois la mère de Coriolan qui vient à nous.

(Volumnie, Virgilie et Ménénius paraissent sur la place.)

SICINIUS.—Évitons-la.

BRUTUS.—Pourquoi?

SICINIUS.—On dit qu'elle est folle.

BRUTUS.—Ils nous ont aperçus : continue ton chemin.

VOLUMNIE.—Oh! je vous rencontre à propos; que tous les fléaux des dieux pleuvent sur vous, en récompense de votre amour!

MÉNÉNIUS. — Calmez-vous, calmez-vous : pas si haut.

VOLUMNIE.—Ah! si mes larmes me laissaient la force, vous m'entendriez.....; mais je ne vous quitte pas sans vous avoir dit..... (*A Sicinius.*) Vous voulez vous en aller!.... (*A Brutus.*) Vous resterez aussi.

VIRGILIE. — Plût à Dieu que j'eusse pu dire la même chose, à mon époux!

SICINIUS. — Mais c'est un vrai homme!

VOLUMNIE. — Imbécile! est-ce là une honte? Mais l'entendez-vous? Mon père n'était-il donc pas homme? — Vieux renard, as-tu bien pu être assez rusé pour bannir un citoyen qui a frappé plus de coups pour Rome que tu n'as dit de mots.

SICINIUS. — O dieux protecteurs!

VOLUMNIE. — Oui, plus de coups glorieux que tu n'as dit en ta vie de paroles sages et utiles au bien de Rome. — Je te dirai ce que... — Mais va-t'en. — Non, tu resteras. — Je voudrais que mon fils fût dans les déserts de l'Arabie, armé de sa fidèle épée, et toute ta race devant lui.

SICINIUS. — Eh bien! qu'en arriverait-il?

VIRGILIE. — Ce qu'il en arriverait? Il aurait bientôt mis fin à ta postérité.

VOLUMNIE. — Oui, à tes bâtards et à toute ta race. Bon citoyen, toutes les blessures qu'il a reçues pour Rome...

MÉNÉNIUS. — Allons, cessez, cessez, contenez-vous.

SICINIUS. — Je souhaiterais qu'il eût continué de servir sa patrie comme il avait commencé, et qu'il n'eût pas lui-même rompu le nœud glorieux qui les attachait l'un à l'autre.

BRUTUS. — Oui, je le souhaiterais aussi.

VOLUMNIE. — Vous le souhaiteriez, dites-vous?... Et c'est vous qui avez animé la populace, vous chats miaulants, aussi en état d'apprécier son mérite que je le suis, moi, de pénétrer les mystères dont le ciel interdit la connaissance à la terre.

BRUTUS, *à Sicinius*. — Je vous en prie, allons-nous-en.

VOLUMNIE. — Oui, fort bien, allez-vous-en. Vous avez fait là une belle action; mais avant que vous me quittiez, vous entendrez encore cette vérité. Autant le Capitole surpasse en hauteur la plus humble maison de Rome, autant mon fils, oui, le mari de cette jeune femme qui m'accompagne, celui-là même, voyez-vous, que vous avez banni, vous surpasse en mérite, vous tous tant que vous êtes.

BRUTUS.—A merveille! parlez : nous vous laissons-là.

SICINIUS.—Aussi bien, pourquoi s'arrêter ici, pour se voir harceler par une femme qui a perdu la raison?

VOLUMNIE.—Emportez avec vous les prières que j'a dresse au ciel pour vous. Je voudrais que les dieux ne fussent occupés qu'à accomplir mes malédictions ! (*Les tribuns sortent.*) Oh! si je pouvais les rencontrer seulement une fois par jour!... cela soulagerait mon cœur du poids douloureux qui l'oppresse,

MÉNÉNIUS.—Vous leur avez dit là leur fait; et, j'en conviens, vous en avez bien sujet : voulez-vous venir souper avec moi?

VOLUMNIE.—La colère est mon aliment : je me nourris de moi-même, et je mourrai de faim en me nourrissant ainsi.—Allons, quittons cette place ; mettons un terme à ces cris et à ces pleurs d'enfant : je veux être Junon dans ma colère. Venez, venez.

MÉNÉNIUS.—Fi donc! fi donc!

(Ils sortent.)

SCÈNE III

La scène change et représente un chemin entre Rome et Antium.

UN ROMAIN et UN VOLSQUE *se rencontrent.*

LE ROMAIN. — Bien sûr, je vous connais, et je suis connu de vous : votre nom, ou je me trompe fort, est Adrien.

LE VOLSQUE.—Cela est vrai : d'honneur, je ne vous remets pas.

LE ROMAIN.—Je suis un Romain ; mais je sers, comme vous, contre Rome. Me reconnaissez-vous à présent?

LE VOLSQUE.—N'êtes-vous pas Nicanor?

LE ROMAIN.—Lui-même.

LE VOLSQUE.—Vous aviez une barbe plus épaisse, ce me semble, la dernière fois que je vous ai vu : mais le son de votre voix me rappelle vos traits. Quelles nouvelles de Rome? J'étais chargé par le sénat volsque d'aller vous y chercher : vous m'avez fort heureusement épargné une journée de chemin.

LE ROMAIN.—Il y a eu à Rome d'étranges insurrections : le peuple soulevé contre les sénateurs, les patriciens et les nobles.

LE VOLSQUE.—*Il y a eu*, dites-vous? Elles sont donc à leur terme? Notre sénat ne le croit pas : on presse les préparatifs de guerre, et l'on espère fondre sur les Romains au plus chaud de leurs divisions.

LE ROMAIN.—Le plus fort du feu est passé : mais il ne faut qu'une étincelle pour rallumer l'incendie; car les nobles prennent si à cœur le bannissement du brave Coriolan, qu'ils sont tous disposés à ôter au peuple son pouvoir, et à lui enlever ses tribuns pour jamais. Le feu couve sous la cendre, je puis vous l'assurer, et il est près d'éclater avec violence.

LE VOLSQUE.—Coriolan banni?

LE ROMAIN.—Oui, il est banni.

LE VOLSQUE.—Avec cette nouvelle, Nicanor, vous êtes sûr d'être bien reçu.

LE ROMAIN.—L'occasion est bonne pour les Volsques. J'ai entendu dire que le moment le plus favorable pour séduire une femme, c'est quand elle est en querelle avec son mari. Votre noble Tullus Aufidius va figurer avec avantage dans cette guerre, à présent que son grand adversaire Coriolan n'a plus ni crédit ni emploi dans sa patrie.

LE VOLSQUE.—Il ne peut manquer d'y briller. Je me félicite de cette rencontre inattendue : grâce à vous, ma commission est remplie, et je vais vous accompagner avec joie jusqu'à mon logis.

LE ROMAIN.—D'ici au souper, je vous apprendrai bien des nouvelles de Rome qui vous surprendront, et qui toutes tendent à l'avantage de ses ennemis. N'avez-vous pas, disiez-vous, une armée prête à marcher?

LE VOLSQUE.—Une armée superbe; les centurions ont déjà reçu leurs commissions et leur paye; ils ont l'ordre d'être sur pied une heure après le premier signal.

LE ROMAIN.—Je suis ravi d'apprendre qu'ils sont tout prêts, et je suis l'homme, je crois, qui va les mettre dans le cas d'agir à l'heure même. Je m'applaudis de vous avoir rencontré, et votre compagnie me fait grand plaisir.

LE VOLSQUE.—Vous vous chargez là de mon rôle : c'est moi qui ai le plus sujet de me réjouir de la vôtre.

LE ROMAIN.—Allons, marchons ensemble.

(Ils sortent.)

SCÈNE IV

Antium, devant la maison d'Aufidius.

CORIOLAN *entre mal vêtu, déguisé, et le visage à demi caché dans son manteau.*

CORIOLAN.—C'est une belle ville qu'Antium ! Cité d'Antium, c'est moi qui t'ai remplie de veuves. Combien d'héritiers de ces beaux édifices j'ai ouï gémir et vu périr dans mes guerres ! Cité d'Antium, ne va pas me reconnaître : tes femmes et tes enfants, armés de broches et de pierres, me tueraient dans un combat sans gloire. (*Il rencontre un Volsque.*) Salut, citoyen.

LE VOLSQUE.—Je vous le rends.

CORIOLAN.— Conduisez-moi, s'il vous plaît, à la demeure du brave Aufidius. Est-il à Antium ?

LE VOLSQUE.—Oui, et il donne un festin aux grands de l'État.

CORIOLAN.—Où est sa maison, je vous prie ?

LE VOLSQUE.—C'est celle-ci, là, devant vous.

CORIOLAN.—Je vous remercie : adieu. (*Le Volsque s'en va.*) O monde, voilà tes révolutions bizarres ! Deux amis qui se sont juré une foi inviolable, qui paraissent n'avoir à eux deux qu'un seul et même cœur, qui passent ensemble toutes les heures de la vie, partageant le même lit, la même table, les mêmes exercices, qui sont pour ainsi dire deux jumeaux inséparables, unis par une éternelle amitié, vont dans l'espace d'une heure, sur la plus légère querelle, sur une parole, rompre violemment ensemble, et passer à la haine la plus envenimée. Et aussi deux ennemis mortels, dont la haine troublait le sommeil et les nuits, qui tramaient des complots pour se surprendre l'un l'autre, il ne faut qu'un hasard, l'événement le plus futile, pour les changer en amis tendres et réunir leurs destins. Voilà mon histoire. Je hais le lieu de ma naissance, et tout mon amour est donné à cette ville ennemie.—Entrons, si Aufidius me fait périr, il ne fera que tirer une juste vengeance; s'il m'accueille en allié, je rendrai service à son pays.

(Il s'éloigne.)

SCÈNE V

Une salle d'entrée dans la maison d'Aufidius.

(On entend de la musique : tout annonce une fête dans l'intérieur.)

UN ESCLAVE *entre*.

PREMIER ESCLAVE.—Du vin, du vin. Que fait-on ici ? Je crois que tous nos gens sont endormis.

(Entre un second esclave.)

SECOND ESCLAVE.—Où est Cotus ? mon maître le demande. Cotus ?

(Coriolan entre.)

CORIOLAN.—Une belle maison ! Voici un grand festin ; mais je n'y parais pas en convive.

(Le premier esclave repasse par la salle.)

PREMIER ESCLAVE.—Que voulez-vous, l'ami ? D'où êtes-vous ? Il n'y a pas ici de place pour vous : je vous prie, regagnez la porte.

CORIOLAN, *à part*.—Je ne mérite pas un meilleur accueil, en ma qualité de Coriolan.

(Le second esclave revient.)

SECOND ESCLAVE.—D'où êtes-vous l'ami?—Le portier a-t-il les yeux dans la tête pour laisser entrer de pareilles gens ! Je vous prie, l'ami, sortez.

CORIOLAN.—Que je sorte, moi !

SECOND ESCLAVE.—Oui, vous ; allons, sortez.

CORIOLAN.—Tu me deviens importun.

SECOND ESCLAVE.—Oh ! êtes-vous si brave ?... En ce cas, je vais vous donner à qui parler.

(Entre un troisième esclave qui aborde le premier.)

TROISIÈME ESCLAVE, *au premier*.—Quel est cet inconnu ?

PREMIER ESCLAVE.—L'homme le plus étrange que j'ai encore vu : je ne peux parvenir à le faire sortir. Je te prie, avertis mon maître qu'il veut lui parler.

TROISIÈME ESCLAVE, à Coriolan. — Que cherchez-vous ici, l'homme? Allons, je vous prie, videz le logis.

CORIOLAN. — Laissez-moi debout ici; je ne nuis pas à votre foyer.

TROISIÈME ESCLAVE.— Qui êtes-vous?

CORIOLAN. — Un noble.

TROISIÈME ESCLAVE.—Ah! un pauvre noble, sur ma foi!

CORIOLAN. — Vrai : je le suis pourtant.

TROISIÈME ESCLAVE.—De grâce, mon pauvre noble, choisissez quelque autre asile : il n'y a point de place ici pour vous. Allons, je vous prie, videz les lieux, allons.

CORIOLAN, le repoussant. — Poursuis tes affaires, et va t'engraisser des reliefs du festin.

TROISIÈME ESCLAVE.—Quoi! vous ne voulez-vous pas? Je t'en prie, annonce à mon maître quel hôte étrange l'attend ici.

SECOND ESCLAVE. — Je vais l'avertir.

TROISIÈME ESCLAVE. — Où demeures-tu?

CORIOLAN. — Sous le dais.

TROISIÈME ESCLAVE. — Sous le dais

CORIOLAN. — Oui.

TROISIÈME ESCLAVE. — Où est donc ce dais?

CORIOLAN. — Dans la ville des milans et des corbeaux.

TROISIÈME ESCLAVE. — Dans la ville des milans et des corbeaux?—Quel âne est ceci?..... Tu habites donc aussi avec les buses?

CORIOLAN. — Non, je ne sers point ton maître.

TROISIÈME ESCLAVE. — Holà! seigneur, voudriez-vous vous mêler des affaires de mon maître?

CORIOLAN. — Cela est plus honnête que de se mêler de celles de ta maîtresse. — Bavard éternel, prête-moi ton bâton; allons, décampe.

(Il le bat, et l'esclave se sauve.)

(Aufidius entre, précédé de l'esclave qui l'a averti.)

AUFIDIUS.—Où est cet individu?

SECOND ESCLAVE. — Le voilà, seigneur. Je l'aurais malmené si je n'avais craint de faire du bruit et de troubler vos convives.

AUFIDIUS. — De quel lieu viens-tu? Que demandes-tu? Ton nom? Pourquoi ne réponds-tu pas? Parle : quel est ton nom?

CORIOLAN, *se découvrant le visage.* —Tullus, si tu ne me connais pas encore, et qu'en me regardant tu ne devines pas qui je suis, la nécessité me forcera de me nommer.

AUFIDIUS. — Quel est ton nom?

(Les esclaves se retirent.)

CORIOLAN. — Un nom fait pour offenser l'oreille des Volsques, et qui ne sonnera pas agréablement à la tienne.

AUFIDIUS. — Parle : quel est ton nom? Tu as un air menaçant, et l'orgueil du commandement est empreint sur ton front. Quoique ton vêtement soit déchiré, tout indique en toi la noblesse. Quel est ton nom?

CORIOLAN.— Prépare toi à froncer le sourcil. Me devines-tu à présent?

AUFIDIUS. — Non, je ne te connais point : nomme-toi.

CORIOLAN.—Mon nom est Caïus Marcius, qui t'a fait tant de mal à toi et à tous les Volsques. C'est ce qu'atteste mon surnom de Coriolan. Mes pénibles services, mes dangers extrêmes, et tout le sang que j'ai versé pour mon ingrate patrie, n'ont reçu pour salaire que ce surnom. Ce gage de la haine et du ressentiment que tu dois nourrir contre moi, ce surnom seul m'est demeuré. L'envie a dévoré tout le reste; l'envie et la cruauté d'une vile populace, tolérée par nos nobles sans courage; ils m'ont tous abandonné, et ils ont souffert que des voix d'esclaves me bannissent de Rome. C'est cette extrémité qui me conduit aujourd'hui dans tes foyers, non pas dans l'espérance (ne va pas t'y méprendre) de sauver ma vie : car, si je craignais la mort, tu es celui de tous les hommes de l'univers que j'aurais le plus évité. Si tu me vois ici devant toi, c'est que, dans mon dépit, je veux m'acquitter envers ceux qui m'ont banni. Si donc tu portes un cœur qui respire la vengeance des affronts que tu as reçus, si tu veux fermer les plaies de ta patrie, et effacer les traces de honte qui l'ont défigurée, hâte-toi de m'employer et de faire servir ma disgrâce à ton avantage : mets ma misère à profit, et que les actes de ma vengeance deviennent des services utiles pour toi ; car je combattrai contre ma patrie corrompue, avec toute la rage des derniers démons de l'enfer. Mais si tu n'oses plus rien entreprendre, et que tu sois dégoûté de tenter de nouveaux hasards, alors, je te le dis en un mot, moi-même je suis dégoûté de vivre, et je viens offrir ma tête à ton glaive et à ta haine. M'épargner serait en toi démence ; moi, dont la haine t'a toujours poursuivi sans relâche ; moi, qui ai fait couler du sein de ta patrie des tonnes de sang ; je ne peux plus vivre qu'à ta honte, ou pour te servir.

AUFIDIUS. — O Marcius ! Marcius ! chaque mot que tu viens de prononcer a arraché de mon cœur une racine de ma vieille inimitié. Oui, quand Jupiter, ouvrant ce nuage qui voile les cieux, m'apparaîtrait et me révélerait les mystères des dieux, en ajoutant : « Je te dis la vérité ; » je le ne croirais pas avec plus de confiance que je n'en ai en toi, brave et magnanime Marcius ! O laisse-moi entourer de mes bras ce corps, contre lequel mon javelot s'est tant de fois brisé en effrayant la lune par ses éclats. J'embrasse l'enclume de mon épée. Mon amitié généreuse le dispute à la tienne avec plus d'ardeur que je n'en ai jamais ressenti dans la lutte ambitieuse de ma force contre la tienne. Sache que j'aimais passionnément la fille que j'ai épousée ; jamais amant ne poussa des soupirs plus sincères : eh bien ! la joie de te voir ici, noble mortel, fait éprouver à mon cœur de plus violents transports que ne m'en inspira la vue de ma maîtresse franchissant pour la première fois le seuil de ma porte, le jour de mes noces. Dieu de la guerre, je t'annonce que nous avons une armée sur pied, et que j'étais décidé à tenter encore de t'arracher ton bouclier, ou à y perdre mon bras. Tu m'as battu douze fois ; et depuis, chaque nuit, je n'ai rêvé que combats corps à corps entre toi et moi. Nous avons lutté dans mon sommeil, cherchant à nous enlever nos casques, et nous saisissant l'un l'autre à la gorge ; et je m'éveillais à moitié mort, épuisé par un vain songe. — Vaillant Marcius, quand nous n'aurions d'autre sujet de querelle avec Rome que l'injustice de t'avoir banni, nous ferions marcher tous les Volsques, depuis l'âge de douze ans jusqu'à celui de soixante-dix; et nous porterions la guerre, comme un torrent débordé, jusque dans les entrailles de cette ville ingrate. Oh! viens, entre, et serre la main de nos sénateurs : tu trouveras en eux des amis; ils sont ici à prendre congé de moi. J'étais prêt à marcher, non pas encore contre Rome même, mais contre son territoire.

CORIOLAN. — Dieux! vous me rendez heureux.

AUFIDIUS. — Ainsi, toi le plus absolu des hommes, si tu veux te charger toi-même de diriger tes vengences, prends la moitié du commandement : tu connais le fort et le faible de ton pays; nul ne le saurait faire comme toi. Tu décideras toi-même s'il faut aller frapper droit aux portes de Rome, ou l'ébranler dans les parties les plus éloignées, s'il faut l'épouvanter avant de la détruire. Mais entre : permets que je te présente à des hommes qui seront en tout dociles à tes vues. Mille et mille fois le bienvenu! Je suis plus ton ami que je n'ai jamais été ton ennemi; et, Marcius, c'est dire beaucoup. — Ta main : sois le bienvenu!

(Ils sortent.)

(Entrent les deux premiers esclaves.)

PREMIER ESCLAVE. — Il s'est fait ici un étrange changement.

SECOND ESCLAVE. — Sur ma foi, j'ai failli le frapper : mais certain pressentiment m'arrêtait et me disait que ses habits n'accusaient pas la vérité.

PREMIER ESCLAVE. — Quel bras il a! Du bout du doigt il m'a fait tourner comme un sabot.

SECOND ESCLAVE. — Moi, j'ai bien vu à son air qu'il y avait en lui quelque chose..... Il avait dans la figure un je ne sais quoi..... je ne trouve pas de mot pour exprimer mon idée.

PREMIER ESCLAVE. — Oui, tu as raison : un regard..... Que je sois perdu si je n'ai pas vu, à sa mine, qu'il était plus qu'il ne paraissait.

SECOND ESCLAVE. — Et moi aussi, je le jure. C'est tout uniment l'homme du monde le plus extraordinaire.

premier esclave. — Je le crois : mais tu connais un plus grand guerrier que lui.

second esclave. — Qui? mon maître?

premier esclave. — Oui : mais il n'est point question de cela.

second esclave. — Je crois que celui-ci en vaut six comme lui.

premier esclave. — Oh! non, pas tant; mais je le regarde comme un plus grand guerrier.

second esclave. — Cependant, pour la défense d'une ville, notre général est excellent.

premier esclave. — Oui, et pour un assaut aussi
(Rentre le troisième esclave.)

troisième esclave. — Ho! ho! camarades; je puis vous dire des nouvelles, de grandes nouvelles, scélérats!

tous deux ensemble. — Quelles nouvelles? quelles nouvelles? Fais-nous-en part.

troisième esclave. — Si j'avais à choisir, je ne voudrais pas être Romain : oui, j'aimerais autant être un criminel condamné.

tous deux. — Pourquoi donc? pourquoi?

troisième esclave. — C'est que celui qui avait coutume de frotter notre général, Caïus Marcius, est ici.

premier esclave. — Tu dis frotter notre général?

troisième esclave. — Eh bien! peut-être pas le frotter, mais tout au moins lui tenir tête.

second esclave. — Allons, nous sommes camarades et amis : disons la vérité; il était trop fort pour lui. Je le lui ai entendu avouer à lui-même.

premier esclave. — A dire vrai, oui, il était trop fort pour lui. Devant Corioles, il vous le hacha comme une carbonnade.

second esclave. — Oui, ma foi; et s'il avait été anthropophage, il vous l'aurait grillé et mangé.

premier esclave. — Mais voyons la suite de tes nouvelles.

troisième esclave. — Eh bien! on le traite ici comme s'il était le fils et l'héritier du dieu Mars. Il est placé à table sur le siège d'honneur; pas un de nos sénateurs qui osât lui faire une question; tous sont restés ébahis devant

…ni. Notre général lui-même le caresse comme une maîtresse, croit consacrer sa main en le touchant, et fait l'œil à tous ses discours. Mais l'important de la nouvelle, c'est que notre général est coupé en deux : oui, il n'est plus aujourd'hui que la moitié de ce qu'il était hier ; car cet autre a la moitié du commandement, à la prière et de l'aveu de toute l'assemblée. Il ira, dit-il, vous tirer l'oreille aux gardiens des portes de Rome ; il balayera tout et laissera son passage libre et clair derrière lui.

SECOND ESCLAVE.—Et il est homme à le faire plus qu'aucun que je connaisse.

TROISIÈME ESCLAVE. — Homme à le faire ! Il le fera ; car vois-tu, camarade, il lui reste autant d'amis qu'il peut avoir d'ennemis ; mais ces amis n'osaient pas, en quelque façon (tu comprends), se montrer, comme on dit, ses amis dans l'infélicité[1].

PREMIER ESCLAVE. — Dans l'infélicité ? Qu'est-ce que c'est que ça ?

TROISIÈME ESCLAVE. — Mais lorsqu'ils le verront relever la tête et se baigner dans le sang, alors ils sortiront de leurs retraites, comme les lapins après la pluie, et se joindront à lui.

PREMIER ESCLAVE.— Mais quand se met-on en marche ?

TROISIÈME ESCLAVE. — Demain, aujourd'hui, tout à l'heure : vous entendrez le tambour cette après-midi. L'expédition fait en quelque sorte partie du festin, et ils la veulent terminer avant de s'essuyer la bouche.

SECOND ESCLAVE. — Bon : nous allons donc revoir le monde en mouvement ! Cette paix n'est bonne à rien qu'à rouiller le fer, enrichir les tailleurs, et nourrir des chansonniers.

PREMIER ESCLAVE. — Moi, je dis : ayons la guerre ; elle

---

[1] L'esclave, qui veut faire le beau parleur, fabrique ici un mot qu'il ne comprend pas lui-même, et que son camarade relève. Voici la phrase :

THIRD SERVANT.—*Which friends, sir (as it were), durst not (look you sir), show themselves (as we term it) his friends whilst he's in directitude.*

FIRST SERVANT.—*Directitude? what is that?*

surpasse autant la paix que le jour surpasse la nuit : elle
est vive, vigilante, sonore, et pleine d'activité et de trouble.
La paix est une vraie apoplexie, une léthargie fade,
sourde, assoupie, insensible : elle fait plus de bâtards
que la guerre ne détruit d'hommes.

SECOND ESCLAVE. — C'est cela; et comme la guerre peut
s'appeler un métier de voleur, la paix n'est bonne qu'à
faire des cocus.

PREMIER ESCLAVE. — Oui, et elle rend les hommes ennemis les uns des autres.

TROISIÈME ESCLAVE. — Bien dit, parce qu'ils ont alors
moins besoin les uns des autres. Allons, la guerre, pour
remplir ma bourse! J'espère dans peu voir les Romains
à aussi vil prix dans le marché que l'ont été les Volsques..... J'entends du bruit : ils se lèvent de table.

TOUS TROIS. — Entrons vite, vite, entrons.

(Ils sortent)

SCÈNE VI

Rome. — Une place publique.

SICINIUS ET BRUTUS.

SICINIUS. — Nous n'entendons plus parler de lui, et
nous n'avons pas à le craindre. Toutes ses ressources
sont anéanties par la paix actuelle et par la tranquillité
du peuple, qui auparavant était dans un horrible désordre. Ses amis rougissent à présent que le monde va à
merveille sans lui. Ils aimeraient mieux, dussent-ils en
souffrir eux-mêmes, voir le peuple ameuté en troupes
séditieuses infester les rues de Rome, que nos artisans
chanter dans leurs ateliers, et aller en paix à leurs travaux.

(Ménénius paraît.)

BRUTUS. — Nous avons bien fait de tenir bon. — N'est-ce
pas là Ménénius.

SICINIUS. — C'est lui, c'est lui. Oh! oh! il s'est bien adouci
depuis quelque temps! — Salut, Ménénius.

MÉNÉNIUS. — Salut, vous deux.

SICINIUS. — Votre Coriolan n'est pas fort regretté, si ce

n'est par ses amis. Vous le voyez, la république subsiste encore, et continuera de subsister, en dépit de tout son ressentiment.

MÉNÉNIUS. — Tout est bien, et aurait pu être encore mieux, s'il avait pu temporiser.

SICINIUS. — Où est-il allé? en savez-vous quelque chose?

MÉNÉNIUS. — Non, je n'en ai rien appris : sa mère et sa femme n'ont eu de lui aucunes nouvelles.

(Arrivent trois ou quatre citoyens.)

LES CITOYENS. — Que les dieux vous conservent!

SICINIUS. — Salut, voisins.

BRUTUS. — Salut, vous tous, salut!

PREMIER CITOYEN. — Nous, nos femmes et nos enfants, nous devons à genoux adresser pour vous nos vœux au ciel.

SICINIUS. — Vivez et prospérez.

BRUTUS. — Adieu, nos bons voisins. Nous aurions souhaité que Coriolan vous aimât comme nous vous aimons.

LES CITOYENS. — Que les dieux veillent sur vous!

LES DEUX TRIBUNS. — Adieu, adieu.

(Les citoyens sortent.)

SICINIUS. — Ce temps est plus heureux, plus agréable pour nous, que lorsque ces gens couraient dans les rues en poussant des cris confus.

BRUTUS. — Caïus Marcius était un bon officier à la guerre ; mais insolent, bouffi d'orgueil, ambitieux au delà de toute idée, n'aimant que lui.

SICINIUS. — Et aspirant à régner seul, sans partage ni conseil.

MÉNÉNIUS. — Je ne suis pas de votre avis.

SICINIUS. — Nous en aurions fait tous la triste expérience, à notre grand malheur, s'il fût arrivé au consulat.

BRUTUS. — Les dieux ont heureusement prévenu ce danger, et Rome est en paix et en sûreté sans lui.

(Entre un édile.)

L'ÉDILE. — Honorables tribuns, un esclave que nous venons de faire conduire en prison rapporte que les Volsques, en deux corps séparés, sont entrés sur le territoire de Rome ; qu'ils exercent toutes les fureurs de la guerre, et détruisent tout sur leur passage.

ménénius.—C'est Aufidius qui, ayant appris le bannissement de notre Marcius, ose encore montrer ses cornes. Lorsque Marcius défendait Rome, il se tenait dans sa coquille, et osait à peine jeter un coup d'œil à la dérobée.

sicinius.—Que dites-vous de Marcius?

brutus, *à l'édile.*—Allez, et faites fustiger ce porteur de nouvelles ; il n'est pas possible que les Volsques aient l'audace de rompre la paix.

ménénius.—Ce n'est pas possible? Nous avons de quoi nous souvenir que cela est très-possible ; et j'en ai vu, moi, dans l'espace de ma vie, trois exemples consécutifs. Mais, du moins, interrogez à fond cet esclave avant de le punir ; sachez de lui d'où il tient cette nouvelle, et ne vous exposez pas à fouetter et à battre le messager qui vient vous avertir du danger qui nous menace.

sicinius.—Ne m'en parlez pas : moi, je suis convaincu que cela est impossible.

brutus.—Non, cela ne se peut pas.

(Arrive un messager.)

le messager.—Les nobles, d'un air très-sérieux, vont tous au sénat : il est arrivé quelque nouvelle qui leur a fait changer de visage.

sicinius.—Ce sera cet esclave! (*A l'édile.*) Allez, vous dis-je, et faites-le battre de verges devant le peuple assemblé. Une nouvelle de son invention!—C'est son rapport qui cause tout ceci.

le messager.—Oui, digne tribun, c'est le rapport de l'esclave, mais appuyé par d'autres avis plus terribles encore que le sien.

sicinius.—Et quels autres avis plus terribles?

le messager. — On dit beaucoup et tout haut (à quel point le fait est probable, je n'en sais rien) que Marcius, ligué avec Aufidius, conduit une armée contre Rome, et qu'il a fait serment d'exercer une vengeance qui enveloppera tout, depuis l'enfant au berceau jusqu'au vieillard infirme.

sicinius.—Voilà qui est très-probable!

brutus.—C'est une fausse rumeur, inventée pour faire désirer aux esprits craintifs le retour à Rome du bon Marcius.

sicinius.—C'est bien là le tour.

ménénius.—Il est vrai que ce second avis n'est guère vraisemblable: Aufidius et lui ne peuvent pas plus s'accorder ensemble que les deux contraires les plus ennemis.

(Un second messager entre.)

second messager.—Vous êtes mandés par le sénat. Une armée redoutable, conduite par Caïus Marcius ligué avec Aufidius, ravage notre territoire; ils ont déjà tout renversé sur leur passage : ils brûlent ou emmènent tout ce qu'ils rencontrent devant eux.

(Cominius entre.)

cominius.—Vous avez fait là un beau chef-d'œuvre!

ménénius.—Quelles nouvelles? quelles nouvelles?

cominius.—Vous vous y êtes bien pris pour faire ravir vos filles, voir vos femmes déshonorées sous votre nez, et pour faire fondre sur vos têtes le plomb des toits de la ville.

ménénius.—Comment! quelles nouvelles avez-vous?

cominius.— Et voir vos temples brûlés jusqu'à leurs fondements ; et vos franchises, auxquelles vous étiez si attachés, reléguées dans un pauvre trou.

ménénius.—De grâce, expliquez-nous... (*Aux tribuns.*) Oui vous avez fait là de belle besogne, j'en ai peur. (*A Cominius.*) Parlez, je vous prie; quelles nouvelles? Si Marcius s'était joint aux Volsques!...

cominius.—Si? dites-vous!—Il est le dieu des Volsques: il s'avance à leur tête, comme un être créé par quelque autre divinité que la nature, et qui s'entend mieux qu'elle à former l'homme. Les Volsques le suivent, marchant contre nous, pauvres marmots, avec l'assurance des enfants qui poursuivent, en se jouant, les papillons de l'été, ou des bouchers qui tuent les mouches.

ménénius.—Oh! vous avez fait là de la belle besogne, vous et vos gens à tablier : vous qui faisiez tant de cas de la voix des artisans et du souffle de vos mangeurs d'ail.

cominius.—Il renversera votre Rome sur vos têtes.

MÉNÉNIUS.—Oui, aussi aisément que le bras d'Hercule secouait de l'arbre un fruit mûr. Vous avez fait là une magnifique besogne.

BRUTUS.—Mais votre nouvelle est-elle bien vraie?

COMINIUS.—Oui, oui; et vous pâlirez avant de la trouver fausse. Toutes les régions d'alentour se révoltent avec joie. Ceux qui résistent sont raillés de leur stupide valeur, et périssent en véritables insensés. Et qui peut le blâmer? Vos ennemis et les siens trouvent en lui quelque chose de grand et d'extraordinaire.

MÉNÉNIUS. — Nous sommes tous perdus, si ce grand homme n'a pitié de nous.

COMINIUS.—Et qui ira l'implorer? pas les tribuns : ce serait une honte. Le peuple mérite sa clémence, comme le loup mérite la pitié des bergers. Et ses meilleurs amis, s'ils disaient : « Sois miséricordieux pour Rome, » se conduiraient envers lui comme ceux qui ont mérité sa haine, et se montreraient ses ennemis.

MÉNÉNIUS.—Vous avez raison. Pour moi, je le verrais près de ma maison, un tison ardent à la main pour la brûler, que je ne n'aurais pas le front de lui dire : « Je t'en conjure, arrête. » (*Aux tribuns.*)—Vous avez fait là un beau coup, avec vos ruses; vous avez bien réussi!

COMINIUS.—Vous avez jeté toute la ville dans une consternation qui n'a jamais eu d'égale, et jamais le salut de Rome ne fut plus désespéré.

LES TRIBUNS.—Ne dites pas que c'est nous qui avons attiré ce malheur.

MÉNÉNIUS.—Qui donc? Est-ce nous? nous l'aimions, il est vrai; mais, en nobles lâches et ingrats, nous avons laissé le champ libre à votre populace, qui l'a chassé au milieu des huées.

COMINIUS.—Mais je crains bien qu'elle ne l'y rappelle à grand cris. Aufidius, le second des mortels après Coriolan, lui obéit en tout, comme s'il n'était que son officier. Le désespoir est toute la politique, la force et la défense que Rome peut leur opposer.

(*Il entre une foule de citoyens.*)

MÉNÉNIUS.—Voici la foule.—Et Aufidius est donc avec

lui? C'est vous qui avez infecté l'air d'une nuée de vos sales bonnets, en demandant, avec des huées, l'exil de Coriolan. Le voilà maintenant qui revient à la tête d'une armée furieuse, et chaque cheveu de ses soldats sera un fouet pour vous ; autant vous êtes d'impertinents qui avez jeté vos chapeaux en l'air, autant il en foulera aux pieds pour vous payer de vos suffrages. N'importe, s'il ne faisait de vous tous qu'un charbon, vous l'auriez mérité.

TOUS LES CITOYENS.—Il est vrai ; nous entendons débiter des nouvelles bien effrayantes.

PREMIER CITOYEN.—Pour moi, quand j'ai crié : *Bannissez-le!* j'ai dit aussi que c'était bien dommage.

SECOND CITOYEN.—Et moi aussi, je l'ai dit.

TROISIÈME CITOYEN.—J'ai dit la même chose ; et, il faut l'avouer, c'est ce qu'a dit le plus grand nombre d'entre nous : ce que nous avons fait, nous l'avons fait pour le mieux ; et, quoique nous ayons volontiers consenti à son exil, ce fut cependant contre notre volonté.

COMINIUS.—Oh! vous êtes de braves gens : criards !

MÉNÉNIUS.—Vous avez fait là un joli coup, vous et vos aboyeurs! (*A Cominius.*) Nous rendrons-nous au Capitole?

COMINIUS.—Sans doute. Et que faire autre chose?

(Ils sortent.)

SICINIUS, *au peuple.*—Allez, bons citoyens ; rentrez dans vos maisons : ne prenez point l'épouvante. Ces deux hommes sont d'un parti qui serait bien joyeux que ces nouvelles fussent vraies, tout en feignant le contraire. Retirez-vous, et ne montrez point d'alarme.

PREMIER CITOYEN.—Que les dieux nous soient propices ! Allons, concitoyens, retirons-nous.—Je l'ai toujours dit, moi, que nous avions tort de le bannir.

SECOND CITOYEN. — Et nous avons tous dit la même chose : mais venez, rentrons.

(Ils sortent.)

BRUTUS.—Je n'aime point cette nouvelle.

SICINIUS.—Ni moi.

BRUTUS.—Allons au Capitole. Je voudrais pour la moitié

de ma fortune pouvoir changer cette nouvelle en mensonge.

sicinius.—Je vous prie, allons-nous-en.

(Les deux tribuns s'en vont.)

SCÈNE VII

Un camp à une petite distance des portes de Rome.

AUFIDIUS et son LIEUTENANT.

aufidius.—Passent-ils toujours sous les drapeaux du Romain ?

le lieutenant.—Je ne conçois pas quel sortilége il a pour les attirer ; mais vos soldats ont pour lui une espèce de culte. A table, il est le sujet de leurs entretiens ; après le repas, c'est encore à lui que s'adressent leurs sentiments et leurs vœux ; et vous êtes mis à l'arrière-plan, seigneur, dans cette expédition, même par les vôtres.

aufidius.—C'est ce que je ne pourrais empêcher à présent, sans rendre notre entreprise boiteuse. Je le vois bien aujourd'hui, il se conduit avec plus d'orgueil, même vis-à-vis de moi, que je ne l'ai prévu lorsque je l'ai accueilli et embrassé. Mais c'est sa nature, et il faut bien que j'excuse quelque temps ce qu'il est impossible de corriger.

le lieutenant.—Moi, je souhaiterais, seigneur, pour vos propres intérêts, que vous ne l'eussiez pas associé au commandement ; je voudrais qu'il eût reçu des ordres de vous, ou bien que vous l'eussiez laissé agir seul.

aufidius.—Je te comprends à merveille ; et sois sûr qu'il ne se doute pas de ce que je pourrai dire contre lui, lorsqu'il aura à rendre ses comptes. Quoiqu'il semble, et c'est ce qu'il croit lui-même ainsi que le vulgaire, qu'il conduit tout heureusement et qu'il sert sans réserve les intérêts des Volsques, quoiqu'il combatte comme un lion, et qu'il triomphe aussitôt qu'il tire l'épée ; cependant il est un point qu'il a laissé imparfait, et qui fera sauter sa tête ou la mienne, lorsque nous viendrons tous deux à rendre nos comptes.

LE LIEUTENANT.—Dites-moi, général, pensez-vous qu'il emporte Rome?

AUFIDIUS.—Toutes les places se rendent à lui avant même qu'il arrive devant leurs murs, et la noblesse de Rome est pour lui. Les sénateurs et les patriciens sont aussi ses amis. Les tribuns ne sont pas des soldats; et le peuple sera aussi prompt à le rappeler qu'il l'a été à le bannir. Je pense qu'il sera pour Rome ce qu'est pour le poisson l'orfraie, qui s'en empare par le droit de souveraineté qu'il tient de la nature. D'abord il a servi l'État en brave citoyen; mais il n'a pu porter ses honneurs avec modération : soit orgueil, vice qu'engendrent des succès journaliers, et que n'évite jamais l'homme heureux; soit inhabileté à profiter des occasions dont il a pu disposer, soit impossibilité naturelle de prendre une autre attitude sur les sièges du sénat que sous le casque, et de gouverner la paix moins rudement que la guerre : un seul de ces défauts (car je lui rends justice, il ne les a pas tous, ou du moins il n'a de chacun qu'une teinte légère), un seul de ces défauts a suffi pour le faire craindre, haïr et bannir. Il n'a du mérite que pour l'étouffer dès qu'il parle. Ainsi nos vertus sont soumises aux circonstances, qui souvent les interprètent mal. Une vertu qui aime à se faire valoir elle-même trouve son tombeau dans la tribune où elle monte pour exalter ses actions. Un feu étouffe un autre feu; un clou chasse un autre clou; un droit renverse un autre droit; la force périt par une autre force — Allons, éloignons-nous. Marcius, quand Rome sera ta proie, tu seras le plus misérable des hommes, et tu ne tarderas pas à devenir la mienne.

(Ils sortent.)

FIN DU QUATRIÈME ACTE.

ACTE CINQUIÈME

SCÈNE I

Une place publique de Rome.

MÉNÉNIUS, COMINIUS, SICINIUS, BRUTUS
et autres Romains.

MÉNÉNIUS.—Non, je n'irai point : vous entendez ce qu'il a dit à Cominius, qui fut jadis son général, et qui l'aima de l'amitié la plus tendre. Moi, il m'appelait son père : mais que lui importe à présent?—Allez-y, vous qui l'avez banni : prosternez-vous à mille pas de sa tente, et cherchez à genoux le chemin de sa clémence ; s'il n'a écouté Cominius qu'avec indifférence, je reste chez moi.

COMINIUS.—Il affectait de ne me pas connaître.

MÉNÉNIUS.—L'entendez-vous?

COMINIUS.—Cependant il m'a nommé une fois par mon nom ; je lui ai rappelé notre ancienne liaison, et tout le sang que nous avons perdu dans les combats à côté l'un de l'autre. Il a refusé de répondre au nom de Coriolan que je lui donnais et à tous ses autres noms. « Il n'était « plus, disait-il, qu'une espèce de néant; il voulait rester « sans titre, jusqu'à ce qu'il s'en fût forgé un au feu « de Rome en flammes. »

MÉNÉNIUS.—Eh bien! vous voyez : oh! vous avez fait là un beau chef-d'œuvre, vous autres, tribuns qui avez tout fait pour que le charbon fût à bon marché dans Rome! Oh! vous laisserez après vous un noble souvenir!

COMINIUS. — Je lui ai représenté combien il était glorieux de pardonner à ceux qui n'espéraient plus rien. Il m'a répondu que c'était une prière bien avilissante pour

ACTE V, SCÈNE I.

un État, que d'implorer le pardon d'un homme qu'il avait banni.

MÉNÉNIUS.—Très-bien ; pouvait-il en dire moins ?

COMINIUS.—J'ai tenté de réveiller sa tendresse pour ses amis particuliers. Sa réponse a été qu'il ne pouvait pas perdre son temps à les trier et à les séparer d'un amas de chaume corrompu ; que ce serait une folie, pour un ou deux bons grains, de ne point brûler cet amas infect.

MÉNÉNIUS. — Pour un ou deux bons grains ! J'en suis un ; sa mère, sa femme, son enfant, et ce brave Romain, c'est nous qui sommes les grains qu'il voudrait sauver de l'incendie : et vous, tribuns, vous êtes le chaume corrompu qu'on sent de plus haut que la lune : il faudra donc que nous soyons brûlés à cause de vous !

SICINIUS. — De grâce, un peu de patience. Si vous refusez votre appui dans une extrémité aussi imprévue, ne nous reprochez pas du moins notre détresse. Je n'en doute point ; si vous vouliez défendre la cause de votre patrie, votre éloquence, bien plus que l'armée que nous pouvons rassembler à la hâte, arrêterait notre concitoyen.

MÉNÉNIUS. — Non, je ne veux point m'en mêler.

SICINIUS.—Je vous en conjure, allez le trouver.

MÉNÉNIUS.—Eh ! qu'y ferai-je ?

BRUTUS. — Essayez du moins ce que peut pour Rome l'amitié que vous porte Marcius.

MÉNÉNIUS. — Fort bien ; pour revenir vous dire que Marcius m'a renvoyé, comme il a renvoyé Cominius, sans vouloir m'entendre. Et qu'aurai-je gagné à cette démarche ? Je reviendrai confus comme un ami rebuté par son ami, et pénétré de douleur de sa cruelle indifférence ; car convenez que cela arrivera.

SICINIUS.—Votre bonne volonté méritera du moins les remerciements de Rome ; et votre patrie mesurera sa reconnaissance à tout le bien que vous aurez voulu lui faire.

MÉNÉNIUS.—Allons, je veux bien le tenter : je crois qu'il m'écoutera. Cependant, la façon dont il s'est mordu les lèvres, et dont il a marmotté entre ses dents, en recevant ce bon Cominius, ne m'encourage guère.—Non, il n'aura pas été pris dans un moment favorable; sans doute il n'avait pas dîné. Le matin, quand le sang refroidi n'enfle plus nos veines, nous sommes maussades, durs, et incapables de donner et de pardonner : mais quand nous avons rempli les canaux de notre sang par le vin et la bonne chère, l'âme est plus flexible que dans les heures d'un jeûne religieux : j'attendrai donc, pour lui présenter ma requête, le moment qui suivra son repas, et alors j'attaquerai son cœur.

BRUTUS.—Vous connaissez trop bien le chemin qui y conduit pour perdre vos pas.

MÉNÉNIUS.—Je vous le promets; d'honneur, je vais le tenter; advienne que pourra! Avant peu vous saurez quel est mon succès.

(Il sort.)

COMINIUS.—Coriolan ne voudra jamais l'entendre.

SICINIUS.—Croyez-vous?

COMINIUS. — Je vous dis qu'il est comme sur un trône d'or : son œil est enflammé comme s'il voulait brûler Rome. Le souvenir de son injure tient l'entrée de son cœur fermée à la pitié. Je me suis mis à genoux devant lui; et à peine m'a-t-il dit, d'une voix faible : *Levez-vous!* et il m'a congédié ainsi, d'un geste muet de sa main. Ensuite il m'a fait remettre un écrit contenant ce qu'il voulait faire et ce qu'il ne voulait pas faire, protestant qu'il s'était engagé par serment à s'en tenir à ses conditions : en sorte que toute espérance est vaine, à moins que sa noble mère et sa femme, qui, à ce que j'apprends, sont dans le dessein d'aller le solliciter elles-mêmes, ne viennent à bout de lui arracher le pardon de sa patrie. Ainsi quittons cette place, et allons, par nos instances, encourager leur résolution et hâter leur démarche.

(Ils sortent.)

SCÈNE II

Les avant-postes du camp des Volsques devant Rome.

SENTINELLES *montant la garde.*

(Ménénius s'approche d'elles.)

PREMIER SOLDAT.—Halte-là : d'où es-tu?

SECOND SOLDAT. — Arrière, retourne sur tes pas.

MÉNÉNIUS. — Vous faites votre devoir en braves soldats ; c'est bien : mais permettez ; je suis un fonctionnaire de l'État, et je viens pour parler à Coriolan.

PREMIER SOLDAT. — De quel lieu venez-vous?

MÉNÉNIUS. — De Rome.

PREMIER SOLDAT. — Vous ne pouvez pas avancer : il faut retourner sur vos pas. Notre général ne veut plus écouter personne venant de Rome.

SECOND SOLDAT. — Vous verrez votre Rome environnée de flammes avant que vous parliez à Coriolan.

MÉNÉNIUS. — Mes braves amis, si vous avez entendu votre général parler de Rome et des amis qu'il y conserve, il y a mille à parier contre un que, dans ses récits, mon nom aura frappé votre oreille. Mon nom est Ménénius.

PREMIER SOLDAT. — Soit : rebroussez chemin ; la vertu de votre nom n'est pas un passe-port ici.

MÉNÉNIUS. — Je te dis, camarade, que ton général est mon intime ami : j'ai été le livre qui a publié toutes ses belles actions, et qui a déployé aux yeux des hommes toute l'étendue de sa renommée sans rivale. J'ai toujours appuyé mes amis de mon témoignage (et il est le premier de mes amis), portant mon zèle jusqu'aux dernières limites de la vérité. Quelquefois même, semblable à la boule roulant sur une pente trompeuse, j'ai été tomber au delà du but, et j'ai presque imprimé le sceau du mensonge sur la louange ; tu vois, camarade, que tu dois me laisser passer.

PREMIER SOLDAT. — En vérité, seigneur, quand vous auriez débité en sa faveur autant de mensonges que vous avez déjà dit de paroles, vous ne passeriez pas. Non, quand il y aurait autant de vertu à mentir qu'à vivre chastement. Ainsi, retournez sur vos pas.

MÉNÉNIUS. — Je te prie, mon ami, souviens-toi bien que mon nom est Ménénius, le partisan déclaré de ton général.

SECOND SOLDAT. — Quelque déterminé menteur que vous ayez pu être à sa louange, comme vous vous vantez de l'avoir été, je suis un homme, moi, qui vous dirai la vérité sous ses ordres; en conséquence, vous ne passerez pas. Reprenez votre chemin.

MÉNÉNIUS. — A-t-il dîné? Pouvez-vous me le dire? Car je ne veux lui parler qu'après dîner.

PREMIER SOLDAT. — Vous êtes un Romain, dites-vous?

MÉNÉNIUS. — Je le suis, comme l'est ton général.

PREMIER SOLDAT.—Vous devriez donc haïr Rome comme il la hait. — Pouvez-vous bien, après avoir chassé de vos portes votre défenseur, et, cédant à une ignorante populace, envoyé votre bouclier à vos ennemis; pouvez-vous espérer d'arrêter ses vengeances avec les vains gémissements de vos vieilles femmes, les mains suppliantes de vos jeunes filles, ou l'intercession impuissante d'un radoteur décrépit comme vous? Pensez-vous que votre faible souffle éteindra les flammes qui sont prêtes à embraser votre ville? Non, vous êtes dans l'erreur. Ainsi, retournez à Rome, et préparez-vous à subir votre arrêt : vous êtes tous condamnés; notre général a juré qu'il n'y avait plus ni pardon ni répit.

MÉNÉNIUS. — Coquin! sais-tu bien que si ton capitaine me savait ici, il me traiterait avec distinction?

SECOND SOLDAT. — Allons, mon capitaine ne vous connaît pas.

MÉNÉNIUS. — C'est ton général que je veux dire.

PREMIER SOLDAT.—Mon général ne s'embarrasse guère de vous. Retirez-vous, vous dis-je, si vous ne voulez pas voir répandre le peu de sang qui coule dans vos veines. Retirez-vous!

MÉNÉNIUS. — Comment donc, camarade! camarade!

(Entre Coriolan avec Aufidius.)

CORIOLAN. — De quoi s'agit-il?

MÉNÉNIUS, *à la sentinelle*.—Maintenant, mon camarade, je vais te faire avoir ce que tu mérites : tu verras que l'on me considère ici, tu verras qu'une imbécile de sentinelle comme toi ne peut pas m'empêcher d'approcher de mon fils Coriolan; devine, à la manière dont il va me traiter, si tu n'es pas à deux doigts de la potence, ou de quelque autre mort plus lente et plus cruelle : regarde bien, et tremble sur le sort qui t'attend. — (*A Coriolan.*) Que les dieux assemblés à toutes les heures s'occupent sans cesse de ton bonheur et qu'ils t'aiment seulement autant que t'aime ton vieux père Ménénius! O mon fils, mon fils! tu prépares des flammes pour nous! Regarde, voici de l'eau pour les éteindre. J'ai eu de la peine à me résoudre à venir vers toi; mais chacun m'assurant que je pouvais seul te fléchir, j'ai été poussé hors de nos portes par des soupirs. Je te conjure de pardonner à Rome et à tes concitoyens suppliants. Que les dieux propices apaisent ta fureur, et en fassent tomber le dernier ressentiment sur ce misérable qui, comme un bloc insensible, m'a refusé tout accès auprès de toi!

CORIOLAN. — Loin de moi!

MÉNÉNIUS. — Comment, *loin de moi!*

CORIOLAN. — Je ne connais plus ni femme, ni mère, ni enfant. Ma volonté ne m'appartient plus; elle est engagée au service d'autrui : et quoique je me doive à moi ma vengeance personnelle, le pardon de Rome est dans le cœur des Volsques. Nous avons été unis par l'amitié; un ingrat oubli en empoisonnera le souvenir plutôt que de permettre à ma pitié de me rappeler combien nous fûmes intimes. Ainsi, laisse-moi : mon oreille oppose à tes demandes une dureté plus inflexible que le fer que vos portes opposent à ma force. Pourtant, car je t'ai tendrement aimé, prends avec toi cet écrit : je l'ai tracé pour toi, et je te l'aurais envoyé. (*Il lui remet un papier.*) Pas un mot de plus, Ménénius, je ne l'écouterai pas de toi. (*Il lui tourne le dos et le quitte.*) (*A Aufidius.*) Ce vieillard, Aufidius, était pour moi un père dans Rome; et tu vois....

AUFIDIUS. — Tu sais soutenir ton caractère.

(Ils sortent ensemble.)

PREMIER SOLDAT. — Eh bien! votre nom est donc Ménénius?

SECOND SOLDAT. — C'est un nom, comme vous voyez, dont le charme est bien puissant!—Vous savez par quel chemin on retourne à Rome?

PREMIER SOLDAT. — Avez-vous vu comme nous avons été réprimandés pour avoir barré le passage à Votre Grandeur?

SECOND SOLDAT.—Croyez-vous que j'aie sujet de m'évanouir de peur?

MÉNÉNIUS. — Je ne m'embarrasse plus ni du monde ni de votre général. Pour des être tels que vous, je puis à peine penser qu'ils existent, tant vous êtes petits à mes yeux! Celui qui est décidé à se donner la mort lui-même ne la craint point d'un autre. Que votre général suive à son gré ses fureurs. Demeurez longtemps ce que vous êtes, et puisse votre misère s'accroître avec vos années! Je vous dis ce qu'on m'a dit : *Loin de moi!*

(Il sort.)

PREMIER SOLDAT.—Un noble mortel, je le garantis.

SECOND SOLDAT. — Le noble mortel, c'est notre général. C'est un rocher, un chêne que le vent ne peut ébranler.

(Les soldats s'éloignent.)

SCÈNE III

La tente de Coriolan.

Entrent CORIOLAN, AUFIDIUS *et autres.*

CORIOLAN. —Demain, nous rangeons notre armée devant les murs de Rome. Toi, mon collègue, dans cette expédition, tu dois rendre compte au sénat volsque de la franchise que j'ai mise dans ma conduite.

AUFIDIUS.—Oui, tu n'as considéré que les intérêts des Volsques ; tu as fermé l'oreille à la prière universelle de Rome ; tu ne t'es permis aucune conférence secrète, pas même avec tes plus intimes amis, qui se croyaient sûrs de te gagner.

CORIOLAN.—Le dernier, ce vieillard que j'ai renvoyé à Rome, le cœur brisé, m'aimait plus tendrement que n'aime un père : oui, il m'aimait comme son dieu. Leur dernière ressource était de me l'envoyer. C'est pour l'amour de lui, malgré la dureté que je lui ai montrée, que j'ai offert encore une fois les premières conditions : tu sais qu'ils les ont refusées ; maintenant ils ne peuvent plus les accepter. C'était uniquement pour ne pas refuser tout à ce vieillard, qui se flattait d'obtenir bien davantage ; et c'est lui avoir accordé bien peu. A présent, de nouvelles députations, de nouvelles requêtes, ni de la part de l'État, ni de celle de mes amis particuliers, je n'en veux plus écouter désormais.—Ah ! quelles sont ces clameurs ? (*On entend des cris.*) Vient-on tenter de me faire enfreindre mon serment, au moment même où je viens de le prononcer ? Je ne l'enfreindrai pas.

(Entrent Virgilie, Volumnie, Valérie, le jeune Marcius, avec un cortége de dames romaines, toutes en robe de deuil.)

coriolan, *de loin, les voyant avancer.* — Ah ! c'est ma femme qui marche à leur tête ; puis la vénérable mère dont le sein m'a porté, tenant par la main l'enfant de son fils. — Mais, loin de moi, tendresse ! Que tous les liens, tous les droits de la nature s'anéantissent ! Que ma seule vertu soit d'être inflexible ! Que m'importent cette humble attitude, ou ces yeux de colombe qui rendraient les dieux parjures ? Je m'attendris, et je ne suis pas formé d'une argile plus dure que les autres hommes. Ma mère fléchissant le genou devant moi ! C'est comme si le mont Olympe s'humiliait devant une taupinière. Et mon jeune enfant, dont le visage semble me supplier ; et la nature qui me crie : « Ne refuse pas ! » Que les Volsques promènent la charrue et la herse sur les ruines de Rome et de l'Italie entière, je ne serai point assez stupide pour obéir à un aveugle instinct. Je veux rester insensible, comme si l'homme était le seul auteur de son existence, et qu'il ne connût point de parents.

virgilie.—Mon maître et mon époux !

coriolan.—Je ne vous vois plus avec les mêmes yeux qu'à Rome.

virgilie.—La douleur, qui nous offre à vous si changées, vous le fait croire.

CORIOLAN.—Comme un acteur imbécile, j'ai déjà oublié mon rôle; je reste court, et suis tout prêt d'essuyer un affront complet. — O toi, la plus chère partie de moi-même, pardonne à ma tyrannie ; mais ne me dis jamais: Pardonne aux Romains.—Oh! donne-moi un baiser qui dure autant que mon exil, qui soit aussi doux que me l'est la vengeance. — Par la reine jalouse des cieux, le baiser, ma bien-aimée, que tu me donnas en partant de Rome, mes lèvres fidèles l'ont toujours depuis conservé pur et vierge. — O dieux! je me répands en vaines paroles, et je laisse la plus respectable mère de l'univers, sans l'avoir encore saluée.—Tombe à genoux, Coriolan, et montre ici un sentiment de respect plus profond que les enfants vulgaires. (*Il se met à genoux.*)

VOLUMNIE.—O lève-toi, mon fils, et sois béni des dieux! c'est moi qui tombe à genoux devant toi sans autre coussin que ces cailloux, et qui te montre un respect déplacé entre une mère et son enfant. (*Elle s'agenouille.*)

CORIOLAN. — Que faites-vous? Vous, à genoux devant moi! devant le fils dont vous avez châtié l'enfance! Alors que les cailloux du rivage stérile attaquent les étoiles ; que les vents mutinés arrachent les cèdres orgueilleux et les lancent contre l'orbe de feu du soleil : c'est supprimer l'impossible que de faire naturellement ce qui ne peut pas être.

VOLUMNIE. —Tu es mon guerrier ; j'ai contribué à te former à la guerre.—Connais-tu cette femme?

CORIOLAN.—Oui, la noble sœur de Publicola ; l'astre le plus doux de Rome, chaste comme la neige la plus pure que l'hiver suspende au temple de Diane : chère Valérie.

VOLUMNIE.—Voici un imparfait abrégé de vous deux (*montrant le jeune Marcius*), qui, développé et agrandi par les années, pourra ressembler en tout à son père.

CORIOLAN. — Que le dieu des guerriers, de l'aveu du souverain Jupiter, remplisse ton âme de noblesse! Deviens invulnérable à la honte, et parais un jour sur les champs de bataille, comme le phare brillant sur le bord des mers, qui brave tous les coups de l'orage et sauve ceux qui le voient!

ACTE V, SCÈNE III.

VOLUMNIE.—Enfant, mettez-vous à genoux.

CORIOLAN.—Voilà mon brave enfant.

VOLUMNIE.—Eh bien! cet enfant, cette femme, ta femme et moi, nous t'adressons notre prière.

CORIOLAN.—Je vous conjure, arrêtez : ou si vous voulez me faire une demande, avant tout, souvenez-vous bien de ceci, de ne pas vous offenser si je vous refuse ce que j'ai juré de n'accorder jamais. Ne me demandez pas de renvoyer mes soldats, ou de capituler encore avec les artisans de Rome. Ne me dites pas que je suis dénaturé. Ne cherchez pas à calmer mes fureurs et ma vengeance par vos raisons de sang-froid.....

VOLUMNIE. — C'est assez! N'en dis pas davantage : tu viens de nous dire que tu ne nous accorderais rien ; car nous n'avons rien autre chose à te demander, que ce que tu nous refuses déjà. Mais alors nous demanderons que, si nous succombons dans notre requête, le blâme en retombe sur ta dureté. Écoute-nous.

CORIOLAN.—Aufidius, et vous, Volsques, prêtez l'oreille ; car nous n'écouterons aucune demande de Rome en secret. Votre requête ?

VOLUMNIE. — Quand nous resterions muettes et sans parler, ces tristes vêtements et le dépérissement de nos visages te diraient assez quelle vie nous avons menée depuis ton exil. Réfléchis en toi-même, et juge si tu ne vois pas en nous les plus malheureuses femmes de la terre. Ta vue, qui devrait nous faire verser des larmes de joie, faire tressaillir nos cœurs de plaisir, nous fait verser des larmes de désespoir, et trembler de crainte et de douleur, en montrant aux yeux d'une mère, d'une femme, d'un enfant, un fils, un époux et un père, qui déchire les entrailles de sa patrie. Et c'est à nous, infortunées, que ta haine est surtout fatale. Tu nous enlèves jusqu'au pouvoir de prier les dieux, douceur qui reste à tous les malheureux, excepté à nous. Car, comment pouvons-nous, hélas! comment pouvons-nous prier les dieux pour notre patrie, comme c'est notre devoir, et les prier pour ta victoire, comme c'est aussi notre devoir? Hélas! il nous faut perdre, ou notre chère patrie qui nous a nourries, ou toi, qui faisais notre consolation dans notre patrie. De quelque côté que nos vœux s'accomplissent, nous trouvons partout le plus grand des malheurs ; car il faudra te voir ou traîné comme un esclave rebelle, chargé de fers, le long de nos rues, ou foulant en triomphe sous tes pieds les ruines de ton pays, et portant la palme de la victoire pour prix d'avoir bravement versé le sang de ta femme et de tes enfants. Pour moi, mon fils, je ne me propose pas d'attendre l'événement de la fortune, ni le dénoûment de cette guerre. Si je ne puis te déterminer à montrer une noble clémence aux deux partis, plutôt que de chercher la ruine de l'un des deux pour envahir ta patrie, il te faudra marcher (sois-en sûr, tu ne le feras pas) sur le sein de ta mère, qui t'a conçu et mis au monde.

VIRGILIE.—Oui, et sur mon sein aussi, qui t'a donné cet enfant pour faire revivre ton nom dans l'avenir.

L'ENFANT.—Il ne marchera pas sur moi, je me sauverai ; et quand je serai plus grand, alors je me battrai.

CORIOLAN *ému*. — Pour n'être pas faible et sensible comme une femme, il ne faut voir ni un enfant ni le visage d'une femme.—Je me suis arrêté trop longtemps.
(Il se lève.)

VOLUMNIE.—Non, ne nous quitte pas ainsi. Si l'objet de notre prière était de te demander de sauver les Romains en détruisant les Volsques que tu sers, tu aurais raison de nous condamner comme des ennemies de ton honneur. Non : notre prière est que tu les réconcilies ensemble ; que les Volsques puissent dire : « Nous avons montré cette clémence », les Romains : « Nous l'avons acceptée ; » et que les deux partis te saluent ensemble en criant : Que les dieux bénissent Coriolan, qui nous a procuré cette paix !—Tu sais, mon illustre fils, que l'événement de la guerre est incertain : mais ce qui est certain, c'est que, si tu subjugues Rome, le fruit que tu en recueilleras sera un nom chargé de malédictions répétées ; et l'histoire dira de toi : « Ce fut un brave guerrier : mais il a effacé sa gloire par sa dernière action ; il a détruit son pays, et son nom ne passa aux générations suivantes que pour en être abhorré. »—Réponds-moi, mon fils; tu as toujours aspiré aux plus sublimes efforts de l'honneur; tu étais jaloux d'imiter les dieux, qui tonnent souvent sur les mortels, mais qui ne déchirent que l'air du bruit de leur tonnerre, et ne font éclater leur foudre que sur un chêne insensible.—Pourquoi ne me réponds-tu pas? Penses-tu qu'il soit honorable pour un mortel généreux de se souvenir toujours de l'injure qu'il a reçue?—Ma fille, parle-lui.—Il ne s'embarrasse pas de tes pleurs.—Parle donc, toi, mon enfant; peut-être que ta faiblesse le touchera plus que nos raisons.—Il n'est point dans le monde entier de fils plus redevable à sa mère; et, cependant, il me laisse ici parler en vain comme si je déclamais sur des tréteaux. Va, tu n'as jamais montré dans ta vie aucun égard pour ta tendre mère; tandis que, comme une pauvre poule, qui ne désire pas d'avoir plus d'un poussin, elle t'a élevé pour la guerre et t'a comblé d'honneurs pendant la paix. —Dis que ma requête est injuste, et chasse-moi avec mépris de ta présence; mais si elle ne l'est pas, tu manques à ton devoir, et les dieux te puniront de me refuser la déférence qui est due à une mère.—Il se détourne de nous. A genoux, femmes; faisons-lui honte de cette humiliation.—Sans doute il doit bien plus d'orgueil à son surnom de Coriolan, que de pitié à nos prières. Fléchissons encore une fois le genou devant lui; ce sera notre dernière supplication, et puis nous allons retourner dans Rome, et mourir parmi nos concitoyens.—Ah! du moins, daigne nous accorder un regard. Ce jeune enfant, qui ne peut exprimer ce qu'il voudrait dire, mais qui tombe à genoux et tend ses mains vers toi pour nous imiter, appuie notre demande de raisons plus fortes que tu n'en as de la refuser.—Allons, partons. Oui, cet homme a une Volsque pour mère : sa femme habite à Corioles; et si ce jeune enfant lui ressemble, c'est un effet du hasard. —Laisse-nous partir.—Je ne dis plus rien, jusqu'à ce que je voie notre patrie en feu, et alors je retrouverai la parole.

CORIOLAN.—O ma mère ! ma mère ! (*Il la prend par la*

main sans parler.) Ah! qu'avez-vous fait? Voyez, le ciel s'entr'ouvre, et les dieux abaissent leurs regards sur cette plaine, et ils sourient de pitié en voyant cette scène contre nature..... O ma mère, ma mère! Oh! vous remportez une heureuse victoire pour Rome! mais quant à votre fils, ah! croyez-le, croyez-le, cette victoire, que vous remportez sur lui, lui est bien funeste, si elle ne lui devient pas mortelle. Mais n'importe! j'accepte ma destinée.—Aufidius, quoique je ne puisse plus poursuivre la guerre que j'avais promise, je ferai une paix convenable.—Mais quoi! généreux Aufidius; si tu étais à ma place, parle, aurais-tu moins écouté une mère? Aurais-tu pu lui moins accorder? Réponds, Aufidius.

AUFIDIUS.—J'ai été vivement ému.

CORIOLAN.—Ah! j'oserais le jurer que tu l'as été. Et ce n'était pas chose facile de forcer mes yeux à verser les larmes de la compassion. Mais, brave général, quelle paix veux-tu faire? Donne-moi tes conseils. Pour moi, je ne rentrerai pas à Rome; je retourne avec toi à Antium, et je te prie de m'appuyer dans ma défense. O ma mère! ma femme!

AUFIDIUS, *à part.*—Je suis bien aise que tu aies mis en contradiction ta pitié et ton honneur; je saurai tirer parti de ceci pour rétablir ma fortune dans son premier état.

(Les dames romaines font des signes à Coriolan, qui leur dit:)

CORIOLAN.—Oui, tout à l'heure; mais nous viderons ensemble quelques coupes, et vous remporterez à Rome des preuves plus visibles que des paroles, dans le traité que nous aurons scellé sous des conditions égales... Venez; entrez dans notre tente. (*A Volumnie et à Virgilie.*) Et vous, illustres Romaines, vous méritez que Rome vous élève un temple : toutes les épées de l'Italie, tous ses soldats ligués ensemble n'auraient pas eu le pouvoir de faire cette paix.

(Ils sortent.)

SCÈNE IV

La place publique de Rome.

MÉNÉNIUS ET SICINIUS.

MÉNÉNIUS. — Voyez-vous là-bas ce coin du Capitole, cette pierre qui forme l'angle?

SICINIUS. — Oui ; mais à quel propos?....

MÉNÉNIUS. — Si vous pouvez la déplacer avec votre petit doigt, alors il y a lieu d'espérer que les dames de Rome, et surtout sa mère, pourront le fléchir : mais moi je dis qu'il n'y a pas le moindre espoir qu'elles y réussissent. Nos têtes sont dévouées : nous ne faisons plus qu'attendre ici l'exécution de notre arrêt.

SICINIUS. — Est-il possible qu'en si peu de temps les dispositions d'un homme éprouvent un si grand changement?

MÉNÉNIUS. — Il y a de la différence entre un ver et un papillon ; cependant le papillon n'était qu'un ver dans l'origine ; de même ce Marcius, d'homme est devenu un dragon : il a des ailes et a cessé d'être une créature rampante.

SICINIUS. — Il aimait tendrement sa mère.

MÉNÉNIUS. — Et moi, il m'aimait tendrement aussi ; et il ne se souvient pas plus de sa mère qu'un cheval de huit ans. L'aigreur de son visage tourne les grappes mûres. Quand il marche, il se meut comme une machine de guerre, et la terre tremble sous ses pas. Son œil percerait une cuirasse du trait de son regard ; sa voix a le son lugubre d'une cloche funèbre, et son murmure ressemble au bruit sourd du tonnerre. Il est assis sur son siége comme s'il eût été fait pour Alexandre. Ce qu'il commande est exécuté en un clin d'œil : il ne lui manque d'un dieu que l'éternité, et un ciel pour trône.

SICINIUS. — Qu'il ait pitié de nous, si tout ce que vous dites est vrai !

MÉNÉNIUS. — Je le peins d'après son caractère. Vous verrez quelle grâce aura obtenue sa mère. Il n'y a pas plus de pitié en lui qu'il n'y a de lait dans un tigre : notre pauvre Rome en va faire l'épreuve ; et voilà ce qui vous doit être imputé.

sicinius.—Que les dieux nous soient propices !

ménénius.—Non ; les dieux refuseront de nous être propices dans une telle circonstance. Quand nous l'avons banni, nous n'avons pas respecté les dieux, et quand il reviendra pour nous casser le cou, les dieux n'auront aucun égard pour nous.

(Entre un messager.)

le messager. — Tribun, si vous voulez sauver votre vie, fuyez dans votre maison : les plébéiens ont saisi votre collègue, ils le traînent en jurant tous que si les dames romaines ne rapportent pas des nouvelles consolantes, ils le feront mourir à petit feu.

(Entre un second messager.)

sicinius. — Quelles nouvelles ?

le messager. — De bonnes nouvelles, de bonnes nouvelles ! Nos dames l'ont emporté ; les Volsques se retirent, et Marcius est parti avec eux. Rome n'a jamais vu de plus heureux jour, non, pas même celui où les Tarquins furent chassés ?

sicinius.—Ami, es-tu bien certain que ta nouvelle est vraie ? En es-tu bien sûr ?

le messager. — J'en suis sûr, comme il est sûr que le soleil est un astre de feu. Où étiez-vous donc caché, pour en douter encore ? Jamais fleuve ne précipita ses flots sous les voûtes d'un pont avec autant de rapidité que la foule du peuple consolé qui vient de rentrer dans les portes de Rome. Tenez, entendez-vous ?.... (*On entend les trompettes, les hautbois et les tambours auxquels se mêlent des acclamations.*) Les trompettes, les flûtes, les psaltérions, les fifres, les tambours, les cymbales et les acclamations des Romains font danser le soleil. Entendez-vous ?

(On entend des acclamations.)

ménénius. — Voici d'heureuses nouvelles ! Je veux aller au-devant de nos Romaines. Cette Volumnie vaut à elle seule une ville entière de consuls, de sénateurs, de patriciens.... et de tribuns comme vous ; oh ! toute une terre et toute une mer remplies ! Vous avez fait aujourd'hui d'heureuses prières. Ce matin je n'aurais pas donné une obole pour dix mille de vos têtes. Écoutez, quelle allégresse !

(Les instruments et les cris continuent.)

SICINIUS, *au messager*. — Que les dieux te récompensent de tes bonnes nouvelles ; reçois le témoignage de ma reconnaissance.

LE MESSAGER. — Nous avons tous grand sujet de rendre aux dieux de vives actions de grâces.

SICINIUS. — Sont-elles bien près des portes ?

LE MESSAGER. — Sur le point d'entrer dans la ville.

SICINIUS. — Allons au-devant d'elles : allons augmenter de notre joie la joie publique.

(Ils sortent.)

(Les dames entrent accompagnées par les sénateurs, les patriciens et le peuple. Le cortége défile sur le théâtre.)

UN SÉNATEUR. — Voyez notre patronne, celle qui a rendu la vie à Rome : convoquez toutes les tribus ; qu'on remercie les dieux, et qu'on allume des feux de joie : semez des fleurs devant elles ; surmontez par vos cris de reconnaissance les cris d'injustice qui bannirent Marcius : rappelez le fils par vos acclamations au retour de la mère ; criez tous : Salut, nobles dames, salut !

TOUS *ensemble répètent et crient*. — Salut, nobles dames, salut !

(Fanfares et tambours. — Ils sortent.)

SCÈNE V

La place publique d'Antium.

TULLUS AUFIDIUS *paraît au milieu de sa suite.*

AUFIDIUS, *à un officier*. — Allez, annoncez aux nobles de l'État que je suis arrivé : remettez-leur ce papier ; et, quand ils l'auront lu, dites-leur de se rendre à la place publique, où je confirmerai la vérité de cet écrit devant eux et devant le peuple assemblé. Celui que j'accuse est déjà rentré dans la ville par cette porte, et il se propose de paraître devant le peuple, espérant se justifier avec des paroles. Hâtez-vous. (*A trois ou quatre conspirateurs de la faction d'Aufidius qui viennent au-devant de lui.*) Soyez les bienvenus.

PREMIER CONJURÉ. — En quel état est notre général ?

AUFIDIUS. — Dans l'état d'homme empoisonné par ses propres aumônes, et tué par sa charité.

SECOND CONJURÉ. — Très-noble seigneur, si vous persistez dans le projet auquel vous avez désiré de nous associer, nous vous délivrerons du danger qui vous menace.

AUFIDIUS. — Je ne puis encore rien décider : nous agirons selon que nous trouverons le peuple disposé.

TROISIÈME CONJURÉ. — Tant qu'il y aura de la division entre Marcius et vous, le peuple flottera incertain : mais la chute de l'un rendra le survivant héritier de toute sa faveur.

AUFIDIUS. — Je le sais ; et mon plan, pour trouver un prétexte de le frapper, est bien arrangé. — Je l'ai relevé dans sa disgrâce, j'ai engagé mon honneur pour garant de sa foi. Marcius, ainsi comblé d'honneur, a arrosé de flatteries ses nouvelles plantations ; il a caressé et séduit mes amis, et c'est dans cette vue qu'il a plié son caractère, qu'on avait toujours connu auparavant pour être rude, indépendant et indomptable.

TROISIÈME CONJURÉ. — Telle était sa roideur quand il briguait le consulat, qu'il le perdit en refusant de fléchir.

AUDIFIUS. — C'est ce dont j'allais parler. Banni pour son orgueil, il est venu dans ma maison offrir sa tête à mon glaive : je l'ai accueilli, je l'ai associé à ma fortune, j'ai donné un libre cours à tous ses désirs ; j'ai fait plus : je l'ai laissé, pour accomplir ses projets, choisir dans mon armée mes meilleurs et mes plus vigoureux soldats ; j'ai servi ses desseins aux dépens de ma propre personne ; je l'ai aidé à recueillir une renommée qu'il s'est appropriée tout entière, et j'ai mis de l'orgueil à me nuire ainsi à moi-même, si bien qu'à la fin j'ai pu être pris pour son subordonné et non son égal, et qu'il m'a traité de l'air qu'on prend avec un mercenaire.

PREMIER CONJURÉ.—Voilà en effet son procédé : l'armée en a été étonnée, et pour dernier trait, lorsqu'il était maître de Rome, et que nous nous attendions au butin et à la gloire.....

AUFIDIUS.—Oui, et c'est sur ce point que je l'attaquerai avec toute l'habileté dont je serai capable. Pour quelques larmes de femme qu'on obtient aussi facilement que des mensonges, il a vendu tout le sang versé et tous les travaux qu'avait coûtés notre grande entreprise. C'est pour cela qu'il mourra, et je me rajeunirai par sa chute. Mais écoutons.

(On entend le bruit des instruments militaires et les cris du peuple.)

PREMIER CONJURÉ.—Vous êtes entré dans notre ville natale comme un poteau, sans que personne vous ait fait accueil; mais il revient en fatiguant l'air par le bruit qu'il cause.

SECOND CONJURÉ. — Et tout ce peuple stupide, dont il a tué les enfants, s'enroue lâchement à célébrer sa gloire.

TROISIÈME CONJURÉ.—Profitez donc du moment favorable, avant qu'il s'explique et qu'il gagne le peuple par ses discours; qu'il sente votre fer; nous vous seconderons. Lorsqu'il sera couché sur la terre, alors vous raconterez son histoire suivant vos intérêts; et votre harangue ensevelira son apologie avec son corps.

AUFIDIUS.—Cessons nos discours; voici les nobles qui arrivent.

(Entrent les sénateurs volsques.)

LES SÉNATEURS, à *Aufidius*. — Nous vous félicitons de votre retour dans notre ville.

AUFIDIUS. — Je ne l'ai pas mérité : mais, dignes sénateurs, avez-vous lu avec attention l'écrit que je vous ai fait remettre ?

TOUS.—Nous l'avons lu.

PREMIER SÉNATEUR. — Et sa lecture nous a affligés. Les

fautes que nous avions à lui reprocher auparavant pouvaient, je pense, aisément s'oublier ; mais de finir par où il aurait dû commencer, sacrifier tout le fruit de nos préparatifs de guerre, en faire retomber tout le fardeau sur nous-mêmes en signant un traité avec Rome, lorsque Rome se rendait à nous, c'est un crime qui n'admet aucune excuse.

AUFIDIUS.—Il approche : vous allez l'entendre.

(Coriolan paraît, marchant au milieu des instruments de guerre et des drapeaux ; le peuple le suit en foule.)

CORIOLAN.— Salut, seigneurs : je reviens votre soldat, et je rapporte un cœur qui n'est pas plus entaché de l'amour de mon pays, qu'il ne l'était lorsque je suis sorti de cette ville. Je vous suis toujours dévoué, et tout prêt à suivre vos ordres. Vous devez savoir que j'ai commencé notre expédition avec succès : et que j'ai conduit vos armées par une route sanglante jusqu'aux portes de Rome. Les dépouilles que nous rapportons dans cette ville surpassent d'un tiers les dépenses de l'armement. Nous avons fait une paix aussi honorable pour Antium qu'elle est ignominieuse pour Rome. Nous vous en présentons ici le traité, et les articles, signés des consuls et des patriciens, et scellés du sceau du sénat.

AUFIDIUS.—Ne lisez pas, nobles sénateurs : mais dites au traître qu'il a abusé à l'excès des pouvoirs que vous lui aviez confiés.

CORIOLAN.—Traître ! Comment donc ?

AUFIDIUS.—Oui, traître ! Marcius !

CORIOLAN. — *Marcius !*

AUFIDIUS. — Oui, Marcius, Caïus Marcius. Espères-tu que je te ferai l'honneur de te décorer du surnom de Coriolan, que tu as volé dans Corioles ? Entendez ma voix, vous, sénateurs ; vous, chefs de cet État : il a trahi lâchement vos intérêts, et cédé pour quelques gouttes d'eau Rome qui était à vous. Oui, Rome était à vous, il l'a lâchement cédée à sa femme et à sa mère. Il a violé ses serments, et rompu la trame de ses desseins aussi facilement que le nœud d'un fil usé; et sans qu'il ait assemblé aucun conseil de guerre, à la seule vue des larmes de sa nourrice, de vains gémissements, des clameurs de femmes lui ont fait lâcher une victoire qui était à vous, les pages ont rougi pour lui et les gens de cœur se sont regardés de surprise les uns les autres.

CORIOLAN.—O Mars, l'entends-tu?

AUFIDIUS. — Ne nomme point ce dieu, toi, enfant larmoyant.

CORIOLAN. — Ah! dieux!

AUFIDIUS.— Un enfant, rien de plus.

CORIOLAN.—Insigne menteur, tu fais gonfler mon sein d'une rage qu'il ne peut plus contenir. Moi, un enfant? O lâche esclave! — Pardonnez, illustres sénateurs; c'est la première fois que j'aie jamais été forcé de quereller en vaines paroles. Votre jugement, mes respectables seigneurs, doit démentir ce misérable roquet; lui-même sera forcé de convenir de son imposture, lui qui porte les traces de mes coups sur son corps et qui les portera jusqu'au tombeau.

PREMIER SÉNATEUR.—Silence, tous deux, et laissez-moi parler.

CORIOLAN. — Mettez-moi en pièces, Volsques, hommes et enfants! plongez tous vos poignards dans mon sein. *Un enfant!* Lâche chien! — Si vous avez écrit avec vérité les annales de votre histoire, c'est à Corioles que, semblable à l'aigle qui fond dans un colombier, j'ai réduit les Volsques au silence de la peur; moi seul je l'ai fait. Un enfant!

AUFIDIUS. — Quoi, sénateurs! vous souffrirez qu'il retrace à vos yeux le souvenir d'un succès qu'il ne dut qu'à l'aveugle fortune, et qui vous couvrit de honte? Vous entendrez en paix cet orgueilleux infâme vous insulter en face, et se vanter de vos affronts?

LES CONJURÉS. — Qu'il meure pour cette insulte.

DES VOIX DU PEUPLE. — Mettons-le en pièces à l'heure même : il a tué mon fils, ma fille; il a tué mon cousin Marcus; il a tué mon père.

(Des bruits confus s'élèvent dans toute l'assemblée.)

SECOND SÉNATEUR, *au peuple.*—Cessez ces clameurs: point d'outrage. Silence. C'est un brave guerrier, et sa renommée couvre toute la terre. Ses dernières fautes envers nous seront soumises à un jugement impartial. Aufidius, arrête, et ne trouble point la paix.

CORIOLAN.—Oh! si je le tenais lui, avec six autres Aufidius, et même avec toute sa race, pour me faire justice avec mon épée!

AUFIDIUS. — Lâche insolent!

TOUS LES CONJURÉS. — Tuez-le, tuez-le.

(Les conjurés tirent tous l'épée, se jettent sur Coriolan, le tuent; il tombe, et Aufidius le foule aux pieds.)

LES SÉNATEURS. — Arrêtez, arrêtez, arrêtez.

AUFIDIUS. — Mes nobles maîtres, daignez m'entendre.

PREMIER SÉNATEUR. — O Tullus!

SECOND SÉNATEUR.—Tu as fait une action qui fera pleurer la Valeur.

TROISIÈME SÉNATEUR.—Ne foulez point ainsi son corps: contenez vos fureurs; remettez vos épées.

AUFIDIUS.—Seigneurs, quand vous saurez (dans ce moment de fureur qu'il a provoquée, il m'est impossible de vous l'apprendre), quand vous saurez l'extrême danger où vous exposait la vie de cet homme, vous vous réjouirez de le voir ainsi mis à mort. Daignez me mander à l'assemblée du sénat; je vous prouverai mon fidèle et loyal dévouement, ou je me soumets à votre jugement le plus rigoureux.

PREMIER SÉNATEUR.—Emportez son corps, et pleurez sur lui. Qu'il soit regardé comme le plus illustre mort que jamais héraut ait conduit à son tombeau!

SECOND SÉNATEUR. — Son propre emportement absout à moitié Aufidius du blâme qu'il pourrait mériter. Faisons servir cet événement à notre plus grand avantage.

AUFIDIUS. — Ma fureur est passée, et je me sens pénétré de douleur. Enlevez-le. Aidez-nous, trois des principaux guerriers: je serai le quatrième. Que le tambour fasse entendre un son lugubre. Traînez vos piques renversées: oublions que cette ville renferme une foule de femmes qu'il a privées de leurs maris et de leurs enfants, et qui, maintenant encore, gémissent dans le deuil et les larmes; il laissera un noble souvenir. Venez, aidez-moi!

(Ils sortent, emportant le corps de Coriolan, au bruit d'une marche funèbre.)

FIN DU CINQUIÈME ET DERNIER ACTE.

APPENDICE

Nous avons déjà parlé (p. 284) de l'exemplaire de *Hamlet*, daté de 1603, et retrouvé en 1825 ; nous avons dit qu'il contenait un texte différent de ceux qu'on avait connus jusqu'alors. Mais malgré l'intérêt qui fut fort naturellement attaché à une telle découverte, il faut se garder, selon nous, d'attribuer trop d'importance au premier *Hamlet* et à toutes les différences qui le distinguent du second. Parmi ces différences, il y en a qui sont évidemment du fait de Shakspeare même, et qui prouvent un profond remaniement ; il y en a d'autres qui ne doivent pas lui être attribuées. Comme pour les premières éditions de *Roméo et Juliette* et des *Joyeuses Commères de Windsor*, il est plus que probable que la première édition de *Hamlet,* celle de 1603, a été faite sans le concours ni l'aveu de Shakspeare, d'après des notes prises pendant les représentations, ou d'après un mauvais manuscrit soustrait aux acteurs ou à l'auteur. Dans la préface que John Heming et Henry Condell mirent en tête de l'édition in-folio de 1623, ces deux camarades de théâtre de Shakspeare disaient aux lecteurs : « Vous avez été d'abord en butte « aux déceptions de divers textes dérobés et frauduleux, tronqués « et déformés par les entreprises et les fraudes des outrageux « imposteurs qui les ont publiés. » On sait que Molière tomba dans la même disgrâce, et ne se décida à publier les *Précieuses ridicules* qu'après avoir vu une copie dérobée de sa pièce entre les mains des libraires, accompagnée d'un privilége obtenu par surprise (Préface des *Précieuses ridicules*). Quant à Shakspeare, il semble avoir luimême répudié assez explicitement la première édition de *Hamlet*, en ajoutant au titre de la seconde que cette dernière était imprimée d'après le texte « véritable et complet. » Qu'on se rappelle aussi que le texte de la seconde édition, quoique daté de 1604, a été certainement écrit en 1600, comme le démontrent les paroles de Rosencrantz, sur les comédiens nomades, et « la récente innovation » (Voir acte II, sc. II, et la note, p. 283); Shakspeare, à coup sûr, n'aurait pas fait imprimer, en 1603, le *Hamlet* de 1589, quand, depuis trois ans déjà, il en avait écrit et en faisait jouer un autre approprié à de nouveaux faits et pleins de nouveaux développements. Le *Hamlet*, de 1603, a donc été publié en dehors de lui : Shakspeare est bien l'auteur de la pièce, mais il n'est point garant de l'édition ; ni lui ni sa troupe ne devaient plus veiller bien jalousement, en 1603, sur les manuscrits d'un texte qu'ils ne jouaient plus, et la conclusion presque forcée de ces remarques est que le premier *Hamlet*, tel que nous l'avons, est une spéculation de quelque libraire-pirate, une publication furtive, composée en partie d'après des fragments d'un texte abandonné, en partie d'après des notes et des souvenirs.

Ainsi, il est imprudent de considérer toutes les différences qui distinguent le second *Hamlet* du premier, comme des additions ou des modifications que Shakspeare lui-même ait voulues. Quelles sont, parmi ces différences, celles dont il n'est point responsable et qu'il faut attribuer à l'origine discréditée du premier texte? C'est un choix à peu près impossible à faire, ce sont autant de points minutieux et litigieux qui ne permettent pas, pour la plupart, de rien affirmer. Il nous serait surtout difficile de faire sentir à travers la traduction ce que nous sentons en lisant dans le texte certains passages du premier *Hamlet*. Voulez-vous, par exemple, prendre la peine de comparer au passage correspondant du second *Hamlet* (acte Ier, sc. II, p. 146), les quelques lignes que voici? « *Le Roi* : Et « maintenant, Laërtes, quoi de nouveau de votre côté? Vous avez « parlé d'une requête. Quelle est-elle, Laërtes? — *Laërtes* : Mon « gracieux seigneur, votre permission favorable, maintenant que les « rites funéraires sont tous accomplis, pour avoir congé de retourner « en France; car, encore que la faveur de votre grâce fût bien faite « pour m'arrêter, il y a quelque chose cependant qui murmure « dans mon cœur, et par quoi mon esprit et mes désirs sont tous « tendus vers la France. » Il y a ici, entre le premier et le second texte une différence qui saute aux yeux : dans le premier, c'est l'enterrement du père de Hamlet, dans le second, c'est le couronnement de Claudius, qui est donné comme cause du retour de Laërtes en Danemark; correction nécessaire, car dans le premier texte, même sans savoir qu'il était devant un assassin et qu'il lui parlait des obsèques de sa victime, le jeune courtisan n'avait pas bonne grâce à se confesser ainsi devant Claudius d'être revenu de France tout exprès pour rendre hommage à la mémoire du feu roi, et à se montrer en même temps si impatient de quitter la nouvelle cour à peine inaugurée. C'était là, au point de vue dramatique, une maladresse si palpable, que nous sommes bien tenté d'en déclarer Shakspeare innocent, et de signaler ce passage comme un de ceux qui doivent avoir été suppléés par n'importe qui, pour combler les lacunes d'un manuscrit dérobé. Mais le lecteur acceptera-t-il si promptement notre hypothèse? Se contentera-t-il, pour nous croire, de se rappeler que ce genre d'invraisemblance, ce tort de prêter aux personnages des paroles qui ne sont pas *en situation*, comme on dit au théâtre, est peut-être la faute où Shakspeare est le plus rarement tombé, parce que le tact naturel du dramaturge suffit à en défendre? Et que pourrions-nous faire de plus pour appuyer notre dire? Ce qu'il faudrait faire, nous le savons bien. Il faudrait être à côté du lecteur, en tête à tête avec lui, et lui mettre le texte sous les yeux, et lui en faire, pour ainsi dire, toucher du doigt chaque mot : il sentirait, nous en sommes convaincu, que tout le passage sonne creux comme une monnaie fausse et n'est pas du Shakspeare de bon aloi.

Voilà ce qui ne peut être rendu par aucune traduction, ni formulé par aucun raisonnement. Mais la critique littéraire serait-elle, parmi les emplois de l'intelligence, le seul où l'instinct n'ait pas son rôle et ses droits? Tout au contraire, l'instinct, là comme ailleurs, est bon à entendre et digne de foi, pourvu qu'on l'interroge sérieusement, pourvu qu'on le force à se fixer et à se rasseoir. Il ne s'agit point ici de ces premières vues de hasard ou d'emprunt, qu'on veut souvent faire passer pour les plus purs témoignages de la nature et pour les jugements du cœur, mais qui sont seulement les sentences de l'ignorance présomptueuse et précipitée. Loin d'avoir rien de commun avec ces boutades, l'instinct, tel qu'un critique attentif doit le comprendre et peut l'invoquer, est l'essence dernière de l'étude et de la réflexion, et une sorte de sixième sens qu'on aurait acquis à force d'exercer les cinq autres. Quand on a longtemps vécu en intimité avec un écrivain, quand son langage s'est gravé dans notre mémoire, quand ses pensées ont pénétré les nôtres, un jour vient où le livre cesse d'être un livre; l'œuvre écrite nous apparaît dès lors comme une personne vivante; elle a une allure, un accent à elle; outre ses qualités que nous pouvons nommer, elle a sa physionomie que nous ne saurions définir, et qui est pourtant ce que nous connaissons d'elle le plus certainement; de sorte que nous sommes poussés à nous récrier sans preuves et à nous plaindre là où cette physionomie manque, comme, devant le portrait d'un ami, si ses traits y sont reproduits, et non sa ressemblance, nous nous sentons en droit de dire: « Non, ce n'est pas lui. » Cet instinct parle surtout lorsqu'il s'agit des poëtes, parce que leurs procédés sont plus complexes, leur art plus secret, leur originalité tout à la fois plus saisissante et plus insaisissable que celle des autres écrivains. Et s'il est un poëte, entre tous, à qui ces remarques puissent s'appliquer plus justement encore qu'aux autres poëtes, n'est-ce pas Shakspeare? n'est-ce pas celui qui, jugeant son propre style, s'est exprimé ainsi: « Chacune de mes « paroles décèle son origine et dit presque mon nom ? » (76e sonnet.) Combien de fois, en lisant le premier *Hamlet*, nous avons été arrêté par des paroles qui ne disent point le nom de Shakspeare, nous ne saurions en faire ici le compte. Mais traduisons encore, d'après l'in-quarto de 1603, le dialogue du roi, de la reine et de Hamlet, dans cette même scène deuxième du premier acte, dont nous avons déjà cité un fragment : « *Le Roi :* Et maintenant, royal fils « Hamlet, que signifient ces airs tristes et mélancoliques? Quant à « votre départ projeté pour Wittemberg, nous le regardons comme « très-inopportun et très-impropre, étant la joie de votre mère et « la moitié de son cœur. Laissez-moi donc vous exhorter à demeu-« rer à la cour, espoir de tout le Danemark, notre cousin et notre « fils bien-aimé! — *Hamlet :* Mon seigneur, ce n'est pas le noir « vêtement que je porte, non, ni les larmes qui restent encore dans « mes yeux, ni l'air bouleversé sur le visage, ni tout cela à la fois « mêlé d'apparences extérieures n'est égal au chagrin de mon « cœur. J'ai perdu celui-là que, de toute nécessité, je dois aller « chercher (??). Ce ne sont que les ornements et les vêtements « de la douleur. — *Le Roi :* Cela montre en vous un affectueux « souci, fils Hamlet. Mais vous devez vous dire que votre père « perdit un père, ce père défunt avait perdu le sien, et ainsi sera, jus-« qu'à la fin générale. Cessez donc les lamentations, c'est une faute « contre le ciel, faute contre les morts, une faute contre la nature, « et selon la très-certaine marche ordinaire de la raison, nul ne « vit sur la terre qui ne soit né pour mourir. »

Nous espérons que le lecteur trouvera la traduction de ce fragment bien gauche et bien lourde; elle atténue pourtant plutôt qu'elle ne charge les défauts du texte. Ainsi, dans le texte, il y a un vers qui se termine par un article dont le substantif n'arrive qu'au vers suivant:

> . . . . Et sera ainsi jusqu'à la
> Fin générale.

Ne dirait-on pas une parodie des enjambements romantiques ? Cela rappelle ce distique burlesque:

> On croira que je suis atteint de folie ou que
> Je veux faire ma cour à madame Panckoucke.

Il y a, presque à chaque ligne, une impossibilité de même force. Ici c'est un vers qui n'a point de sens, là une phrase dont la fin ne fait pas suite au commencement; ailleurs, ce n'est pas entre les mots seulement, mais entre les pensées, que l'on trouve des enjambements et des hiatus plus choquants encore. Ce que dit Hamlet ne répond nullement à ce que dit le roi; en rapprochant le premier texte et le second, on reconnaît tout de suite une lacune; les paroles de Hamlet sont faites pour répondre à celles de la reine que le premier texte ne donne pas. La réplique du roi à Hamlet est aussi évidemment falsifiée dans le premier texte; au lieu de l'idée de Shakspeare, telle que le second texte l'établit, telle que la scène et le personnage l'amènent et la réclament, c'est-à-dire au lieu de la distinction entre les regrets qui sont un devoir et les regrets qui sont un excès, nous voyons là seulement quelques vers récoltés au hasard, coupés en dépit du mètre, et rattachés en dépit de l'idée; ce n'est pas un premier thème, c'est un abrégé infidèle du beau passage qu'on peut relire à la page 148. Ainsi tout concourt à la même conclusion; le *Hamlet* daté de 1603 et retrouvé en 1825 nous est rendu suspect par les indices tirés du texte même, comme par le témoignage des anciens éditeurs de Shakspeare, et par le propre témoignage du poëte, consigné dans le titre de l'édition de 1604. Ce texte de 1603 est tronqué par une mémoire inintelligente et mêlé de remplissages maladroits. Nous manquons encore d'un exemplaire authentique et pur du premier *Hamlet*, écrit par Shakspeare, en 1589.

Tel qu'il est, cependant, le premier *Hamlet* a beaucoup à nous apprendre. Nous ne le possédons pas, de tout point, tel que Shakspeare l'avait écrit. Mais là se borne la portée de nos remarques, et nous ne voudrions pas qu'elles fussent autrement interprétées ni qu'on en poussât plus loin les conclusions. Nous possédons assurément le premier *Hamlet* tel que Shakspeare l'avait conçu ; si la forme en est altérée en mainte place dans l'in-quarto de 1603, l'ensemble et le fond de l'œuvre sont demeurés. C'est un texte qui vaut la peine d'être étudié, même s'il ne mérite pas l'honneur d'être traduit. Et tout d'abord, en l'étudiant, on se confirme tout à fait dans l'opinion qui assigne la date de 1589 au premier *Hamlet* de Shakspeare. Ceux qui lui assignent la date de 1584 en font la première œuvre dramatique de Shakspeare, et une œuvre qu'il aurait écrite l'année même où il vint à Londres[1]. Mais est-il vraisemblable que Shakspeare, même Shakspeare, au sortir de sa petite paroisse et d'une pauvre boutique de boucher, sans expérience de la scène ni des coulisses, sans avoir vu la ville ni entrevu la cour, sans s'être mêlé aux écrivains de son temps, ait écrit pour ainsi dire au débotté cette pièce où la plus puissante imagination n'est pas seule à se déployer, mais où se montre aussi une très-familière connaissance des exigences et des procédés dramatiques, et surtout où se reflète, sur le fond légendaire du sujet, tout le spectacle de la vie contemporaine, de la vie mondaine, théâtrale, littéraire, telle que Londres seulement pouvait enseigner à la peindre ? Tout cela, pourtant, est déjà dans le premier *Hamlet*. Déjà toute la séquelle royale, vieux conseillers et jeunes fats, bons amis de cour qui pompent les faveurs du roi et qui espionnent l'héritier présomptif, déjà toute la fourmilière citadine, mauvais auteurs, mauvais acteurs, tragédiens qui hurlent, bouffons qui se mêlent d'improviser, tiennent leur place dans le premier *Hamlet*, dépeints et châtiés de main de maître ; déjà la *Didon* de Greene et de Marlowe y est parodiée, la *Tragédie espagnole* de Kid y est imitée, le personnage d'Osrick y est en germe, ceux de Rosencrantz et de Guildenstern presque complets,

---

[1] S'il en était ainsi, d'ailleurs, pourquoi Dryden, soutenant que jamais auteur tragique n'a fait un coup de maître pour son coup d'essai, aurait-il dit, du ton le plus affirmatif : « La muse « même de Shakspeare a d'abord enfanté *Périclès*, et le *Prince de* « *Tyr* fut l'aîné d'*Othello*. » Dryden écrivait cela en 1677, d'après des souvenirs qui pouvaient encore être directs, ou tout au moins d'après des traditions préférables aux conjectures d'aujourd'hui.

celui de Polonius tout en vie. Une ingénieuse érudition dont nous ne combattons que les excès et les rêves a trouvé plus d'un rapport frappant entre Polonius et le vieux ministre d'Élisabeth, Cécil, baron de Burleigh ; tous ces traits de ressemblance existent déjà entre Cécil et Corambis qui est le Polonius du premier *Hamlet*. Si c'est sur les conseils de Cécil à son fils que sont copiés les conseils de Polonius à Laërte ; si c'est à Cécil, en la personne de Polonius que Shakspeare recommande par la bouche de Hamlet de mieux traiter les comédiens et même de les craindre ; si c'est pour repousser l'assimilation établie par Cécil entre les vagabonds et les comédiens que Hamlet se refuse à entendre son ami s'appeler vagabond ; si, pour expliquer la témérité de ces brûlantes allusions, il faut se souvenir de l'inimitié de lord Leicester contre Cécil et de sa toute-puissante protection étendue sur Shakspeare ; comme ce commentaire va aussi bien au Corambis du premier *Hamlet* qu'au Polonius du second, on ne saurait admettre que le premier *Hamlet* et tout ce tissu de satires si finement croisées soient de 1584.

On croit aussi, et avec raison, que les allusions faites dans le drame aux habitudes d'ivrognerie danoise ont été fournies à Shakspeare par lord Leicester, qui alla en Danemark comme ambassadeur en 1588 et fut obligé là de tenir tête à trente-cinq santés bues par le roi Christian IV, dans un festin qui dura depuis onze heures du matin jusqu'au soir ; comment donc le premier *Hamlet*, où ces allusions sont aussi visibles que dans le second, serait-il de 1584? Et ce passage du premier *Hamlet* où le personnage parle évidemment pour le poëte, où nous entendons Shakspeare s'écrier : « Par le ciel! voilà « sept ans que je le remarque, l'orteil du paysan touche le talon de « l'homme de cour d'assez près pour l'écorcher, » comment l'attribuer à un moraliste de vingt ans? Ne sentez-vous pas que si, à cet âge, cette idée s'était ainsi rédigée dans la tête de Shakspeare, il se serait dit tout de suite : « Quoi! j'avais treize ans quand j'ai fait « cette remarque! j'étais un petit écolier de Stratford quand j'ai « commencé à instituer un parallèle entre l'esprit des paysans et « celui des hommes de cour? » et il aurait trop ri de lui-même pour écrire la phrase telle qu'elle est. Que cette phrase au contraire soit datée de 1589, et les sept années dont elle nous parle nous reportent à 1582, à la date du mariage de Shakspeare ; or, on sait que son mariage fut suivi de près par ses démêlés avec sir Thomas Lucy ; ne serait-ce pas à ces démêlés qu'il pensait en écrivant cette phrase? Ne serait-il pas lui-même le paysan dont l'orteil a écorché au talon un homme de cour? Vous liriez ainsi sous sa plume une allusion vraisemblable au lieu d'une risible absurdité. En tout cas, quand il s'agit de fixer l'époque où fut composé le premier *Hamlet*, laissez à Shakspeare le temps de se mettre au courant, de respirer l'air de Londres, avant de se poser en juge du théâtre, du monde et des poëtes. Avant qu'il fasse allusion à tant de personnes et à tant de choses, souffrez qu'il les connaisse; renoncez à cette date de 1584 qui rend tout impossible, et ralliez-vous à celle de 1589, qui laisse la précocité du génie de Shakspeare assez extraordinaire encore pour étonner ses plus fervents admirateurs.

TABLE DES MATIÈRES

DU TOME PREMIER

AVERTISSEMENT DES ÉDITEURS I
ÉTUDE SUR SHAKSPEARE................................ I

HAMLET.

NOTICE.. 131
HAMLET, tragédie....................................... 139
NOTE SUR LA DATE DE HAMLET............................ 283

LA TEMPÊTE.

NOTICE... 291
LA TEMPÊTE, tragédie.................................. 297

CORIOLAN.

NOTICE... 373
CORIOLAN, tragédie.................................... 377

APPENDICE.. 495

FIN DU TOME PREMIER.

www.ingramcontent.com/pod-product-compliance
Lightning Source LLC
Chambersburg PA
CBHW071722230426
43670CB00008B/1097